越境する近代東アジアの民衆宗教

中国・台湾・香港・ベトナム、そして日本

武内房司 編著

明石書店

序論

武内房司

本書は、二〇〇九年一〇月一七日に、日本学術振興会科学研究費プロジェクト「植民地期東アジア民衆諸宗教の伝播と交流〜情報メディアの分析を中心に」（基盤研究B）と、学習院大学東洋文化研究所プロジェクト「戦時期日本のアジア研究とアーカイブズ」との共催で開催されたシンポジウム「越境する近代東アジアの民衆宗教〜移動・交流・変容」において発表された諸報告を中心に編集したものである。今回の出版に当たっては、シンポジウム当日には時間的な制約から報告に盛り込むことのできなかったプロジェクト参加メンバー諸氏の研究成果も、あわせて収録することにした。

まず、このようなシンポジウムを開催するに至った経緯を簡単に紹介しておくことにしたい。このシンポジウムの母体となったのは、二〇〇七年四月より発足した前述の科研プロジェクト（研究代表／武内房司＝編者）であった。このプロジェクトは、近代に入り地域や国境を越えて広がりを見せたベトナムを含む東アジアの民衆諸宗教の動態を明らかにすることを目指したものである。

ひとくちに民衆宗教と言ってもその定義は様々であり、呼称も研究者によって民間宗教、民間宗教結社、など多岐にわたっている。また、地域や時代、さらには統治権力の把握した呼称と教団自体の自己認識との間で認識に差異が認められることも少なくない。本書所収の「ドゥアラ論文」（第8章）でも紹介されているように、一九世紀末から二〇世紀にかけて登場し、世界の救済を掲げて種々の社会事業を展開した道院や在理教などを救済宗教団体（redemptive society）として捉え、その積極的な意義を見出そうとする見解も存在する[1]。

こうした情況のもとでは無理な用語の統一は、それぞれの民衆宗教が活躍した時代や地域の個性を見失いかねない。本書においては、基本的に執筆者の最もふさわしい定義に基づいて使用されていることをお断りしておきたい。とはいえ、検討される民衆宗教の対象を明示しておくことも必要であろう。本書においては、明末清初以来、儒教・仏教・道教の三教一致の趨勢のもとに成立し、強い社会的救済の指向を持つ中国の先天道や道院などの宗教教団、また、近代以降、道院などの中国の民衆宗教と密接な交流を持った大本教などの日本の民衆宗教、さらには中国民衆宗教の影響を受けつつ近代に入って創成されていった宝山奇香やカオダイ教などのベトナムの新宗教などがとりあげられる。

編者はもともと、主として一八〜一九世紀を中心とした中国西南の地域史に関心を持ち、中国中南部地域から雲南・貴州といった西南諸省への漢族の移住と現地非漢民族社会との関係や接触のありように関心を寄せてきた。その過程で、移民社会におけるこうした民衆宗教団体の果たす役割に注目することとなった。苛酷な自然環境、異なる文化・習俗を保持する異民族との交渉など、慣れないフロンティアでの生活を送る新来の移住者、さらにはマラリアその他の伝染病に襲われるかもしれない恐怖にさらされた行商人たちは、宗教者の教授する気功術などを自らの健康を維持する手段として、さらには厳しい競争社会で生き抜くための自らの内面を支えるよりどころとして、そうした民衆宗教を積極的に受け入れていった歴史に触れてきた。

清朝時代、西南中国において活発な布教を展開したのは一八世紀半ば、江西省において成立し後に青蓮教と呼ばれるようになった民衆宗教であった。無生老母という女性の至高神を崇拝し全人類の救済を目指すこの教派は、一九世紀後半以降、禁欲的な諸戒律を容認するかどうかなど、教義のちがいから様々な教派に分裂していく中、長江流域から華南・香港・台湾・東南アジア世界へと伝播していく。〈表1〉は、各教派の系譜と成立年を図示したものである。とりわけ、一九世紀後半以降の近代東アジア世界に出現した交通革命、さらには合法的な出国を容認する新たな東アジアの国際環境の登場は、人々の移動を加速させるとともに民衆宗教にも新たな活躍の舞台を提供することとなったのである。

編者が民衆諸宗教の活動の舞台となった各地域の専門家をまじえた比較研究を試みたいと思ったのは、一九世紀末から二〇世紀前半期にかけてのこうした既存の国家の枠組みを超えた中国民衆宗教の展開に触発されたからでもあった。

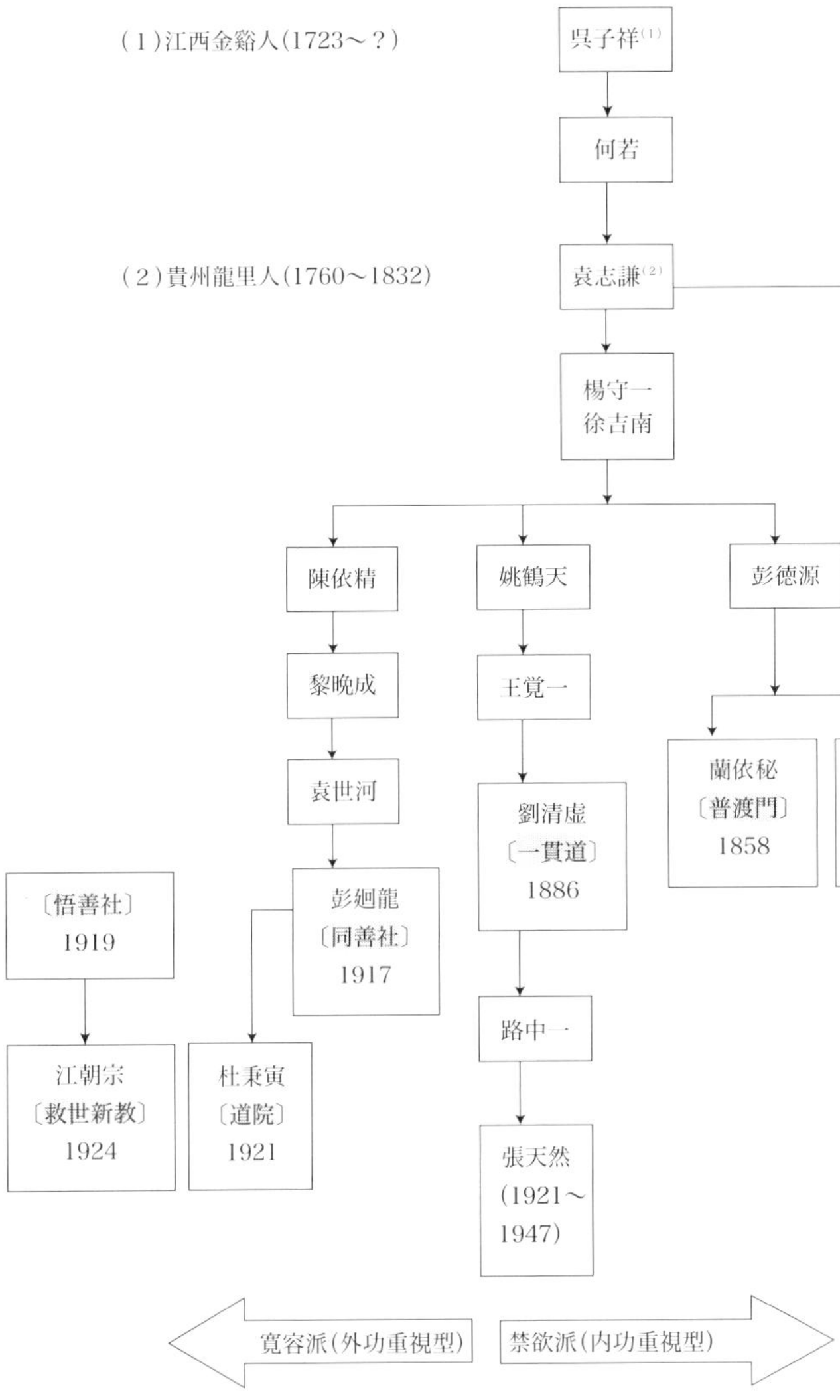

〈表1〉「青蓮教」系民間宗教結社系統図(付民国新宗教)

凡例:〔　〕は自称、〈　〉は他称、網かけは結社名

出典:Topley, M., "The Great Way of Former Heaven: A Group of Chinese Secret Religious Sects", *Bulletin of the School of Oriental and African Studies*, Vol. 26, 1963. を参考に作成

本書に収録された論考のうち、前述のシンポジウムにおいて報告されたものについては、当日、総合コメンテーターを引き受けてくださった島薗進氏が今後の民衆宗教研究の可能性を提示される中で、すでに丁寧な紹介と適切なコメントを付されている（付論）。あわせてご覧いただければ幸いである。ここではなるべく重複をさけ、新たに収録した諸論考の紹介をかねて、本論文集のねらいについて簡単に触れておくことにしたい。

本書は以下の三部から構成されている。

第Ⅰ部　越境する民衆宗教

第Ⅰ部においては、民衆宗教の「越境」に焦点があてられる。中国で成立したこうした民衆宗教が日本・台湾・ベトナムなど国家・地域を越えて広がり、かつそれぞれの地域で定着していく過程が紹介・分析される。とりあげられるのは、メシアニズム的性格を帯びた五公信仰や強烈な救世指向を持った先天道、さらには二〇世紀中国の宗教運動を代表するとも言える道院および世界紅卍字会の移動と交流の軌跡である。

武内房司論文「『宝山奇香』考――中国的メシアニズムとベトナム南部民衆宗教世界」（第1章）では、理想の帝王＝「明王」の到来を待ち望む中国の五公信仰が一九世紀のベトナム・メコンデルタの開発社会に浸透していく中、華人社会を超えてベトナム人社会に広まり、「宝山奇香」と呼ばれる新宗教が形成されたこと、この宗教が一九世紀後半の反仏ナショナリズム運動を支える思想的基盤を提供したことなどが仏領期のアーカイブズ資料や現地での調査をもとに論じられる。

游子安論文「二〇世紀、先天道の広東・香港からベトナムへの伝播と変容」（第2章）では、広東・香港地域で活動していた民間宗教団体の一つ先天道がベトナムに伝播していく歴史がホーチミンでの調査成果をもとに詳細に紹介される。ベトナム華人社会における先天道の存在をはじめて明らかにした意義深い論考である。三教一致を標榜する先天道が、香港社会においては道教団体として活動しつつ、ベトナムにおいては仏教団体として受け入れられていった歴史は興味深い。

二〇世紀東アジアにおける民衆宗教の伝播と交流を最も象徴的に示しているのが一九二〇年代に山東で成立した道院（世界紅卍字会）と日本の大本教との出会いであろう。孫江論文「地震の宗教学――一九二三年紅卍字会代表団の震災慰問と大本教」（第3章）は、中国・南京にある中国第二歴史档案館資料や日本の外交史料館所蔵アーカイブズを用いて、両者の接触・交流が生まれる契機となった関東大震災後の世界紅卍字会による日本慰問団派遣の経緯やこうした民衆宗教団体をとりまく当時の政治状況を詳細に描き出している。

王見川論文「道院・紅卍字会の台湾における発展およびその慈善活動――戦後日本の新興宗教とのかかわりを含めて」（第4章）は、大陸・山東で成立した道院（世界紅卍字会）が植民地期さらには国民党統治期の台湾に伝えられ、地歩を確立していく過程が論じられる。植民地期に道院が浸透していくにあたって提携関係にあった大本教が関わっていたこと、戦後は国民党と関係の深い大陸在住の台湾出身者（いわゆる半山）を通じて合法化が図られていく歴史が、道院の扶鸞（神おろし）記録の分析などをもとに明らかにされる。

第Ⅱ部　東アジアの民衆宗教と近代――近代中国の場合

民衆宗教が地域を越えて各地に伝播していく時期、中国の民衆宗教世界においても大きな変化が生まれていた。第Ⅱ部では、中国を中心に、主としてそうした近代的変容のあり方が分析・検討される。

湖南省湘潭の関帝信仰をとりあげたハーレ論文「道徳的価値を維持するための神の暴力――湖南省における関帝廟の事例（一八五一〜一八五二年）」（第5章）は、『関帝全書』という関帝の神論集をとりあげ、扶乩ないし扶鸞と呼ばれる神おろしが秩序維持に果たしていた役割について多面的に検討している。清代においては、この扶乩によって様々な神々を降臨させ、その神諭をまとめたと称するいわゆる鸞書がおびただしく出版された。ハーレ論文は特定の民衆宗教団体の歴史を扱ったものではないが、近代東アジアに広まった先天道や紅卍字会のような多くの民衆宗教が扶乩による神諭を自らの権威の源泉とした背景には、こうした民衆生活に根付いた文化伝統の存在が前提となっていたのである。

小武海櫻子論文「清末民初期の明達慈善会と慈善事業」（第6章）は、民国期、長江上流域の租界地重慶に成立したある道教系宗教団体の発展の軌跡を追ったものである。内丹と呼ばれる気功術を重視する道教の一派龍沙道が江西からの移民たちによって重慶にもたらされ、都市社会の発展とともに慈善宗教団体へと変貌を遂げていく様子が重慶市档案館所蔵資料などをもとに詳細に紹介されている。明達慈善会の事例は、施薬などの慈善事業を推進することで社会的認知を獲得し、近代社会に適応しようとした中国民衆宗教の一つのパターンを示すものと言えよう。

地域・国家の枠組みを超えた移動は他者を発見する機会を与えるとともに、接触を通じて、新たな自己の形成を促す契機ともなる。民国期に登場した五教帰一論ないし五教合一論はその一つであろう。儒教・道教・仏教を融合させようとする指向はすでに一六世紀の中国に登場したが、二〇世紀に入ると、キリスト教とイスラームを含めた宗教的ユニバーサリズムが主張されるようになる。宮田義矢論文「五教合一論初探——道院・世界紅卍字会の教説を例に」（第7章）は、道院・世界紅卍字会の掲げた「五教合一論」をとりあげる。宮田によれば、道院の「五教合一」論は諸宗教の単なる融合論を超えて、第一次世界大戦の終結を訴えた平和論に淵源を持ち、いかに戦争や宗教紛争を抑止するかという時代的な要請の中で提起されていたことを指摘する。道院の掲げた「五教合一」論や平和主義は、日本の大本教に見られる人類愛善の思想、植民地状況のもとでベトナムのカオダイ教が追い求めた宗教的ユニバーサリズムとも重なり合っている。問題関心を共有するこれらの民衆宗教の間で交流や提携関係が生まれていくのは自然な流れであったと言えよう。[2]

ドゥアラ論文「二〇世紀アジアの儒教と中国民間宗教」（第8章）は、二〇世紀前半、康有為の思想的影響を受けつつ、オランダ領インドネシアのプラナカンと呼ばれる華人系住民の間で起こった孔教（儒教国教化）運動の意義を論ずる。すでに島薗氏のコメントにも詳しく触れられているが、政治と宗教と切り離して論じるのではなく両者の交信《やりとり》（トラフィック）に着目する必要を説く氏の論考は、民衆宗教からの視座が東アジアの政治・社会構造を捉える上で極めて有効であることを示してくれている。

第Ⅲ部　植民地期社会と民衆宗教――台湾・香港・ベトナムの場合

東アジア世界において民衆宗教の活性化を促したもう一つの磁場は、近代の植民地情況であった。第Ⅲ部においては、台湾・香港・ベトナムを事例として、植民地体制下での民衆宗教の展開が扱われる。

張士陽論文「日本植民地初期、台湾総督府の宗教政策と宗教調査」（第9章）は、近年公開が進みつつある台湾総督府文書を用いて、台湾領有以降、日本の植民地当局がどのように台湾の在来宗教を認識していったかを概観する。日本の植民地当局が、数ある寺廟の中でも、喫斎などの禁欲的モラルを保持する斎教と呼ばれる大陸伝来の民衆宗教に多大の関心を寄せていたことなどが明らかにされる。台湾の斎教には、一七世紀初、浙江慶元県姚氏によって開創された龍華教、青蓮教の流れを汲む先天道などが含まれるが、いずれも喫斎を重視する教義を保持することから台湾において「斎教」と総称されるようになったものである。

胎中千鶴論文「植民地台湾と斎教」（第10章）は、日本より伝来した曹洞宗を通じて仏教に帰依しつつ、日本への留学を経て台北帝国大学理農学部助手、光復後は台湾大学農学院教授を歴任するなど、植民地エリートとしての道を歩んだ李添春が、台湾の伝統「斎教」を「発見」するに至るまでの宗教遍歴をたどる。李添春は時に批判的に取り上げるなど、斎教に対しアンビバレントな対応を見せたが、それはまた、民衆宗教の価値を認めつつ、近代のより普遍的な宗教的価値体系に接合しようとする試みでもあったのだろう。

倉田明子論文「香港における民衆宗教の諸相」（第11章）は、一九一〇年代から三〇年代にかけて香港に伝播した先天道および同善社、さらには中華人民共和国成立以降伝播した一貫道などの諸教派の歴史と現在を、これらの宗教団体の発刊した雑誌や宗教パンフレット、現地調査等によって明らかにする。香港においては、先天道および同善社などの民衆宗教が香港道教連合会に加わり「道教」として受け入れられるとともに、積極的に慈善事業を担うことで邪教イメージを払拭し社会的に公認されていったとしている。香港において、こうした民衆宗教が公的セクターのサービスの不足を補完する役割を果たしていたのであり、こうした特徴は、小武海論文の例示する重慶の明達慈善会やドゥアラ氏の定義する救済宗教団体とも共通しているとも言えよう。

今井昭夫論文「仏領期ベトナムの『善壇』と民族運動——『道南経』の思想世界」（第12章）は、植民地期ベトナムで起こった「善壇」運動を扱う。「善壇」とは、様々な神々を降臨させそのお告げを記録する施設ないしそこで開かれる集会を指し、清末民国期の中国大陸や台湾において扶乩を通じ種々の神諭を発行した鸞堂に相当すると見られる。今井論文は、ベトナム北部ナムディン省ハックチャウ社に設立されたそうした善壇の一つ興善壇において刊行された『道南経』（一九二四年刊）の思想的背景を詳細に検討している。興善壇の主宰者であり『道南経』の作者でもあったグエン・ゴック・ティンは梁啓超の著した『中国魂』に接したが、それ以降、次第に壇に降臨する神々は愛国的色彩を帯びるようになり、ティン自身、インドシナ共産党に入党するに至ったという。五四運動期の知識人が同善社など民衆宗教を激しく攻撃し、反宗教同盟の結成へと向かう中国の場合とは異なり、ベトナムの知識人世界においては愛国啓蒙運動と民衆宗教が結びついたかたちで展開したのである。こうした特徴は、植民地台湾において降筆会が果たした役割とも共通しているように思われる[3]。

チャン・ホン・リエン論文「仏領期ベトナム南部バクリュウ省ニンタインロイ村における農民闘争と宗教」（第13章）は、一九二七年五月、ベトナム南部バクリュウ省ニンタインロイ村の農民たちがフランス人地主の土地収用に抗議して起こした反仏蜂起と民衆宗教との関係を論じたものである。蜂起自体は短期間に鎮圧されたが、ニンタインロイの住民たちはカオダイ教のメッカであるタイニンに巡礼し、新たな儀礼や教義を学ぶなど、創設間もないカオダイ教が農民を結集する上で重要な役割を果たしていたことなどが、ベトナム第二国立文書館所蔵史料を用いて明らかにされる。タイニンから導入した「神霊と直接連絡をとりあう新しい信仰の儀礼」が、カオダイ教が盛んに実践した扶鸞を指していると見て間違いない。扶鸞などの新たな神の啓示伝達の技法がベトナム南部農民の潜在的な願望をすくい上げる機能を果たし始めたことが読み取れよう。

以上に紹介した諸論考からも、二〇世紀前半期の東アジアにおいて地域を越えた民衆宗教の広範な伝播と交流とが見られたことが確認できるが、その際に雑誌メディアの存在が大きな役割を果たしていたと考えられる。雑誌というかつての木版による宝巻などとは異なる新たなメディアの登場によって、各地で行われた扶乩による神諭等、種々の宗教メッセージは活字化され、遠隔地にも伝播し、宗教思想や教義の共有を可能とする条件が提供されるようになったのである。こうした新たな雑誌メディアの普及も、一九二〇年代以降の民衆宗教が開放性を強め、諸宗教との比較や共存を目指しはじめる契機となったと考えられる。〈付録〉は中国・台湾・香港・ベトナムの民衆宗教団体が刊行した雑誌を紹介したものであり、参照していただければ幸いである。

1　Duara, Prasenjit, 'Transnationalism and the Predicament of Sovereignty : China, 1900-1945', *American Historical Review*, vol.102, n. 4, pp.1033-1038.

2　カオダイ教については、付録2「カオダイ教徒」解説を参照。大本教は一九三五年一〇月、カオダイ教との提携関係を結ぼうとしたが、まもなく第二次大本事件が起こり中断した。大本教学研鑽所編『まつのよ』六号付録「大本年表」、による。

3　王見川『台湾的斎教與鸞堂』南天書局、台北、一九九六年、第八章「清末日據初期台湾的鸞堂——兼論「儒宗神教」的形成」を参照。

越境する近代東アジアの民衆宗教

――中国・台湾・香港・ベトナム、そして日本

第Ⅰ部

越境する民衆宗教

第1章

「宝山奇香」考

――中国的メシアニズムとベトナム南部民衆宗教世界

武内　房司

はじめに

　ベトナム南部社会は、とりわけその近代において、ホアハオ（和好）教やカオダイ（高台）教などの多くの新興宗教を育んだ地として知られている。ホアハオ教は百万を超えるとも言われる信徒を擁し、現在においてもベトナム南部社会に影響力を持ち続けている。

　ホアハオ教は、一九三九年頃、ベトナム南西部ホアハオ村出身の青年フイン・フー・ソー（黄富数、一九一九～一九四七）が新たに創立した新興仏教教団であった。一九四〇年代以降、急速に拡大したホアハオ教の歴史をひもとくとき、同教が宝山奇香から多くの影響を受けつつ誕生したことが指摘される。実際、フイン・フー・ソーは、新宗教樹立にあたり、自らカンボジアに近接したベトナム南西部にあるいわゆる「七つの山」（Thất Sơn）を巡歴し、現地に根づいていた濃密な「宝山奇香」の教義を吸収していったと言われる。

「宝山奇香」は一九世紀半ば、ベトナム南部のメコンデルタ地帯に成立し、そこを拠点に発展した民衆宗教であった。

創唱者はドアン・ミン・フエン（段明誼）、またの名を西安仏師といい、ベトナム南部サデック（沙的）省トンソン（松山）の人であった。ドアン・ミン・フエンはベトナム南部で猖獗するコレラの治病にあたりながら、新しい宗教を民衆に説いた。一八五一年頃のことである。ドアン・ミン・フエンは弟子たちを率い、カンボジアに近いチャウドック（朱篤）地区に布教の拠点を築いていったが、布教にあたり、「宝山奇香」の四文字を記した護符を信者に配布したことから、その教えは宝山奇香と呼ばれるようになった。

この宝山奇香については、一九七〇年代から八〇年代にかけて、これまでベトナムのソン・ナーム、日本の宇野公一郎、アメリカのフエタム・ホータイ各氏らによって検討が加えられてきた[1]。しかし、その宗教運動の性格やその教義をめぐって、なお検討すべき余地が多分に残されているように思われる。確かに、ベトナム南部農村社会の千年王国的民衆運動に関するフエタム・ホータイの研究が、アメリカのアジア研究に大きな影響を与え、モラルエコノミー論の形成にも大きく寄与したことは事実である[2]。しかし、宝山奇香宗教への内在的な理解は、それ以降、必ずしも深まりを見せてはいない。

その原因の一つとして、ベトナム南部社会に大きな影響を与えた華人系宗教、とりわけ救済指向型の宗教運動への理解がなお不十分な点があげられるのではなかろうか。フエタム・ホータイの研究においては、中国の民間宗教が道教ないしは白蓮教といった漠然としたイメージで語られているとの印象を否めないのである。一八〜一九世紀中国の民衆宗教運動研究は、清代檔案や宝巻などの民間宗教文献の発掘と分析を通じて、この二〇年余の間に急速な進展を遂げている。

本稿は、こうした近年の中国民衆宗教運動の成果を踏まえつつ、ベトナム南部で起こった宝山奇香運動に対して新たな視点を提示しようとするものである。宝山奇香を取り上げるのは、これまでの東南アジアにおける新宗教運動が取り上げられる場合、しばしば華人社会で起こった宗教運動および本国との関係に力点が置かれてきたのに対し、宝山奇香運動は、華人系宗教運動の影響を受けつつも、ベトナム南部社会に土着化し定着していったというユニークな歴史を持っており、民衆宗教の伝播と変容の過程を考えるうえで興味深い事例を提供していると思われるからでもある。

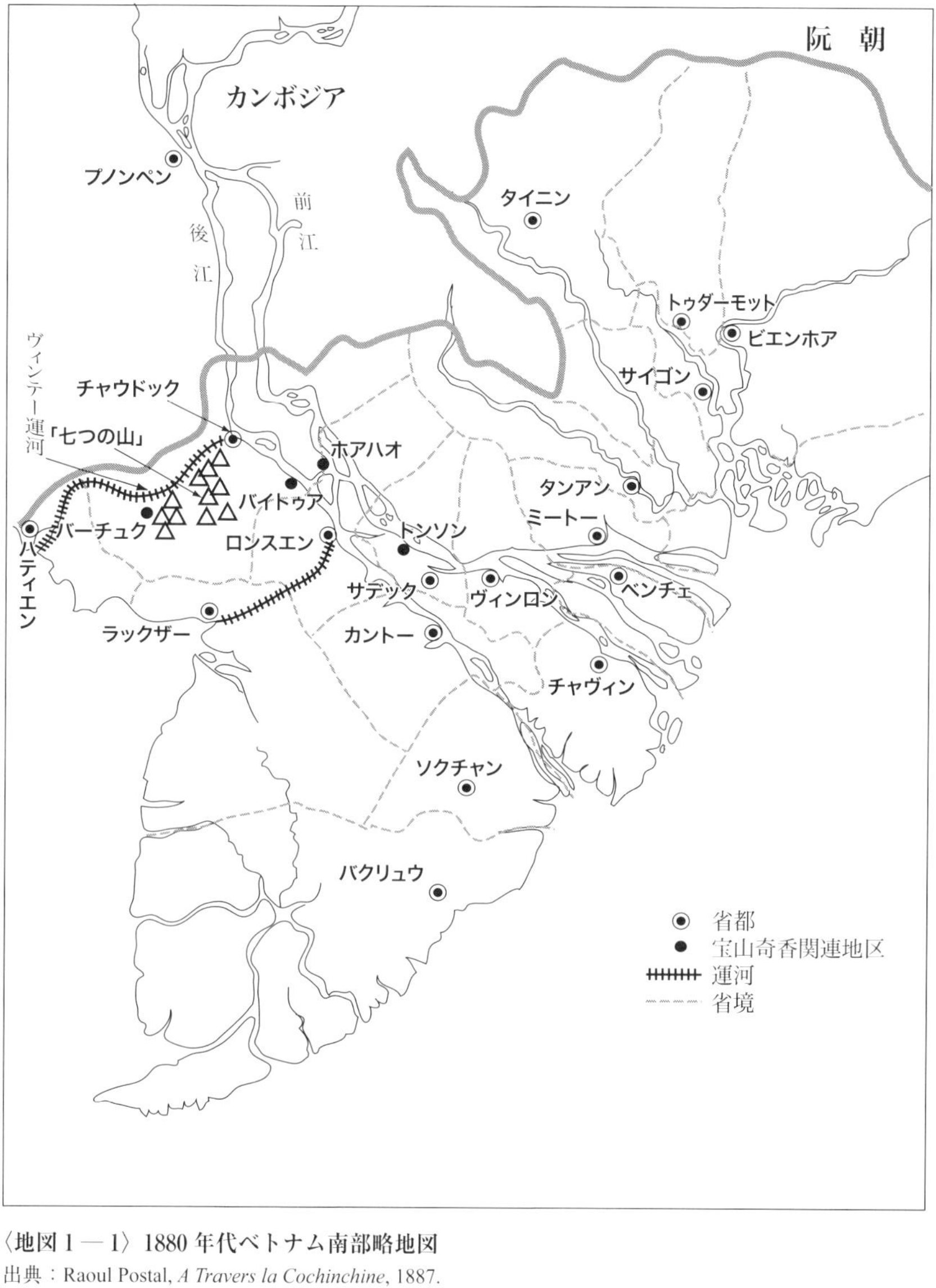

〈地図１―１〉1880年代ベトナム南部略地図
出典：Raoul Postal, *A Travers la Cochinchine*, 1887.

一九世紀ベトナム南部社会

すでに多くの先学の研究で指摘されているように、ベトナム南部社会への華人の移住は明末清初期にまで遡る。[3] 彼らは楊彦廸など清朝の統治に服することを潔しとせず、台湾の鄭氏政権崩壊後、南洋への転進をはかった人々であった。これらの華人たちは、広南国阮氏の庇護を受けつつ、メコンデルタ流域の開発を積極的に進めていったとされる。それまで、メコンデルタの生業・居住空間の主役はクメール人であった。クメール人は、自然の排水によって雨季の洪水を免れることのできるような微高地や砂丘に村落を形成した。[4]

しかし、広東を中心とする華南地域の米穀需要の増大は、とりわけ一九世紀以降、メコンデルタから広東への米の輸出を加速させ、それに伴い、華南からメコンデルタへの華人の移住を増大していく。華人の移住ブームがこの時期、メコンデルタにおとずれたのである。明命九（一八二八）年、宝山奇香を創唱したドアン・ミン・フエンの出身地でもあるサデック（沙的）地区を統括した永清鎮の鎮官は、華人の移民情況を以下のように報告している。

〈写真１—１〉
宝山奇香の「福禄寿寺」に祀られるドアン・ミン・フエン（左）とグエン・チュン・チュク（右）。アンザン省トイソン社にて。1999 年 2 月。

照らし得たり。従前、清船が貿易に訪れ、城轄《まち》には常に搭客《しょうにん》がいた。毎艘多い場合は五〇〇〜六〇〇人、少ない場合でも三〇〇〜四〇〇人を下らない。しかし、帰帆する日には、舵工・水手ら七〇〜八〇人のみであった。残りは留まり、親眷《しんせき》を訪ねて各〔鎮の〕庸面や各社・市肆《まち》に居住し、商業を生業にするか、あるいは農圃《のうぎょう》により生活している。〔これらの移住者は〕一年の間に三〇〇〇〜四〇〇〇人を下らない。且つ彼らはもともと手ぶらでやってきては、城轄が肥饒《ゆたか》で山澤の利があつく、生活しやすいのを窺っている。それゆえ居住者は日ごとに増えている。[5]

一九世紀前半期以降、次第にその数を増していった華人や先住民たるクメール人以外に、メコンデルタ西部には、「闍婆」と称されるマレー系の人々が居住していたし、弾圧を逃れたカトリック信徒が秘かに開発を進めていたと言われる。[6]メコンデルタ西部の開発は、シャム勢力と対抗する意味からも、阮朝政権、とりわけ明命帝の時代に積極的に推進された。たとえば、明命一二（一八三一）年、朱篤堡《チャウドック》の新たに成立した社《むら》の民の田地《とち》が開墾できないでいるとの上奏を受け、明命帝は辺疆の防備を固めるために商民を集め銭・アワを貸与し開墾させてきた一連の政策を再確認し、さらに三年間の徭役免除を認めている。[7]

しかし、こうした入植奨励策は必ずしもただちに安定した村落の形成には寄与しなかった。新たにメコンデルタ西部に入植した農民が生活を維持していくためには、雨期における居住地や水の確保、毒蛇や獣の害といった様々な障害を克服しなければならなかったのである。

フエタム・ホータイは、サデックやチャウドックを含め、宝山奇香などの新宗教を生み出した一九世紀中葉以降のベトナム南部社会を典型的な開発社会として捉えた。そこでは、開発の歴史が浅く北部農村に比べて村落の互助機能が未発達であり、コレラなどの疫病が蔓延した際には、人々は宗教を紐帯として相互のきずなを強め合う傾向が見られること、第二に、南部開発社会においては、ベトナム人以外に多くの華人やクメール人が居住し、互いに影響を与え合う、といった特徴が見られるとしている。このように、ベトナム南部開発社会の不安定性、文化的民族的多様混淆性の中に宝山奇香などの新宗教誕生の背景を求めようとしたフエタム・ホータイの見解は、今日においてもなお新鮮さを失っていない。

宝山奇香の創始者ドアン・ミン・フエンが、サデックを皮切りにコレラの治病を通じてメコンデルタ流域の民衆の支持を得ていくのは、この時期のことであった。以下に、ホアハオ教系の理論家であるヴオン・キムの『西安仏師伝』等をもとに、フエタム・ホータイが整理した西安仏師ドアン・ミン・フエンの事跡を簡単に紹介しておく。

西安仏師は丁卯の歳（一八〇七年）、サデック（沙的）省トンソン（松山）の富裕な農家に生まれた。俗名はドアン・ミン・フエン（段明諠）、法名は「覚霊」、丙辰の歳（一八五六年）に死去したとされる。父はカントン（郡）の首長にまで上りつめたがドアン・ミン・フエンが幼い時に死去した。そして彼の妻と子供は父に敵対する親族によって村から追い出され、貧窮生活を余儀なくされた。ドアン・ミン・フエンは一八四九年までトンソンに戻ることはなかった。

トンソンに帰郷してまもなく、コレラが国全体を襲った。死者は五〇万人に達したと見積もられている。トンソンでも、多くの牛を供犠してコレラ退治祈願が行われた。ドアン・ミン・フエンは役畜の屠殺を伴うこうした儀礼に反対し、新たな疫病治療を行い多くの患者を癒した。トンソンを離れるにあたり、五公旗を与えた。

ドアン・ミン・フエンは、メコン河のより上流に位置するロンスエン（龍川）省にあるロンキエンに立ち寄った。そこもまたコレラの被害を受けていた。西安仏師は亭の神々の壇に座り、自分は人々を救うために地上に派遣された仏祖である、と宣言したことから地元有力者の怒りをかい、近くに小屋を建てて治療にあたらざるを得なくなった。彼は黄色の紙に朱筆で字を記し、その灰を水に混ぜた。それから線香を燃やし、仏陀に祈りを捧げた。後ろに控える患者に対し、因果応報の理、救済の必要性を説いた。彼の名が有名になると何万もの人々が訪れた、と西安仏師伝は伝える。西安仏師によれば、病の根源は罪を重ねることにあり、罪が大きければそれを癒すことはできぬとして人々にモラルの遵守を説いた。仏祖であるとする彼の主張はしだいに信頼を得、生き仏との噂が広まっていったという。

このまま治病型の宗教で終わったならば、開発ブームの終焉とともに、宝山奇香がメコンデルタ一帯でその後まで長く継承されることはなかったかもしれない。しかし、一八六〇年代以降、フランスによる植民地化という大きな政治・社会変動を経験する中で「仏祖」の教えもその性格を変えていく。すなわち、それまで、ドアン・ミン・フエンの説いた宝山奇香の南部村落における活動の重点が、治病や説教を通じて開発社会情況のもとで病気や自然災害など多くの不安にさらされていた入植者の生活を安定させることに置かれていたのに対し、一八六〇年代以降、同派の中には、植民地勢力への抵抗と失われた王国の復興という新たな役割を担おうとするグループが出現していくことになったのである。それはまた、宝山奇香系宗教の歴史が、教祖伝承という「語り」を通じてではなく、植民地当局の残したアーカイブズを通じて、検証可能な「歴史」の段階に入ったことを意味するものでもあった。

ベトナム南部反植民地闘争と宝山奇香

一八六二年、阮朝政府はサイゴン条約を締結し、ベトナム南部のザーディン（嘉定）・ビエンホア（辺和）・ディントゥオン（定祥）の三省を獲得したのを皮切りに、五年後にはベトナム南西部のアンザン（安江）、ハティエン（河仙）、ヴィンロン（永隆）の西部三省を併合した。こうしたフランスの植民地化の動きに対し、ベトナム民衆は積極的な抵抗を示した。いわゆる「民衆自衛」の「風潮《うんどう》」である。宝山奇香系の民衆宗教もまた、こうしたベトナム初期反植民地闘争において重要な役割を演じた。

チャン・ヴァン・タイン（陳文誠）はその一人である。チャン・ヴァン・タインはもともと阮朝嗣徳帝期の管奇出身の軍人であり、南部主要蜂起軍の指導者の一人であった[8]。教派伝承とアーカイブズ調査をもとにしたフエタム・ホータイの整理に従えば[9]、一八四九年、チャン・ヴァン・タインは西安仏師の弟子となり、宝山奇香に加入した。一八六七年前後、チャン・ヴァン・タインは漁民出身のグエン・チュン・チュック（阮忠直）率いる蜂起軍と連携をとり、ラクザーにおける蜂起に積極的に関与した。グエン・チュン・チュックと宝山奇香との関係は深く、一八六二年の反仏行動以降、一八六八年に逮捕されるまでロンスエン（龍川）の宝山奇香の信徒の家に匿われていた。チャン・ヴァン・タインはその後も抵抗を続け、もともと沼地で無人のチャウドックのバイトゥアに水路を掘削し、砦を建て、食糧・武器を備蓄し、兵士五〇〇名、各地の無宿一五〇〇名あまりを集め、拠点を築いた。「嘉毅」と記した旗が送られるなど、阮朝からもその活動は公認を受けたが、一八七三年にはフランス軍の手に落ち、チャン・ヴァン・タインは逮捕・処刑された。

フランス植民地当局は、これらの蜂起に宗教指導者が関与していることに気づき、バイトゥア占領後、ベトナム西南部社会に浸透していた「善き宗教（ダオ・ライン）」の禁止に乗り出した。この「善き宗教」とは、宝山奇香のことに他ならない[10]。

チャン・ヴァン・タインがフランス植民地当局によって鎮圧された後、宝山奇香系宗教の新たな指導者として登場したのが、ゴー・ロイ（呉利）である。ゴー・ロイは、ベトナムの民衆の間ではナム・ティエップの名で知られていた（以下、ナム・ティエップと呼ぶ）。一九四〇年代に急速に拡大したホアハオ教の宗教理論家であったヴオン・キムは、ナム・ティエップが辛卯の歳（一八三一年）の五月五日、ベンチェのモー・カイ県キエン・ホアに生まれたとし、ベトナムの多くの研究者もこの説を踏襲している[11]。ナム・ティエップは五番目（ナム）の子どもで、字帳《ティエップ》を書くことをなりわいとしていたことからナム・ティエップと呼ばれるようになったという。字帳《カード》先生といったほどの意味であろう[12]。字帳を生業としていたことから見て、ナム・ティエップが基礎的な漢文の素養を持っていたことは疑いない。

ナム・ティエップは宝山奇香の中でも、とくに父母・国土・三宝・人類同胞への四つの恩を重視する四恩孝義派と呼ばれる教派を開創したことで知られる。ナム・ティエップの新宗教開創の歴史をさぐるてがかりとなるのは、今日まで四恩孝義派に伝えられてきた『陰隲孝義経』である。近年、四恩孝義派に対する研究を精力的に進めているディン・ヴァン・ハインは『孝義経』を引き、一八六七年五月、ナム・ティエップは正式に布教を開始し、儀礼を農民に教え始めたとしている[13]。

筆者は一九九九年二月、アンザン省チートン県バーチュック社アンディン村にある四恩孝義派の総本山であるフィーライ・タムビュー寺を訪問し、同寺の住持（bối bài）ブイ・ヴァン・レー氏のご厚意により、『陰隲孝義経』の原本を閲覧する機会に恵まれた。同経は上・中・下の三巻からなり、ナム・ティエップの開創にかかわる記述は中巻に見える。以下にその一節を示す。

佃然先了定、南天国宝生
辛卯年五月、初五日午時
夏長寿天恩、吾本宗所号
紘道所成能、養親梵王母
享世寿如山、向上丁卯歳
五月日午筵、転我身去俗
七日夜低迷、寂然回換醒
解脱洗塵心、教人従善道
口説普流伝、庚午年九月
十五日出名、妙才真天女
三宝派皈依、不論貧與富
貴賤擇賢人、己卯年四月
二十八日生、菩提心授記
普教度衆生、善男同信女
明恵法界伝、常行平等念
……

文意の取りにくい字句が並んでいるが、引用されている干支は、確かにナム・ティエップの生涯と重なり合っている。辛卯は一八三一年であり、ナム・ティエップの生年を示している。丁卯は一八六七年であるが、ディン・ヴァン・ハインは、「再び丁卯の歳、五月午の日、彼は俗を離れ、七日七夜気を失った。それ以降、忽然として目覚め、心の塵埃を洗い浄めた。人々に善き宗教に従い、万民にこの教えを伝えるよう導いた」と解している。すなわち、ナム・ティエップは、一八六七年に宗教的回心を経て新たな宗教を創始したのである。前掲『孝義教』には、「父慈子孝義、男女等誠心、三教承羅祖、後次啓道情」という表現が見え、中国の民衆宗教の一つである羅祖の信仰を取り入れていた可能性もあるが、詳細は不明である。ただ、四恩孝義派を代表するフィーライ・タムビュー寺においては、仏像が安置されることもなく、宗教指導者が出家・剃髪を行わないなど、在俗宗教者としての道を歩んだ羅祖の教えを信奉する羅教との親縁性を感じさせる。

また、己卯の年は一八七九年を指しているが、この年に、「衆生の度《きゅうさい》」が図られたと表現されている事態は、一八七九年の一年前あたりから、ナム・ティエップらダオ・ライン信徒らが激しい政治闘争、とりわけ植民地勢力に対する抵抗運動を展開したことと無縁ではないと思われる。

実際、フランス植民地当局は、一八七八年のミトで発生した「善き宗教（ダオ・ライン）」セクトの叛乱を鎮圧する過程で、ナム・ティエップの存在を知ることになった。一八七八年五月、ヴィンロンの視察官はコーチシナ総督宛に以下のような報告を行っている。

> 私は首領のカーを訊問しました。彼は私に結社ダオ・ラインの事情に関する情報を与えてくれました。ダオ・ラインの首領はナム・ヴィエンという人物です。蜂起を決定したダオ・ラインの集会は、安南暦の一月十五日にホア・カイン（ミト省チャー・ロット：引用者）で開かれました。コーチシナ六省のダオ・ライン信徒たちが、この集会に参加しました。彼らは、すべての地域での蜂起を担当し、すべての信者に護符を配布しました。一斉蜂起が四月末になされるはずでした。……
>
> 昨日晩、このナム・ヴィエンの妹を逮捕するために使者を派遣し、まだその地にいる彼らの信徒を逮捕しました。……このナム・ヴィエンは、明皇《ミン・ホアン》の名で統治する予定の人物であるとされ、この首領を逮捕することは極めて重要です。[14]

ヴィエンとはナム・ティエップの幼名とされる。一八七八年のミト蜂起については、当時、ミト地区で布教にあたっていたカトリック宣教師たちによっても注目されていた。宣教師ムーランは、以下のような報告をフランスのパリ外国宣教会本部に書き送っている[15]。

反乱者たちは、梶棒・旗だけで武装し、自分たちが不死身であると見なし、愚かにも四度にわたり原住民部隊に突撃し、猛烈な砲火を浴びた。仲間たちが倒れていくのを見て、守護神の無力さを認識し、解散したのだった。多くの人間が逮捕され、主犯格二五名が安南の法律に基づいて死刑に処せられた。

これらはみな深い印象を残し、喜んで宗教（カトリック）を支持し、不幸にも処刑される原因を作った、多くの誤ったダオ・ライン教を棄てたのだった。ナム・ヴィエンという大首領は、一人チャウドックの山中に身を隠し、仲間たちに教義を教えた。たとえば、信者に飲むようにと清めの水を、またあらゆる病気に効験があり、とりわけ人を不死身にさせる威力を持つ護符などを授けたのだった。（傍線部引用者）

蜂起の失敗以降、必ずしもメコンデルタ流域の住民がダオ・ラインの教えを、この報告にあるように棄てたわけではない。ムーランも指摘するように、ナム・ヴィエン、すなわちナム・ティエップは、ミト蜂起の失敗以降、西部のチャウドックの「七つの山」地域に拠点を移し、信者を集め独自の信仰共同体を形成するに至るのである。その中心となったのが、現アンザン省チートン県バーチュック社に所属するアンディン、アンタイン、アンホア、アンラップの四村であった。中でもアンディン村は「七つの山」の一つであるトゥオン山の麓に位置し、ダオ・ラインの総本山としての地位を占めるに至る。

アンディン村が形成された時期については、必ずしも明確ではない。ナム・ティエップは一八七二年、アンディン村にフィーライ・タムビュー寺を建立したとされる[16]。もしこの伝承が正しければ、この頃にはすでにアンディンに一定数の移民が居住していたことになる。

一八八七年、コーチシナ総督がフランス本国に送った年次報告には、次のようにナム・ティエップの活動とアンディン村の情況が紹介されている。[17]

これらのグループはナム・ティエップという人物によって率いられている。彼はこの地域で種々の病の治病者として大きな影響力を持っている。ほとんどすべての地区で人々は彼に診てもらいに来る。

少しずつ、彼の人気は高まり、ナム・ティエップはコーチシナ全体で蜂起することを夢想した。そのために、彼は祈禱の書物を配布する様々な使者を派遣した。その書物の中には、叛乱を扇動する言葉や蜂起にあたっての準備などが記されていた。彼は、外国人を一掃し、偉大な安南帝国を回復するにあたって、伝説に基づいて、自らを「大風」と名乗った。彼は、チャウドック

〈写真1―2〉
フィーライ・タムビュー寺（四恩孝義派）。1999年2月。

地区のはずれに位置するアンディン村に主要なセクトの信者を持っている。この地区は、カンボジアとヴィンテー運河によって分けられている。そこには、まだ完成していない廟があり、正面は王朝の住民であることを示す二本の大きな彫刻を施した柱で飾られている。

この廟においては、コーチシナの様々な省の蜂起軍の旗・秘密の書籍、「大風」の支持者たちの足跡を見出すことができる。押収された書類からすると、この同じ廟で様々な集会が開かれ、叛乱を準備している人々のために称号や位階がすでに配布されているようだ。主な信者は、アンディンの住民である。すべてないしはそのほとんどがナム・ティエップの登場を受け入れており、政治的な期待というよりは、宗教的な迷信の感情によって支配されている。（傍線部引用者）

ナム・ティエップが拠点としたアンディン村は、一八八七年五月、フランス軍によって解体させられた。このアンディン村弾圧を指揮したフランス人行政官は、次のような報告をコーチシナ長官にあてて送っている[18]。

アンディン村は約五〇〇家屋からなる村である。一二〇〇名の住民を屋外に置くのは大変骨のおれることである。しかし、こうした考慮から〔作戦を〕中止する必要はない。もし効率的にこの叛乱の根を抜き取ろうとするならば、この点につき〔解散の〕命令を下されるようお願いする。私がアンディンで押収した資料もまた、叛乱組織が二年前にまで遡ること、この組織の指導者たちが安南王咸宜を主君と認めていること、彼に従い、またカンボジアの叛乱の首謀者たちと関係を持っていることは明らかである。（傍線部引用者）

二年前に叛乱組織が形成され、咸宜帝を主君と認めているということは、ナム・ティエップが咸宜帝の抗仏の檄を奉じて蜂起をはかった可能性を示している。確かにナム・ティエップは、一八七八年、コレラが蔓延し人々が不安に駆られているさなかに叛乱を起こしたが、その際には、明皇を自称にしたに留まり、阮朝への支持はまだ明確には打ち出さ

〈表1－1〉アンディン村出身者（戸主）数分布

地名	人数	地名	人数
サデック	16	ベンチェ	24
サイゴン	16	ミト	55
タンアン	24	ゴコン	14
ヴィンロン	30	カントー	14
ロンスエン	35	ソクチャン	1
チョロン	76	チャウドック	98
ハティエン	2		

（出典：ANOM，GGI/11934）

れていなかったと見るべきであろう。チャウドックの行政官がアンディン村の断固たる解散と住民の現住地送還を決定したのは、南部地域において反仏の立場にたつ「勤王《カン・ヴォン》」運動が拡大していくことを恐れたためであろう。〈表1〉は、一八八七年当時、フランス側が把握したアンディン村住人の出身地別統計である。このうち、「党派に加わった住民は四〇名以上」にのぼったという。

この表からうかがえるように、ミトとチョロンとチャウドック出身者の数が際だって多い。一八七八年のミト反乱後、宝山奇香の信徒がアンディン村に加わった可能性を示している。また、チョロンからの入植者がかなりの比重を占めていることは、アンディン村に一定の華人ないしは混血の明郷《ミンフオン》が含まれていたことを意味するだろう。一八八五年段階でのチャウドック行政官の報告においても、ナム・ティエップら反乱集団の入植地がベトナム・中国人・カンボジア人などから構成されていたことが指摘されている。[19] このように華人ないし明郷出身者が含まれていたことは、アンディン村の住民がナム・ティエップらの中国民衆経典に基づく宗教解釈を受け容れるのを容易にしたのではなかろうか。

宝山奇香の教義をめぐって

フエタム・ホータイは、弥勒信仰に由来する「龍華会」の観念が宝山奇香の核心にあると見る。世界は、上元・中元・下元の三つの時間軸からなり、上元より下元に移行するにつれて、社会的にも倫理的にも腐敗・戦争・自然災害などが連続して発生する。現在は、上元から下元に降りる時期にあたっており、弥勒が龍華会を収集し、上元世界を回復するのだ、と。[20]

フエタム・ホータイのこうした弥勒の役割を強調する龍華会理解は、ヴォン・キムらホアハオ系研究者の一連の教義解釈を踏襲したもののように思われる。しかし、こうした解釈が、二〇世紀に入り、仏教的要素を多分に取り入れつつ独自にホアハオ教が創立されていく過程でとりわけ強調されていったという歴史的コンテキストを考慮に入れる必要があるのではなかろうか。同時に、「宝山奇香仏教」として定式化される以前の教義内容を掘り起こしていくことも必要であろう。

ナム・ティエップが、一八七八年のミト反乱および一八八五〜七年にかけて展開した「勤王」運動においてかかげた「明皇」による統治の出現、自らを「大風」の化身であるとする主張は、弥勒信仰の文脈からは解釈できない宗教観念に由来しているように思われる。フエタム・ホータイに先だってヴォン・キムらの教祖伝承や宗教文献に本格的に取り組み、四宝霊字詩などに表象される宝山奇香の宗教的世界観を分析した宇野公一郎は、「明王」ないし「明皇」が阮朝最盛期の皇帝明命帝を暗示していることを鮮やかに開示して見せた。説得力に富む解釈ではあるが、果たして「明皇」は常に明命の再来として意識されていたかどうかは疑問が残る。宇野は結局、地域や歴史を超えてベトナムに伝統的な王権観念＝「山にひそむ理想王」の観念としてこの「明皇」を理解しようとした。[21]

一九世紀中葉以降のベトナム南部において繰り返し登場した「明皇」観念の性格を理解する上で貴重な示唆を与えているのは、フエタム・ホータイによっても紹介された仏領期の植民地統治文書資料であろう。そこからは、「弥勒」とも「山にひそむ理想王」とも異なる宗教観念を読み取ることができるように思われる。一九三三年、フランス植民地の保衛局(Sûreté)は、僧侶を密偵として「七つの山」に送り込み、「修仙教」に関する以下のような情報を入手した。

五公教は自らを「修仙教」と呼ぶ。その祖師はチャウドック省のオンケット山の山頂付近で厳格な修行を行った。五公教は禁欲的な宗教生活と実践を守っているが、その祈りや教義面では、明らかに仏教に属していた。

彼は病気の治療に従事し、とりわけ子供の病を癒すことを重視したことから、多くの民衆が彼に帰依することとなった。信徒たちはチャウドック省の七つの山付近に西安寺を建てた（この寺は現在もなお存在する）。人々は祖師をこの寺に迎え入れ、「仏祖」と呼んだ。「仏祖」は乙卯（一八五五）年八月十二日、七〇歳で世を去ったという。

……

「仏祖」は信徒の中から七〇名の使徒を選び、三角形の形をした五公旗を授けた。五公旗には五公を見出すことができる。寺の前で人々は五公を祀った。五公の名は以下のとおりである。

一、東方青帝志公王佛
二、南方赤帝宝公王佛
三、西方白帝郎公王佛
四、北方黒帝化公王佛
五、中央黄帝唐公王佛

信者たちは五公経と仏教の経典を念誦した。健康が回復すると、新たに信徒となった者たちは、五公を壇に祀った。しかし壇にはいかなる神像も置かれることはない。ただ焼香するのみである。[22]

修仙教にかかわるこうした伝承は、若干のズレを残しているものの、基本的にヴオン・キムら二〇世紀以降のホアハオ教の宗教理論家たちが紹介する「西安仏師」の開創伝説と一致している。五公旗を

〈写真1—3〉
四恩孝義派の僧侶。フィーライ・タムビュー寺にて。1999年2月。

七〇名に配布したとする「仏祖」がドアン・ミン・フエンを指していることは言うまでもない。ドアン・ミン・フエンらはコレラなどの疫病の治療に、志公・宝公・郎公・化公・唐公からなる五公の事跡を紹介した中国の『五公経』に描かれる各種の呪符を用い、かつ五公信仰を自らの宗教教義の中に積極的に取り込んでいったのである。フエタム・ホータイは前掲資料を紹介しながら単に五行思想の影響を指摘するのみで、宝山奇香と五公信仰との結びつきについて十分な分析を行ってはいない。

ナム・ティエップの創始した四恩孝義派においてもまた、『五公経』が重視されていた。前掲『陰隲孝義経』においても、「志公」「唐公」「宝公」「化公」「朗公」の五公が登場しているし、バーチュック社のフィーライ・タムビュー寺において、『五公救劫真経』(抄本)そのものが伝承されていたことを筆者は確認している。

五公信仰から生まれた『五公経』は弥勒下生説とは系統を異にする中国独自のメシアニズムとして、連綿として受け継がれてきたものであった。『救劫経』で強調されるのは、(一)「下元末劫」、(二)「黒風巡世」、(三)「佩符免劫」、(四)「明王出世」といった諸観念である。そこでは、「下元甲子」に入ると、衆生は悪事をなし、上下ともに利に走り、互いに争奪を行い、老若あい攻撃し合う末劫の世界が現出する。その際、天は「黒風」を世界に巡らせ、「悪人」の除去を目指す。志公符など五公符を所持する者はこうした「黒風」から生き延び、理想の帝王たる「明王」の統治を享受することができる、と説かれた。

以下に紹介するフィーライ・タムビュー寺本『救劫経』も、簡略化されているとはいえ基本的には同じ内容である[23]。附載されている五公符には、「此符断諸悪気、帯者百事大吉、刀兵不傷、横死不染、劫賊滅亡、瘟疫離郷」と記され、符には悪気を断ち、戦火や疫病から身を守る効能があることが強調される。また、黒風劫の到来と五公符による生存、明君の統治というモチーフも一貫している。

寅卯之年七月七日七夜、発六万鬼兵従東方行、百種悪病黒風起、七日七夜大雨雷電万民留一半、惟有吾符帯者読吾経者、更念観世音菩薩名号方過此難、得見太平年。戌亥相連逐戊己見明君金陵帝起。

［大意］

寅卯の年、七日七夜にわたり、［天は］六万の鬼兵を発して東方より進ましめ、百種の悪病・黒風を巻き起こす。七日七夜にわたり大雨雷電がつづき、万民のうち生き残るのはわずか半数のみ。ただわが符を帯びわが経を読む者、さらに観世音菩薩の名を念ずる者のみこの難をやり過ごし、太平年《りそうのよ》を迎えることができる。戌亥から戌巳にかけて明君が金陵に即位するのを見るだろう。

ドアン・ミン・フエンが五公旗を配布し、ナム・ティエップが自らを「大風」の化身と説いたのも、こうした五公信仰を前提としてのことであったと思われる。理想の帝王「明王」の出世を待ち望むこうしたメシア信仰は、ベトナム南部に宝山奇香が成立したのとほぼ同時期に、中国の民衆運動においてもしばしば登場した[24]。

一九世紀中葉の中国貴州省に広まった燈花教においては、宗教家自身が五公の一人と称して、「貴賤貧富といった一切の枠が消失し、すべての物質的な欲求が満たされる」理想世界が出現すると説いて、抑圧された苗族など少数民族を含む多くの民衆を惹きつけていた[25]。

近年、中国南部の天地会について詳細な分析を行ったハーレは、これまで紹介してきた五公信仰に見られるメシア信仰を、鬼神論的救世主信仰（The Demonological Messainic Paradigm）と規定した[26]。ハーレは、このメシア信仰は、個人の道義性を強調する仏教的終末論とは対照的に、世界が鬼神の侵略を受けた後に、理想の帝王による「太平」世界が出現することを強調しており、道教儀礼に起源するととらえた。

メコンデルタの宝山奇香およびその分派である四恩孝義派は、不安定な開発村状況や植民地化の過程で生じた政治的混乱状況を、こうした東アジアの民衆信仰のパラダイムを用いて解釈しなおし、フロンティアでの開墾生活や反仏抵抗運動などを担いうる新たな意味の枠組みを引き出していったのだと言えよう。

結びにかえて

これまで紹介してきた『五公経』などの各種の民衆宗教経典は、主として福建・広東地区からベトナム南部に移住した華人を通じてベトナムに将来されたものであったと考えられる。ナム・ティエップらベトナム人の宗教家たちは、それらを現地の社会状況に即した形で解釈し直していったのである。

しかし、一八八七年にアンディン村は解散に追い込まれ、抵抗の指導者たちも逮捕・追放され、村の寺廟も破壊を受けた。[27] その後、村落の復興、フィーライ・タムビュー寺の再建も果たされるが、宝山奇香系宗教による反仏抵抗運動は、それ以降、下火となったとされる。植民地化の進行とともに、反仏を担うべき阮朝が傀儡化していく中、復国の論理も失われていかざるを得なかったのである。しかし、南部一帯には、その後なおも根強く新皇帝到来を待ち望む民衆心理が存在しつづけたことも事実であった。

たとえば、一九〇五年、ビエンホア省においては、啓示を受けたグエン・ヴァン・メーが次のように宣言する事件が起きている。[28]

〈写真１―４〉
潘赤龍写真。ANOM GGI/65527

自分はある夢を見た。ブッダが自分の前に現れ、自分が明皇（光り輝く皇帝）であること、自分が安南の人々を、敵や病気・恐ろしい野獣などの邪悪から守る神聖な使命を有すること、安南の人々に平和を確保するために、自分がコーチシナの王となり中国・日本・シャムの諸王と協力することを宣言するよう命じた。

理想の帝王の出現を期待するこうした民衆心理を前近代的なものとして片付けるのは容易である。しかし、理想社会への期待が高まれば高まるほど、植民地支配の現実に批判的なまなざしが向けられるようになるのも自然なことであった。事件の詳細な分析は別の機会に委ねたいが、一九一三年、「大明国治位潘赤龍皇帝」を自称し、天地会系秘密結社を糾合し反仏蜂起を試みたファン・シック・ロン（潘赤龍）の反乱未遂事件もまた、メコンデルタ西部一帯の民衆に生き続けた理想の帝王の出現を期待する心情を背景として登場したと解釈することができるのではなかろうか。

ファン・シック・ロンことグエン・ヴァン・ロックを皇帝に担ぎ出したチャウドックの小麦商人グエン・ヴァン・ヒエップが逮捕後、取調官に対して与えた返答は、皇帝擁立が単なる野心的な政治権力掌握願望に由来するものではなかったことを示しており、興味深い[29]。

答――そうです。私はいつも潘発生《ファン・ファット・サイン》（潘赤龍のこと：引用者）を皇帝と考えていました。

問――この人物はすでに占い師稼業をしたことで有罪となったチョロン警察の巡査の息子だ。彼は父親から恨まれていた。こんなやつでもお前は皇帝と考えるのか？

答――首をはねられるまで、そうです。私は潘赤龍が生まれながらにして王の資質を持ち、彼を皇帝と見なしてきました。彼は胸に代々皇帝と彫り込んだ記章をつけています。

問――誰かにヨーロッパ人に投げつけるために爆弾を手渡されたら、お前はそれを投げたか？

答――はい。それを投げたでしょう。

問——そのために身の破滅を招くことを知っていてもか？

答——危険なことはわかっていますが、それでも爆弾を投げたでしょう。私は人々を疲弊させる重税をかけていることからフランス人を憎んでいます。さらに、フランス人は様々な犯罪を取り締まろうとしません。その結果、ここ数年、わが婦女子の間に「堕落した女子」を生んでおり、他の文明民族の恥となるでしょう。私は命を犠牲にするつもりです。不平を持っているのは私だけではありません。私は苦しみを訴えているすべての人々の代弁者となりたいのです。政府は、税を軽減し人々を苦しませないことで住民の安全を保障してほしい。その時には謀反も叛乱も減るでしょう。

植民地支配が進展する中、「明王」の統治のもとで理想社会が実現されるとする五公経的世界観は、より純化された形で、宝山奇香さらには四恩孝義派などベトナム南部の民衆宗教に根づいていたのである。

---

1 Sơn Nam, *Cá Tính Của Miền Nam*, Saigon, NXB Đông Phố, 1974.（ソン・ナーム『南の性格』サイゴン、一九七四年）宇野公一郎「〈宝山奇香〉初探～ベトナム宗教運動研究（一）」『民族学研究』四三巻四号、一九七九年、Tai, Hue-Tam Ho, *Millenarianism and Peasant Politics*, Harvard University Press, 1983.

2 高田洋子「スコット・ポプキン論争をめぐって」『東南アジア：歴史と文化』第一四号、一九八五年、一八三～一八七頁、および岸本美緒「モラルエコノミー論と中国社会研究」『思想』七九二号、一九九六年、などを参照。

3 藤原利一郎「ベトナム歴朝の対華僑政策」『史窓』四八号、一九九一年。

4 高田洋子・ブロシュ、ピエール「広大低地氾濫原の開拓史～トランスバサックにおける運河社会の成立」『東南アジア研究』三九巻一号、二〇〇一年。

5 Trung tâm Lưu trữ Quốc gia II（ベトナム国立第二文書センター）、Hồ Chí Minh, S.L.1742, 原文は以下の通り。「永清鎮鎮官為飭知事。茲承傳示内敘。照得。從前清船來商、城轄常有搭客、毎艘多者五六百人、少者不下三四百。迨至回帆之日、不過舵工水手七八十人而已。餘皆留來訪尋親眷散居於鋪面及各社村市肆、或以商賈為業、或以農圃謀生。一年之中不下三四千人、且該等原系空手而來、窺見城轄乃肥饒之地、山沢利溥、易於生涯、故居聚日繁。」

6 Sơn Nam, *Tìm Hiểu Đất Hậu Giang & Lịch Sử Đất An Giang*, Hồ Chí Minh, NXB Bến Tre, 2006, tr.71. および嶋尾稔「明命期（一八二〇〜一八四〇）ベトナムの南圻地方統治に関する一考察」『慶應義塾大学言語文化研究所紀要』二三号、一九九一年、一七五〜一九一頁、を参照。

7 『明命政要』巻二十四、撫辺。

8 ベトナム南部初期抗仏蜂起については、（越）陳輝燎（范宏科・呂科訳）『越南人民抗法八十年史』三聯書店、および、Trần Thị Thu Lương- Thành Phương, *Khởi Nghĩa Bảy Thưa (1867-1873)*, Hồ Chí Minh, 1991. を参照。

9 Tai, Hue-Tam Ho, *op.cit.*, pp.44-49.

10 ソン・ナームは、ライン（Lành）が陳文誠の誠（Thành：タイン）の訛音であり、陳文誠の教えの意味だとしているが、牽強付会の感を免れない。村民生活の安定を指向していた宝山奇香の道徳主義を象徴する表現であると見るべきであろう。Sơn Nam, *Cá Tính Của Miền Nam*, sđd, tr.43.

11 Vương Kim, *Bửu Sơn Kỳ Hương*, Saigon, Long Hoa, 1966, tr. 15.　ただし、Dật Sĩ và Nguyễn Văn Hầu, *Thất Sơn Mầu Nhiệm*, Saigon, 1972, tr.95. は、カンボジア・ベトナム国境の地点に位置するゾイ（モクバイ附近）に生まれた、としている。

12 Dật Sĩ và Nguyễn Văn Hầu, *sđd*, tr.95.

13 Đinh Văn Hạnh, *Đạo Tứ Ân Hiếu Nghĩa của Người ở Nam Bộ (1867-1975)*, NXB Trẻ, tr.60.

14 L'Inspecteur Labussière à M. le Gouverneur, Vinglong, le 12 Mai 1878, ANOM, GGI/11934.

15 Lettre de M. Moulins, Mytho, 4/7/1878, Correspondence : Cochinchine Occidentale (Annam), *Les Missions Catholiques*, 1878, pp.409-410.

16 Trần Hồng Liên, *Phật Giáo Nam Bộ từ thế kỷ 17 đến 1975*, NXB Thành Phố Hồ Chí Minh, 1996, tr.36.

17 Rapport général de la fin d'année du Gouverneur Filippini, mai 1886-1887, ANOM, FM/A20 (21).

18 Télégramme. Chaudoc, le 20 Mai 1887, Soulèvement d'An-dinh. Envahissement du territoire cochinchinois aux environs de Chaudoc. 1887, ANOM, GGI/11935.

19 L'Administrateur de Chaudoc Rougeot à M. le Gouverneur, Chaodoc, le 1er Janvier 1885, ANOM, GGI/11933. 原文は以下の通り。「二人の反乱軍の入植地は、多くの安南人・中国人・カンボジア人から構成されており、ナム・ティエップというチャウドック地区の人物の、もう一つは、バー・ラック・サウという現在チャートットにいる人物の指揮下にある。小舟の買い付けのためにタントットに行ったカントー地区の安南人商人が反乱軍に入った。」

20 Tai, Hue-Tam Ho, *op.cit.*, pp.27-33.

21 宇野公一郎、前掲論文。

22 Nadaut, à M. le Directeur des Affaires Politiques et de la Sûreté Générale, Hanoi, Saigon, le 17 mai, 1933, Tu-Tien: Secte religieuse de Cochinchine et d'ailleurs, ANOM, GGI/65539.

23 跋には、「南無正僧道師　証明。　天運壬子年十月二十六日奉　完奉至此五巻、第一百三年　歴史道係派仏教四恩孝義三教道居士　男姓裴詩」とある。

24 中国における五公信仰および民衆宗教運動とのかかわりについては、拙稿「〈明王出世〉考～中国的メシアニズムの伝統」『老百姓の世界』七号、一九九一年、一～二五頁、を参照。

25 その典型的な例は、一八五五年、中国西南の貴州省東南部で起こった苗族反乱に登場した燈花教に見ることができる。たとえば、民国『都匀県志稿』巻十五、官師傳、張鴻軒「書鹿壯節公軼事四則」には、次のように描かれる（拙稿「清末苗族反乱と青蓮教」『海南史学』二六号、一九八八年、参照）。

五公経は道光（一八二一～一八五〇）の末年に盛行した。……老匪は公といい、著名なものに唐・郎・保・字・化の五人がいるので、五公という。出向いた先で常に巨碗に燈を燃やす。公と呼ばれた老匪が〔燈に〕指さし呪文を唱えると燈は俄に車輪の如く大きくなる。老匪は蒲の燈光に身を投じて趺坐すると、蒲の外にはみ出た穂焔が匪の顔を金色に照らし恰も仏が蓮台の上に座っているかの如くとなる。故に、また燈花教というのである。侍者は〔公に〕拝跪し、禍福を問い医薬を求める。時に的中することがあると、次のように宣言する。

今や黄道が支配者となって世界を再び造りかえ、五公が〔地上に〕降凡し衆生の苦厄を救度するのだ。汝等は但だ吾が法に帰依すればよく、生計にあくせくする必要はない。三数年の間に天魔が〔地上に〕下降し生人は殃（わざわい）に遭うであろう。〔その時は〕飯があっても食べる人なく、衣あっても身につける人もないのだ。惟だ私の教えに従う者だけが五公の庇護に与れ、魔害を受けずにすむのだ。この時こそ、黄道世界なのであり、貴もなく賤もなく、貧もなく富もない。取るも求めるも一切お前たちの意のままなのだ。

26 Haar, Barend J., *Ritual and Mythology of the Chinese Triads: Creating an Identity*, Leiden, E. J. Brill, 1998, pp.224-262.

27 アンディン村のフィーライ・タムビュー寺は、一八八六年から九〇年にかけて、七回にわたり建物が破壊されたが、その度に収復されたという。その持続力と民衆の支持の強さに驚かされる。

28 Rapport de l'Inspecteur des services civils charge de l'enquete sur les événements qui se sont déroulés au village de Vinh-Cuu (Province de Bien-Hoa) le 12 mai 1905, ANOM, FM/INDO/NF/447.

29 Extrait de l'interrogatoire récapitulatif de Nguyen-Van-Hiêp, ANOM, RSC/492.

［凡例］

以下の略称を用いる。

ANOM: Anchives Nationales d'Outre-Mer

第2章

二〇世紀、先天道の広東・香港からベトナムへの伝播と変容

游　子安

（倉田 明子 訳）

はじめに

先天道は清代初期、江西出身の黄徳輝によって開かれたもので、清代の公文書には「青蓮教」「金丹道」と称された。[1]初期先天道は主に江西省、四川省などにおいて活動していたが、道光癸卯（一八四三）から咸豊年間（一八五一〜一八六一年）に湖北省を経て広東省に伝来した。清末民初には全国的に広まった上、東南アジア地区にも伝播し、先天道が創設した道堂、斎堂は二〇世紀前半には顕著な拡大傾向を見せた。一九五六年に発表されたある文章には以下のように述べられている。

清末民初に至り、海上交通が開けてますます便利になると、各地の仲間のうちから遠く海外へと渡航してゆく者が日に日に増加していった。……福建、広東両省からは、香港を窓口として香港からベトナム、タイ、ミャンマー、インド、そしてシンガポール、マレーシア、〔ボルネオ島〕サバ州、フィリピン、インドネシア、モーリシャス、南

アフリカなどの地域に広く拡大していった。最近では各地の道院の数は、香港、九龍が四〇カ所あまり、シンガポール、マレーシアが七〇カ所あまり、タイが六〇カ所あまり、インドネシア、安南〔ベトナム中北部〕にそれぞれ一〇カ所あまり……となっている。[2]

香港と海外の道堂の多くは「嶺南道脈」の流れを汲むもので、清遠蔵霞洞や飛霞洞、錦霞洞、紫金紫霞洞、羅浮山朝元洞などの道堂がある。「現在香港、マカオや海外各地に偏在している乾坤道侶のほとんどは嶺南道脈に属しており、長い歴史と伝統を持っているというべき」なのである。[3] 蔵霞洞と錦霞洞は香港先天道にとっての祖堂であるだけでなく、東南アジアの道堂の主要な源流の一つでもあった。[4] 清末民初に開かれた飛霞洞と紫霞洞はさらに「内外に分化し」、遠く南洋にまで赴いて道堂を開いている。たとえば、一九一四年にタイで開かれた復陽堂がそうである。[5] 林万伝は「タイの先天道は万全堂広東教区の配下にある。……〔林法善は〕同治一〇年（一八七一）に清遠県隅山峡伯公坑に蔵霞洞を創始し、広東の諸洞の祖となった。……民国三年（一九一四）、朱存元がタイを開拓し、バンコクに復陽堂を設置した」と指摘している。[6] 民国初期には飛霞洞の

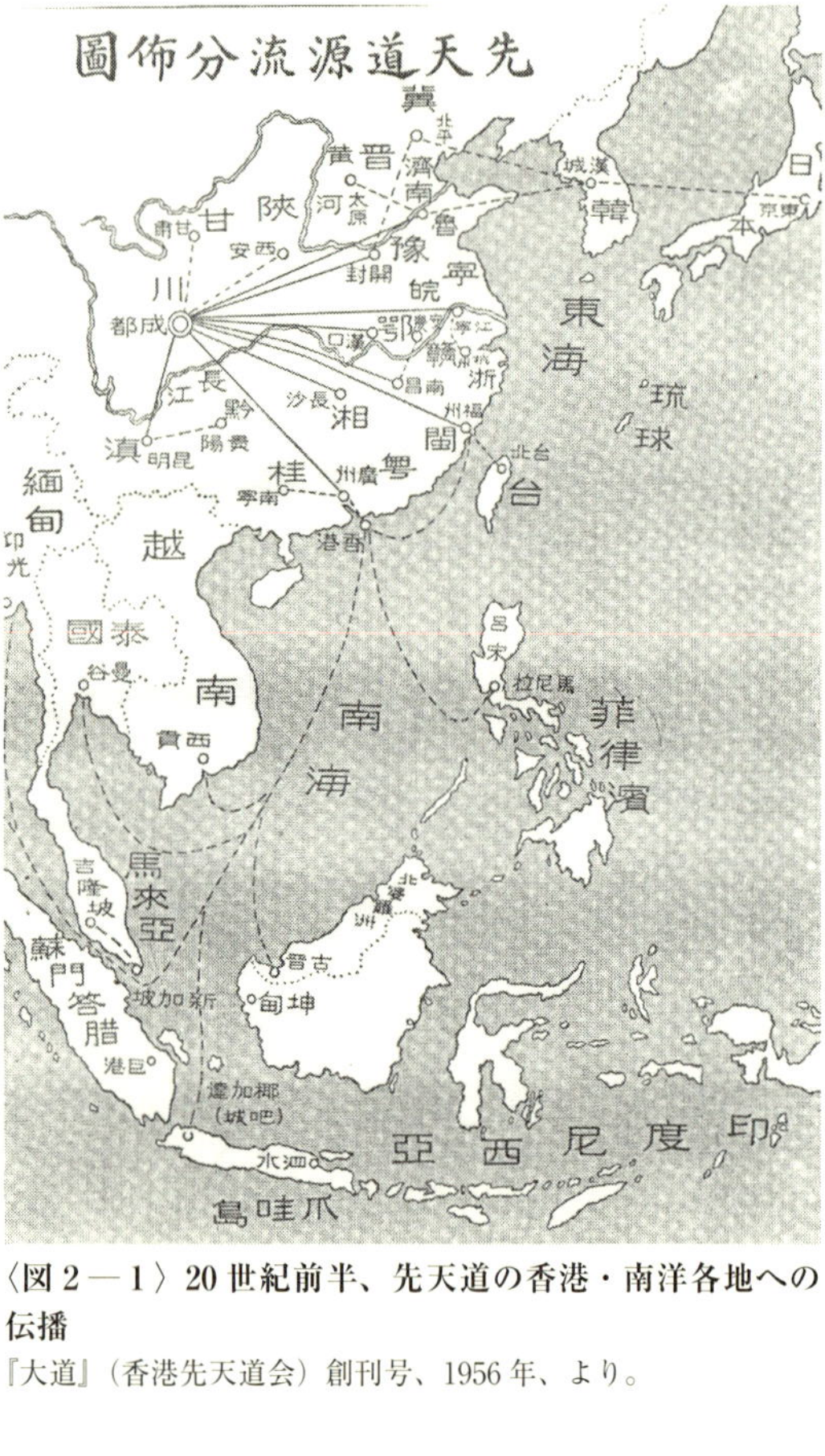

〈図2—1〉20世紀前半、先天道の香港・南洋各地への伝播

『大道』（香港先天道会）創刊号、1956年、より。

創始者麦長天が「さらにシンガポール、ヤンゴン、安南、上海などに赴き、数十もの道堂を設立した」という[7]。蔵霞精舎が香港とベトナムに建立されたということは、広東清遠県の蔵霞祖洞の分派がそこに成立したことを意味しており、それぞれの地で「総堂」としての役割を果たした。本稿ではこの「蔵霞」の流れを汲む道堂を中心に、二〇世紀に広東・香港からベトナムに伝播した先天道について検討する。

本稿は以下の七節によって構成される。（一）まず資料の出所について簡単に述べる。引用される資料には、二〇〇二年と二〇〇八年に筆者が広東省清遠県およびベトナムの先天道の道堂でフィールドワークをした際に得たインタビューや碑文の写しも含まれる。また、とくにベトナムの郭道慈編『南宗仏教先天道刊録』、香港先天道会編『大道』および星洲大光仏堂与飛霞精舎刊『道脈源流記』などは主要な参考文献である。（二）嶺南「蔵霞」の流れを汲む道堂について、清遠県の蔵霞洞（一八六三年創立）から香港の蔵霞精舎（一九二〇年創立）に至る発展の過程を述べる。（三）一九三〇年代以降、香港とベトナムの間で信徒の往来が密接になり、永楽洞と蔵霞洞永安堂という道堂が畢昌惺によって両地に建てられた。現在でも香港とベトナムの信徒は互いに助け合っており、二〇〇七年に香港で挙行された一二日間にわたる羅天大醮では、先天道総会が壇を取り仕切る団体の一つとなったが、比較的年が若く中心的な役割を担ったのは蔵霞洞永安堂から来た信徒たちであった。（四）当初ベトナムに開かれたのは坤堂や斎堂ばかりで、団結することがなかったが、蔵霞精舎が一九四九年に建立されると、指導者的役割を担うようになり、他の道堂の修理や先天道の墓園の造成、カンボジアでの道堂の開拓などが行われた。また組織的にもかなり整備されており、経懺組、音楽組なども置かれた。（五）ベトナムにおけるその他の先天道堂、飛霞洞月庚堂や、（六）東初祖の流れを汲む光南仏堂について述べる。東初派はベトナムで相前後して四〇カ所以上の道堂を復活させており、その活力と新しい夜明けの到来を示している。（七）ベトナムの先天道の道堂の特徴を総括し、すなわち先天道の雲城七聖を祭る悠久の伝統を継承しつつも、ベトナムの地方信仰とも融合していること、また堤岸会館などの華人団体と密接な関係があることなどを指摘する。

先天道は人の本性は善良であるとし、〔人は〕みな瑶池金母が世に落とした九六億の根本の種子であったが、世に降って人となると種々の欲望に欺かれ、元来の本性が惑わされ、もともと持っていた根本にあるものを失ってしまった。すでに「後天」に落ちてしまったので、本来のあるべき所に帰り、「先天」を修復せねばならないのであって、そうすれば生涯を終えた後、瑶池に帰ることができる、とする。[8] ハノイの妙南堂にある一九三一年に書かれた扁額「福菓円成」（保大壬申冬）は、この教えを解釈したものと見なすことができる。一九九〇年に香港龍慶堂の羅智光が書いた、ホーチミンにある蔵霞洞永安堂の再建された牌楼の対聯には、先天道の主要な教義が言い表されている。

西華証妙沢降瑶池百千万劫宝筏仍撑慈恩浩蕩、
東土分霊性迷欲海九十六億原根待悟至道玄微
《西華は、妙なるめぐみが瑶池に降り、百千万の災いにも宝筏〔仏法〕が支えとなり、慈悲と恩恵が果てしなく与えられていることをあきらかにし、
東土には、たましいが分かたれて欲望の海に迷う九六億もの根本の種子が、悟りを得、奥深い道に到達できるのを待っている》

修行の方法としては、先天道は三教合一を主張しており、儒者の礼を実践し、仏道の戒律を守り、老子の道を修練するとされ、内丹の修練、および善を行い徳を積むこと、三帰五戒を守ることが最も基本的な戒律である。[9] 個人の内面的修練の他にも、先天道は外部に向けて功徳を積むことも重視しており、たとえば香港の先天道は初期には多くの公益事業に参与していた。一九一八年に香港島の競馬場で起きた大火災で六〇〇人が亡くなった時、東華医院は善男善女の義捐金を集め、〔広州の〕鼎湖山慶雲寺の高僧や広州応元宮の道士らを招いて壇を設け法要を営んで、死者の魂を救済したが、[10] この時祭事を執りしきった道堂の中には先天道派の万仏堂、芝蘭堂も含まれていた。また、一九四〇年代には先天道の道堂は香港で先天道養老院や児童のための作業所などを開設している。[11]

資料の出所：ベトナムでの先天道道堂調査について

香港とベトナムの間では互いに同道の縁を結び、信徒が往来して壇を創設し、法事を主催するなどした例は非常に多い。たとえば潮州の達濠に起源を持つ香港の金蘭観の前壇主であった卜応天は、唐代の章貢の人で、風水地理の大家であったが、金蘭観の現在の道長によれば、卜祖師は一九七四年に東南アジアのフランス植民地地区〔ベトナム一帯〕の「守主」に任命され、観務を取りしきる壇主〔の神位〕は龔中成祖師が引き継ぐことになったという。[12] 近代以来、ベトナムはフランスの植民地時代〔一八八四〜一九五四年〕、ベトナム戦争〔一九五九〜一九七五年〕の動揺の時代を経て、一九七五年にベトナム戦争が終結し、翌年南北が統一されるという歴史を経た。一九七九年以降、ベトナム政府は自由に人々を国外に逃亡させ、ある道長が言うところの「黄金と自由を交換する」風潮が広まり、大量の難民が香港に流れ込んだ。たとえば一九八〇年に創立された飛雁洞仏道社は、このような時代背景と関係がある。創立者の劉氏はもともとメディア界のベテランジャーナリストであったが、偶然、ある水上生活をしていたベトナム人の青年が呂祖の霊媒をする能力を持っているらしいと耳にした。彼を訪ねた劉氏はその特別な能力を深く信じ、判断のつかない問題についてその青年に何度も教えを請うた。数カ月後、青年は劉氏と三〇名の仲間に呼びかけて〔香港の新界東部の〕西貢の南圍で集まり、呂祖による扶鸞を示して劉氏に道場を開くよう求め、「飛雁洞」という名前を与えたのである。[13] また、現在ホーチミン市の主要な道観である慶雲南院は、やはり広東省の南海〔現・仏山市南海区〕の茶山慶雲洞に源流を持ち、そこから分岐したものである。一九三〇年代、「茶宗」の流れを汲む信徒たちが香港で通善壇を創立し、その後、信徒たちがベトナムに「全慶堂」を建てた。祥和法会を開催したことによって名を馳せた「全慶堂」は、一九四二年に土地を購入して道観を建て、[14] 祖師が扶乩によって名称を「慶雲南院」と定めたのであるが、これは南方で慶雲の流れを継承するという意味であった。[15] 通善壇で法会が行われるたびに各地の慶雲派の信徒が動員され、ベトナムからは陳礼誠、譚少舫、鄭希甫らの信徒が赴いて法事を執り行っている。このことからも慶雲派の信徒たちが〔南海の〕九江、ベトナム、香港の慶雲派の諸道観を広く行き来していることが分かる。[16]

ベトナムにおける道教の現況については、王卡がかつて「越南訪道研究報告」の中で主に真武大帝、文昌帝君、関帝、呂祖を祭る玄天観や玉山祠、慶雲南院などの道観を紹介しているが、先天道の道堂についてはほとんど言及していない。[17]一般の人々はあるいはトプレイ（M. Topley）や林万伝といった学者の研究の影響で、今や先天道は台湾、香港やシンガポールなどの地域にしか存在しないと考えているかもしれず、ベトナムやタイにおける先天道の歴史や現況といったものは埋没してしまっているようにも思える。またある学者は一九世紀以来、道教はベトナムでは「すでに衰退に向かった」と考えている。[18]しかし筆者が研究している慶雲南院や先天道の道堂は二〇世紀になってから創立されたものである。武内房司は、一九世紀末、先天道の教義は関連する経典、たとえば漢喃研究院に所蔵されている『瑤池王母消劫救世宝懺』『重刻破迷宗旨』などとともに雲南からベトナムに伝播したと指摘している。[19]この『重刻破迷宗旨』〔漢喃研究院図書館VHv1095〕の前書きには「儒童老人著、後学の門人である化育子、棄塵氏が校閲し、後学の李元音が重刊す」、さらに「水一老人の孫東南子が重刊す」とある。『祖派源流』の記載によれば、水一老人とは彭依法のことで、「北方水精古仏の化身であり」、『心印妙経真解』『悟性窮源』『率性闡微』『破迷宗旨』[20]『八字覚原』などの書物を著してこの世を感化したという。[21]先天道や、呂祖を信奉する慶雲道派の視点から見れば、ベトナムにおける道教にとって二〇世紀は伝播の「開始」の時期なのである。

筆者は常々、先に引用した一九五〇年代の文章では「インドネシア、ベトナム中北部にそれぞれ一〇カ所あまり〔道堂があった〕」とされていたが、その現在の状況はどのようなものであろうか、と考えてきた。そしてまず突き当たったのが、どのようにしたらベトナムの先天道の道堂と接触できるであろうか、という難問であった。なぜなら香港の信徒からはベトナムの道堂の名前はほんのいくつかしか聞くことはできなかったからである。二〇〇七年八月、筆者はタイの先天道総堂や万玄仏堂などの道堂で調査を行い、その際、呉道深太師からベトナムの蔵霞洞についての具体的な状況について教えられ、ベトナムで調査を行う計画を立てようと考えるようになった。[22]その後ちょうど二〇〇七年に香港で挙行された一二日間にわたる羅天大醮において、先天道総会が法要を行う団体の一つとなっており、[23]香港の信徒以外に

〈表2―1〉ベトナムにおける先天道道堂の2008年度調査の結果

先天道堂の名称	ベトナムでの創立年（現在地に創建または再建された年）	道脈の起源（祖洞の創建年）	道 派	主 神
永徳堂	1920年以前（1970年）	清遠蔵霞洞（1863年）	水祖藏霞	観音
飛霞洞月庚堂	1928年（1972年）	清遠飛霞洞（1911年）	水祖飛霞	金母、釈迦、三官
蔵霞洞永安堂	1930年代（1950年、2001年）	清遠蔵霞洞 香港永楽洞（1932年）	水祖藏霞	金母、玉皇
安慶堂地母廟	1942年（1953年）	清遠蔵霞洞	水祖藏霞	金母、水母、地母
蔵霞精舎	1949年（1969年）	清遠蔵霞洞	水祖藏霞	三教聖仏、観音
敬聖堂	1951年頃（1953年）	清遠蔵霞洞	水祖藏霞	観音、関帝
玉泉洞宝福堂	創立年不詳	西樵玉泉洞	不詳	金母、玉皇、仏祖、呂祖、地母
光南仏堂	1920年	羅浮山朝元洞（1873年） 香港極樂洞（1905年）	東初祖（金祖）朝元洞	金母、三清、玉皇、釈迦
妙南堂[25]	1931年	羅浮山朝元洞	東初祖朝元洞	金母、観音、呂祖、地蔵

主力としてベトナムのホーチミンにある蔵霞洞永安堂の信徒が来ていたため、その場を借りて永安堂の道長と面識を持つことができた。こうして二〇〇八年一二月二〇日から二五日にかけて、筆者はホーチミンおよびハノイにおいて蔵霞洞永安堂、蔵霞精舎、月庚堂、敬聖堂、安慶堂地母廟、永徳堂、玉泉洞宝福堂、光南仏堂、妙南堂など九カ所の先天道系の道堂を訪問した[24]。今回の調査結果を〈表2―1〉に示しておく。

この表にある先天道の道堂はすべて一九五一年以前に建てられ、一九七〇年代に入る前に場所を変えて、あるいはもとの場所に再建されている。一九三〇年代前後にはすでに最初の先天道の道堂として永徳堂、永安堂、月庚堂、そして海防三和堂が建立されており、一九三五年に香港で賓霞洞が開かれた時には海防三和堂が来賓として祝辞を述べ、対聯を贈っている[26]。中でも一九四九年に曽漢南の支援のもとで郭道慈がサイゴン〔一九七六年にホーチミンと改名〕に蔵霞精舎を創建したことはとくに見識高く、重要なこととされ、後にその地位はベトナムにおける蔵霞の流れを汲む道堂の「総堂」に等しいものとなったのである。

清遠蔵霞洞の創立から香港蔵霞精舎の創立まで（一八六三〜一九二〇年）

香港、タイ、ベトナムにおける先天道道堂のうちの一系統は水祖に由来する。[27]広東における先天道の分派は水祖によって始められたもので、「三花が五炁に伝えた」とされる。「五炁」とはすなわち、謝承景、陳煉性、黄文早、陳復始、林法善の五名である。「七聖があまねく救済する任につき」、五老はその「継承者」となったが、水公老人である彭依法によって「広東における先天道の分派が起こった」と言われている。[28]『道脈源流記』には以下のような記述がある。

広東の分派は彭依法水祖に始まり、謝承景師、陳煉性師、黄文早師、陳復始師に伝えられて湖北省から広東省清遠に入り、林法善師に伝えられて清遠嵎峡山に藏霞洞が開かれた。さらに李道栄に伝えられて、清遠岐山岑坑に錦霞洞が開かれた。[29]

咸豊年間に先天道の湖北省における祖師陳復始が広東省に入って布教し、清遠県の儒者林法善を帰依させ、同治二年（一八六三）に資金を集めて蔵霞洞を建立し、先天道の広東分派の発祥地となったのである。陳復始と林法善の師弟の努力によって広東の先天道は発展することになった。[30]中でも蔵霞洞と錦霞洞の創立は非常に重要であり、「北に蔵、南に錦、ともに生命を養生する」と言われたほどで、香港先天道堂の源流と言うべき道堂である。残念ながら錦霞洞は一九六三年に取り壊され、石碑がわずかに二つ残されているだけである。[31]

二〇年以上の開拓期を経て先天道は広東にしっかりと根を下ろし、光緒年間には林法善が教えを伝えた弟子の朱翰亭が積極的に蔵霞洞の建設を進めた。光緒一四年（一八八八）には山の下に埠頭が開かれ、信徒の往来が便利になり、光緒一九年（一八九三）から宣統二年（一九一〇）の間に観音殿、報本祠、三官廟、玉帝楼、君廟、古仏聖真殿などが建てられた。蔵霞洞で最も早期に建てられた建物は三仙殿で、中には三田和合樟柳楡祖師が祭られている。つまり清遠蔵霞洞の主神は、実は三田祖師なのである。「その洞は唐代の大仙樟柳楡三田祖師を祭っている」とある通りである。[32]香港の先天道道堂は多くの神々を祭っているが、もし樟柳楡三田祖師を祭っていれば、そこは確実に蔵霞の流れを汲んでいる。蔵霞精舍、万仏堂、桃源洞、尚志堂など一四カ所の香港の道堂がこの清遠蔵霞洞の系統である。現在見ることのできる『蔵霞集』『蔵霞本源集』などの書物がその源流について記している。[33]

蔵霞の流れを汲む各地の道堂で「蔵霞」と命名されているところは、香港、ベトナム、インドネシアなど、いずれもその地域の「総堂」となっている。ベトナムとインドネシアの蔵霞精舍はいずれも曽漢南の支援のもとに創立されたもので、「〔民国〕三二年（一九四三）冬、重慶の総会長は香港、タイ、ベトナム、マレーシアなどの地域の道務を視察するよう命じ、三七年（一九四八）には出国して香港からタイ、ベトナム、シンガポール、マレーシアの各地をくまなく視察した。またインドネシアの各都市にも出かけ、ジャカルタのマンガ・ブサールに土地を購入して道堂を建て、自ら蔵霞精舍と記した」という。[34]二〇〇二年に筆者は先天道の道長とともに清遠県を訪れたが、蔵霞洞の報本祠に祭られている位牌の中には、蔵霞洞や香港先天道堂の昔の師友のものだけでなく、タイの万全堂、ベトナムの蔵霞精舍、シンガポールの仏道堂などの師友の位牌も祭られており、この道派の系統がはっきりと示されていた。香港の蔵霞精舍の現在の建物は一九二〇年に建てられたもので、創始者である朱翰亭〔別号は広霞〕は清遠の蔵霞洞の創始者である林法善が教えを伝えた弟子であって、先天道堂の中でも非常に高い地位を占めている。「歴葉根源」によれば、朱翰亭は「道広」と号されており、広東の「道」の字輩の第一一番目の伝承者であるという。[35]蔵霞精舍の上層の主殿には三教の創始者である老子、釈迦、孔子が祭られており、三聖の神像が右側の台座に祭られ、太歳、灶君と「三田和合樟柳楡仙」も祭られている。蔵霞精舍は一九二〇年に開かれたが、その時のお祝いに贈られた対聯の一つは「安南永徳堂」など一八の道堂からのものである。

清遠の祖堂で一九五〇年代から一九八〇年にかけて宗教活動が禁止されていた間、[36]香港の蔵霞精舍は極めて重要な地位にあった。「以前は先天道の中・高位の首長が滞在していた」と言われており、[37]筆者がインタビューによって知り得たところでは、一九五〇年代には二代にわたって家長が蔵霞精舎に出入りしており、たとえば江道泓はタイから香港に来て蔵霞精舎に滞在し、先天道養老院などの道務を預かっていたという[38]。現在の住持徐昌真は一九四四年にその地位についたが、以来弟子は門下に満ち、各地の道堂へと出かけていったのだという。その後一九九七年から二〇〇二年にかけて、香港の蔵霞精舎が先頭に立って清遠の祖洞を再建し、樟柳楡三田祖師を蔵霞洞に祭った[39]。

香港蔵霞精舎の正面の広間には「雲城七聖」が祭られており〔香港の道堂で現在七聖の塑像を祭るのはここだけである〕、「三期の救済を始めた祖である」とされている。首座が玄天上帝、続いて関聖帝君、孚佑帝君、文昌帝君、観音大士、黄龍真人、主壇真人の順である[40]。筆者の調査では、ホーチミンの敬聖堂、永徳堂にも「雲城七聖」の神牌が祭られている。『先天道近況及其分佈』によれば、道光二三年（一八四三）、「金母は玉皇に命じて雲城を建てさせ、七聖にこれを司らせて、三教を合わせて人々を救い、この世を救済するとの主旨〔を示し〕、はっきりと規律を定めた」という[41]。梁少伋はさらに明快に以下のように述べている。「無極宮の大勅命についての文章は『雲城宝籙』に収められている。清の道光庚子年（一八四〇）のころ、雲城は三期の救済を開始し、九六〔億の〕霊の根本にすぐに〔金〕母のもとに帰るよう命じ、とくに七聖に救済するよう命じて、百年以内に協力して救済を完成させようと考えた。……三期の救済が開始されると、後天の陰陽の中から命令を受けた五名の継承者、劉依道、彭依法、陳依精、安依成、林依秘が現れ、この五老が規律を書き写し、天と人とが協力し、天に代わって教えを広め、祖が救済を完成するのを助けることになった。そしてそれぞれの担当に分かれて条規を頒布し、天に代わって布教した。……[42]」この『雲城宝籙』を見れば、蔵霞精舎が七聖を祭っているのには根拠があることが分かる。この書物の中の『普度規條』には「七聖」とは「玉清師相真武大帝、玉清内相孚佑帝君、玉清上相関帝、玉清上相文昌帝君、観音古仏、黄龍真人、主壇真人」であると書かれている[43]。

上述の「雲城ははっきりと規律を定めた」ことに関しては、まず一八四三年の漢陽会議について述べておかなければならない。王見川の分析によれば、これは先天道が整え直され、扶乩によって組織と指導者を定めたもので、これ以後、省ごとに分かれて布教を開拓していったのである[44]。道光二五年三月（一八四五年四～五月）の記録によれば、道光二三年（一八四三）に李一沅と彭超凡〔水祖彭依法〕らが「湖北省漢陽府の城外にある孟家巷に壇を設けて扶乩を行った。漢陽を雲城と称したので、壇の名は紫微堂といった。無生老母が乩に降るよう願っ〔て設け〕たものである。同じ教えに帰依していた湖南人の朱という者が呼応してこの大いなる道〔教え〕を成し遂げようと人々を救済したので、この朱という者に「中立」という法名と、「化無」という道号を与えた。またその紅の朱という文字から、「牛八」を秘密の呼び名とした。この年の一二月、李一沅らはまた武昌の洗馬池に新しい壇を設立し、朱中立を総教主とした。さらに彭依法ら五人を先天の中の五行とし、ともに湖北で雲城と洗馬池の二カ所の壇を管理した」という。[45] 温至中〔東初祖系の第二八代祖師〕は著書『飄然真義宝筏』の中の「五行十地解説」において「老母は玉皇に命じて漢陽に雲城を設立し、天と人とが相見えた。老母自ら降臨し、七聖が中心となり、五行が協力して、十地がともに管理した。……これがすなわち救済を完成させる天の機会であり、天と人とがともに話し合って定めた決まりである」と述べている。[46]

一九四九年に中国の政権が変わり、先天道の信徒たちは南の香港へと移っていった。先天道が香港で発展することになった契機は、中国内地の政局と密接に関わっていた。「総会の中枢は百年余りにわたって四川省に置かれてきたが、最近大陸で政変があり、……現在総会を香港に移転する作業を行っている。……総会を香港に移転させる理由は非常に簡単である。一つには香港は大陸と辺境を接しており、ここに最高機関があれば大陸の人々の教えに帰依しようとする心をつなぎ止めることができるばかりか、将来〔大陸で〕再び復興に向けて働きかけるのも容易だからである。また二つめには、香港は極東の交通の要所であり、往来が便利であるので、内には大陸と連絡を取る窓口となり、外には東南アジア各地に向けて発展してゆける、実に最も理想的な場所なのである。三つめには、香港には道堂も非常に多く、四〇カ所はくだらない。信徒の多さでは海外各地の先頭に立っており、しかも大陸から避難して香港にやってきている道門の主要メンバーも多く、手近なところで復興計画の策定に賛助することができる」とあるとおりである。[47]

両粤十地であった李寅初〔道会〕は香港に来て「尚志堂にとどまられ、香港に総号を設立し、それによって道統を保たれようと尽力された」[48]が、李氏は一九五二年に亡くなり、曽漢南がその遺言に従って総会を立ち上げた。曽漢南（一八九七〜一九六七）は広東省梅県南口郷の人で、「民国三〇年（一九四一）に頂航運級に昇格し、蜀都総会の命を受けて南洋での道務を視察することになり、香港、タイ、ベトナム〔安南〕、シンガポール、インドネシアなどの異国の地に慈しみの教えを伝え、様々な方法で善を示し、親切心で極力忠告し、道内の様々な規律をすべて取り上げて何度もそれを厳格に守るように勧め、処世の進退如何についてはよくよく熟慮してから行動するように教えた。さらに〔インドネシアのヴァタビアの〕マンガ・ブサールに土地を購入して道堂を建て、蔵霞精舎と名付けて、三教の深遠な教えについての研鑽を牽引し、広く大道の要理を述べ伝え、信徒の縁を広く結び救済への道を大きく開いた。民国四一年（一九五二）、香港に戻った。……内外の情報が隔絶されたため、四川総会であった宋老太師は曽老太師を最高位に昇らせ、天盤を掌握するよう命じ、こうして時宜に適うようにさせた。〔曽は〕九龍に総会を設置し、道務の遂行が滞らないようにし、さらに『大道』を創刊して道務を広く述べ伝えた[49]」。

一九四九年当時、先天道を指導していた宋道剛は中国大陸に残っており、「職権を行使することができなかったので、香港に移っていた広東地任の曽道洸〔漢南〕に家長の職務を継いで先天道の道脈を保つよう手紙を書き[50]」、一九五二年に曽氏が第二九代の家長となったのである。その後先天道総会は香港に移り、万安堂と名付けられた[51]。一九六七年に曽漢南が「帰空」〔死去〕すると、香港の「六七暴動」による緊張した雰囲気の中、江道泓がタイから香港に来て後を継いだ。なお一九七九年に総会はバンコクに移り、万全堂が建てられている[52]。江道泓太師（一九二三〜一九八四）は字を慧光といい、広東省潮州普寧県の人で、三州紫霞派の系統の育潮堂の流れを汲んでいた。その育潮堂の起源は清遠錦霞堂八賢堂の流れを汲む育賢堂である。一九八四年に江道泓太師が「帰空」すると、呉道深太師が家長の任を継承し、今に至っている。

筆者はかつて、堂宇の数から言えば、一九六〇年代から一九七〇年代にかけての時期が先天道の最盛期であると指摘した。この五十年来、堂宇の開幕以外でも香港とタイの信徒の往来は非常に緊密で、一九六〇年代の後半までに先天道堂はタイで一〇〇カ所近くにまで増加した[53]。

起源を同じくするベトナムの蔵霞洞永安堂と香港の永楽洞（一九三〇年代）

一九三〇年代以降、香港とベトナム間での信徒の往来が緊密になり、たとえば永徳堂が曽昌艶と方昌静によって創建された後、方昌静は香港に来て観塘に永勝園を建てており、一九七三年に政府によって取り壊されるまで活動を続けていた。[54] また、ベトナムの敬聖堂の住持である潘昌静姑婆（一九一二〜二〇〇五）は一九六六年に香港に戻り、新蒲崗に敬明堂を建てており、ちょうど郭道慈が香港にいたので、郭がこの新しい道堂のために神位を安置して「申表」の儀式を執り行った。[55] このような中でも最もよい例は、永安堂と永楽洞であろう。香港、ベトナムのいずれの堂も畢昌惺によって創始されたものである。畢昌惺の父畢明機は広東省の花県の人で、畢昌惺と次節で述べる一徳堂の畢昌桂姑婆とは「兄弟弟子」である。この堂の歴史については、堂内の鏡扁にある「重新建築永安仏堂之叙文」に見ることができ、また上下の対聯には「永く新居に善良なる信徒を迎え、楽堂に安居して縁ある人々を迎える」とある。叙文には以下のように述べられている。

永安仏堂の創設は畢昌惺大姑婆によって始められた。当時は経済的な問題があって金銭が欠乏しており、贅沢を尽くすことは困難で、木造一間の建物を建てられるほどしかなく、一間で四役を兼ねてかりそめに縁ある人々を迎え入れる場所とした。さらに計画を立て、数名の同人の緊急の援助を受けてやっとこの善行を成し遂げることができた。そこで我が姑婆は中国も外国も救済しようと力を惜しまずに勤め、願いをますます高く持ち、あちこちに教えを述べて祖の救済を助けた。そのため大いに救済の道が開かれ、広く信徒の縁が結ばれたので、〔畢昌惺姑婆は〕先人を継承して後人を啓発することにその身を献げた。不幸にも民国二八年（一九三九）に亡くなられたが、教えの大綱を継承するにふさわしい女性として黄昌鳳がおり、彼女も身を尽くして怠ることなく教えを述べ広め、人々を救済した。しかしこの木造の建物は永い年月を経てすでにぼろぼろになっており、建て直さなければ倒壊する危険があった。そこで民国三九年（一九五〇）煉瓦で建物を再建し、永久に存続させることとした。しかし費用は莫大で、一度に支払うことができる額ではなかった。そこで数名の同人からの緊急の援助を受け、はじめてこの善行が成し遂げられた。……

辛卯年（一九五一）四月初八日再建落成の祝いに　妹戚昌耀がつつしんで記す

辛未年（一九九一）初夏吉日後学　黄永基再び記す

二〇〇一年にも永安堂は修理されているが、その際、はっきり「道は蔵霞を継ぐ」と記された木製の扁額が「香港輝煌仏像雕刻公司黄鑑輝」から贈られている。

畢昌惺はベトナムに永安堂を創建するより前に、すでに香港でも永楽洞を創建していた。一九七五年に出版されたある特集には永楽洞について以下のように紹介されている。「永楽洞は九龍の牛池湾村にあり、一九三二年に先賢畢昌醒（畢昌惺のはずである：引用者注）によって創建された。先天道に属し、女性が修行するための清浄な地である。規模の大きな建物と小さな中庭、あずまやのある池がある、花や樹木が茂る俗世から隔絶された清らかで静寂幽邃な場所で、観音大士を祭っている。現在の堂主は龍昌錦である」[56]。龍昌錦が「帰空」した後、

〈写真２—１〉ホーチミンにある蔵霞洞永安堂

広東清遠の蔵霞洞の流れを汲み、1930年代、香港永楽洞とともに畢昌惺姑婆によって創立された。

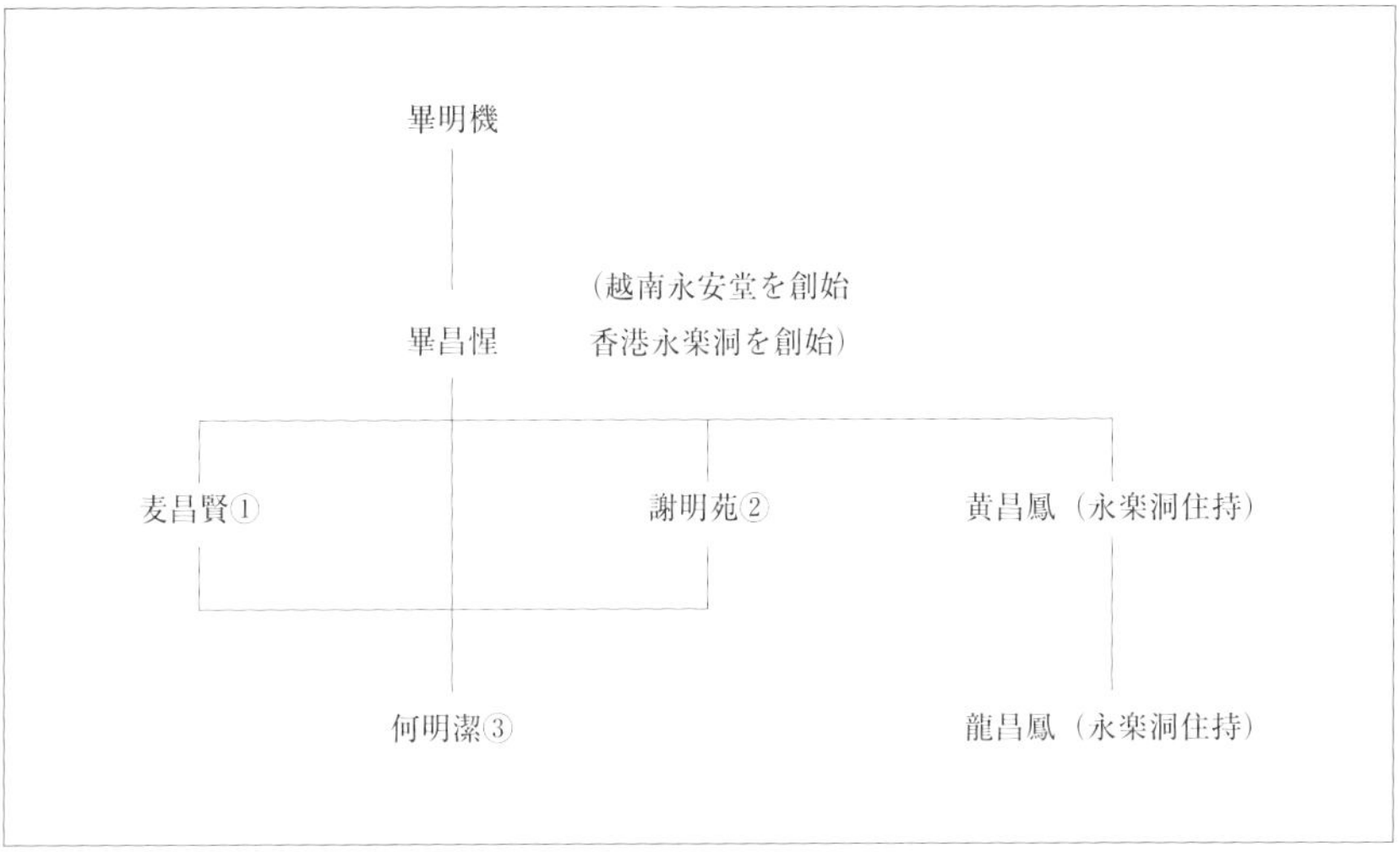

〈図2—2〉ベトナムの蔵霞洞永安堂と香港の永楽洞における系譜

①②③：永安堂の住持である。麦、謝の二氏は1930年代にベトナムに赴いた。
永安堂に祭られているのは、中央が「李道会老太爺神位」、左側が「曽道洸太爺神位」、右側が「桂香上相畢明機師翁神位」および「祀奉南宗先天道能仁善化本堂二代証明師謝明苑三姑婆神位」〔1921～2002〕である。

永楽洞は取り壊され〔一九八〇年代のはじめ頃〕、洞内の金母像はベトナムの永安堂に移された。永楽洞の「斎姑」は新式の高層住宅に移り住み、現在は麦杏蘭〔麦昌賢の姪でかつて香港に来て黄昌鳳と永楽洞を創建した人物〕と黄瑞華の二名の「斎姑」がいる。なお、一九九〇年に永安堂は香港先天道龍慶堂および呂祖を奉じる青松観の援助により牌楼を再建している〔一九七六年に建てられたもので、敷地の領域を「画定」するものである〕。

　永安堂には現在、何潔卿〔明卿、麦昌賢の養女で麦昌賢から経や懺を教わった〕、葉鳳娟〔明安〕、何金蓮〔明潔〕の三名の「斎姑」が暮らしている。何金蓮は現在の住持で、一九五四年生まれ、広東省の中山の人である。八歳の時に父を亡くし、永安堂の初代住持麦昌賢に引き取られ、一九七二年に入信した。二〇〇二年に謝明苑が「帰空」すると何金蓮は途方に暮れてしまい、二〇〇三年、香港にやってきて蔵霞精舎を何日もかけて探し当てた。その年、何金蓮は香港で「天恩」を授けられ[57]、何運鎮、麦永輝、徐昌真〔それぞれ、開示師、保挙師、引進師である〕の三人の師に拝した。一方「証恩」〔「明」の字〕はタイの呉道深太師から授かった。注意すべきは香港の蔵霞精舎の住持徐昌真が何金蓮ら三人の斎姑の「引恩師」になっていることである。『祖派源流』には「咸豊九年四川省で協議の上、道、運、永、昌、明が定められた」とあり、この五文字を振り分けて「道、運、永、昌、明」を〔冠して〕道号とすることとなったが、姑太は「永」の字までしか授かることはなかった。一九七〇年代以来、一部の斎姑は弟子を連れて香港に戻って定住したり〔たとえば桃源洞など〕、あるいはアメリカやカナダに移住した。二〇〇三年以降、香港とベトナムの信徒たちはさらに頻繁に行き来するようになっており、二〇〇四年と二〇〇七年には両地の信徒たちが清遠蔵霞洞において福を祈りよりどころのない魂を救済する〔超幽〕儀式を執り行い、また、羅天大醮においても壇を取りしきった。二〇〇八年には〔香港の〕先天道養老院がツアーを組んで永安堂を訪問している。ここで香港の永楽洞とベトナムの永安堂の系譜について、〈図2―2〉に示しておく。

　ベトナムと香港の先天道はこの二〇年ほど継承〔「守堂」と呼び習わされる〕をめぐる難題に直面している。商売では「創業は難しいが、それを守っていくのも簡単なことではない」などとよく言われ、俗に「三代は保たない」とまで言われるほどであるが、先天道においても近年、継承をめぐる苦境が見られるようになっているのである。敬聖堂がその一例である。一九五一年頃に創設された敬聖堂は、清遠出身の潘昌静〔一九一三～二〇〇五〕が創始者で、現在敬聖堂を管理している陳潔儀氏によれば、潘姑婆は十歳にならないうちに清遠で入信し、十数歳の時にベトナムに行き、敬聖堂を開いたという。第二代の主持陳慧卿〔明の字を授かっている〕が一九七〇年に陳潔儀を養女として引き取り、二〇〇五年に陳慧卿が「帰空」した後、陳潔儀が「在家」の身分で齋堂の管理に当たっているのである[58]。また、たとえば玉泉堂宝福堂は何運好姑太によって創立されたもので、何運好は十数歳で〔広東省仏山の〕西樵からベトナムにわたった。後継者は何卿姑婆であったが十数年前に亡くなり、姪の子供である葉恒賢が後を継いだ。いずれも西樵の人である。葉恒賢の師は慶雲南院周景山の道長で、ともに南海の出身であることから師弟の縁を結んだのである。

南宗先天道のかなめとしてのベトナム蔵霞精舎（一九四九年）

蔵霞精舎は華僑が集まるチョロン〔堤岸〕第五区のファム・ヒュウ・チー〔范有智〕街〔チョロン地区はホーチミン市の第五

区と第六区にまたがっている」に位置している。蔵霞精舎の創設はベトナム先天道の蔵霞派にとって重要な意味を持っており、それ以前の三〇年間に開かれていたのは坤堂だけであったが、「ベトナムの蔵霞精舎はこの間南宗先天道のかなめとなるもので、曽東翁が南巡し、資金を援助して、〔郭道慈〕先生に乾堂を創建させることとし、当地の先天道の各堂に協力を集めて建立された」のである。[59] その後蔵霞精舎は指導者的役割を担うようになり、他の道堂の修理、[60] 先天道の墓園の造成、カンボジアでの道堂の創始、『南宗仏教先天道刊録』の編纂などを行い、また受け入れた弟子は五〇〇人にも達した。創始者である郭道慈は道堂の起源について以下のように述べている。

> 起源は中国の広東省清遠県隅山峡伯公坑蔵霞洞であり、ここは広東省の先天道の祖洞である。さらにその起源は南宗仏教六祖慧能に連なっており、仏、道、儒と諸仏仙真を信奉し、弟子の多くは髪を蓄えたまま修行している。

ベトナムの蔵霞精舎は一九四九年創立、一九五二年に現在の敷地を購入し、一九六九年に現在の姿に再建された。一九八二年には蔵霞精舎は越南仏教会に加入しており、その影響で多くの道堂が前後して越南仏教会に加入した。安慶堂地母廟を例に取ると、ここは一九四〇年代に建立

〈写真２—２〉
「南宗先天道総本山」ともいわれるベトナム蔵霞精舎。2008年撮影。

されたもので、もとは「斎堂」であったが、「廟」として登録しなければ外部で善事や法事を行うことができなくなったため、一九八四年に越南仏教会に加入した。[61] 現在その門額には「越南先天道仏教会」と記されている。一九五〇年以来、先天道は各地区ごとに異なる「境遇」に置かれている。香港では先天道は全真道や他派とともに道教団体と見なされているが、その重要な第一歩は一九六七年の香港道教連合会の成立で、三五の準備委員団体のうち一九が先天道の道派だった。[62] 一方タイでは、先天道の第三〇代家長江道泓太師は一九七九年に総会をバンコクに移して万全堂を建て、「南洋先天仏教総会万全堂」と称した。

蔵霞精舎の組織はかなり整えられており、経懺組、音楽組などがあって、毎月初一日、一五日の諸仏聖真の生誕日には経や懺をあげて世界の平和を祈っている。また様々な社会福利事業にも参与しており、[63] 堂内には、一九六九年に建て替えられた西堤義安会館の落成式典の堂董事会や、[64] 迪吹天后宮の慈善および教育基金から贈られた写真や鏡額が掛けられている。郭道慈の生涯については、林以光の「郭道慈太老師事略」の中で以下のように述べられている。

我が師育田は、法号を純真といい、また永植や道慈と号したが、広東省潮陽県南陽郷坑仔村の人で、一九二二年壬戌の年に生まれた。……一六歳の時に普寧県麒麟鎮発坑村の洞仙巌宝慶寺に入山して修行した。この寺は明代の創建で、老師の先祖である第一二代郭巡按嘉賀公が開いたものであるが、長い間修理されていなかったので、民国甲子年老師の叔母である巧茶、法号は明文、が上海に行って寄付金を集め、全体を新しく再建し、その後この寺は先天道仏教に従って運営されるようになった。……民国己丑年（一九四九年：引用者）春二月、老師は外国に行こうとの志を抱かれ、まずベトナムの叔父のところに寄留したが、肉食者と菜食者が同居するのは良いことではなかったので、チョロン地区の一徳堂の畢昌桂姑婆の招待を受けてその堂内に暮らすことになり、また畢姑婆は煉瓦造りの部屋を一部屋工面してくれたので、そこを仮の布教の場とした。五月、曽東翁が南巡し、老師に乾堂を開き、「蔵霞精舎」と名づけるよう命じられ、この年の農歴八月十一日に設立された。[65]

文中にある一徳堂は一九五〇年の創立で、後にカンボジアに慕徳堂を建てたが、現在はすでになくなっている。また「曽東翁の南巡」とは曽漢南が一九四八年から一九五二年にかけてシンガポール、マレーシア、タイ、ベトナムなど海外の道務を視察したことを指す[66]。蔵霞精舎が建立された後、郭道慈は遠大な計画を立て、順を追って事業の立ち上げと処理を進めて行き、カンボジアに三華堂、本徳堂、養修堂[67]、慶華堂、慕徳堂などの道堂を建て、またベトナムに先天道の墓園を作り、万安精舎などを建て、信徒たちの生活と弔いのために相応の配慮をした。

老師は後学たちがベトナム東部一帯に散らばっていたので、カンボジアに三華堂という道堂を開き、一九五三年癸巳の年、李堂会太老師から証恩の職を授かった。一九六一年辛丑の年、老師は香港に戻って朱道熙太道士から引の字を授かり、一九六六年丙午の年には曽東翁から粤桂保任の地位を授かった。一九六九年己酉の年の一月初九日、老師は中表の儀式を行って頂航に昇格し、同時に天執を数十名に授けられた。この年、蔵霞精舎が建築後長い年月を経て痛みが激しいことから、全体を建て直して階も増やすよう呼びかけ、農歴八月に着工し、翌年一九七〇年庚戌の年の四月に竣工した。また一九七一年辛亥の年には道友からの懇願を受けてビンユン省〔旧ビエンホア省〕のズィー・イエン郡〔己安郡〕に南宗先天道仏教墓園を造り、また万安精舎を建てることとし、一九七二年壬子の年、すべてが完成した[68]。

先天道墓園の造成は「ベトナムの華僑の宗教の中でも先駆的」な事業であったと言われている。また、同時に万安精舎を建てて墓園の管理を行った[69]。一方、蔵霞精舎の建物は三階建てとなった。

正面には儒、仏、道の三教の尊師と観音菩薩を祭り、前方の広間に韋駄護法と諸天仏聖を祭り、龍虎の間には地蔵菩薩、関聖帝君を祭り、左右の房には長生禄位〔生きている人の位牌〕、および道内の弟子たちのそれぞれの祖先の位牌も祭り、丁重に父母を弔い先祖を祭っている。左房は三階建てでおのおのの家ごとに先人の遺骨を安置している。

堂の前には薬局があり、本精舎の主持郭老師が常駐して無料で診療を行っている。老師は香港現代中医薬学院を卒業した。……もし貧しい者があれば、薬を施すこともあった[70]。

一九五〇年代から一九七〇年代にかけて、蔵霞精舎は郭道慈の努力のもとでベトナムにおける道務をかなりの程度発展させることになった。郭道慈は一九六七年から『南宗仏教先天道刊録』の編纂を開始し、一九七五年にはこれとは別に『慶祝表文』を編纂して大いに道統の意味を説き明かした。残念ながら郭老師は二〇〇九年に「帰空」し（カンボジアの清修洞の主持林明益などの弟子は師よりも先に亡くなっている）、最近養女の郭静芳が書記兼助役となったが、道務の継承はまだ明確にはなっていない。

広東清遠県に源流を持つ飛霞洞月庚堂（一九二八年建立）

ホーチミンには「蔵霞」の流れを汲む道堂が八〜九カ所ほどあるが、さらに清遠県の飛霞堂に起源を持つ月庚堂や、羅浮山朝元堂に起源を持つ光南仏堂もある。以下、これらについても簡単に述べていきたい。

月庚堂はベトナムで飛霞洞の流れを汲む道堂の「総堂」とも言うべき場所で、堂内には「開山始祖」として麦長天（道号は昌泰、一八四二〜一九二九）の写真が祭られている。飛霞洞の第二代の住持麦泰開（道号は昌源、一九二三年に後を継いだ）の母親である岑昌珍によって設立された。宣統元年（一九〇九）、岑昌珍は南洋に赴いて道堂を開き、シンガポール、マレーシア、ベトナムに「大光仏堂、飛霞精舎、又飛霞精舎、金華精舎、道徳精舎、圓覚精舎、静室仏堂、月庚仏堂を開いた」という[71]。飛霞洞は麦長天が開いたもので、宣統三年（一九一一）に建設が始まり、一九二八年に完成した。麦氏は三水の人で、若い頃は商売をしていたが、中年になってこの教えに出会って修養し、その真伝を授けられた。地方志によれば、「〔麦長天は〕斎堂を開き、寄る辺のない者や俗世を抜け出したいと思う者たちを住まわせた。法事をしたり、布施や寄付を求めて回ったり、野菜や果物を栽培したり、手作業の仕事をしたりして収入を得、生活の費用をまかなっていた」という[72]。光緒末期に南洋に布教に出かけ、一九二七年には甥の麦泰開を「第二回目の南方への旅の代表者として派遣し、今日に至るまで海外にあふれるほどの朝焼けの光を発し、世界中を照らしている」。麦泰開はその後一八九六年から一九六二年にかけて定期的に南洋を巡回して布教を行い、以後八〇年余りの基礎を築いたのである[73]。麦泰開の弟子の彭聘美の養女である妙慧法師の記憶によれば、麦泰開は海外に一〇八カ所の先天道の道場を開くという大きな願いを立て、積極的に商業活動をして費用を工面しようとし、レストランや靴店、書店などの事業を展開していた。一九六二年に「帰空」したときには、香港やベトナム、マレーシアなどに八〇カ所を超える道場を建てていたという[74]。

トプレイはシンガポールの斎堂についての研究の中で、「これらの斎堂は居住ができる宗教施設で、居住者は禁欲し菜食しなければならない。こうした斎堂の多くは未婚の女性が居住し、また管理している」と指摘している[75]。筆者は清遠の飛霞洞と蔵霞洞で調査を行った際、飛霞歴史陳列館の展示ホールの「はじめに」のところに以下のように書かれているのを目にした。「ここはかつて女性たちの天下だった。……女性たちは南海、番禺、順徳、清遠ほか嶺南地区中からその名を慕って集まり[76]、恋愛も結婚も出産も家庭も財産も棄てたのである」。蔵霞洞も以前は貞烈居、守仁堂、養真廬などの女性信徒のための居住施設があったが、今は建て替えられている。一方、一九六〇年代初めには飛霞洞には数名の七〇～八〇歳代の老女が暮らしていたが、彼女たちはもともと順徳の糸繰りをする糸繰り労働者で、年を取ったので養老のために飛霞洞に入ったのである[77]。飛霞洞の一派の特徴は、蔵霞精舎の郭老師が指摘したように、一九四〇年代以前にベトナムで開いた道堂はみな坤堂だったことである。

先天道は三教の聖神、玉皇上帝、観音、呂祖などを崇拝するが、瑤池金母が最も崇高な地位にある。たとえば清遠飛霞洞は四つの中庭を持つ六階建ての構造を持っているが、二階が三教聖真殿〔仏祖、孔子、老子の三教諸神を祭る〕、呂祖殿、北帝殿、報本祠などで、三階が古仏聖真殿〔中央に弥勒、左側に関帝、右側に岳王を祭る〕、地蔵皇殿、そして金母は六階の最も高い場所にある無極宮に祭られている。香港の道堂は建物の規模が限られているため、瑤池金母を祭るところはあまり多くないが、ベトナムでは普通に見られることであり、月庚堂などはその一例で、三階建ての建物の二階部分に金母が祭られている。月庚堂の歴史については、堂内の『飛霞洞月庚堂重建縁起』という碑文〔一九七二年〕に以下のように述べられている。

……我飛霞〔洞〕は麦長天長老が民国初年、広東北部の清遠県峒峡山黄牛坑に、飛来寺、蔵霞洞と鼎立して建てられたことに起源を持ち、宇内十九福地と称された。はじめ、麦公が光緒年間末期に海外に出て南洋各地を遍歴し、行く先々で歓迎を受けたが、この時ベトナムにも教えの種をまかれ、一九二八年に岑昌珍姑婆が飛霞洞の支系を設立し、月庚堂と名付けた。これが現在の本堂である。その後総堂の主持麦昌源先生が視察に来られ、管理する人材に乏しいのを見て、香港の懺生劉静慧三姑を派遣して代理主持とし、三年後彼女がシンガポールに転任になったので、陳明が主持の職を引き継いだ。数十年に渡ってつぶさに辛苦をなめつつ、木造の建物から二階建ての煉瓦造りの建物に建て替えたが、ごくわずかな人々に修養の場を与えただけであった。……〔その後〕信徒が日に日に増えたため手狭になってゆき、道にいそしみ安んじて生活することが難しくなってきたので、とくに再建に向けて一念発起し、一時の労苦で永遠の安逸を得ることを図ったのである。

ベトナム月庚堂再建委員会

方源斌（何剣鳴）陳明鏸　馬善要　歐陽智煒　黎堯華　林善淩　陳錦馨　陸愛清　麥詠凝（呼びかけ人の名前は以下略）[78]

この碑文からは、麦泰開が香港の懺生劉静慧三姑を派遣して代理主持とし、その後陳明鏸、黎昌堯が順に主持を継承したことが分かる。

飛霞洞月庚堂は、一九六〇年代から一九七〇年代初めにかけては堤岸会館などの華人団体と関係が深かった。たとえば穂城会館〔または広肇会館、俗称を阿婆廟〕という組織がある。ここは天后、関帝、龍母や金花などの諸神を祭っており、一八〇〇年よりも前の建造で〔この年に修理を行っている〕、一九六七年には広肇医院〔現在の阮知方医院〕やナー・ディエウ〔那篠〕に広肇義祠を建てており、天后廟は「広州方言を話す華人から最も重要視されていた」[79]。一九七二年に月庚堂が拡張された際、広肇義祠第五屆董事會、頭頓五幇天后宮、観音亭理事会はそろって横額を贈った。先にも述べたように、飛霞洞は法事の代行などによって収入を得ていた。祖洞には「経生会」が設けられ、「一つには同人に経懺を修練させて将来の事業のために準備し、もう一つには個々人の実際の入り用をみたすことを目指した」という。[80] このため月庚堂はその他の先天道道堂と比べて経懺の儀式の規模が大きく、コミュニティでの法事や醮会などに協力することができたのである。また堂内に張られているたくさんの写真からは、月庚堂が活発にチョロンの「広肇幇主辧万人縁勝会」（二八名の斎姑と建醮委員との合同写真）や、「広肇医院万人縁醮会」（一九六五）、「美萩広肇辛亥年建醮」（一九七一）への参与、「南圻広肇義祠執運先僑骨殖総会」のために超度法事の主催などを行っていたことが分かる。[81] ベトナムの華人は方言と本籍によって広肇、福建、潮州、海南、客家の「五幇」に区分される。芹沢知広の研究によれば、現代のベトナムの会館は一九世紀初めの「五幇」にその起源があり、それぞれ穂城会館や義安会館などを建てた。会館は宗教施設や、歴史的文化的な古跡として、また慈善団体としてなどの様々な機能を持っているという。[82]

月庚堂ではピーク時には堂内で生活する「入份」斎姑は四〇人にも達し、そのうちの一人で香港出身の譚永縁は、一九六七年に入道し、現在も堂内に留まっているという。ただ、一九七〇年代以降、ベトナムの政局の影響で月庚堂の弟子は四散し、多くがアメリカやカナダ、オーストラリアなどに移民してしまい、現在は八、九名の経生が残るだけとのことである。[83]

東初祖の流れを汲む光南仏堂

「蔵霞」、「飛霞」以外の道脈として、香港の極楽洞と天真堂、シンガポールの天徳堂、[84] バンコクの天一堂などの道堂が属する東初祖の一派がある。[85] シンガポール天徳堂が編纂、刊行した『景昱祖師成道紀念刊』によれば、ベトナムで東初祖の流れを汲む道堂には観音堂や普盛堂などもあるという。[86] 東初祖の一派は張廷芬によって始められたもので、「その頃張廷芬は東初と号しており、……三花の管理に従わず、帰根と東初とはそれぞれに道堂を開〔き、新たな道脈を起こす〕

こととした。……張東初は羅浮〔山〕に行き朝元洞を建てて発展させた。帰根は雲南で発展していった」と言われている。[87] 朝元洞は羅浮山華首台の西北にあり、張廷芬の弟子沈性空によって創建されたもので、沈性空の弟子の鞠会通と王裕安がさらに修理拡大して完成させた。[88] 一九三五年に書かれた旅行記によれば、中には「一中精舎」があり、「邑進士鄧太夫子礪侯先生所書」という額があったという。[89] また咸豊年間に「先天教徒の林東初が羅浮にやってきて、同治癸酉年（一八七三）にその弟子沈道文が朝元洞を創始し、孔子、老子、釈迦の三教を祭り、慈善と修養を旨とした。その徒党は南洋各地に分散していったと言われている」との記録もある。[90] 張廷芬は南洋での「功労が際立っており、仏堂を林立させた」[91]。なお、マカオ三巴門の呂祖仙院も羅浮山朝元洞の流れを汲んだ道堂で、光緒一七年（一八九一）の創建である。院内には光緒一九年に作られた碑文があり、「……光緒庚寅春元旦花宵、羅浮山朝元洞の一中精舎にお告げが降り、乩によってマカオに仙院行台を一つ建て、広く衆生を救済し、修道する者たちを受け入れるよう示された。この時我が師は側におり、霊山という道号を戴いてその任を承り、金山や外国の都市で寄付を募り、銀五百両ほどを得た。辛卯年春、余は師から命を受けて下山し、マカオに来て道堂を創建した……」[92]。呂祖仙院の中の大柱には光緒三一年（一九〇五）の対聯が掛けられているが、その句には八仙の名前と事績が織り込まれ、特別の字体が用いられている。[93] 興味深いことに、これと同じ対聯はハノイの妙南堂観音殿の中にもある。

　ホーチミンの第一区に位置する光南仏堂はベトナム東初派の「総堂」で、一九二〇年に呉道章によって開かれた。道脈の起源は羅浮山朝元洞である。呉道章は王道深とともに香港とベトナムを行き来していた。呉錦泉〔号は道章、〈広西省〉北海東辺垌村の人〕は、香港マカオの華人たちに寄付を募って普度震宮を創建した人物である。普度震宮は光緒二四年（一八九八）の落成、北海市の茶亭路にあり、普善堂とも称され、北海地方の人々が寄付を出し合って作った慈善団体である。一九八六年に北海市の文化保護施設とされており、宮内には南向きに三つの殿、すなわち中天殿、金母殿、地母殿がある。光南仏堂に「創始者」である呉道章の位牌と、王道深および陳西林[94]の写真が祭られているが、王と陳の二人は一九〇五年に香港で極楽洞も建立しており、朝元洞と極楽洞が光南堂の祖洞と言うことができる。堂内には保大戊辰（一九二八年）に呉錦泉が書いた「放大光明」の扁額と一九二二年の『光南堂重健〔建〕』の碑文が現存している。碑文には以下のように書かれている。

今、庚申年九月初九日の占いにより、光南仏堂の建造を開始した。それを取り仕切った呉道章はもともと金祖、東祖の天命を承って正中道脈を羅浮山朝元古洞に伝えた。龔瑞庭祖師のご命令を受けてここにやってきて、道務を十一年間にわたって掌った。今やその働きも完了し、ここに信徒たちの芳名を刻み、その大いなる徳に感謝するものである。……

壬戌年拾弐月吉旦立置

光南仏堂の陳運如老師へのインタビューから分かったことでは、ベトナムの東初祖派は普済、宏済、徳済の三派に分かれており、光南仏堂は徳済派に属し、呉道章を師公としているとのことである。一九七五年から三〇年間宗教活動が停止したが、ベトナムの東初祖派は近年、四五ほどの道堂を回復した。その多くはベトナム中部にあり、二〇〇八年には「南宗仏堂明師道教会」として登記された[95]。光南仏堂は多くの経書を所蔵しており、清静山人著『原道正義論』〔羅浮山朝元洞蔵板、光緒乙未年（一八九五）李西航等重刊〕、『樵阳経』〔宣統元年（一九一一）重鐫〕、

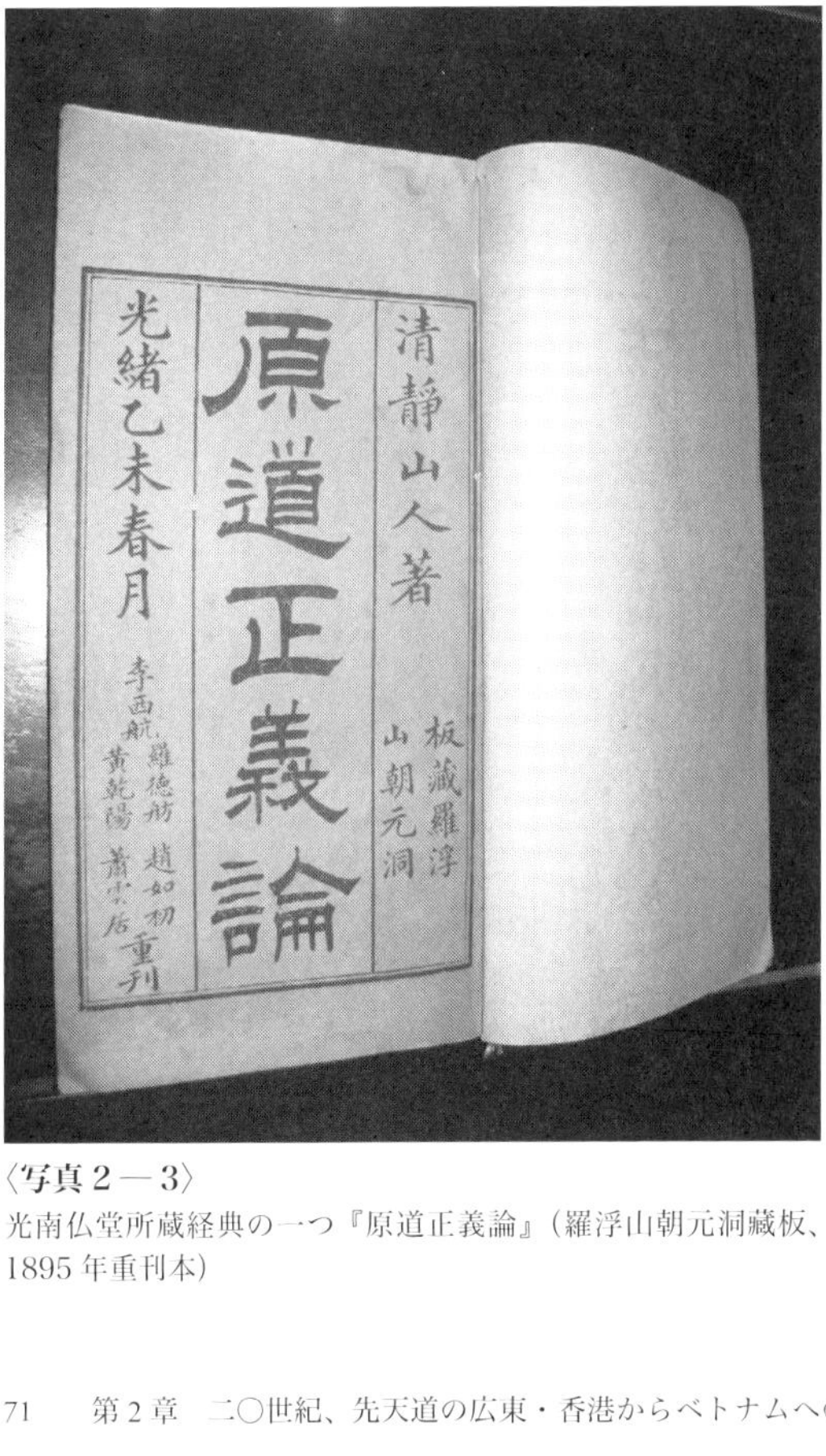

〈写真２―３〉
光南仏堂所蔵経典の一つ『原道正義論』（羅浮山朝元洞蔵板、1895年重刊本）

『慶祝表文』〔羅浮山朝元洞蔵板〕、『玉露金盤』、『玉皇真経誦本』〔一九六一年重刊〕、『玉皇洪慈経』[96]等がある。このように多くの玉皇の経書が刊行されたことや、ホーチミンの玉皇廟に東初派の信徒たちが残した痕跡からは、玉皇信仰がベトナムの先天道においては顕著であったことが見て取れる。玉皇廟は光緒年間に建立された廟で[97]、二階の観音殿には先天道の信徒から送られた光緒乙巳年〔一九〇五〕の木製の扁額「仙仏儒宗」があり、また大柱には「東初が華夷の大道を開闢し、祖師が外国に修行に行くよう命じられた」という内容の対聯がかけられている。さらに廟内には劉道源や張道新といった先天道の師の位牌も祭られているのである。

結論　ベトナムに伝播した先天道の特徴

以上のことから、ベトナムの先天道道堂は以下のような特徴を持つと言える。

（一）源流を忘れていないこと。永安堂、月庚堂、宝福堂は堂名の前にそれぞれ蔵霞洞、飛霞洞、玉泉洞という「祖洞」の名称がついており、その源流を忘れていないことが分かる。多くの道堂が一九八〇年代以降越南仏教会に加入したとはいえ、先天道の雲城七聖を祭るという悠久の伝統は絶えていない。清末民初のころ、雲城七聖の神像は田邵邨が清末に梧桐山に開いた梧桐仙洞〔現在の深圳市塩田区〕に祭られており、「この仙観の地は藜園の鄭廷貴の子孫の紳士や耆老が土地の証書を差し出してできたもので、数十間にも及ぶ広さの建物が建てられた。上座には七聖帝君が安置され、……二段に分かれた台座から恵みの慈雨が降り注いでいる」、と述べられている[98]。雲白七聖の神像は香港では蔵霞精舎でしか祭られておらず、ホーチミンの敬聖堂、永徳堂などの道堂でこの伝統が保持されているというのは、実に得難いことなのである。また、三田和合樟柳楡祖師は清遠蔵霞洞の主神であり、「蔵霞」の道脈であることを示す重要な印であるが、二〇〇二年、謝明苑は「帰空」する前に永安堂の後継者に対し、適当なところを探して三田祖師を祭るようにと言い残し、トゥドック〔守徳〕区の五幇天后宮が三田祖師の神牌を祭ることにしたということである[99]。この他、光南仏堂、妙南堂は二〇〇八年に「南宗仏道明師道教会」を公式に組織したが、ここからも「道教」団体としての本来の姿から脱してはいないことが分かるのである。

（二）様々な神を祭っていること。ベトナムの先天道道堂はその地方の信仰とも融合しており、たとえば安慶堂の殿内には金母とともに水母、地母も祭られているが、水母というのは現地特有の色彩がやや強い神で[100]、当地の母道教と関係が深い。また柳杏聖母は柳杏公主、崇山聖母とも呼ばれ、ベトナムの民間信仰において「その他諸々（諸位）」の神の系列に位置付けられる神である。ベトナムの「その他諸々」の神の系列というのは道教の天、地、水の「三官」から派生してきた[101]。三官大帝はベトナムの先天道道堂ではよく祭られており、安慶堂以外にも飛霞洞月庚堂、永安堂などもそうである。またハノイの妙南堂では瑤池金母、観音、呂祖の他にも歴史上の英雄である岳飛や陳興道も祭られている[102]。なお、ベトナムの「新興」宗教であるカオダイ教は一九二六年に創始されたもので、道教、仏教、儒教、キリスト教、そして伝統的な民間信仰を融合させた教義を持つが、玉皇や関帝など神々の体系は主に道教に由来している[103]。このカオダイ教とベトナムにおける早期の先天道伝播との関係も今後検討してゆく必要がある[104]。とくにカオダイ教の内部にある諸派の一つに「先天派（Tien Thien）」があることは注目に値する[105]。

（三）華人団体との関係を保持していること。一九五〇年代から一九七〇年代初めにかけてベトナムの先天道道堂は堤岸会館など会館、宗親会、廟といった華人団体と密接な関わりがあった。たとえば飛霞洞月庚堂は「広肇医院万人縁醮会」に参与していたし、蔵霞精舎はホーチミンの郭氏宗祠理事会の臨時事務局となっていたこともあった。

（四）棄て児を育て、法事（経懺）で生計を立てていること。中国の伝統的な善堂は棄て児や孤児、寡婦に収容施設を提供してきた。たとえば光緒四年（一八七八）に成立した香港保良局は誘拐の風潮がはびこるのを止め、女性や子供を保護し「保赤安良（赤子と若い女性を守ること）」を旨とした。香港の道堂は一九一四年に天真堂を開き、孤児や寡婦だけでなく他の道堂で高齢に達した斎姑たちも収容した。政府の定めた条例や戦争状態の中、ベトナムの先天道道堂の多くも孤児や棄て児の収容を行った。たとえば永安堂の何金蓮と何潔卿は最近も一〇名の養女を迎え入れている。収入を維持するため、たとえば永安堂では、精進料理のレストランの経営や念仏、法事などが収入源となっており、一晩懺を唱えると九時間で二〇〇万ドン（約一二〇米ドル）になるというが[106]、これは華僑の葬儀では先人への供養が必要であることと関係している。また、道堂では信徒のために祈福、讃星礼斗法会〔正月一五日、七月一五日、一〇月一五日等〕も行われる。しかしベトナムの先天道道堂では蔵霞精舎と永安堂にしか経懺組は設置されていない。他方、比較的規模の大きい慶雲南院では経生は五〇人ほどいる。一方、香港の先天道道堂では法事によって生計を立てるところは非常に少ない。

（五）通用表文と新たな増補表文の編纂について。ベトナムで広く用いられている通用表文には光緒一六年（一八九〇）泰源堂重刊『慶祝表文』、光緒一六年康寧堂刊『粤境恩』[107]、および光緒二七年（一九〇一）刊『応用呈奏』などがあり、先天道系の道堂で賀誕上表するときに用いられている。『粤境恩』はホーチミンの永安堂、敬聖堂、安慶堂地母廟などに広く流布しており、ベトナムと広東・香港の道脈のつながりの一端を見ることができる。中でもやや特徴的と言えるのが、郭道慈が編纂した『慶祝表文』で、現在よく見られるのは光緒年間の刊本なのであるが[108]、郭氏は巻末に道乾、道文、道之、道回、道清、永齢、道広、道容、道会、道憲、運同の諸先師の表文を増補している[109]。なお、東初祖一派が使用している『慶祝表文』は、光緒二〇年（一八九四）「（王）裕安氏重刊」、羅浮山朝元洞蔵板のものである。

先天道の二〇世紀前半の発展の過程において、それまでの中国内での省を超えた伝播以上に後の時代に深い影響を与えたのは、間違いなく香港と東南アジアにこの教えが根付いたという点においてである。一九五三年に中国での道務が停止し、近年では入信者が日に日に少なくなり、信徒たちが年を取り、道堂が閉じられたり三宝が別な堂に移して祭られたりということが起きているが[110]、香港と東南アジア地区の先天道は半世紀にわたってバトンを受け継いできており、また助け合って祖堂を再建してきた。道堂の数から言えば、三〇年間の宗教活動の休止を経てベトナムの東初祖派は現在四〇以上の道堂を快復しており、一筋の希望の光をもたらしているとも言える。また経生の継承という面から見れば、ベトナムの蔵霞精舎と永安堂には経懺組があり、経生の人数は限られているとはいえ、相対的には彼らは若い。たとえば二〇〇七年に香港で行われた羅天大醮において香港先天道総会は法要を行う団体の一つとなったが、ここにベトナムの蔵霞洞永安堂も参与しており、二〇名余りの経生のうち約半分はベトナムから来ていたのである。さらに建築物の面から言えば、ベトナムの永安堂の三楼ではちょうど大悲楼を建設中で、観音を祭ることになっており、また香港でも現在急ピッチで沙田の先天道養老院に新たに土地を開き、三教大殿を建設中で、金母と三教の聖神を祭ることになっている。つまり総じて言えば、いかに困難な環境や政局の中にあっても、先天道の道脈はやはり継承されてきているのである。なお、本稿で見てきたようなベトナムと広東・香港の道脈の継承の他にも、先天道の広西・雲南とベトナムとのつながりの問題、ベトナムの先天道道堂と堤岸会館などの華人団体の関係やその社会的役割の問題、また先天道のベトナムにおける土着化の過程や現地の信仰との融合の問題など、今後研究してゆくべき課題も残されている。

付記　本稿は The French Centre for Research on Contemporary China (CEFC) および Ecole Francaise d'Extreme-Orient (EFEO) によるプロジェクト "Religious Movements and Redemptive Societies in the 20th Century Chinese World" の助成を受けた研究成果の一部である。

1　青蓮教については、浅井紀『明清時代民間宗教結社の研究』研文出版、一九九〇年、三八七～四二三頁、および武内房司「清末宗教結社と民衆運動――青蓮教劉儀順派を中心に」神奈川大学中国語学科編『中国民衆史への視座』東方書店、一九九八年、一一一～一三三頁、および荘吉発『真空家郷、清代民間秘密宗教史研究』文史哲出版社、二〇〇二年、三一六～三三三頁、を参照のこと。

2　「先天道近況及其分佈」『大道』創刊号、香港先天道会、一九五六年、一一頁。

3　曽道洸「蔵霞古洞源流紀略」『大道』第二期、一九五七年、三四頁。

4　広東、香港における先天道についての研究は、志賀市子「先天道嶺南道派の展開」『東方宗教』第九九号、二〇〇二年五月、および游子安「香港先天道百年歴史概述」黎志添編『香港及華南道教研究』中華書局、二〇〇五年、を参照のこと。

5　『道脈源流記』星洲大光仏堂、飛霞精舎一九四九年印、三四～三五頁。

6　林万伝「泰国先天道源流暨訪問記実」王見川編『民間宗教』第一期、南天書局、一九九五年、一四〇～一四一頁。タイにおける先天道の概況についてはこの論文が参考となる。

7　洪少植『賓霞叢録』賓霞洞、一九四九年、四七頁。

8　詳しくは、一九一三年に文殊菩薩が広東仏山の明安堂に降臨して記したとされる「従後天以復先天論」(『功果新編』「土卷兌部」、香港芝蘭堂「聖凡全撮」)四～六頁、を参照のこと。羅智光「代先天道答美国密西根大学人類学系講師桑安碩士問題十三則」、『香港道教連合会新厦落成特刊』香港道教連合会、一九七五年、七三頁。

9 『礼本』林万伝『先天大道系統研究』龔巨書局、一九八六年訂正二版、第一篇、五九〜六二頁、および同上、第二篇、五〜六頁、一六頁。

10 李東海『香港東華三院一百二十五年史略』中国文史出版社、一九九八年、七五頁。

11 先天道堂が行った慈善事業については、拙稿「道教与社会：二〇世紀上葉香港道堂善業歴史」黄清連主編『結網三編』稲郷、二〇〇七年、一三三〜一三五頁、一四三〜一四四頁、を参照のこと。

12 『金蘭特刊 戊子年三八周年紀念特刊』香港道教金蘭觀『金蘭特刊』編輯部、二〇〇八年、二一頁。

13 飛雁洞創立の由来については、王純五『天師道二十四治考』附録「香港飛雁洞尋根弘道記」四川大学出版社、一九九六年、一〜二頁、および游子安主編『道風百年』道教文化資料庫、利文出版、二〇〇二年、三〇四頁、を参照のこと。

14 茶山慶雲洞は一八九九年に創立された呂祖を祭る道堂である。詳しくは仏山市南海区民族宗教事務局編『南海市宗教志』二〇〇八年、七四〜七六頁、を参照のこと。

15 慶雲南院の道長である周景山氏へのインタビュー。二〇〇八年一二月二一日。周景山道長は一九一〇年生まれ、南海の九江の出身で、一九三一年にベトナムに移住した。

16 詳しくは「照片類・越南南院」香港通善壇理事会編刊『通善拾編』一九四八年、頁番号なし、を参照のこと。

17 王卡「越南訪道研究報告」王卡『道教経史論叢』巴蜀書社、二〇〇七年、四二七〜四六五頁。また、参考として陳耀庭『道教在海外』福建人民出版社、二〇〇〇年、八二〜八八頁、を挙げておく。

18 許永璋「論道教在越南的伝播和影響」『史学月刊』二〇〇二年第七期、河南人民出版社、一〇二頁、一〇六頁。

19 武内房司「中国民衆宗教の伝播とヴェトナム化——漢喃研究院所蔵諸経巻簡介」板垣明美編『ヴェトナム——変化する医療と儀礼』春風社、二〇〇八年、一八三〜一九七頁。

20 『破迷宗旨』は香港の先天道堂も重刊しており、香港道徳会福慶堂版本では巻頭に「破迷宗旨序」が、巻末には「破迷宗旨原跋」が附されている。筆者蔵。

21 『祖派源流』漢口万全堂蔵板、一九三六年、岡山万全國術館、一九八五年印、四一〜四四頁。

22 タイの万玄仏堂に行った呉道深太師へのインタビュー。二〇〇七年八月三日。

23 香港承壇宮観総覧・先天道総会」（香港道教連合会『羅天大醮』香港道教連合会、二〇〇九年）一八八頁。

24 調査グループのメンバーは筆者の他、志賀市子、危丁明、鍾潔雄、黄偉良の各氏の計五名であった。

25 妙南堂がハノイにある以外は、残り八カ所すべての先天道系道堂はホーチミンにある。

26 洪少植、前掲書、一〇頁下段、七六頁下段。対聯は今も賓霞洞内に掛けられている。

27 たとえば先天道堂に流布している『雑用表文』（一九五九年重印、万安堂〈先天道総会〉存版）には題に「水法祖師著」とある。

28 『明道宝箴』仏山成善堂、一九三七年第一次刊、一九五九年第五次刊本、五四頁。
29 前掲『道脈源流記』三三頁。
30 曽道洸、前掲文「蔵霞古洞源流紀略」三四頁、および陳月桂「名山洞府話蔵霞」『清遠文史資料』第六期、一九八七年一二月、二五〜二六頁。
31 清遠市地方志編纂辦公室主編『清遠県志』一九九五年版、八五四頁。
32 田邵邨『道脈総源流』一九二四年序、一九八二年重印、一七頁。
33 蔵霞洞の建物や景観、碑文、詩文などについては朱広霞集著、朱汝珍編輯『蔵霞集』蔵霞洞蔵板、一九一五年刊本、に記されている。『蔵霞本源集』は一九四五年の序が付いており、表紙の題字は桂坫によるものである。ただし書誌情報を欠く。
34 「曽漢南道長事蹟」前掲『大道』創刊号二〇頁。インドネシアの蔵霞精舎は曽漢南の三番目の妹が開いたものである。
35 前掲『祖派源流』六九頁。
36 清遠蔵霞洞、飛霞洞は一九五三年に封鎖され、取り締まられた。『中国会道門史料集成』下冊、中国社会科学出版社、二〇〇四年、八八二頁。
37 「団体会員概覧」香港道教連合会、一九七五年、六八頁。
38 蔵霞精舎の住持徐昌真氏へのインタビュー。二〇〇八年一二月一五日。
39 蔵霞洞は現在、飛来峡風景名勝区管理処によって管理されている。拙稿「道脈綿延話蔵霞——従清遠到香港先天道堂的伝承」周楷編『結網二編』東大図書、二〇〇三年、二七七頁、二八二頁、を参照のこと。
40 梁少伋編著『大忠至孝歌、先天道常識合編』中華聖教道徳会龍慶堂、一九四六年、二一頁、三七頁。
41 前掲「先天道近況及其分佈」一一頁。
42 「三期普度之起源與一脉相傳之道統」（梁少伋『大忠至孝歌、先天道常識合編』）一一～一二〇頁。
43 『雲城宝籙』。前書きには一九三〇年に楊道増が「雲城古地万全内総南窓之下」で序を記した、とある。
44 詳しくは、王見川「先天道前期史初探」（王見川『台湾的斎教与鸞堂』台北南天書局、一九九六年、一〇一～一〇六頁、を参照のこと。
45 『硃批奏摺』道光二十五年三月九日陝甘総督富呢揚阿奏摺。馬西沙・韓秉方『中国民間宗教史』上海人民出版社、一九九二年、一一三二～一一三三頁、より引用。
46 温至中著『飄然真義宝筏』香港天真堂与新加坡天徳堂、一九五〇年、五六頁。
47 前掲「先天道近況及其分佈」一一頁。
48 李寅初の伝記については、「李寅初先生伝略」前掲『大道』第二期、三〇～三二頁、および何廷璋校閲『紫霞洞集』中巻、紫霞洞印、一九四〇年、六～七頁、を参照のこと。

49 江慧光「現在掌教曾道洸老太師伝略」『泰国先天仏教伝玄集』一九六〇年、二二頁。

50 林万伝「泰国先天道源流暨訪問紀実」前掲『民間宗教』第一期、一四〇頁。

51 光緒一一年（一八八五）に傳道祥が家長となった時、重慶に万全堂を建て、先天道の全国総道堂とした。同治～光緒年間の広東、広西における先天道の道務は粤桂十地が管轄していた。王熙遠『桂西民間秘密宗教』広西師範大学出版社、一九九四年、六頁、を参照のこと。

52 『中国先天道掌教南洋先天仏教総会教主江道泓之風範』一九八一年印、三七頁、一〇七頁、一一三頁。

53 香港とタイの相互協力および道統の継承については、拙稿「香港先天道的源流与発展——以蔵霞精舎与福慶堂諸例説明」「先天道歴史与現況研討会」発表論文、香港中文大学道教文化研究中心主催、二〇〇七年九月二十二日、香港中文大学（未刊）を参照のこと。

54 永徳堂の陳錦瑩氏へのインタビュー。二〇〇八年一二月二一日。

55 郭道慈編『南宗仏教先天道刊録』二〇〇六年、四八頁。なお、敬明堂は観音を祭る道堂であったが、すでに二〇〇四年に取り壊されている。

56 永楽洞の紹介については、「団体会員概覧」、『香港道教連合会新廈落成特刊』、五九頁、および Marjorie Topley & James Hayes, "Notes on Some Vegetarian Halls in Hong Kong Belonging to the Sect of Hsien T'ien Tao", *Journal of the Hong Kong Branch of the Royal Asiatic Society*, Vol.8, 1968, pp.143-144. を参照のこと。

57 「天恩」を授かった者は師となり、弟子を取ることができ、表文を祭ることができる。何金蓮住持は、「天恩」を授かっていない者は表文を祭ることはできず、ある道堂の老師や姑婆は足が悪かったり年を取ったりして表文を祭ることができず、後継者もいないので閉鎖の危機にさらされていると指摘している。なお、道堂の住持は「昌」の字を授かってはじめてその任に就くことができる。

58 敬聖堂の管理人陳潔儀へのインタビュー。二〇〇八年一二月二一日。陳氏はこのとき三八歳、既婚である。

59 郭静芳「駐越南蔵霞精舎略歴」郭道慈編、前掲書、五八～五九頁。

60 たとえば郭道慈は永安堂の現在の住持である何金蓮の龍華師傅であるが、一九七二年の飛霞洞月庚堂の再建にあたり寄付受付の代理人を務めるなどしている。

61 安慶堂地母廟張潔芝へのインタビュー。二〇〇八年一二月二一日。

62 羅智光道長は一九七五年に発表した文章の中で、「先天道の香港における将来的な方向性は、教えを保持し時を待つということにあると予想されたので、一部の有識者は香港道教連合会を積極的に支持し、各派を融合して道教を発展させようとしたのである」と指摘している。羅智光、前掲文、七五頁。

63 「〔南宗仏教先天道刊録〕一九六七年序」（郭道慈編、前掲書）ページ番号なし。

64 義安会館は同治五年（一八六六）以前の創建、潮（州）、客（家）の両「幇」の人々が協力して建てたもので、関帝などの諸神を祭っている。詳しくは、阮達志『華裔在越南』第十篇、統一書局（サイゴン）、一九六三年、一〇頁、を参照のこと。

65 郭道慈編、前掲書、三八〜四一頁。

66 「南遊点滴」前掲『大道』創刊号、一五頁。

67 カンボジアに共産党政権が樹立された後、養修堂はなくなった。

68 郭道慈編、前掲書、四一〜四三頁、六二〜六七頁。

69 同上書、六四〜六五頁。

70 同上書、六一〜六二頁。

71 前掲『道脈源流記』三五頁。

72 三水県地方志編纂委員会編『三水県志』広東人民出版社、一九九五年、一三三一頁。

73 張開文「故主持麥長天先生行述」、および同「龍坡居士麦泰開先生行述」『飛霞洞誌』上集巻二、粤華興蔭記印務局、一九三一年、三五頁、四一〜四三頁。

74 妙慧法師へのインタビュー。二〇〇九年八月二四日。インタビュアーは危丁明および鍾潔雄の両氏である。妙慧法師は現在シンガポールの飛霞精舎およびマレーシアのイポーにある金華精舎の住持である。

75 M. Topley 著、周育民訳「先天道――中国的一個秘密教門」王見川編『民間宗教』第二輯、南天書局、一九九六年、一二〇頁。

76 以上は永安堂を例にした記述である。麦昌賢は順徳の人、謝明苑は番禺の人、何金蓮は中山の人である。

77 莫復溥「広東仙、仏真身探秘」香港『大公報』二〇〇〇年一一月二一日。

78 月庚堂にて撮影後、整理。撮影は二〇〇八年一二月二一日。

79 黎文景主編『穂城会館天后廟』二〇〇〇年、七頁、二九頁、七一頁。

80 『飛霞洞経生会自治修養規章』より。これは一九三六年に麦泰開が「披露」したものである。この文献は志賀市子博士よりご提供いただいた。この場を借りてお礼申し上げる。

81 香港東華医院は義荘を設立し、海外から運ばれてきた先祖の棺や遺骨を引き受け、華人のために原籍地での葬儀を取りはからった。二〇世紀前半の東華医院とヴェトナムの「南圻広肇義祠執運先僑骨殖回籍総会」などの団体の連名書簡などの文献については、葉漢明『東華義荘与寰球慈善網絡：案文献資料的印証与啓示』三聯書店（香港）、二〇〇九年、二三七〜二四五頁、に詳しい。

82 Satohiro Serizawa, "Chinese Charity Organizations in Ho Chi Minh City, Vietnam: The Past and Present", in Khun Eng Kuah-Pearce and Evelyn Hu-Dehart (ed.) *Voluntary organizations in the Chinese Diaspora*, Hong Kong University Press, 2006, pp.99-119.

83 月庚堂の住持黎昌堯へのインタビュー。二〇〇八年一二月二一日。黎氏は清遠の人で、一九四〇年代にベトナムに避難してきた。

84 シンガポール天徳堂は四馬路観音堂の中にある。『四馬路観音堂』によれば、四馬路観音堂は主堂で、一八八四年に李南山祖師によって創立された。乾堂と坤堂に分かれており、初期は天徳堂と天爵堂が主な乾堂であったという。詳しくは四馬路観音堂編刊『四馬路観音堂』一九九七年、二〇～二一、二四～二五頁を参照のこと。

85 東初祖の流れを汲む天真堂については、游子安編、二〇〇二年、八〇～八五頁、を参照のこと。

86 「景昱祖師成道各地団体道堂輓聯」天徳堂編刊『景昱祖師成道紀念刊』一九六四年、ページ番号なし。

87 蔡飛『三龍指路碑』星檳日報社、一九四八年再版、八三頁。

88 馬小進『羅浮游記』一九〇九年、五頁下。この資料は志賀市子博士よりご提供いただいた。この場を借りてお礼申し上げる。

89 李仁孫『羅浮游記』九頁。出版資料を欠く。

90 「朝元洞」黄観礼主編『博羅県文物志』中山大学出版社、一九八八年、六七～六八頁。一九一六年広州守経堂印『地母真経』羅浮山朝元洞蔵板、香港永勝堂一九七五年重刊。『地母元君真経』越南安慶堂存本、堤岸菩提印書館承印、出版年なし。

91 前掲『道脈源流記』二八頁。

92 『創建澳門三巴門呂祖仙院碑序』。游子安「澳門地区道堂側記」『台湾宗教研究通訊』第三期、二〇〇二年四月、八六～八七頁、より。

93 この対聯の文字と写真は、林明徳『澳門的楹聯文化』中華民俗芸術基金会、一九九七年、一四七頁、に掲載されている。

94 陳西林道長は丙辰年（一九一六年）に「帰空」した。

95 光南仏堂の陳運如老師へのインタビュー。二〇〇八年一二月二二日。陳運如は福建厦門の人、一九三八年生まれで一九四七年にベトナムに定住した。

96 『玉皇洪慈経』一九一二年羅浮山朝元洞重刊。『玉皇洪慈経』の正式名称は『玉皇上帝洪慈救世、度世、心印三宝金経』である。前書きには孚佑帝君の序に「是経三巻、一曰救世宝経、一曰度世宝経、一曰心印妙経、始刻於咸豊庚申年、重刻於光緒戊寅年、経其事者社友鄭道安也。……」とある。（上巻、第二葉上）。この経典については鍾東「『玉皇洪慈経』的勸善思想」（中山大学中国非物質文化遺産研究中心編『文化遺産』二〇〇九年第四期）七一～七五頁、を参照のこと。

97 玉皇殿の扁額の題字にある年号は光緒廿六年（一九〇〇年）である。

98 七聖については、『梧桐山集』巻二、梧桐仙洞蔵板、一九一二年刊、第五一～六一葉、を参照のこと。

99 永安堂住持何金蓮へのインタビュー。二〇〇八年一二月二〇日。

100 水母誕は農暦二月廿五日に行われる。楊成志「安南人的信仰」『民俗』第一巻第二期、東方文化書局、一九七〇年、一六五頁（広州国立中山大学研究院文科研究所、一九三七年のリプリント版）。水母娘娘は中国古代の安徽泗州の伝説に現れる神である。詳しくは Henry Dore, *Researches into chinese superstitions*, vol. x, Cheng-Wen Publishing Co., 1966, PP.116-118 (Originally published by

T'usewei printing press, 1914～1933) を参照のこと。

101 陳耀庭、前掲書、八四～八五頁。二〇〇八年一二月二三日のハノイ玄天観での調査では、柳杏聖母の前に安置された聖母はそれぞれ天母、地母、水母であった。

102 陳興道は一三世紀に活躍した人物で、もとの名を陳国峻という。「興道王」に封じられたことから陳興道と呼ばれた。ベトナムの陳朝の主要な将帥で、蒙古軍の進入を二度にわたって撃退することに成功し、ベトナム史上の民族的英雄となった。ベトナム人から守護者と見なされ、廟に祭られている。

103 陳耀庭、前掲書、八七～八八頁。

104 カオダイ教の教義および先天道との関係については、David A. Palmer, "Chinese Redemptive Societies: Historical Phenomenon or Sociological Category?"（仏光大学歴史学系編『民間儒教与救世団体国際学術研討会論文集』二〇〇九年）三六～三八頁を参照のこと。また、「大道三期普度」を含むカオダイ教の教義については宮沢千尋「ベトナム南部メコン・デルタのカオダイ教の政治化と軍事化」宮沢千尋編『社会変動と宗教の「再選択」』風響社、二〇〇九年、二六一～二六六頁、および大岩誠「カオダイ教」『新亜細亜』第三巻第三～五号、一九四〇年、に詳しい。大岩誠氏の論文は芹沢知広博士よりご提供いただいた。この場を借りてお礼申し上げる。

105 "Tien Thien"には"Sect of the 'Former Heaven'"の英訳もある。一九三〇年頃に成立し、「七聖」を祭っていたという。詳しくはVictor L. Oliver, *Caodaism, A Vietnamese example of sectarian development*, Ann Arbor, Michigan, University Microfilms International, 1981, pp. 156-158. および Sergei Blagov, *Caodaism : Vietnamese traditionalism and its leap into modernity*, Huntington, N.Y., Nova Science Publishers, c2001, pp.132-135. を参照のこと。

106 永安堂住持何金蓮へのインタビュー。二〇〇八年一二月二〇日。

107 『粤境恩』は先天道において〔広東省〕域内で神の恩恵や庇護に感謝するときの表文の規範集である。詳しくは拙稿「清末広東道教文献探研――『粤境恩』」（『香港中文大学道教文化研究中心通訊』第三期、二〇〇六年七月）一～三頁、を参照のこと。(http://www.cuhk.edu.hk/crs/dao/newsletter/issue3 /issue3_ch.html)

108 『慶祝表文』は『明清民間宗教経巻文献』第九冊および『三洞拾遺』第一一冊に収録されている。いずれも光緒年間の刊本である。この他に一九二一年に徐義成が編纂し直したものもあり、マカオの美成堂が所蔵している。

109 『慶祝表文』一九七五年郭運忠修選重印、七六～八〇頁。

110 麦泰開が初期に創建したシンガポールの飛霞精舎とマレーシアのイポーにある金霞精舎では二人の老姑太が亡くなったのち、妙慧法師が住持となって三宝を別に移して祭っている。妙慧法師へのインタビュー。二〇〇九年八月二四日。インタビュアーは危丁明と鍾潔雄の両氏である。

第3章

地震の宗教学

——一九二三年紅卍字会代表団の震災慰問と大本教

孫　江

はじめに

一九二三年九月一日、日本で世界を震撼させる関東大震災が発生した。その翌日、上海の『申報』はいち早くこの地震のニュースを報道し[1]、地震発生三日後には中国の主要新聞が相次いで関東大震災を大きく報道し、日本が蒙った大きな災害に、異口同音に同情の意を寄せている[2]。

関東大震災は緊迫した日中関係に一つの転機をもたらした。九月三日、北京政府が以下のような震災救援措置を取ることを閣議決定した。すなわち、①罹災者の慰問、②震災状況の調査、③義援金二〇万元の拠出、④各地の紳商に対する義援金拠出の呼びかけ、⑤救援物資の輸送、中国赤十字会代表の派遣などである[3]。九月六日、互いに対立する各派の軍閥が代表を北京に送って「救済同志会」を結成し、具体的な救援方法をめぐって討議した[4]。清朝最後の皇帝溥儀は数回にわたって北京の日本大使館に金品を寄附し、京劇の著名な俳優・梅蘭芳は上海で慈善公演を行った。

中国各界による関東大震災救援の中で、これまでにほとんど注目されてこなかったのが紅卍字会《こうまんじかい》の活動である。同年一一月、世界紅卍字会中華総会は侯延爽ら三人を日本に派遣し、米二〇〇〇石と五〇〇〇〇ドルを送った。紅卍字会の救援活動は紅卍字会関係の資料の中ではしばしば言及されるが、その具体的な内容については不明な点が多い。[5]注意すべきは、紅卍字会代表団訪日の目的が震災救援に限らず、日本の民衆宗教大本教《おおもときょう》との連携を通じて紅卍字会日本支部を設立するという宗教的な動機があった、という点である。大本教の資料では、紅卍字会代表団の訪日は大本教の「筆先」（神の導き）によるものであり、すでに預言されたことであると記されている。一九二一年、大本教は不敬罪で日本政府から厳しい弾圧を受け、聖師・出口王仁三郎《でぐちおにさぶろう》は五年の刑を言い渡された。王仁三郎はこれを不服とし、無実を主張して上告した。[6]こうした中での紅卍字会代表団の訪日、とりわけ紅卍字会と大本教との関係に対して、日本政府は強い関心を払い、代表団一行の滞在中、警察は終始彼らの行動を監視していた。

大本教に対する弾圧について、当時中国のメディアは日本の政府や世論の主張を引用する形で、大本教が「邪教」であり「謀反」を企てたと報道していた。[7]紅卍字会の関係者も当然これを知っていたはずである。[8]では、なぜあえて大本教と提携しようとしたのか。以下、本稿では、紅卍字会による震災救援活動を手がかりに、紅卍字会と大本教の出会い、両者が提携するに至った歴史的経緯について考察する。両者提携後の具体的な活動については別稿に譲りたい。

出会い

紅卍字会と大本教との提携を促した人物は、当時の在南京領事・林出賢次郎（一八八二〜一九七〇）であった。[9]震災一カ月後の一〇月八日、林出は外務大臣・伊集院吉彦宛てに書簡を送り、紅卍字会の状況や紅卍字会代表団の訪日について詳細に報告している。以下は書簡の全文である。[10]

本件ニ関シ往電第六五号ヲ以テ不取敢及報告置候通リ北京ニ於ケル世界紅卍字会中華総会ヨリ日本震災救恤米二千担ヲ我方ニ寄送スルコトトナリ当地督軍及省長ノ特別許可ヲ得テ当地ニ於テ米二千担ヲ買求メ九月三十日小官エ交

附（一袋百四十斤入二千袋）致シ候ニ付当地税関ニテ神戸郵船会社気付東京震災救護局宛輸出手続ヲ了シ十月六日当地発日清汽船南陽丸ニ積込ミ上海ニ向ケ発送シ上海神戸間輸送方ニ関シテハ上海総領事館ニ於テ取計ヒ貰フ様手続致置候該米発送ト共ニ世界紅卍字会中華総会ヨリ代表トシテ侯延爽、楊承謀、馮閲謨ノ三氏ヲ派遣シテ災害状況ヲ視察セシムルコトト相成候該世界紅卍字会ハ数年前山東済南ニ起リシ新宗教団体ニシテ現今ニテハ北京ニ其本部ヲ置キ世界紅卍字会中華総会ト称シ支那各地ニ其分会ヲ設ケ道院ト称シ当地ニモ南京道院江寧道院両分会アリ其宗旨トスル所ハ至聖先天老祖ノ神意ヲ奉シ（神諭ハ神前ニ於テ扶乩法ニヨリ授ケラル）儒教回教佛教道教及耶蘇教ノ五教ヲ統一シ世界ノ平和ヲ促進シ普ク災患救災ヲ行ハントスルモノニシテ霊学研究宗教研究ノ二部ヲ設ケテ其研究ヲ為シ信者ノ対内的修行トシテハ我ガ禅宗ノ坐禅ノ如ク指導者ノ指導ノ下ニ神前ニテ黙坐内省ノ工夫ヲ積ミ対外的手段トシテハ平和促進慈善施興ヲ力行シ北京ノ本部ニ於ケル信者中ニハ王士珍、王芝祥、江朝宗ノ如キ人物アリ当地ニ於テモ齊督軍韓省長宮鎮守使及葉総商会会長等ヲ始メ有力ナル官民ノ信者多ク浙江ノ督辦盧永祥上海ノ護軍使何豊林等モ亦其信者ニシテ今回江蘇浙江両省当局者間ニ成立セシ和平協定ノ如キモ該信者等ノ運動顧ツテ力アルモノニシテ其宗旨トスル和平促進ノ信条ヲ実現セルモノニ外ナラス又今回ノ対日救恤米二千担ヲ防穀解禁反対ヲ声明セル当省当局ノ特別許可ノ下ニ輸出ヲ為スニ至レルモ亦其ノ宗旨ノ一ナル救災ノ信条ヲ実現セルモノニシテ革命以来戦禍全国ニ彌満シ人民乱ニ飽キ権勢ヲ握レル督軍其他ノ文武官ノ如キモ権力争奪ノ禍中ニ在リテ寧日ナク常ニ不安ニ襲ハレツツアル今日殷祺瑞ノ如ク佛書ヲ耽読スルモノ当地方文武官中ニモ多く認ムル所ニシテ全国民ヲ挙ゲテ平和ヲ熱望セル際ナレバ右紅卍字会ノ如キ自己ノ立場ニ不都合ナキ限リ一般ニ歓迎セラルルコト当然ニシテ支那ノ現在及将来ニ於テ社会上看過スヘカラザルモノト思考セラレ候又該会関係者ノ道院ニ職ヲ奉スル者ハ何レノ新宗教ニ於テモ其勃興ノ際ニ見ルカ如キ真剣味ヲ有シ無関係者ヨリ迷信ナリトノ潮笑ヲ浴ヒツツ反テ夫等ヲ憐ム可シトノ意気込ミニテ熱心宣伝ニ従事シ今回我国ニ派遣サレシ三代表ノ如キモ何レモ日本留学生出身ノ信者ニシテ災害視察ヲ兼該会ノ宗旨ヲ宣傳シ進テ此際日本ニモ其道院ヲ設ケ神意ニ基キ根本的ニ日支ノ和平親善ヲ謀ラントスル考ヲ有スル趣ニ有之候従テ右代表等着京ノ上ハ自然右ノ目的ノ為メニ行動スルモノト思考セラレ候ニ付我当局ニ於テモ前陳ノ事情御

含ミノ上可然御取計相成候様致度此段報告旁卑見及稟申候
敬具
尚御参考進ニ世界紅卍字会大綱曁施行細目一部添付致置候
本信写送付先　在支公使　上海総領事　杭州領事

林出賢次郎の書簡は以下の三点に要約することができる。すなわち、①世界紅卍字会中華総会が派遣した日本留学経験者である侯延爽、楊承謨、馮閲謨の三人は震災慰問のために救援米二〇〇〇石を携えて日本を訪問すること。②紅卍字会（道院とも呼ばれる、以下すべて「紅卍字会」とする）は五教合一を主旨とする新興宗教団体である。慈善事業を主な活動とする紅卍字会は政界、商工業会で幅広い支持を得ており、「支那ノ現在及将来ニ於テ社会上看過スヘカラザル」存在であること。③侯延爽ら三人の日本訪問の目的は震災慰問だけではなく、「日支ノ和平親善ヲ謀ラントスル考ヲ有スル」。すなわち日中両国の平和と親善を促進することや、日本で紅卍字会の支部を設立するための準備も兼ねていること、である。

外交官である林出はなぜ紅卍字会についてこれほど広範な知識を持ち、わざわざ外務大臣に書簡を送り、鄭重に紅卍字会代表団一行を推薦したのだろうか。中国第二歴史档案館所蔵の紅卍字会関係の資料がこの謎を解く重要なヒントを与えてくれる。

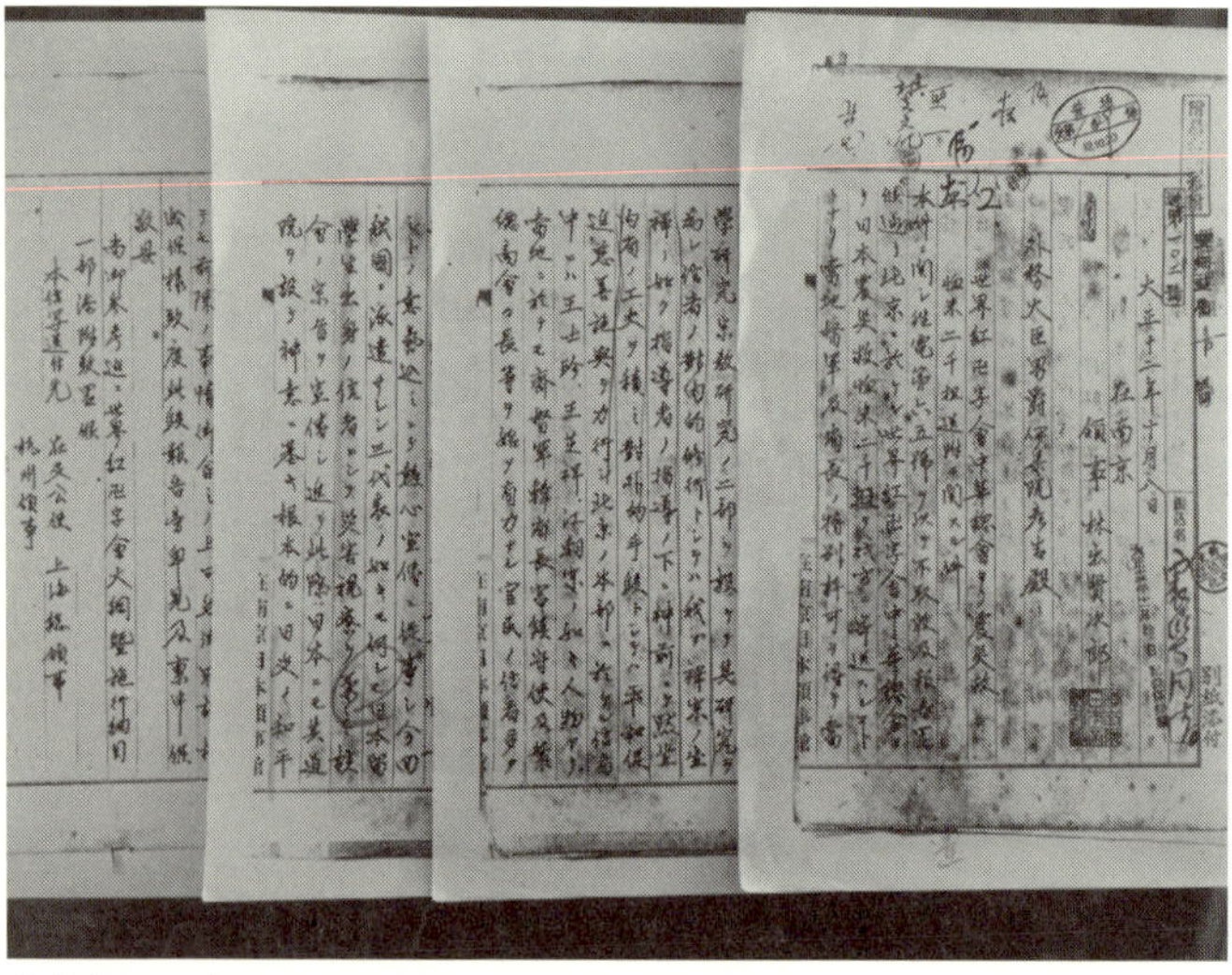

〈写真３―１〉
在南京領事・林出賢次郎の手紙（1923年10月8日）。日本外務省外交史料館所蔵。

関東大震災直後、林出は南京市水西門外にある紅卍字会南京分会を訪問し、大本教と提携するよう働きかけた。これについて、南京分会の責任者の一人袁善浄は北京の紅卍字会総会宛の手紙の中で、紅卍字会と大本教が提携関係を結ぶまでの経緯について次のように報告している。

近頃南京の日本領事林出賢次郎が道院を訪れ、参拝して道院の主旨について慧恵統掌と話し合った。（林出は）ここ数日頻繁に往来し、信仰を深めた。（林出の）話によれば、日本に大本教があり、成立してからすでに三十年余り経っている。（世界）大同を主旨とし、五教合一の精神と一致している。（大本教は）神がかりから始まって、現在すでに数百冊の著作を刊行した。東方に大災禍が起こることについては、つとに以前において予言があった。（日本）政府はこれを厳しく禁じたにもかかわらず、信者はすでに数多くいる。政府はこれを警戒しているが、信者に対する表立った虐待はしていない。大本教の主旨や儀式は道院のそれと一致し、領事もまた信者である。本日日本の領事から電話があり、以前に中国から使者がやって来るという神の啓示を受けたので、中国紅卍字会代表の住所を探してほしい旨の手紙が信者仲間の上西信助から送られてきた、等々。ここにその手紙の翻訳の写しを送る。（林出には）舞子の呉錦堂のところに代表の住所を尋ねるよう伝えた。詳しいことは

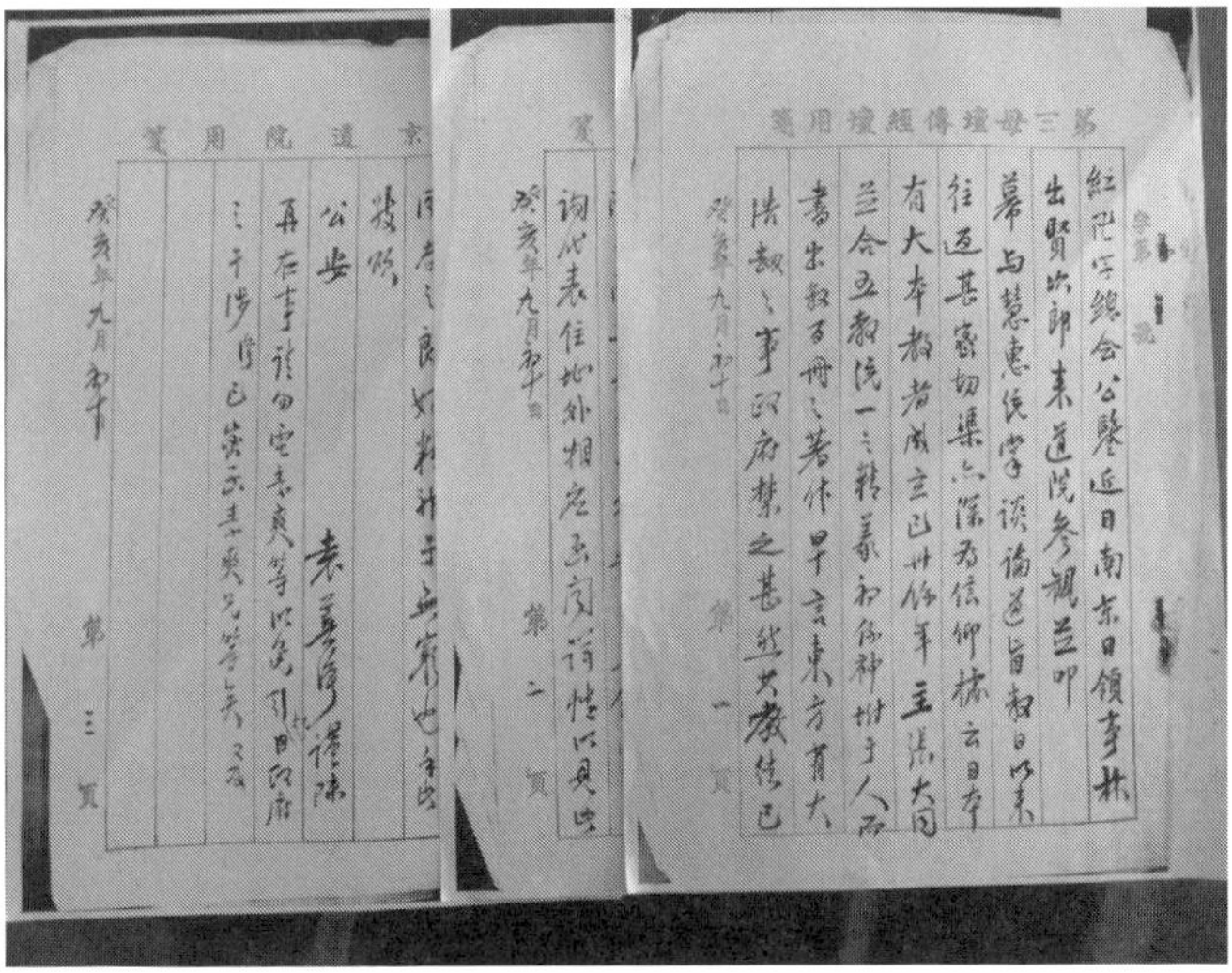

〈**写真 3 ― 2**〉
南京道院・袁善浄の手紙（1923 年 9 月 10 日）。中国第二歴史档案館所蔵。

手紙に書かれている。今回の訪日と布教は我が卍会（紅卍字会）同志の良好の精神を喚起するチャンスである。[11]

この手紙によれば、関東大震災発生後、林出は大本教と紅卍字会を結びつけるために頻繁に紅卍字会南京分会を訪問した。彼は大本教の主旨と儀式が紅卍字会のそれと一致することを強調し、大本教が日本で弾圧を受けたことも紅卍字会側に話していた。

大本教の「神がかり」は紅卍字会の「扶乩《ふけい》」に似ているが、世界大同・五教合一という紅卍字会の宗旨も大本教の教義と一致しているという林出の主張には彼個人の思いが反映されていると言うべきであろう。

そして、袁善浄の手紙の中にもう一つの重要なポイントがある。それは林出が自ら大本教の信者であると認めている点である。林出は東亜同文書院第二期の卒業生である。在南京領事館の領事に就任する前に、彼は二度、新疆を訪れた。大本教との関係は一九〇五～一九〇七年の一回目の新疆行きに遡る。一九〇七年、彼は新疆北部からウルムチに戻る際に、情報収集のために現地を訪れた陸軍少将・日野強に出会った。日野は新疆での見聞をまとめた『伊犂紀行』の中で、「天山北路に流寓すること二年今や帰国の途に就きしなり。予は単に天涯の奇遇を喜ぶのみならず、爾来同居数日、予が前程に懇切なる教示を興へられしを多とするなり。特に録して其の高誼を謝す」と記している。[12] ここで言う「天涯の奇遇」はすなわち林出との出会いであった。日野との出会いは林出の人生に大きな影響を与えた。その後林出は日野の次女と結婚した。そして、日野が帰国後大本教に帰依したのをきっかけに、林出も大本教の信者になった。

一九二一年二月、大本教は第一次弾圧を受けた。その二年余り後の紅卍字会代表団訪日の時、王仁三郎はまだ上告していた。大本教にとって、紅卍字会との連携は窮地から脱出し、中国で布教の道を開くチャンスであった。一九三一年一一月、大本教信者北村隆光は紅卍字会と大本教との提携について、次のように述べている。「当時南京領事をして居つた林出賢次郎氏（道名尋賢）大本教徒であり又南京道院の役員であつたが、侯氏等の救しん《（ママ）》渡日につき便宜を図り且つ大本へ紹介されたのである」。[13] 後述するように、前出の袁善浄の手紙に登場する上西信助は、林出とは親戚関係にあり、林出が紅卍字会を大本教に紹介した後、具体的な連絡を担当した人物である。神戸に住む華僑の呉錦堂に紅卍字会の住所を尋ねるよう袁善浄が上西に述べていることから、呉錦堂も紅卍字会の信者であることが推測される。

紅卍字会南京分会は林出が勧めた日本での布教に大きな関心を示し、これを紅卍字会「同志の良好の精神を喚起するチャンス」と捉えていた。

九月二〇日、葉能静は紅卍字会総会への手紙の中で、林出の来訪について次のように報告している。「先日又道開とともに林出賢次郎に会い、卍会の来歴および現在の布教状況について詳しく述べた。日本の領事は盛んに感服し、道院が彼の国で布教することを極力勧めた。昨日（林出は）自ら南京道院を参観し、道開は（彼を）手厚く接待し、院則や卍会の各種の印刷物を渡し、仔細に閲覧するよう勧めた。この方（林出）は平素仏教を好み、信心が頗る深い。将来（紅卍字会の）拡大には少なからぬ力になるだろう。なお、これは紅卍字会の第一回目の発展の大きなチャンスであろう[14]」。葉能静は前節で引用した書簡の中で林出が言及した江蘇省総商会の会長である。葉と一緒に林出に会った道開は本名陶保晋で、紅卍字会南京分会の創設者である[15]。

袁善浄が前出の手紙の最後にわざわざ「日本政府の干渉を招かないため、素爽（侯延爽）などに電報を送らないでください」と付言していることから[16]、紅卍字会は大本教との提携の危険性についてある程度の認識は持っていた。しかし、紅卍字会は日本政府が大本教と紅卍字会の接近を警戒していたことを知らないまま、震災救援活動を着々と準備していった。

救援米

東瀛が受けた大惨禍は歴史上稀に見るものである。（中国は日本と）同じ洲にある国として、急いで救援に行くべきである。本会は慈善と救済を主旨として、すでに数万元を集め、江蘇、安徽などの省で米を買い入れて救援物資として送った。一杯の水では喉の渇きをいやすことはできないが、被災者が塗炭の苦しみの中にいるのを思うと、関係のない人でも心を痛めるだろう[17]。

これは関東大震災七日後に紅卍字会中華総会が北京政府大総統に送った電報の一節である。電報の中で、紅卍字会は、震災救援は中国が日本と同じアジアの国であることと被災者を救済するという慈善の目的によるものであることを強調し、「どれぐらいの募金が出せるか、謹んでご教示を頂きたい」と述べ、政府の支援を期待している[18]。これと同時に、紅卍字会中華総会は中央や地方の官僚に電報を送り、江西、安徽、江蘇などの省における募金活動と救援米買い入れの計画について次のように報告している。

今次日本の水火の災いは古今めったに見ないものである。救済するには食糧が第一である。本会はすでに資金を集め、安徽、江蘇、江西などで約一万石の米を購入することを計画した。安徽の蕪湖で六千石、江蘇と上海で三千石、江西の九江で千石を購入する予定である[19]。

この時期、中国各地で災害が頻発し米の価格が高騰していたため、北京政府は米の輸出を禁止していた。一万石の米を買い入れ外国に送るのは決して容易なことではなかった。最終的に集められた米は二〇〇〇石であった。この時、上海雲南路仁済堂に本部のある関東大震災を救援するための組織・中国協済日災義賑会は紅卍字会に電報を送り、日本人の被災者を慰問するだけではなく、日本で被災した中国人を速やかに専用の船で中国に送ることを提案した[20]。なお、同会は紅卍字会の救援活動を自らの統轄下に置くことも望んでいた。しかし、すでに大本教との連携を視野に入れ、日本での布教に希望を膨らませた紅卍字会にとって、これは受け入れられないことであった。

ところで、大量の救援米を調達し、税関を通過させて日本に送るには様々な困難があった。紅卍字会はこれら一連のことをどのようにやり遂げたのだろうか。

紅卍字会中華総会は震災救援を決定した後、ただちに道開（陶保晋）を要員として北京から南京に派遣した。道開は九月八日に南京に到着した後、すぐ南京紅卍字会の葉能静と協議し、一石七・三元の価格で二千石の米を買い入れることを決めた。彼は一三日に紅卍字会中華総会への電報の中で、「近頃米の価格は飛ぶように上がっている。そのため、即刻中国銀行へ金を引き出しに行った。持ってきた一万元の手形の控えが手元にあり、すぐに金を引き出して二つの米屋に内金を払った。北京から郵便局を通じて送金してもらった一万元の手形はまだ届いていない」、と述べている[21]。道開が南京に持って行った一万元の手形とその後南京に送られる予定の一万元を合わせた二万元の救援金はどのように集められたのだろうか。道開の話では、「今回卍会が賑災のために集めた二万元は将来各道院が共同で負担する。南京と江寧道院（の負担額）は約三千元になるだろう」、と言う[22]。

救援米の買い入れは紆余曲折を経た。北京政府財政部は江蘇、安徽、江西三省の省長に書簡を送り、救援米の買い入れに協力するよう求めた。それによれば、「安徽省では連年災害が続き食糧が欠乏している。地方の紳士は米穀を外国に流出するのを禁止する声明をたびたび出している。紅卍字会が日本の救援米を買い入れるのは慈善のためであり、日本商人が蕪湖で米を買い入れるのとは事情が異なる。また、（紅卍字会が）買い入れた米の量もそれほど多くなく、すでに免税の許可が得られた」[23]。また、財政部は税務処と江海関（上海）に照会し、「上海の米価が高騰している。近頃地方各団体が上海で米を買い入れて日本に送ることに反対している。上海の食糧事情を勘案して、上海で買い入れる予定の三〇〇〇石の米を蕪湖、九江の両地で購入することはできないか。江蘇省では米穀の海外輸送は厳しく禁止されている。日本で災害が起こったことを聞いた（江蘇）各地の人民は財政部に対して、江蘇省で米を買い入れて救援するよう要請している。そのため、これを遷延・禁止しないよう」求めた[24]。つまり、財政部は江蘇省、上海市における米穀の海外輸送禁止に鑑み、蕪湖と九江で救援米を買い入れることに決めた。しかし、最終的には、南京で二〇〇〇石（一四万キロ）の救援米を買い入れた[25]。

一方、救援米を免税で日本に運ぶため、紅卍字会中華総会と北京政府・江蘇省地方政府、南京紅卍字会と江蘇省政府との間に複雑な交渉があった。道開が九月一六日に紅卍字会中華総会会長に送った電文によれば、九月一五日に税務処が金陵税関に対し、救援米を免税にすると命じた。しかし、その翌日に、「税関の担当者から、督軍と省長の許可がなければ米穀は通関できないとの連絡があった」。紅卍字会側はやむを得ず江蘇省政府に状況を説明し協力を求めた。省長は督軍の許可が得られれば通関できると返答した[26]。二〇日、救援米の通関がようやく許可された[27]。

一〇月四日、救援米は船に運ばれた。紅卍字会南京分会は総会に宛てた電文の中で、「さきほど届いた日本の林出公使からの手紙によれば、金陵税関がすでに救援米の通関許可証を発行した。米は林出が雇った大福丸で四日にもしくは大利丸で五日に上海に運ばれた後、上海の日本領事が雇った船で日本に運ばれることになる」、と報告している[28]。このように、救援米は買い入れから一カ月を経てやっと日本に送られる運びとなった。ちなみに、紅卍字会が日本に送った救援米二〇〇〇石と救援金二〇〇〇元のうち、「七割が被災した日本人、三割が被災した華僑」に送られた[29]。

ところで、救援米の通関をめぐる交渉が行われる間に、紅卍字会訪日代表団の人選が決まった。紅卍字会中華総会が一六日に北京の日本公使に宛てた手紙の中で、次のように書かれている。

> 貴国で災害が発生した後、（われわれは）ただちに寄付金を募り、南京等で米二千石を購入し、近日中に日本に送り被災者を救済する。ただし、遠く離れているため、救済の方法は必ずしもすべて適宜とは限らない。救援を慎重に行うため、弊会は会計監査院監査官馮閲模、前濱江税関監督侯延爽、山東省任用県知事楊承謀の三人を推挙して貴国に赴き、貴国政府および各被災地を慰問し被災地の状況を調査する。弊会が今後継続的に災害救援金を募り、救援方法を策定する時の参考とする。侯君は救援米を護送するために一九日に北京から南京に出向き、外洋船に乗る。馮、楊二君は二〇日に南満州鉄道で行く予定である。このために貴公使にこの書簡を送ったのである。前もって貴国政府および被災地の市長に電報で（一行を）紹介して頂き、合わせて沿道の各主管部門に世話するようそれぞれ伝えて頂ければ感謝の至りである[30]。

この手紙によれば、紅卍字会訪日代表団の三人の代表のうち、馮閲模と楊承謀は南満州鉄道経由で出発し、侯延爽は北京から南京を経由し、上海から外洋船で救援米を護送する計画であった。一九日、紅卍字会総会会長はさらに神戸駐在の領事柯栄陔に手紙を送り、侯延爽ら三人が日清丸で救援米を送ることを次のように伝えた。「日本の被災地に赴き、実地調査を行う際に、適宜に米を配る。当該地区の地方官および慈善団体との折衝については、本会会員の指針になるよう内密に指示してもらいたい。なお、馮君らが神戸に到着した後、支障がないように代わりに寓所を探してほしい」[31]。

提携

侯延爽、馮閲模、楊承謀一行が日本に到着すると同時に、彼らに対する日本の警察の監視が始まった。兵庫県知事・平塚広義が一一月一〇日に内務部大臣、文部大臣と外務大臣に送った報告書には次のように書かれている。

世界紅卍字会代表侯延爽（四九歳）ハ関東震災見舞ト称シ去ル十月七日八時、神戸入港ノ熊野丸ニテ来神シ同日午后八時七分三宮駅発列車ニテ上京。之ヨリ曩上京シタル審計院院長憑（馮）閲模、世界紅卍字会代表楊承謀及王煥等ト合シ同月十六日来神市内北長狭通六丁目吉野館ニ投宿シ翌十七日海岸通四丁目出口旅館ニ引移リ滞在中奈良大阪方面ニ遊ヒ及亡命客王揖唐ヲ訪問セル[32]。

侯延爽は一〇月七日に神戸に着いた後東京に赴き、その翌日にすでに到着していた馮閲模、楊承謀と合流した。一六日、三人は一緒に神戸に行った。これで紅卍字会の震災慰問活動は終了した。しかし、三人はその後もただちには帰国しなかった。彼らは大本教と接触する機会を待っていた。一方、大本教側も紅卍字会代表団の日程に関する情報を手に入れようとした。一三日、上西は南京にいた林出に手紙を送り、紅卍字会代表団の行程を尋ねた。以下は手紙の内容である。

世界卍字会の代表が日本に到着したことはすでに教主にも報告した。（教主はこのことについては）つとに以前より神の啓示があり、ずっと彼らを待っていた。早急に（彼らと）面会をしたい。代表らから紅卍字会の主張について話を聞き、また大本教の主旨について説明したい。世界的な難局に直面するなかで犠牲を減らし、世界を平和の境地に導くことを願っている。代表らが日本のどこに行き、何日に日本に到着するかを教えてほしい。現在大本教に対する当局の態度は以前ほど厳しくはないが、まだ（大本教を）充分に優遇していない。万が一当局が中国卍字会の代表が面会に来るのを許さなければ、上西が先に（紅卍字会の）代表らを尋ねてもよい[33]。

つまり、紅卍字会代表団一行が日本に到着した一週間後も、両者はまだ連絡が取れていなかった。東京での震災慰問の任務を終えて神戸に戻った一〇月一六日以後の半月あまりの間、代表団は一見するともっぱら景勝を楽しんでいたように見える。だが実際には、彼らは大本教本部の綾部に行くタイミングを探っていた。紅卍字会代表団と大本教との接触について、兵庫県知事・平塚は次のように報告している。

何等カノ野望ヲ達セントスルモノノ如ク神戸市居住上海時報特派員飽（鮑）秋声ト共ニ去ル三日午后一時八分三宮駅発列車ニテ綾部ニ至リ大本教幹部ト会見シ二泊ノ上王仁三郎外幹部達ト共ニ五日午后七時三十分三宮駅着列車ニテ帰神出口旅館ニ入リタルカ八日同旅館ヲ引揚ケ管下武庫郡六甲村高羽十三大本教信者片山春弘ニ引移リタルカ同夜同所ニ会合シタルモノハ何レモ大本教ニ対シ多大ノ関係ヲ有スル自称海軍少佐出口利隆雑誌「神ノ国」記者加藤明子綾部在住北村隆光床次真廣田渕六合美等ニシテ徹宵密談シタルモノノ如ク出口以下ハ翌九日大阪ニ向ヒタル模様ナリ[34]。

ここに記された紅卍字会代表団と大本教との接触に関する分刻みの情報は、大本教内部に送り込まれた「内偵」によって得られたものであった。「内偵」の報告によれば、紅卍字会と大本教の代表者は綾部での初会見の時から互いに「意気投合」した。両者は大本教が北京で布教することと紅卍字会が本年中に神戸に支部を設けることについて合意した。侯延爽は大本教の秋季大祭に出席するために、一一月九日午後に阪急電車で綾部を出発した。平塚は報告書の最後に紅卍字会と大本教との提携に対しては「相当警戒ノ要アリ」と述べている[35]。

他方、大本教と紅卍字会代表団との接触について、京都府知事・池松時和は内務大臣、外務大臣、文部大臣および兵庫県知事に短い報告書を送っている。それによれば、代表団は南京領事・林出賢次郎の紹介により大本教本部を訪問し、近日中に帰国する。「支那語ニ堪能ナル」北村隆光は紅卍字会の教義を研究する目的で紅卍字会本部を視察するために、代表団とともに中国に行く予定である[36]。

さらに、一一月二一日、平塚は以上の二つの報告書の内容を総合して、より詳細な報告書を書き上げた。その内容は以下の五点に要約することができる[37]。第一、大本教と紅卍字会の提携について平塚は、「衰退ノ状況ニ在ル大本教ニ於テハ出口王仁三郎以下ノ残党今尚世界立直シヲ夢想シテ教勢挽回ニ腐心シ偶々関東ノ大震災ニヨリ預言適中ノ意味ニ於テ何等カノ拡張策ヲ講ゼントセル折柄」と分析し、大本教と紅卍字会は相手の国で布教活動を行うために互いに利用し合っていると指摘している。第二、紅卍字会の設立および主旨について、平塚は、紅卍字会は日本の赤十字会のような社会事業団体であり、多くの「上流知識階級」がそれに帰依している。「世界統一」を目標とする紅卍字会は「共産主義者の団体」の色彩を帯びている、と見ている。第三、紅卍字会の設立は中国政府の支持を得ており、今回中国政府が震災救援金を侯延爽に託して日本に持ってきてもらったのはその証明であると述べている。第四、大本教の「筆先」（神論）は紅卍字会の「老祖」（扶乩――引用者）に似ている。第五、大本教は世界各国で布教するために従来の「極端ナル排外思想」を変えて、幹部にエスペラント語を勉強させている。今回紅卍字会との提携もそのためである、という。

一方、大本教側の資料には、これと別の角度から紅卍字会代表団の訪問が記録されている。紅卍字会代表の来訪について、大本教の機関誌『神の国』には貴重な文章が残されている。それによれば、大本教本部を訪問したのは侯延爽と『時報』記者鮑秋声、および魯という苗字の中国人であった。この文章の内容は三ページにわたるが、最初のページが欠落している。以下は現存内容の一節である。

丁度瑞月氏は滞阪中であるから、上西氏が先づ大本教の境内の案内を為し本宮山に登り、四日の午餐は池中宅の支那料理ですつかり寛ぎ、山口利隆氏早速主旨讃同して入会するなどのこともあり北村氏の流暢な支那語にて、鮑氏の通訳より、よく判るとて侯氏はいたく喜び、全く北村氏接伴役の感があつた。しかしながら、心から心へ、温厚玉の如き人格は二代教主も称揚され、上西、山口、日野の諸氏とも片言交りに十七年前留学せし時の日本語を操つて、常に莞爾として笑みを湛えた。また、エスペランチスト西村、桜井両氏駈け付け、エスペラントにて語らんとして通ぜず、エスペラントを宣伝し侯、魯両氏もそれを恢諾する等の滑稽もあり、実に異邦の人の感を抱く者なく、旧知—否兄弟の如くに談笑した。

それより、主賓に二代教主と一二三さん及接伴役を加へて記念写真二葉を撮り、都合にて鮑氏のみ四時の汽車にて神戸へ帰られ、あとは、午後六時に瑞月氏が帰綾されて北村氏の通訳にて、欣欣として意見の交換があり、つひに大本内に侯氏は一泊した。

翌五日は引続き、寛いでの、談合に、急転直下両教の握手成り茲に国際的に平和促進に向つて努力を約し合ひ、さしずめ神戸に該会の分院を設置すること、北村氏の渡支該会訪問の段取りにまでなり、また瑞月氏を加へて大体昨日の貌触れにて記念撮影を黄金閣下に為して、十一時の汽車にて瑞月氏二代教主同伴し、谷村、北村、山口、三氏随行して阪神へ向つて出発された。[38]

侯延爽らが一一月三日に綾部を訪れた時、あいにく出口王仁三郎（瑞月）は不在であった。王仁三郎が侯延爽らと会談したのは四日夜であった。翌日午前、双方は引き続き会談した。王仁三郎は紅卍字会支部を設立するために侯延爽らと一緒に神戸に行くことを決めた。なお、前出の『神の国』の文章によれば、侯延爽は「上西、山口、日野の諸氏とも片言交りに十七年前留学せし時の日本語を操つて、常に莞爾として笑みを湛えた」という。ここでいう上西はすなわち上西信助である。

侯延爽一行は一一月五日午前一一時に列車に乗って綾部を出発した。王仁三郎も同行した。しかし、前出の兵庫県知事・平塚の報告書によれば、一行は当日夜七時三〇分に三宮に到着した。出発から七時間半も経過したのは、侯延爽一行が亀岡で途中下車し、高熊山にある王仁三郎の修行所を訪れたためであったと見られる。侯延爽はこの時三篇の詩を残している。そのうちの一篇は次のような内容である。「物質文明は毒の波の如し、氾濫して誰も止めることはできない。先生は精神の世界から奮い立ち、わざわざこの山で修行された」[39]。侯延爽が神戸に帰った後、大本教の秋季大祭に参加するために九日に再び綾部を訪問した。なお、侯延爽が一一月二一日に日本を離れるまでの間に、王仁三郎と数回にわたって筆談を行った。北村が後に侯延爽一行とともに中国に行った旅先で書いた文章は、侯延爽が大本教本部を訪問した時、王仁三郎のことを次のように絶賛したと記している。すなわち、「古の人胸中に百万の甲兵を有つて居てたが先生の胸中には百万の神書を有つて居られる」。「大先生は是れ智慧第一であるから、一度面を見らるると説明を用ひずして世界紅卍字道院の宗旨を明瞭に認められた。自分は今迄頗る多数の人に面謁したが、実に先生のやうに優れて勝つた人に出会つた事が無い」、という[40]。

一一月二一日、侯延爽一行は船に乗って神戸を出発した。北村隆光も同行した。一行は朝鮮半島を経由して北京に向かい、一カ月半に及ぶ日本への震災慰問の旅を終えた。

おわりに

以上、いままでほとんど知られていない紅卍字会代表団の日本訪問、および紅卍字会と大本教との提携関係の樹立までの経緯について考察した。本稿で見てきたように、関東大震災直後に始まった紅卍字会の震災慰問活動は北京政府および中国社会各界の支持を得た。米穀の海外運送が厳しく禁止される中で、北京政府や江蘇省政府の取り計らいにより救援米は税関を通過した。紅卍字会の慰問活動はその後日本の震災に対する紅卍字会の救援活動の嚆矢となった[41]。

中国政府の態度と対照的に、日本政府は紅卍字会代表団一行の来訪を終始警戒し、兵庫県、京都府は大敵が目の前に現れたかのような対応を取っていた。探偵が密かに侯延爽一行を尾行するだけではなく、兵庫県は大本教内部に潜入させた内偵を通じて大本教と紅卍字会との接触に関する情報を入手し、政府に報告した。紅卍字会の「扶乩」が大本教の「筆先」に似ていることが確認された後、両者に対する警戒は一層高まり、翌年に紅卍字会と大本教の関係が密接になるにつれ、警察の尾行調査はますます強化された。

紅卍字会代表団の訪日や紅卍字会と大本教との提携において、林出賢次郎は大きな役割を果たした。南京領事と大本教信者という二重の身分を持つ林出は公務の傍ら、紅卍字会代表団の訪日、および紅卍字会と大本教との提携のために尽力した。紅卍字会は日本で紅卍字会の支部を開設するために、大本教との提携に関する林出の提案を受け入れた。他方、紅卍字会代表団との接触を通じて、大本教は中国で布教することの可能性を見出した。紅卍字会代表団訪日の翌年一九二四年二月一三日、出口王仁三郎は奉天から蒙古に秘密裏に入り、冒険の旅を開始した。翌三月六日、紅卍字会神戸分会が正式に設立された。このように、日中両国の民衆宗教は国境を超えて交流を始めた[42]。

1　「日本地震大火災」『申報』一九二三年九月三日。
2　「日本大震災」『晨報』一九二三年九月三日社説。
3　「中国軍民救済恤民」『盛京時報』一九二三年九月七日。
4　「段張競因日災会合」『盛京時報』一九二三年九月八日。
5　世界紅卍字会中華総会編『世界紅卍字会史料汇編』香港：二〇〇〇年八月、一三三頁。
6　事件について、大本七十年史編纂会『大本教事件史』（天声社、一九七〇年）を参照。
7　林可彝「日本大本教謀反事件」『時事月刊』第一巻第五号、一九二一年。幼雄「世界的秘密結社：日本大本教的始終」『東方雑誌』第一九巻第一九号、一九二二年。
8　紅卍字会は一九二一年末に成立し、一九二二年一〇月に北京政府内務部の許可を得て、慈善団体として発足した（前掲世界紅卍字会中華総会編、五頁）。また、紅卍字会について、酒井忠夫『近・現代中国における宗教結社の研究』（国書刊行会、二〇〇二年）を参照。
9　このことについて、林出賢次郎の回顧録では言及がない。林出賢次郎（尋賢）「南京の政変」（後編）、「尋賢回顧録」（四）、『日本卍字月刊』第七巻一一月号、一九六三年一一月一日。
10　日本外務省外交史料館：「世界紅卍字会中華総会より震災救恤米二千担送附に関する件」（在南京領事林出賢次郎より外務大臣伊集院彦吉宛、一九二三年一〇月八日）。『宗教関係雑件・大本教ト紅卍字会提携ノ件』。

11 中国第二歴史档案館：「袁善浄致紅卍字会総会函」（一九二三年九月一〇日）。

12 日野強『伊犂紀行』博文堂、明治四二年。復刻版、芙蓉書房、一九六八年、上巻、一七四頁。

13 北村隆光「道院、紅卍字会に就て」『神の国』第一五四号、一九三一年一一月。

14 中国第二歴史档案館：「叶能静致紅卍字会総会函」（一九二三年九月二〇日）。

15 陶保晋（一八七五～一九四八）、江蘇省江寧県出身、「法政大学清国留学生法政速成科」第二班卒業。帰国後、江蘇省咨議局議員、金陵法政専門学校校長、衆議院議員等を歴任した。法政大学大学史資料委員会『法政大学史資料集』第十一集、一九八八年、一七三～一七四頁。沈雲龍『清末民初官紳人名録』（近代中国史料叢刊三編）、文海出版社、一九九六年、四九五頁。

16 侯延爽、進士出身、清末に日本に留学した。中央と地方政府の官僚を歴任した後、基督教から改宗し、済南道院（紅卍字会）の統掌（責任者）となった。F. S. Drake, "The Tao Yuan : A New Religious and Spiritualistic Movement," *The Chinese Recorder*, Vol.54, (March 1923), p.141. 北村隆光「世界紅卍字会の大元――支那道院に就て」『神の国』第三九号、一九二三年一二月。

17 中国第二歴史档案館：「世界紅卍字会中華総会会長徐、王、銭、江、王致大総統電」（一九二三年九月八日）。

18 同上。

19 中国第二歴史档案館：「世界紅卍字会中華総会会長徐、王、銭、江、王致総長電」（一九二三年九月八日）

20 中国第二歴史档案館：「中国協済日災義賑会会長朱佩珍、副会長盛炳記、王震致北京紅卍字会中華総会電」（一九二三年九月一一日）。

21 中国第二歴史档案館：「道開致会長及諸道長電」（一九二三年九月一三日）。

22 中国第二歴史档案館：「葉能静致紅卍字会総会函」（一九二三年九月二〇日）。

23 中国第二歴史档案館：「財政部復紅卍字会中華総会公函」（一九二三年九月二一日）。

24 同上。

25 中国第二歴史档案館：「紅卍字会中華総会致税務処函」（一九二三年一〇月一日）。

26 中国第二歴史档案館：「陶保晋致紅卍字会中華総会会長」（一九二三年九月一六日）。

27 中国第二歴史档案館：「葉能静致紅卍字総会函」（一九二三年九月二〇日）。

28 中国第二歴史档案館：「南京紅卍字分会致中華総会電」（一九二三年一〇月四日）。

29 中国第二歴史档案館：「世界紅卍字会中華総会会長徐世光、王芝祥、銭能訓、江朝宗、王人文致許芝田函」（一九二三年一〇月六日）。この手紙において義援金の金額は二〇〇〇元とされるが、米ドル五〇〇〇元とするのが一般的である。

30 中国第二歴史档案館：「世界紅卍字会中華総会会長徐、王、銭、江、王致日本公使函」（一九二三年九月一六日）。

31 中国第二歴史档案館：「世界紅卍字会中華総会会長致神戸領事柯栄陔函」（一九二三年九月一九日）。

32 日本外務省外交史料館：「大本教ニ関スル件」（兵庫県知事平塚広義、一九二三年一一月一〇日）。

33 中国第二歴史档案館：「上西信助函抄件」（一九二三年一〇月一三日）。
34 日本外務省外交史料館：「大本教ニ関スル件」（兵庫県知事平塚広義、一九二三年一一月一〇日）。
35 同上。
36 日本外務省外交史料館：「大本教ニ関スル件」（京都府知事池松時和、一九二三年一一月一〇日）。
37 日本外務省外交史料館：「大本教ニ関スル件」（兵庫県知事平塚広義、一九二三年一一月二一日）。
38 『神の国』第三七号、一九二三年一一月。
39 侯延爽「登高熊山参大本教主錬魂処」（其三）『神の国』第三九号、一九二三年一二月。
40 前掲北村隆光「世界紅卍字会の大元——支那道院に就て」。昭月生「世界紅卍字会の提携と霊界物語」『神の国』第四〇号、一九二四年一月。
41 前掲世界紅卍字会中華総会編、一三三～一三四頁。
42 本稿と関連するものとして、以下の拙稿を参照されたい。「宗教結社、権力と植民地支配——『満州国』における宗教結社の統合」、『日本研究』（国際日本文化研究センター紀要）第二四集、二〇〇二年二月。「増上寺的香堂——一九三三年東北青幇代表団訪問日本」、『南京大学学報』二〇〇七年第三期。

第4章

道院・紅卍字会の台湾における発展およびその慈善活動

――戦後日本の新興宗教とのかかわりを含めて

王 見川

（豊岡 康史 訳）

はじめに

二〇世紀初頭、中国国内には多くの扶乩《フーチー》集団が出現した。中でも山東浜県の県城に生まれた扶乩集団はのちに宗教集団を形成し、「道院」と名乗り、一九二一年には国民政府から正式な認可を受けた。[1]「道院」の出版物によれば、この宗教団体は、『太乙北極真経』を主要な経典とし、「至聖先天老祖」を信仰しているという。組織内部においては静座の修行と扶乩を重視することを特色とし、対外的には「紅卍字会《こうまんじかい》」を設立して、社会救済事業を行っていた。[2] つまり、道院と紅卍字会は一つの組織が持つ二つの側面であり、相互に依存するものであったと言えよう。

現存する資料によれば、道院は一九五〇年以前、大陸で非常に流行し、中国全土に広がった。紅卍字会（あるいは世界紅卍字会）は慈善事業を数多く行い[3]、現在の「慈済功徳会」同様、政府や各界の称賛を得ていた。

これまでにも道院・紅卍字会に関する研究は盛んに行われ[4]、十分な成果を挙げている。しかし、先行研究は大陸における道院・紅卍字会を中心に検討し、道院の海外、とくに台湾での展開に言及しているのは宋光宇のみである。[5] 本稿では、先行研究を踏まえ、道院の台湾での布教初期における扶乩による訓文や日本統治期の新聞などの組織内外の資料を用いて、台湾における道院の初期の活動状況と戦後の日本の新興宗教との連携について論ずる。

道院の台湾への進出と日本統治期における発展

宋光宇「游弥堅与世界紅卍字会台湾省分会［游弥堅と世界紅卍字会台湾省分会］」[6]は、道院内部資料と公文書を用いて、道院と世界紅卍字会の日本統治期の台湾への進出の契機は、日本の大本教《おおもときょう》との関係にあったとしている。宋によればその経過は以下の通りである。一九二三年の関東大震災直後、世界紅卍字会は日本での震災復興のために人員を派遣し、同時に大本教教主・出口王仁三郎《でぐちおにさぶろう》などと知り合った。そして、出口らの助力により、道院と紅卍字会は神戸に支部を設立した。一九二九年、日本の「人類愛善会」は紅卍字会と協力して、「東瀛佈教団」を組織し、瀋陽から神戸・大阪・東京などへ派遣して布教を行った。道院と紅卍字会はこの布教活動の延長として、一九三一年に台湾に入り、基隆・宜蘭・台中に道院の、台北・苗栗・嘉義・二水・台南に紅卍字会の支部を設立した。[7]

宋光宇が指摘するとおり世界紅卍字会は関東大震災の被災者支援をきっかけに、大本教と関係を結んだことは間違いない。[8]しかし宋は、人類愛善会が大本教の付属団体であり、道院と紅卍字会の関係と同様のものであったことに関してはあまり意識していないようである。

大本教は一九二一年に「不敬罪」および新聞法違反により摘発を受け、教主・出口王仁三郎をはじめとする幹部が投獄された。[9]これを受けて出口は大本教の布教戦略を見直し、新たな教典を著す一方、大本教が持っていた排他的な性格を改め、「〈人類愛善・万教同根〉の教え、平和と人類愛に基づく世界大家族主義、人種・国境・宗教を超越した人類同胞主義を唱えていた」[10]。一九二五年、大本教は「人類愛善会」を発足させ、社会的な実践を行う団体として、南北アメリカ、東南アジアなどの国々に次々と支部を置き、各国の宗教団体との連携を模索した。同年、大本教は道院とともに、「世界宗教連合会」を設立した。道院は大本教の支持の下、神戸に分院を置いたのである。[11]『台湾日日新報』によれば、台湾の大本教の信徒は、一九二九年に大本台湾分院の設立を計画し[12]、一九三一年一月三日、信徒数百名が台北州七星郡草山に集まり、「大本教台湾別院」落成式を行った。その際、山川州高等課長や鈴木教育課長などの政府関係者も参加している[13]。

このような状況を前提として、中国の道院・紅卍字会は昭和四年に大本教とともに台湾へ進出することができたのである。当時の公文書によれば、道院・紅卍字会の台湾進出初期の発展は極めて早く、昭和六年までに基隆・宜蘭・台中に道院分院が置かれており、その年、さらに紅卍字会も台北・苗栗・嘉義・二水・台南に分会を設置したことが確認される[14]。道院内部資料である『道慈綱要・大道編』（一九三一年）によれば、昭和六年には、宜蘭・台中・台南・嘉義・苗栗・基隆・台北・南投に道院分院を設立していたという[15]。

一九三四年大本教は「神聖皇道を宣布発揚し、人類愛善の実践を期す」という理念の下、日本各地で「農民救済・時局匡扶」の活動を行い、たびたび議会政治の廃弛と政党の解散を主張する運動を行ったため、日本政府の注意を引くようになった[16]。昭和一〇年、台湾中部で大地震が発生し、多数の被害者が出た際にも、世界紅卍字会瀋陽分会は、中華総会に、台湾での被災者支援を提案している[17]。一九三五年一二月、日本の警察は再び大本教を厳しく取り締まり、全国において教団の幹部が逮捕された[18]。そして一九三六年三月、日本の内務大臣は訓令を発し、大本教に解散を命じた[19]。

この命令により、大本教の日本各地の支部は次々と閉鎖されることとなる[20]。台北の大本教も一九三六年三月をもって自主解散し、宣伝の広告や看板が取り外され、台北の総部は家主の商工銀行に返還された[21]。基隆・台南州の大本教の支部も取り壊され、信徒は他の宗教への改宗を迫られた[22]。当時、台北の大本教総部で取り壊された看板には、世界紅卍字会台北分会・世界紅卍字会台北道院・人類愛善会台北支部などのものもあった[23]。すなわち、台湾の道院・紅卍字会は、大本教と密接な関係を有していたのである。一九三六年に大本教が日本の警察に取り締まられた際、当然のことながら、台湾の道院・紅卍字会もともにその被害を受けることとなった。二年後、日中戦争により台湾が皇民化の時期に入ると、台湾の道院・紅卍字会の活動の痕跡は見られなくなってゆく。

戦後の道院・紅卍字会の台湾宣教と初期の活動

一九四五年八月一五日、第二次世界大戦の終結とともに、台湾は正式に中国に帰属するものとなった。台湾海峡両岸の往来も回復し、道院・紅卍字会もまた戦後初期に、ふたたび台湾へ入ってゆく。このプロセスを、宋光宇は以下のように描いている。「台湾光復ののち、以前〈人類愛善会〉の活動に参加していた台湾の温禄・黄明義・黄培臨など数名が、道院の資料に触れ、道院の上海南方主院にその教理上の問題に関して尋ねた。同時に温らは、台湾には道院の教えを慕うものが四、五十人おり、彼らのために、〈寄修所〉を設置することを求めた。……上海の南方主院はこの希望を受け、正式に板紙にその状況に関して記して、扶乩によって神仏からの指示を求めることとした。……民国三十七年陰暦五月十五日の乩壇〔扶乩を行う祭壇〕には至聖先天老祖の以下のお告げが下った。『台湾における寄修所設置の提案に関しては、その名を〔道院の〕南方主院台北寄修所とし、〔紅卍字会の〕台湾分会籌備処として対外的に活動するように。これを知るべし』。同時に温禄には〈応縁〉という道名が与えられた[24]」。

戦後の道院・紅卍字会が台湾への布教を志向したことと温禄の活動の間には、間違いなく関連がある。しかし、温禄と道院・紅卍字会が接触した経緯は、先に引用した宋光宇の記述とはいささか異なっている。道院内部資料「台湾主院社蒙賜封仙真伝略」には、「温禄、道名は応縁。台湾省台北市の人。商人。もともと善行を好み、『道院世界紅卍字会概要』を著し、道院の慈善事業を大いに広め、人々の道院の大いなる教えに対する関心を喚起した。さらに上海の東南主院にこの書を送った。これにより、台湾における道院の発展が始まった。その功績は特筆すべきものである[25]」とある。つまり、温禄は自らの著作を通じて大陸の道院の上海東南主院と連絡をとり、宣教に関して相談を行っていたことは明らかであろう。『世界紅卍字会台湾省分会成立二十週年紀慶特刊』所収の「世界紅卍字会台湾省分会沿革[26]」には以下のようにある。「成立の縁起:本会会員の温禄氏、道名は応縁、台湾省台北市の人であるが、彼は日本の大本教の信徒であった。彼は大本教の教所が所蔵していた『道院略史』・『道慈綱要』・『午集正経』などの書物を見た時、感じる所があった。

そこで、民国三十六年の夏、『道院紅卍字会概要』という本を書き、各地の卍会や同好の士に送った。上海東南主院もこの書を受け取り、各会長の審査を経たのち、その内容が十分なものであり、台湾にも道院の教えを求める人々が多数存在することを知り、彼の地における道院・紅卍字会の設置が可能であると考えた。これが台湾における道院・紅卍字会創立の縁起であり、同時に総会が台湾へ移る先導となったのである」[27]。温禄が民国三十六年（一九四七）夏に書きあげた『道院紅卍字会概要』というのは、正確には『道院世界紅卍字会概要』といい、同年六月五日、中国仏教会台湾省分会が発行・出版し、旧台湾ドル七〇元で販売されていた[28]。

温禄の『道院世界紅卍字会概要』が中国仏教会台湾省分会から出版されたのは、その執筆に協力した曾景来という人物の存在によっていた。曾景来はこの本の編集・校正以外にも当時の中国仏教会台湾省分会理事長沈本円（本円法師）に序の執筆を依頼し[29]、さらに自らが編集する『台湾仏教』の創刊号にその創刊を言祝ぐ温禄に関する広告を二つ掲載した[30]。そのうちの一つの広告は「敬祝台湾仏教創刊、愛善苑会員温禄《『台湾仏教』の創刊にあたりお祝い申し上げます。愛善苑会員温禄》」というものである。

「愛善苑」は一九四六年、出口王仁三郎が大本教を再興した際に利用した名称である[31]。温禄は一九四七年七月に「愛善苑」の会員としてあらわれた。すなわち彼はこれ以前から日本の大本教と関係があったことは明らかであろう。注意すべきは、このときの温禄の肩書が「世界紅卍字会中華総会台湾省分会籌備処主任」というものであったことである。この段階ですでに道院・世界紅卍字会も、台湾における宣教活動に関して温禄と接触を持っていたことが確認できるだろう。一九四八年五月、温禄・黄明義らは

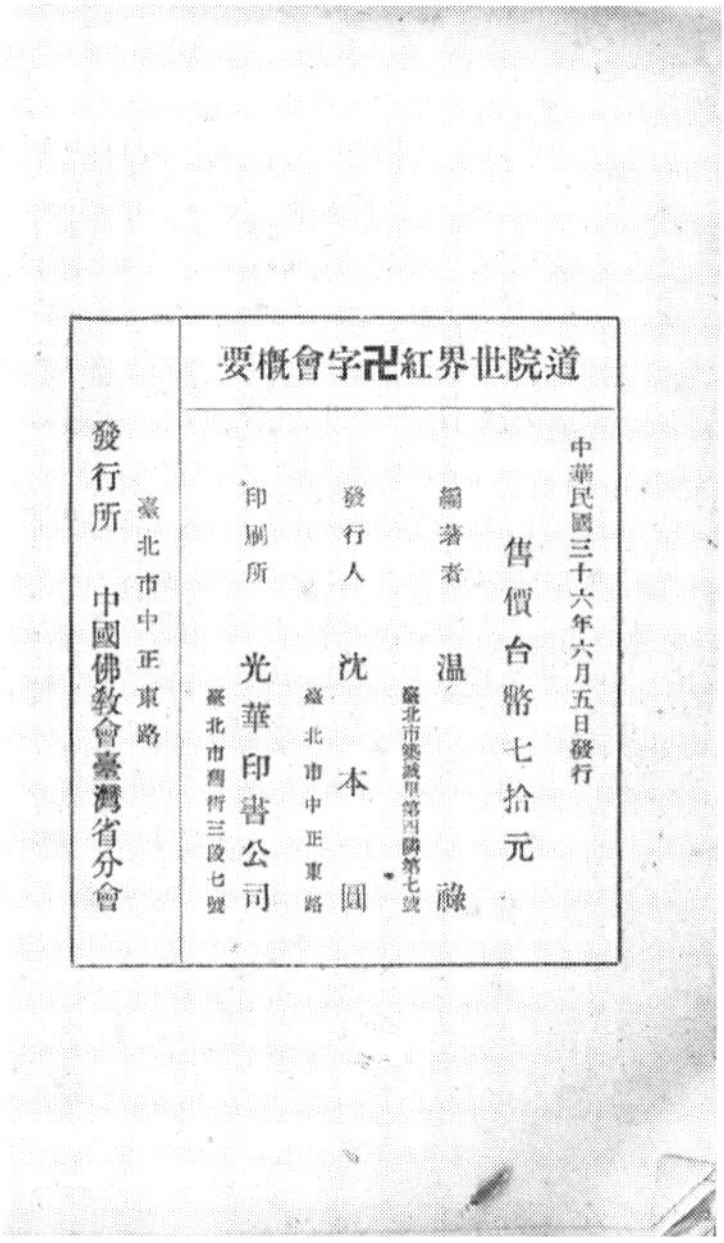

道院世界紅卍字會概要

中華民國三十六年六月五日發行
售價台幣七拾元
編著者 温禄
發行人 沈本圓 臺北市中正東路
印刷所 光華印書公司
發行所 中國佛教會臺灣省分會 臺北市中正東路

〈写真4—1〉戦後初期台湾仏教界で出版された『道院世界紅卍字会概要』の奥付（2008年撮影）

道院「台湾寄修所」の設立に関して、道院上海南方主院に書簡を送り、指示を求めている。東南主院の指導者からの返信は以下のようなものであった。

〔老祖のご指示に曰く〕台湾における寄修所設置の提案に関しては、その名を〔道院の〕南方主院台北寄修所とし、〔紅卍字会の〕台湾分会籌備処として対外的に活動するように。（「〔老祖判云〕台地擬即成立寄修所、其名称則当為南方主院台北寄修所。並即以臺灣分会籌備処対外也[32]」）

一九四八年一〇月、道院上海南方主院の朱庭祺〔道号印川〕は公務のため台湾に渡るにあたり、その前に台湾における道院の活動の推進という方針に関して〔扶乩によって〕神仏の指示を求めた[33]。朱印川は温禄との接触を通じ、今後の台湾における道慈〔道院の活動〕の発展に見込みがあると考えたが、温禄が若く、人数も少ないため、活動を広めるのは難しいと考えた。そのため、朱は楊宣誠・周亜青・張子玉・李淇輔などを派遣して温禄の補佐役として、道院の「台湾寄修所」を設立することを提案した[34]。一方、道院南方主院では布教費として三万～五万元を確保し、台湾における布教に備えた[35]。

一九四八年一一月一〇日、道院は台湾における布教に関して、現地の人員を動員することを原則に、乩手李天真と張祇澹を派遣し、別に道名を冠善という人物を同行させるとした[36]。五日後、道院南方主院は李天真らに「人事手続きが完了したらすぐに出発せよ。速やかに駐京所からの正式な書簡を現地の当局者に渡し、同時に応縁〔温禄〕に対応させるように。印川・涪臨・仁同らにも周知させること。ただし布教の規定に従い、一歩ずつ事を進めよ。まずは正式に寄修所を設立せよ。場所は間に合わせで構わない。寄所が成立すれば基礎ができたことになる。拡大に力を尽くせ[37]」と指示した。さらに、台湾の仁道らに対し、関係事務の補佐を命じた[38]。同年一一月五日、南方主院は朱印川に連絡を頻繁にとりつつ、温禄・仁同と協力して、布教活動を行うように通知した[39]。一一月中に、南方主院はさらに李天真と朱印川に、協力してさらなる道務の拡大を期するように指示している。これに対し朱印川は「弟子印川は中国塩業公司の台湾への移転に伴い、今後は常に台湾にいることとなりますので、道院の布教〔道慈〕に努力します。弟子継明を台湾に派遣し、補佐させるようお願いいたします。台湾を復興の基地とするか、一時的な拠点とするかに関しては、指示をいただきたいと思います[40]」と要望を出している。

これに対し南方主院から朱印川への訓文において以下のように回答がなされている。

「これはもとより自然の勢いというのがあり、それに関して憶測できるようなものではない。補佐役の設置に関しては、遠くに求める必要はない。現在、祇澹がおり、様々な才能があるばかりか、他の志望者に比べ、優秀である。祇澹は〔印川に〕従って台湾へ赴くように[41]」。「台湾における布教の発展には妙機がある。神霊が指し示す道院の方向性も定まってすでに久しい。事にあたっては慎重に行うのは良いが、事の進展が滞るほど考えすぎる必要もない。すでに又新に命じて台湾布教に努めるように命じた。さらに志清にも努力するように知らせてある。今後の台湾道院の成功は汝らにかかっている。よくよく理解するように。台湾道院を設置するまでは寄修所しかない。速やかにその設置準備にかかり、そこに台湾に向かった仲間を集め、世界紅卍字会中華各会会員旅台聯誼会とせよ。光り輝く豪華なものは必要ない。事の処理ができれば十分である。寄修所が成立した後なら、全体に関する計画も宜しきを得ることができよう[42]」。

道院南方主院の訓文に言及されている又新・志清らは台湾における道院の「同修」〔信徒〕であった。志清の姓名は王志清、もとは王振綱という名で、瑞三と号していた。志清は彼の道院における道名である[43]。彼は「山東省高唐県の人。保定軍官学校第二期の卒業生で壮年には官として出世したが、晩年は道院の教えに心を寄せた。救済活動にあたること四〇年余り、国内を遍く渡り、その功績は卓越していた。〔民国〕三十七年に〔国民党〕政府に従って台湾へ移り、南方主院の訓示を奉じて台湾の道院・紅卍字会の組織の準備・経営に従事した[44]」。宋光宇は道院・紅卍字会の戦後台湾における発展の功績はすべて王志清にあるとしている。宋によれば、その顛末は以下の通りである。民国三七年の年末、少なくない道院の修行者が上海から台湾へ避難してきた。その中でも王志清は最も重要な人物である。彼は、もともと西安の西北主院の「統掌」であった。王志清は台湾への向かう前に南京の友人に別れを告げに行き、その友人から紹介状を受け取った。そして彼は台湾到着後、「游弥堅」という人物に会い、援助を求めることとなった。游弥堅が当時の台北市長であるのを王志清が知ったのは、台湾到着後のことであった。王志清は、台北到着後、しばしば游弥堅のもとを訪れ、彼を道院へ誘った。道院での扶乩が游弥堅の妻王淑敏の幼名を言い当てたため、王淑敏は非常に感心し、道院の活動に参加して正式に修業を始めた。游弥堅は恐妻家であったため、妻とともに入信し、「篤慧」という道名を賜った[45]という。

宋光宇は道院総幹事の口述をもとに、游弥堅の道院への入信の経緯を非常に生き生きと描き出しているが[46]、事実と合わない点もある。同院の沿革では、道院台北寄修所および世界紅卍字会台湾省分会は「社会処の批准を経て成立した。皆、朱印川を会長に推した。この時、台北市長の游弥堅は朱印川と旧知の間柄で、二人で道院の教えや道院・紅卍字会の設立の必要性について話し合った。游弥堅市長は、道院との縁があることを思い、毅然と協力を申し出た[47]」。游弥堅本人の一九五〇年冬の彼と道院・紅卍字会の因縁に関する回顧と宋光宇の記述は異なっている。游弥堅によれば以下の通りである。

民国三七年の冬になって、先輩の朱印川氏と王志清氏が台湾で紅卍字会の設立準備を始め、私に協力を求めてきた。私は大陸にいたときから長らく紅卍字会の名前は聞いていたが、その内容は知らなかった。のちに彼ら二人が、道院・紅卍字会の由来や宗旨、事業やご利益について説明してくれたので、道院と紅卍字会が至聖先天老祖の命を奉じて設立されたことを知った。……三八年の春、印川氏が上海から私に、老祖が私の入信を許し、道名「篤慧」を賜ったことを知らせてくれた。「篤慧」！　信仰は篤くもなく、智慧もないのに。当時私は非常に畏れ多く感じた。どうすれば老師の弟子としてふさわしいのだろうか？　その年の六月、台湾分会が成立し、老祖はしばしば教えを下さるようになり、非常に感動した。私が考えていることを先に指摘して、励ましてくれた。そのお話は大変ためになった。さらに孚聖〔仙人呂洞賓〕から修行の指針として「游心物外、妙化弥論、堅定其性、篤養慧根〔物外に游心し、弥論を妙化し、その性を堅定し、慧根を篤養す〕」〔私の名前游弥堅と道名篤慧の意味を示している〕という書画も頂いた。この一年でそこまで達することができたのは神が私とともにいたからで、一挙一動までもが神仏の洞察のもとにあったということであろう[48]。

ここから游弥堅はそもそも旧知の友人との誼から、朱印川の道院台湾寄修所と紅卍字会台湾省分会の設立に協力し、その後朱印川の熱心な説得と、無断で游弥堅の道名を定める等の一連の積極的な行為によって游弥堅を道院の活動に参加させたのである。一九四九年旧暦六月十五日、台湾道院と紅卍字会台湾省分会が正式に成立し、朱印川が「台湾道院の創始者」として「台湾首席統掌兼首席会長」の職を授けられ、游弥堅も「台湾維護統掌・台会名誉会長」を授けられた[49]。

現存する資料から見るに、朱印川の道院・紅卍字会の台湾における初期の発展への貢献は、大きく二つある。一つは、台湾に道院・紅卍字会台湾省分会を成立させるとともに、合法的な地位を獲得したこと[50]。もう一つは、台湾人を吸収して道院に加入させるとともに、台湾へやってきた大陸道院の「同修」を再び見つけ出したことである。その中でも游弥堅の入信の影響は極めて大きかった。

一九五一年一二月末、朱印川は台湾を離れアメリカへ向かった[51]。台湾の道院・紅卍字会の活動は、信仰が日に日に篤くなっていく游弥堅が責任を持つこととなった。游弥堅の本名は游柏。台北内湖の人で一八九六年生まれ。台北国語学校（のちの師範専科学校）を卒業し、小学校教師を務めた後、一九二五年に日本大学法文学部に入学した。卒業後、中国大陸で活動し、中央軍校政治軍官、財政部税警総団軍需処長、国連調査団秘書、兵工署科長、財政部花紗布

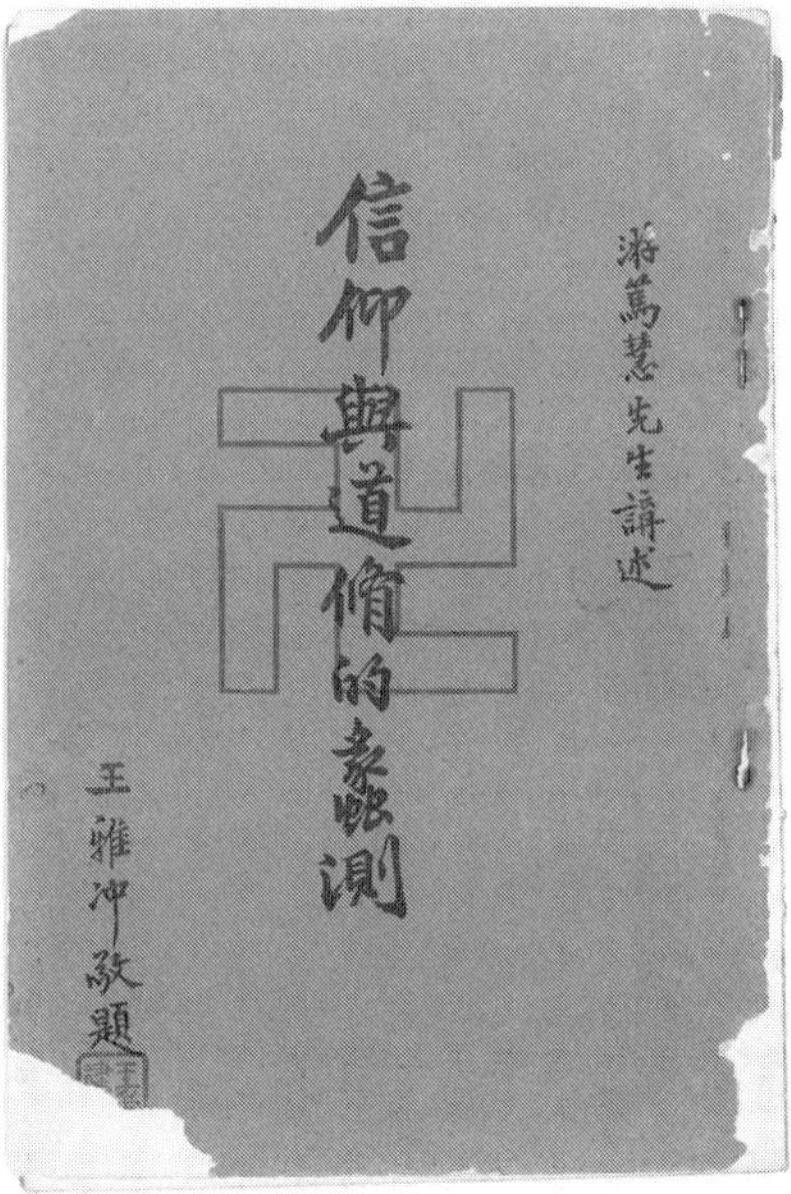

〈写真4—2〉游弥堅の説教集『信仰与道脩的蠡測』の表紙

管理局鄂北処処長などを歴任した[52]。台湾光復後、游弥堅は財政部駐台湾省財政金融特派員として、台湾接収に参加した。一九四六年三月、黄朝琴の後を継いで台北市長となり、一九五〇年二月までその職にあった[53]。この略歴から分かるように、游弥堅は「半山」（日本統治期の台湾出身者で、大陸で活動したもの）の中でも抜きんでた存在であり、国民党政府との関係が良好であると同時に台湾の商人・紳士にも大きな影響力を持っていた。

彼が台湾道院の活動を管理するようになってから、（1）紅卍字会の救済慈善事業の一環として一九四九年末に冬の慈善事業を行い五四四〇元、一万四一六七斤の米穀を支出した。さらに一九五〇年には大龍峒保安宮と貴陽街青山宮に義診所を設置し、南海路の林大夫診所とも契約を結んで義診所として、貧困に苦しむ人を対象に薬を配り、診療を受けさせた[54]。（2）また、台湾省道院の設置以外にも、多くの半山と台湾人の商人や紳士を入信させた。前者として劉啓光、後者には唐栄、唐伝宗、顔欽賢、陳啓清、陳啓川などがいた[55]。彼らの助けにより、道院・紅卍字会は台湾各地に分院を設立していった。

台湾における道院分院と慈善活動（一九五〇～一九六〇年）

台湾道院の扶乩の記録『判目留底簿』（一九五〇～六〇）には、当時道院は台中・台南・花蓮・高雄に信徒がおり、初級道場である「寄修所」が設置されていたことが記されている。布教初期には、多くの地方の名士、たとえば辛西淮・林叔桓・郭池中・顔興・王鵬程などが入信し、辛西淮は「永福」、顔興は「達化」という道名を賜っている[56]。彼らは、分院の設立を目指して、適切な土地を確保すべく非常な努力を傾けた。一九五一年、道院台南分院が成立し、「台南道院」と呼ばれ、台北総院から経典一八部が与えられた。こののちいくつかの理由のため台南分院は、適当な土地を見つけられず、大きく発展することはなかった。一般的に、道院の台湾における発展には人・財・地の三つの条件が必要であった。台南道院には、地方の名士が参加したが、合法的に活動できる土地と十分な財源を得られず、その成長には限界があった。一方、嘉義道院に関しては、この三条件がそろっていた。『世界紅卍字会台湾省分会成立十週年紀念冊』によれば嘉義道院の前身である嘉義寄所は、民国四六年（一九五七）一〇月、市宅街の江韵鏘の私宅に設立されたもので、のちに信徒が増加したことから、華南銀行董事長劉啓光の援助を得て、公明路八号房舎に道場を開いた。そこでは毎週月・水・金曜日に布道会が開かれ、多くの参加者を集めた。一九五九年五月二一日に正式に嘉義道院・紅卍字会がおかれ、劉啓光（道号は正慧）を初代リーダー「統掌」とした[57]。

道院において最も重要な活動は、修行の他に、社会慈善事業があった。通常、道院の社会慈善事業はすべて紅卍字会が行っていた。嘉義道院成立後、すぐに嘉義紅卍字会が設立された。嘉義紅卍字会成立当初、会長の劉啓光は華南奨学金基金会から一六万元を引き出し、「世界紅卍字会嘉義分会奨学金に組み込み、清貧で優秀な子弟の進学を助ける他、学校や診療所の建設費用補助に利用する」。「さらに数万元を拠出して救済基金とし、毎年冬に処理を行って、救済活動を行う」こととなった。劉啓光は、嘉義紅卍字会設立三周年にあたり、一五万元を寄付した。さらに蘇豊任会長などの理事や監事、信徒からの寄付金一〇万元あまり、あるいは社会各界から一〇万元の寄付を基金に組み込むことができた。毎年冬に行われる救済事業と臨時慈善事業、災害復興支援などの他、国語、書道、裁縫、煮炊きなどの講習会を開き、さらに張李徳和〔台湾の女流詩人。台湾省臨時省議会第一回省議員〕の提唱によって蘭・石・囲碁・生け花に関しても学ぶ場が提供された。中山路九二号の分院敷地内には慈光診所が設置され、名医張錦燦が主任医師として招聘された。張錦燦が台北に移ると診療所も閉鎖されたが、その後、六脚郷に慈光第二診所が設置され呂憲発が兼任で医師として働き、広く診療を行い、成果を上げた。また、呉鳳路悦生医院の医士羅炳梧を嘱託医師として招いた。道院は診療券を発行して貧しい信徒が利用できるようにした[58]。

嘉義道院紅卍字会の初期における慈善活動は、以下の〈表4―1〉の通りである[59]。

以上が嘉義道院紅卍字会の慈善活動である。その他の道院の活動に関しては資料がないが、大きな違いがあるとは考えにくい。世界紅卍字会台湾省分会の社会慈善活動は、一九五〇年から、長期慈善事業と臨時救済事業の二種類に分類された。前者は、毎年固定して行われる社会慈善活動であり、一九六〇年の年末までに以下のような活動が行われた。

〈表4—1〉嘉義道院紅卍字会の初期における慈善活動(1959〜1971)

時期(民国)	慈善活動の内容	金額(元)
48年8月	八七水災被害者への救済活動のために省分会に委託したもの	3,000
49年	軍眷(台湾へ移ってきた国民党兵士の家族)牛志成・詹老人・大林貧民への支援金	900
50年2月	冬季救済事業のために嘉義県政府に委託したもの。および劉炳南の救済と巽多の妻の葬式費用への補助	1,800

一、中医〔漢方医〕診療所の設置:九カ所。診療費は無料。受診者は一三万八四五四名。
中薬〔漢方薬〕一万五七一四回分。売薬八八四〇回分。支出一三万二三八三元。
二、卹産所〔助産院〕の設置:貧困に苦しむ妊婦を受入れ、無料で出産介助を行う。四カ所。
三四〇回の出産に立ち会う。支出一万三七〇〇元。
三、慈幼幼稚園の設置:一カ所。毎学期、学童一〇〇名余りを受け入れる。[60]

臨時救済事業は以下の通りである。

一、冬季救済:述べ五万六〇七四人を対象とし、米四八万四九七一キロを拠出。支出五六万四八五〇元。
二、緊急支援活動:高雄における港湾の爆発、基隆の火災、花蓮の地震、台北市中荘里・中華路・三重鎮の三カ所における火災、台南市における暴風被害など、災害緊急支援として、米や支援金を拠出。支出総額は新台湾ドル三万四二一二元。
三、施茶:毎年七月一日から九月末まで、重要な交通ルートで茶水の提供を行い、旅行者の便宜を図る。一〇年間。で支出は新台湾ドル三万七八六〇元。
四、臨時救済:各地の貧困な同胞が分会まで来て救済を求めたときに、その困難の程度を勘案して救済を行う。
一〇年間で支出は新台湾ドル二万四八五〇元。
五、寄付:労働者や軍などの慰問・寄付など。一〇年間で支出は新台湾ドル一万五六八三元。

以上の長期・臨時合わせて八項目の慈善事業における支出は新台湾ドル八二万三五三八元にのぼる。

結語　戦後の台湾道院と日本の新興宗教との関係

道院の戦後台湾における発展初期の活動のすべてが成功であったわけではない。中でも最大の危機は、内部における扶乩活動の中止であった。周知の通り、道院・紅卍字会は大事も小事も扶乩によって解決していた。道院内部における主神の指示は、信徒たちの行動の指導綱領であった。しかし、一九五二年一〇月、台湾道院の纂方（乩手〔扶乩の際、筆を支える霊媒〕）祇澹〔張祇澹〕は突然、扶乩をやめてしまった。一九五九年三月に再開したが、扶乩が行われなかった期間、道院上層部の篤慧や志清などは主神に何度も指示を請い、扶乩活動の再開にこぎつけ、信徒の信仰心を維持したが、同時に道院の以前の著作や乱文、経典などを再発行し、信徒をまとめていた。[61]

全体的に言って、道院は戦後台湾において比較的早く合法化できた新興宗

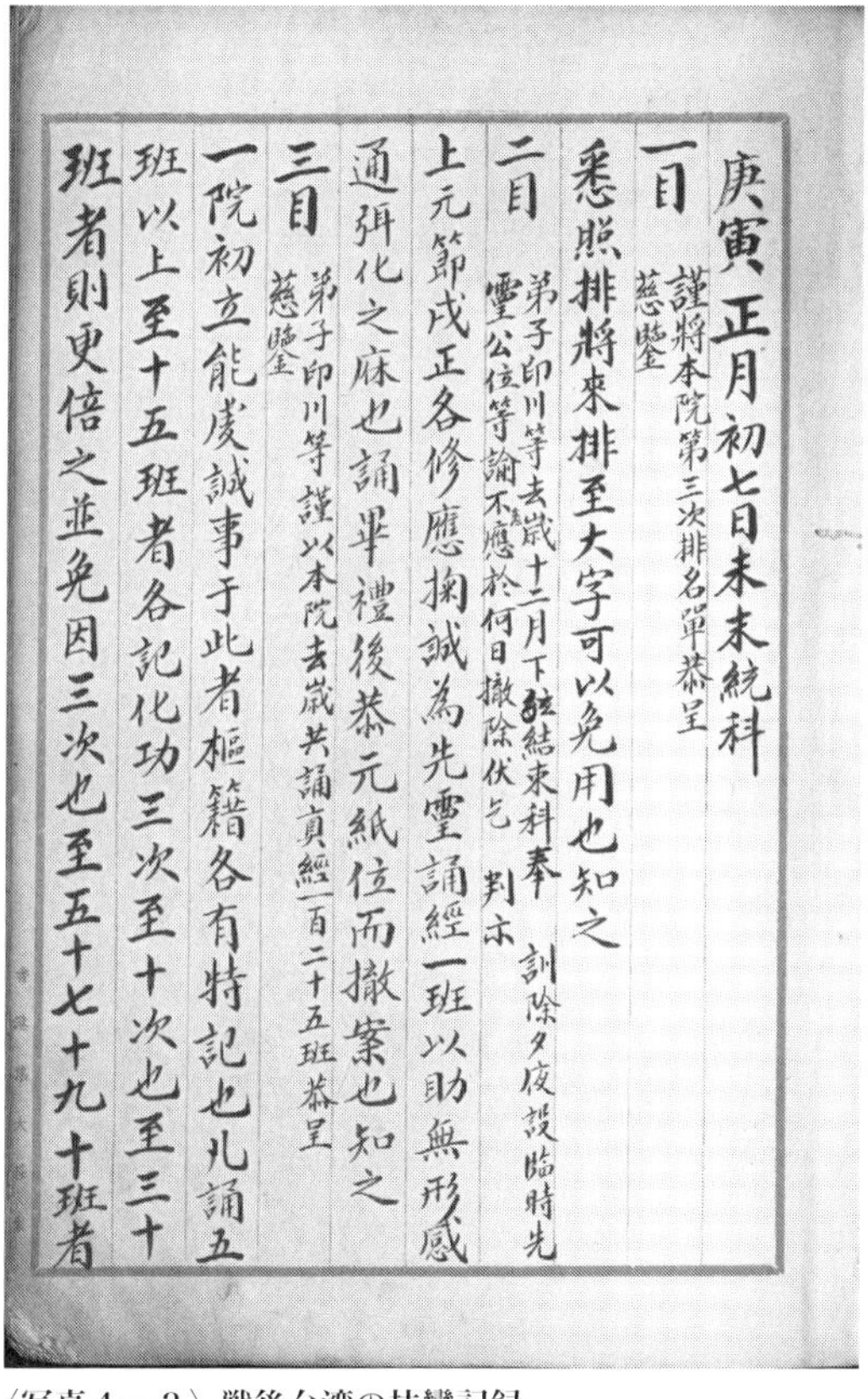
庚寅正月初七日未末統科
一目　謹將本院第三次排名單恭呈
慈鑒
悉照排將來排至大字可以免用也知之
二目　弟子印川等去歳十二月下弦結束科奉　訓除夕夜設臨時先
靈公位等論不應於何日撤除伏乞　判示
上元節戌正各修應揃誠為先靈誦經一班以助無形感
通弭化之麻也誦畢禮後恭元紙位而撤案也知之
三目　弟子印川等謹以本院去歳共誦眞經一百二十五班恭呈
慈鑒
一院初立能虔誠事于此者樞籍各有特記也凡誦五
班以上至十五班者各記化功三次至十次也至三十
班者則更倍之並免因三次也至五十七十九十班者

〈写真4―3〉戦後台湾の扶鸞記録

教であった。游弥堅の半山としての身分や権力ネットワーク、人間関係を利用して、台湾各地の名士である劉啓光、陳啓清、陳啓川、顔欽賢等を速やかに取り込むことができたことが特徴であると言えよう。この側面から見れば、道院は戦後台湾の外来宗教の中で比較的早く台湾化した宗教であると言えるだろう。

最後に、台湾道院と戦後日本の新興宗教の関係について見ておこう。さきに述べたように、台湾道院・紅卍字会と大本教の関係は一九三六年に終わりを迎えた。戦後、台湾道院と中国道院が連絡を回復してから程なくして、台湾の道院信徒は日本の大本教との連絡を模索する。『判目留底簿』によれば、庚寅年（一九五〇）年正月一日、温禄は日本へ赴く仕事があり、その時、道院に大本教との関係を回復し日本における道院・紅卍字会の復興の足がかりにすることに関して指示を求めた。当時の〔扶乩による〕判示は「縁によって道運を通じればよい。宜しい[62]」というものであった。三月一五日、台湾道院の責任者朱印川は日本の愛善苑弟子・悟天化同から手紙を受け取り、尋仁（大本教教主・出口王仁三郎）死去ののちは、日本の道院の活動は悟天が中心となっていること、日本の道院の復興や日本総会および亀岡などの各地の道院・紅卍字会の人事などに関して記されていた。台湾道院での扶乩の結果は、双方の精神的なつながりがあれば、関係の回復を急ぐ必要はなく、台湾道院が主導的立場からよくよく連絡をとるように、というものであった[63]。辛卯年（一九五一）年六月、日本の信徒尋賢が台湾を訪れ、日本における布教に関して議論を行った[64]。一〇月、台湾道院の義澈は仕事で東京に行くため、その機会に愛善苑を訪れて布教に関して連絡をとるかどうかについて指示を求めている[65]。壬辰年（一九五二）年閏五月二三日、大本愛善会会員の鈴木某が書簡で入信を求め、台湾道院は「宜真」という道号を与えている[66]。同年八月二〇日、「和方弟子尋賢・聿糺・中野・勘助」が書簡で、日本における道院・紅卍字会の復興の指針を尋ねると同時に、布教団の派遣を求めてきた。しかし、台湾道院の上層部はあまり積極的ではなく、簡単に、両者の精神的なつながりがあればよいと記すのみであった。特筆すべきは、当時の三五教教主中野与之助とその息子の入信に際し、「震甦」・「湛存[67]」という道名を与えていることである。これは、東京に寓居する商人である義澈が勧めたものである。この義澈は非常に積極的で、多くの日本在住台湾人や日本人を入信させている[68]。

癸巳年（一九五三）年正月一六日、三五教は信徒の男性一一七八人、女性一〇三九人の入信を求めた。台湾分院はこ

〈表4―2〉台湾出身者の道院への加入状況（1950～60）

姓名	道号	入道の時期	社会的立場
辛西准	永福	1950	台南汽車貨運公司董事長
顔 興	達化	1950	台南救済院董事
唐 栄	頤慈	1952	唐栄鉄工廠董事長
唐伝宗	仁啓	1952	唐栄鉄工廠総経理
陳啓声		1952	高雄望族陳中和の子息
劉啓光	正慧	1952	半山。華南銀行董事長
顏欽賢	膺善	1953	基隆の望族。台陽鉱業董事長
陳啓川	建鴻	1953	南和興産公司董事長
鄭栄生	重修	1953	協善堂主
陳啓清	啓清	1958	高雄望族陳中和の子息
林仏国	佛國	1959	著名な旧詩人
林頂立	淨穎	1960	農林公司董事長

『判目留底簿』、卜幼夫『台湾風雲人物』（新聞天地社、一九六四年）、『中華民国人事録』（中国科学公司、一九五三年）から筆者作成

れを特例としてそれぞれに号を与えた。同年二月二二日、三五教教主震甦（中野与之助）は天心教教祖古瀬信斎が入信を求めているので道名を与えたうえで、どのように活動すべきかについて指示を下すよう求めてきた。これに対しても、台湾道院は入信を認め、「先彛」という道名を与え、古瀬信斎と中野で布教に関して話し合うように求めた。古瀬は三〇〇〇人の信徒とともに台湾道院に入信した[69]。

戊年（一九五八）年三月、台湾道院上層部は態度を変えて、游弥堅がアジア大会（一九五八年第三回東京大会）台湾代表団顧問として日本へ行く機会を利用し、游弥堅を「連合委員」に任命して、日本総会籌備処との連絡を行なわせ、同時に慈善事業に従事する経験を提供した。日本側の手配で、游弥堅は八カ所の分院と「大本教・救世教・三五教などを訪れ」、各宗教の連合と慈善事業を興すことで、ともに「浩劫」（破滅的大災害）を挽回して、人類を救うという議決を行った。さらに世界紅卍字会日本総会の設立と、道院の再建を決めた[70]。これに対し、台湾道院の上層部は日本の信徒が道院の慣例に従い、先に道院を立ててから紅卍字会を設置するという綱領に従うように求めた。程なくして、日本道院は、自立を目指し

て、台湾へ信徒を派遣して経典や読経、儀注〔儀式の形式〕などを学ばせた。一九六二年、日本道院と世界紅卍字会日本総会が成立した。[71] これは道院の日本における活動が新たな段階に入ったことを示している。

付記　本稿は王見川「道院、紅卍字会在台湾（1930-1950）」（『台湾宗教研究通訊』第二期、二〇〇〇年）に加筆訂正を加えたものである。

1　酒井忠夫『近代支那に於ける宗教結社の研究』東京：東亜研究所、一九四四年、一〇三～一三二頁。あるいは酒井忠夫著、姚伝徳訳「道院的沿革」『民間宗教』第三輯、一九九七年、九四～一一二頁、参照。

2　酒井忠夫、前掲書、一二七～一四三頁。

3　酒井忠夫、前掲書、一五九～二一〇頁。

4　道院に関しては、末光高義『支那の秘密結社と慈善結社』大連：興亜研究会、一九三三年、三六五～四一九頁、酒井忠夫『近代支那に於ける宗教結社の研究』東京：東亜研究所、一九四四年、一〇〇～二五六頁、吉岡義豊『アジア仏教史中国編Ⅲ――現代中国の諸宗教』東京：佼成出版社、一九七四年、三四一～四〇二頁、宋光宇「民国初年中国宗教団体的社会慈善事業――以世界紅卍字会為例」『台大文史哲学報』四六期、一九九七年六月、二四三～二九四頁、を参照。最近の研究では、『第二届中国秘密社会史国際学術研討会論文集』中国友誼促進会・山東大学、二〇〇九年八月、に収録された杜博思、陳明華、李光偉、郭大松のものがある。

5　宋光宇「游彌堅与世界紅卍字会台湾省分会」『台北文献』直字一二二期、一九九七年一二月、一八九～二〇一頁。

6　この論文は『台北文献』直字一二二期、一九九七年一二月、一八九～二〇一頁、に載せられたのち、宋光宇『宋光宇宗教文化論文集（下）』宜蘭仏光人文社会学院、二〇〇二年七月、六〇五～六一八頁、に収められている。

7　宋光宇「游彌堅与世界紅卍字会台湾省分会」一九〇～一九一頁。

8　道院の日本における宣教の経過に関しては、酒井忠夫著、姚伝徳訳、前掲論文、一一七～一二〇頁、参照。また日本の道院内部資料でのこの件に関する言及に関しては、本稿〈付録1〉参照。

9　張大柘『当代神道教』北京：東方出版社、一九九九年、二八九頁。

10　註9に同じ。原文：倡導〃人類愛善・万教同根〃的主張、以及基於和平和人類愛的世界大家族主義和超越人種・国境・宗教的人類同胞主義。

11 註9に同じ。

12 『台湾日日新報』昭和四年九月二八日。

13 『台湾日日新報』昭和六年一月四～五日。

14 宋光宇「游彌堅与世界紅卍字会台湾省分会」一九一、一九九～二〇〇頁。

15 『道慈綱要・大道篇』一九三二年、二一七～二一八頁。本書は世界紅卍字会台湾省分会が一九七一年にリプリント版を発行している。

16 張大柘、前掲書、二九〇頁。

17 中国第二歴史案館・海峡両岸出版交流中心編『館蔵民国台湾案匯編』第四冊、北京：九州出版社、二〇〇七年、二九九～三〇四頁。

18 張大柘、前掲書、二九〇頁。

19 『台湾日日新報』昭和一一年三月一四日。「解散に対する内相の訓令」。

「邪教大本教に対し内務省では司法処分と併行し断固解散の鉄槌を下すに決定し、十三日午前十時三十分を期し潮内相の名をもって警視庁並びに京都・兵庫両府県知事宛左の如き訓令を発した

警視総監宛

其管下結社昭和神聖会は治安警察法第八条第二項の規定に依り之を禁止す、此旨主管者に伝達すべし

右訓令す

京都府知事宛

其管下左記結社は治安警察法第八条第二項に依り之を禁止す

皇道大本、人類愛善会、更始会、明光社、昭和青年会、昭和坤生会

此旨主管者に伝達すべし

右訓令す

兵庫県知事宛

其管下大日本武道宣揚会は治安警察法第八条第二項に依り之を禁止す、此旨主管者に伝達すべし右訓令す」

20 『台湾日日新報』昭和一一年三月一四～一五日。

21 『台湾日日新報』昭和一一年三月三日。

22 『台湾日日新報』昭和一一年三月一七日。

23 『台湾日日新報』昭和一一年三月三日。

24 宋光宇「游彌堅与世界紅卍字会台湾省分会」一九一頁。

原文：台湾光復後、有幾位原来参加〝人類愛善会〞活動的台湾人士如温禄・黄明義・黄培臨等人、因為接触到道院的資料、而到

道院在上海的南方主院訪道・声称台湾已経有四五十人仰慕大道、請求成立〝寄修所〟……上海的南方主院接到這項請求之後、就正式用黄紙写明事由、請神仏降乩批示……民国三十七年陰暦五月十五日的乩壇上、由至聖先天老祖臨壇判示:『台地擬成立寄修所、其名称則当為南方主院経北寄修所、並即以台湾分会籌備処対對外也、知之』。同時也賜温禄的道名〝応縁〟。

25 「台湾主院社蒙賜封仙真伝略」台湾道院編『台区院社仙真伝略』台北:台湾主院、一九八〇年所収、六一頁。
原文:温禄、道名応縁、台湾省台北市人、業商。生性好道、曾著『道院世界紅卍字会概要』一書、宣揚道慈事業之概況、以喚醒群衆対大道之認識、並寄奉上海東南主院閲覧。因此、台道処機肇興、功行足録。

26 世界紅卍字会台湾省分会編『世界紅卍字会台湾省分会成立二十週年紀慶特刊』台湾省分会、一九六九年、七五頁。

27 註26に同じ。
原文:成立的緑起:本会会員温君禄、道名応縁、台湾省台北市人、為日本大本教教徒。因参閲該教所存的《道院略史》・《道慈綱要》・《午集正経》諸典籍、心霊有感。遂於民国三十六年夏天、写成《道院紅卍字会概要》一書、分寄各地卍会及同好。上海東南主院会收到此書、経過各会長審閲後、認為内容尚可、足徴台地不乏好道之士、可以推設院会、是為台湾院会創立的縁起、亦即総会遷台的先導。

28 温禄編『道院世界紅卍字会概要』中國佛教会台湾省分会、一九四七年、最終頁。

29 温禄編、前掲書「発刊辞」。

30 『台湾仏教』創刊号(一九四七年七月一日)の「発刊辞」の前には以下のような広告が入っている。1・世界紅卍字会中華総会台湾省分会籌備処主任温禄、台北市城中区築城里第四隣黄明義、陳和由、温禄、南志信……。2・敬祝台湾仏教創刊、愛善苑会員温禄。

31 張大柘、前掲書、二九〇頁。

32 台湾道院編『台区各院社創立暨錫封訓文彙編』上下合刊、台湾主院印行、一九八九年、一頁。

33 台湾道院編『台区各院社創立暨錫封訓文彙編』三頁。宋光宇「游彌堅与世界紅卍字会台湾省分会」一九一頁。

34 台湾道院編『台区各院社創立暨錫封訓文彙編』三頁。

35 台湾道院編『台区各院社創立暨錫封訓文彙編』二頁。

36 台湾道院編『台区各院社創立暨錫封訓文彙編』三頁。

37 台湾道院編『台区各院社創立暨錫封訓文彙編』四〜五頁。
原文:於人事手続上斉備後、随即前往。茲可速以駐京処公函、致該當道、並知応縁等接待。而在印川・涪臨・仁同等、亦須分別知照。不過必須遵綱順則、按歩而事。邇時先行正式成立寄修所、所址不妨将就。迨寄所既立、始基已成。致可致力院会規模。

38 台湾道院編『台区各院社創立暨錫封訓文彙編』五頁。

39 台湾道院編『台区各院社創立暨錫封訓文彙編』六～七頁。

40 台湾道院編『台区各院社創立暨錫封訓文彙編』七頁。
原文：弟子印川因中国塩業公司遷台、将來須常川駐台、対於道慈自当努力、並擬設法欲使弟子継明来台相助。惟台島将来是否将為復興基地或祇能暫作拠点之処、伏乞判示。

41 台湾道院編『台区各院社創立暨錫封訓文彙編』七頁。
原文：此固有其自然之勢、非可以意測其何似也。至需助為理一層、是不必遠求。当前尽有如祇澹、不独擅於多能。亦更較諸所期者、有優等之獲也。可命祇澹、随同赴台。

42 台湾道院編『台区各院社創立暨錫封訓文彙編』八頁。
原文：台省道化之推展、自有妙機。神霊用運者、固已久矣。凡事雖宜謹慎、然亦不必過事考慮、以免有礙進行也。前已命又新、勉為従事。可更知照志清、亦多著力。将來台院之成就、即頼所示汝諸子也、各各知之。在成院以前、原為寄修所而已、応即従事籌設之、並宜於彼召旅台同修、成一世界紅卍字会中華各会会員旅台連誼会。其址先不必求其若何之輝煌、祇須可容弁事即足。待寄修所既成而後、再行従事全貌之籌、当然為宜矣。

43 台湾道院編『台区院社仙真伝略』一九頁。

44 台湾道院編『台区院社仙真伝略』一九頁。
原文：山東省高唐県人、保定軍官学校第二期畢業、壮歳歇歴仕途、晩年耽心道旨、服務救済工作四十余年、足跡遍国内、功勲卓著、三十七年随政府来台、奉南方主院訓示在台籌組院会、運籌擘画。

45 宋光宇「游彌堅与世界紅卍字会台湾省分会」一九三～一九四頁。

46 註45に同じ。

47 註26に同じ。

48 游篤慧講述『信仰与道脩的蠡測』世界紅卍字会台湾省分会、一九五一年初版、一九五九年四版、三三～三八頁。
原文：到了民国三十七年冬天、先進修方朱印川和王志清先生來台籌設紅卍字会、叫我協助。我在大陸時久已聞名紅卍字会、但不知道其内容。後來承他們二位告訴我道院紅卍字会的来由及其宗旨事業並功用等等、我才知道道院和紅卍字会是奉至聖先天老祖的命設立的……到了三十八年春、忽接到印川先生自上海寄來一函説是老祖准我入修、並賜道名為「篤慧」。「篤慧」！既不篤又不慧。当時我非常恐惶、不知道如何做老祖的弟子？　及至同年六月台湾分会成立以後、老祖常常賜訓、最使我感動者、常将我心裡所想的事、先機指示、或対所做的賜予鼓励、所説的話引以為訓、並蒙孚聖恵賜墨宝、題為「游心物外、妙化彌論、堅定其性、篤養慧根」(指示我的名号游彌堅篤慧的意義）以資修道的指針。這麼一年、我総覚得走到那裡、神是和我同在、一挙一動都在神仏洞察之下。
なお、「台湾主院社蒙錫封仙真伝略」によれば、游彌堅の妻王淑敏は一九五一年に道院に入信し、道名は昕輔であったという。

すなわち、宋光宇が描く、游彌堅が妻に従って入信したという説は誤りである。

49 台湾道院編『台区各院社創立暨錫封訓文彙編』三〇～三一頁。

50 世界紅卍字会台湾省分会編『世界紅卍字会台湾省分会成立二十週年紀慶特刊』七五頁。

51 『判目留底簿』辛卯年一二月二三日には朱印川がなお扶乩を行うかどうかを決める立場にあったが、壬辰年正月初一〇日には篤慧がその立場にあったと推測できる。

52 『台湾日日新報』大正一五年五月二四日の記事と卜幼夫『台湾風雲人物』新聞天地社、一九六四年再版、一七一～一七四頁、を参照した。宋光宇「游彌堅与世界紅卍字会台湾省分会」一九三頁、にも同様の記述がある。

53 卜幼夫、前掲書、一七四頁。

54 『(道院)判目留底簿』(抄本)庚寅年(一九五〇)二月一五日。この資料は、台湾道院の初期の扶乩の結果の記録である。

55 詳しくは、〈表4―2:台湾出身者の道院への加入(一九五〇～一九六〇)〉を参照。

56 『判目留底簿』庚寅年(一九五〇)六月一五日、五目。『判目留底簿』五冊は王見川、李世偉編『台湾宗教資料匯編:民間信仰、民間文化』第二輯、台北博揚文化公司、出版予定)に収録されている。

57 顔尚文総編纂『嘉義市志巻十、宗教礼俗志』嘉義市政府、一九九四年、二二六～二二九頁。道院に関する部分は筆者が執筆している。

58 顔尚文総編纂『嘉義市志巻十、宗教礼俗志』二三一頁。
引用部分の原文は以下の通り。「帰於世界紅卍字会嘉義分会奨学金、奨助清寒優秀子弟升学外、後又改為補助建設学校及診所用。」

「復設法発出数万元為救済基金、於毎年冬令弁理冬令救済。」

59 顔尚文総編纂『嘉義市志巻十、宗教礼俗志』二三一頁。

60 『世界紅卍字会台湾省分会成立十週年紀念冊』(出版地・出版年月日の記載なし)一二～二二頁。

61 この部分は、『判目留底簿』壬辰年一〇月初一日未末特統科三目、癸巳年一一月二日処科、乙未年一二月一一日処科、戊戌年九月二三日処科四目、己亥年三月二三日処科一目の記述をもとにした。

62 『判目留底簿』庚寅年正月一五日統科一二目。

63 『判目留底簿』庚寅年三月一五日統科五目。

64 『判目留底簿』辛卯年六月一五日正慶科一目。

65 『判目留底簿』辛卯年一〇月一五日四目。

66 『判目留底簿』壬辰年閏五月二三日統科特一目。

67 『判目留底簿』壬辰年八月二〇日未末特科二目。

68 『判目留底簿』壬辰年一二月二一日立春特統科六目、七目、一〇目、一一目。

69 『判目留底簿』癸巳年正月一六日未末特統科四目、二月二二日未末特統科六目。

70 『判目留底簿』戊戌年三月二一日処科一目、五月二三日処科一目。

71 『判目留底簿』壬寅年八月初九日処書画科、一〇月二一日統科四目。

第II部

東アジアの民衆宗教と近代

——近代中国の場合

第5章

道徳的価値を維持するための神の暴力

——湖南省における関帝廟の事例(一八五一〜一八五二年)

バレンデ・テレ・ハーレ

(梅川純代・大道寺慶子 訳)

はじめに

社会には規則が必要とされる。もちろんその規則は時と場所によって異なるもので、それぞれの空間において、異なる集団には異なる規則がある。我々は、中央から公布された規則を通じて、より複雑な社会を研究する傾向にある。公布された規則は法律と呼ばれるが、法律はベストの状態にあっても完全に順守されることはない。過去においてはなおのことであった。しかし、それでも社会は生き残る。「法律」は、必ずしも社会の自己再生を支える完璧な規則の装置ではないというのが、その理由の一つであろう。事実、人類学者が鋭く指摘するように、犯罪や法を犯すことの中にすら、きわめて整然とした秩序があり、それぞれの社会には常に代替的価値というものが存在する。その一方で、非合法の規則というものも存在し、それらは完全に、もしくは部分的に法律と一致する。概して、法律がこうしたその他の規則よりも重要であり影響力があると想定する演繹的な根拠はないのだ。王朝後期の中国における事例を詳細に考察する際、法律の重要性、およびその重要性が何世紀にもわたって続いてきたことを確認するのは難しいことではない。しかしそれは地域社会の住民が、百万どころか一千万以上もの民をほとんど独力で治めていた孤独な知県の前にわざわざ出向いて行った場合、または状況的に知県が所与の案件に興味を持たざるを得なかった場合に限られるのである。一七世紀初頭以降、法律上の訴訟手続きの重要性が高まったにもかかわらず[1]、国家という枠組みの外では多くの規則づくり、規則破り、規則施行が相も変わらずに行われていた[2]。

本稿は、とある地方レベルでの法の執行を立証するテキストについて考察する。それは一八五一年から一八五二年、破壊的だった太平天国の乱前夜における湖南省湘潭県の某寺院で行われた、関帝の二人の補佐の扶鸞《ふらん》を通じての、実際の事例集である。こうした来歴のために、中国社会史に関する史料の中では珍しく、これらの事例の時空には整合性がある。この史料は事件発生の時と場所が整合しているという点では特異であるが、以下に詳細を記すように、宗教的観点から見た総体的内容についてはとくに目立った点はない。中国の場合における、社会と法的秩序を維持するための代替的な形態は、今に至るまで広く研究されてこなかった。その理由は、間違いなく公的な法制文書が早くから存在していたことにある。しかし明文化された法律がありさえすれば、それが常に法の執行における主要な手段となるはずだという、誤った近代的仮定もその理由の一つである[3]。こうした非公的秩序の維持については従来注目されてこなかったが、唯一の貴重な例外として Paul Katz の *Divine Justice: Religion and the Development of Chinese Legal Culture*（神聖なる賞罰：宗教と中国法制文化の発達）［Routledge : London, 2009］がある[4]。

関帝の侍者たちの事例集の話は、実在の人物が巻き込まれた道徳的な事件について語っている。それらの人物は現世にいる間にすでに神聖な力によって処罰を受けている。通常、こうした天罰は目に見える形の容赦のないもので、それによって彼らの多くは後悔し、自らの悪業を白状させられることになる。多岐にわたる詳細から、これらの物語には多くの聴衆・読者があったことがうかがわれる。刑法上の制裁と同じように、規範と価値観を守らせる点において、部分的であってもこれらの物語に効果があったことは明らかである。しかし物語には、一部の地域住民、少なくとも我々が扱う無名の記録者が見た扶鸞壇の人々が、規範と価値観の要をどこに置いていたかが示されている。当時、湖南省は比較的安定しており、同時期に蜂起する太平天国の乱を結果的に制圧した主要部隊の主導権を握っていた。こうした点からも、この地域の秩序と安定を維持するためのメカニズムは、さらに研究する意義があると断言できるだろう。

以下に挙げる事例は『関帝全書』における事例を代表するものであり、理由は分からないが、他に比べてより詳細に記されている。[5] この記述により、我々は背景にある宗教的信仰の趣旨をよくつかむことができる。重要な個所に注を加えながら完訳を載せることにしたい。この事例は、法律違反者でもある某指導者についての簡単な描写から始まる。

> 湘〔潭〕中部出身の、肉屋の張某は残忍で暴力的な性格であった。彼は肉を売ることを生業としていた。一～三匹の豚、または、かぎ爪のある動物を仕入れていた。なかには、食用には好ましくないとされる動物もあった。張は残酷にもこうした批判を無視し、鍾という人物を動物殺しの手伝いに雇った。鍾が彼にかぎ爪動物の埋葬を頼んだ時、彼はそれらを三日間、社廟の屋根の下に置いておいた。ちょうど、じめじめして暑い時期だったので、悪臭は耐えがたいほどになった。張は酒を飲むのが好きだった。彼はよく竈の前に座り、酔っぱらうまで酒を飲んでいた。その時も、彼は服を脱いですっぱだかになり、好き放題に笑ったり説教したりし始めた。その直後、彼は呼吸に痛みを感じ始め、腫れもののせいでほとんど動けなくなり、手足さえもはや曲げられない状態になった。しばらくすると病気はますます悪くなった。

張某は長年にわたる残忍性に加え、とくに神々に対して比類ない不敬を示すという形で、少なくとも二つの罪を犯している。まず、かぎ爪動物を社廟の屋根の下に保管することで、社廟の神々・関帝と彼の二人の将軍を侮辱した。また彼は、竈の前で服を脱ぐことで竈神を侮辱した。これは古くから、とくに禁忌とされていることである。彼はおそらく、酒を温めようとして竈の前に居座わったのであろう。そして彼が負傷した本当の（現代の読者にとって本当の）理由は、酔っぱらっている間に竈に向かって倒れたことであったと思われる。続いて起こる出来事を通じて、竈神は詳細な警告を行っている。その警告を読むと、まるで中国の芝居のようでもある。

彼の父は仙人に方法を尋ね、竈神に勅茶を懇願した。生命の観察者（つまり竈神自身）が降りて〔以下の部分的に韻を踏んだメッセージを〕申し渡した。

お主は父となり弱きを支配するに、いつもいつも自身の力に頼り、
神々を侮辱するに自身の肉体の強さに頼る。
お主は雄牛を屠《ほふ》り犬を殺し、豚を屠り蛙を切り開く。
お主は一日中忙しく、
そして多くの生命を殺す。
澄んだ夜に自分自身のことを考えてみよ。
お主が自分自身の心深くに問いかけるようなことがあるか否かを。
お主が天に向かって口にできるような考えが一つでもあるか否かを。
我はただ、こうした邪悪な生きものを一掃したいのみ。
全ての人々のため、いくらかの憎悪のはけ口をつくるために。
〔お主らは〕災厄がついに家に降りかかるまで待ち、
その時になって初めて自身の間違いを悔いる気持ちを持つのだ！
しかるべきではあるが、邪悪な人間が己の間違いを悔いる時、
それは常に善行を積む善人にもまさる。
一たび〔善行をしようという〕この思いが起これば、
天はそれを検《あらた》め、憐れむであろう。
しかし我はお主を救わぬ。
お主は神に霊験がないとして明らかに神を侮辱した。
よって、もし我がお主を救えば、

お主はまた元の木阿弥、さすれば我はどうしてくれよう？

張は叩頭し慈悲を求めた。彼は殺生をやめると誓約した。

翻訳の先を続ける前にいくつかの注釈が必要であろう。王朝期までの竈神信仰はこっくり占い盤「沙盤」（たいていは木製の道具・乩筆を使って降臨した神が砂の上に文字を書く）を通じて行われるのが常であり、関帝を補佐する二人の将軍に対して行う場合も、至高神に対して行う時と同じような形態であった。慣習的に扶鸞では神々は仙人として扱われていた。なぜなら仙人は通常、識字者であり、一般の神々より上位――封建制度上の肩書を持っており侯爵から将軍、果ては帝王まである――にあったからである。神々が使用する言語は韻を踏んでいるか、もしくは正典文献をしのばせ、神の地位が高いことを暗示している。扶鸞壇では、筆記によるコミュニケーションが重要なため、読み書きできる人々が常に中心的な役割を演じる。張のお伺いに対して、神はもう一つのお告げを与える。

彼は別の指示を与えた。

お主の我への敬意は、
線香を燃やしたり、灯明に火をともしたりすることにはあらず、
また、日夜参詣することにもあらず。
お主は、心から功夫を積み始めねばならず
続いて我の古典に従い、
そして精力的にそれを実行せねばならない。

こうして張は屠殺刀をおろし、敬意をこめて竈〔神〕への断食を続けた。彼の病気は癒されたが、彼の悪知恵は抑えきれないほどにうずいた。一年かそこらで彼は誓いを破り、以前と同じ病が再発した。今度は以前よりもさらにひどかった。

竈神は、関帝のように規則を立案する王朝後期の神としてよく知られており、倫理を説く小冊子が多数、この神に帰せられている。「古典」というのがこうしたテキストの一つを指しているのは疑いない[6]。

這いずりながら彼は将軍の廟へご機嫌を取りに行き、涙ながらに助けを請うた。将軍は扶鸞による指示を実行した。

お主の悪行の書は埋め尽くされた。
お主は顧みることなく、〔自らを〕磨くことも反省することもなく、
突如として過去の誓約を破った。
今、我は新しい指示を得たが、お主に責任を与えるのはそぐわない。
素晴らしい処方箋があるが、お主に手渡すにはそぐわない。

張は泣いて頼み、二度と約束を違わないことを誓った。そこで〔将軍は〕真人〔後の話で、これは華真人という人物と判明する〕[7]に命じて、処方箋を彼に伝授させる。張は家に戻り、妻に言った。「我が家は肉売りで生計を立ててきたので、一時的に仕事を辞めるという誓いをたてたが、俺が死ぬまでそれを破らずにいると約束できるかは難しい」と。その夜、彼が眠りにつくやいなや、五〜六人の男が彼の体を刀で刺した。それぞれの男は痛いくらいに刺し、少しも止めようとしなかった。大きな笑い声とともに「苦しさを思い知っただろう」という声を聞いた時、張は人知れず泣き叫ぶしかなかった。彼らは近所の三番鶏が鳴くまで、彼を解放してくれなかった。我知らず泣きながら、彼は目覚めた。彼は恐怖で汗ばんでいた。彼は急いで叩頭し感謝をささげ、そしてやっと〔罰から〕解放された。

すべての人が生きたまま罰から逃れられるわけではないが、こうした物語のおかげで、確実に信仰は広まり、人々は何らかの恐怖を覚えただろう。この事例はかなり詳細なものであるが、罪と罰、告白、さらなる罰と、多くの場合には良心の呵責というように、他のすべての奇跡譚も同じような構成をとっている。興味深いことに、聴衆や読者は知って

いるのが当然とでも思っているかのように、社廟について著者や伝承者は簡単にしか言及していない。

関帝信仰

伝統中国後期において最も普及し、最も人気のあったのは関帝信仰であった。数知れぬ種類の地方神、神仙、妖怪などが存在していたが、関帝信仰は北部中国においても地方部においても、中国のほとんどの都市において見られる。関帝の祭祀は湖北省当陽県で、地方信仰として始まった。当陽県は、中国の天台宗と禅宗において中心的役割を果たし、傑出した仏教禅林が隋の時代に作られた場所である。関帝は一一世紀にはすでに国家に認知されており、早ければ一二世紀には道教儀礼の専門家たちによって祓邪の将軍として崇拝され、一七世紀初頭には神号を贈られて関聖帝君となっている。地位が上がるにつれて関帝への接触しやすさ、近づきやすさのようなものは失われたかもしれないが、それは本稿で考察する襄陽壇の例に見るように、関帝の副官に上奏する形を取ることで部分的に解決された。関帝は一七世紀以降、王朝国家に公的に承認され、地方信仰としては最高レベルの供犠儀礼を享受していたため、どのような信仰でもなんらかの形で関帝信仰につながっていれば、ほぼ自動的に社会的地位を得ることができた[8]。

関帝は常に副官―関帝の場合には将軍―を従えていた。ただし時代とともに、この将軍たちは多少様変わりする。王朝後期までに、関帝の補佐は二人になり、そのうち最もよく知られていたのが周将軍（歴史上の人物である周倉が神格化した）である。関帝を視覚的に表現する場合、補佐役の将軍たちはたいてい関帝の脇に位置し、図像上では目立つ形で描かれる。関帝信仰の霊験を語る奇跡譚の中にも登場する。道教儀礼においては、彼らは二人まとめて召喚され、たいてい何らかの悪霊を追い払う。さらに民話から演劇・小説まで、広範にわたる語り物としての伝統がある。民話形式のものはとくに中国北部と揚子地域に多く、南方へ行けば行くほど少なくなる。これらの語り物を通じて、この二人は関帝自身と同じくらい人々に親しまれてきた。

文人と役人たちは扶鸞壇を通じて関帝に上奏をした。扶鸞では、神が木製の乩筆ないしは鉛筆形のものに降りてきて詩を書きつけ、それを扶鸞壇に参与する解読者が解釈する。しかしながら、こうした信仰ではあまり多くの情報をやり取りすることができず、具体的な問題について処理することはとても無理であった。月型のブロック（杯筊《ポエ》）を投げたり（＝擲筊）、詩賦になる暗号的な棒を描いたり、夢といった他の交流方法についても同じようなことが言える。霊媒をおくのが、神々と交流する最善の方法であった。神が人間や筆記用具に降臨すると、霊媒専門の付き添い人が質問を行い、よりフレキシブルな会話を神と行うのである。王朝後期には関帝は扶鸞壇の中心であった。襄陽壇においては、扶鸞壇の中心にあったのは関帝の将軍たちである。関帝信仰は王朝からの認知度が最も高かったため、関帝ないしは関帝の将軍たちからの託宣は、許される限り最高の宗教的・倫理的ステイタスを持っていた。

関帝の聖人伝記的選集

一三世紀、関帝はまだ王に封じられていただけであったが、すでに最初の聖人伝記的選集が出版されている。一九世紀までこうした選集が多数続いた。それぞれの選集は、それ以前の資料を多く取り込み、改変して独自の新しい資料を付け加えていった。編集作業は通常、祭祀のあるべき姿についての最先端の知識人的考えに従っており、関帝信仰の一般的イメージを向上させることを目指していた。寺院建立や修復計画、寄付に協力する場合と同じように、たいてい編者はこの信仰ないしは信仰の所在地に個人的に関与しており、王朝が肩書を授与するきっかけも、個人あるいは集団的奇跡が発端となっている場合が多かった。

こうした全書の一つが、一九世紀半ばの大規模な太平天国の乱の後に編纂された。この全書は、多くの人にとっては読み切れないほどの超大作であった。これは何と言っても、教養ある某人物が愛と労力を捧げた賜物である。この編者にとっては、肉や酒の供物、あるいは地元の寺院修復のために寄付するだけでは不十分だったのだろう。不思議なことだが、なぜ彼がこれほどに金のかかる巨大な計画を引き受けたのかについてはまったく明確にされていない。一九世紀半ばの困難な時期に、北の捻軍や南の広東省の様々な町を包囲攻撃した秘密結社や他のグループから、自分を引き離してくれたのは神のお陰だと彼は強調している。おそらく真の理由は、この編者が当時栄えていた襄陽壇とつながりを持っていたことにあるだろう。そのつながりに関しては全書の巻末に、関帝の二人の将軍についての注目すべき事例集を付載している。この事例集は「将軍霊験記」と呼ばれ、[9]非常に特殊なものである。なぜなら聖人伝の編者たちは通常、自身については序で語ったり、ほんのわずかな個人的奇跡を付け加えたりするにとどめるからである。この事例集の編者は全書の編者でもあり、この事例集が、太平天国の乱によって深刻なダメージを受けた、この地域を活性化する力を秘めていると感じていた。神とその補佐たちは国家レベルで際立った存在だが、最下層の地域レベルでも人々を助ける力があり、助けたいと思っているのだと記している。

記録は一一八の事例を二つのセクションに分けて所載しており、セクションは基本的には、関帝を補佐する二人の将軍と交流した事柄に基づいている。話に登場する将軍は常に周将軍ないしは周倉と呼ばれる。すべての事例は、一九世紀初期の湖南省の商業の重要な中心地であった湘潭県の一三番目の都（行政上の副区分である副都市）にある、ある寺院の周りで起きている。善行に対する報奨について記している事例も少数はあるが、罪とそれに続く罰についてのものが百例以上にのぼる。各事例にはいくばくかの前後関係を示す情報もあるが、上出の例ほど長いものはない。一八四九年から一八五〇年までの扶鸞活動の中で起きた事例が記されており、八八八年の後書きには、関帝の補佐であるもう一人の将軍による追加事例が少し記載されている。

編者は、資料を集め出版したのは、人々に警告するためと明記している。彼は悪事をはたらいた人々をある程度匿名化しようと気を遣ってはいるが、その他に関しては可能な限り事実に基づこうとしている。よって、物語は啓発を目的とした奇跡譚であることに違いないが、同時に当時の人々が経験した事象の記録でもあるのだ。編者にとって、この記録の有益性とは、こうした出来事が本当に起こったのだと説得力をもって主張することにあったはずである。神からのお告げを解釈したのが誰なのか我々にはわからないが、二〇世紀における台湾の扶鸞研究によれば、解釈を行うのは通常読み書きできる人々であり、科挙システムにおける最低ランクの生員レベルの人であった可能性もある。解釈者は伝統的文語体を読み書きできる者で、知識人の水準と価値観を長年にわたって叩きこまれてきたことを意味する。この壇は湘潭県のどこか北に位置していた。

奇　跡

今日の湘潭は県の首都でしかないが、一九世紀前半には近隣の江西省からの商人が管轄していた地域米売買の中心地であったため、事実上、国内最大規模の都市の一つであった。長江に蒸気船交通が出現して以降、湘潭県には蒸気船がたどり着かないため、近隣の長沙県にとって代わられることになった。[10] 面白いことに、物語はまったく都会的でも大都市的でもなく、まるですべての商隊はこの地域の傍を過ぎて行ったかのような、まったく田舎じみた雰囲気を醸し出している。こうして通常使用する、少数だが生産的な文人の手による史料とは程遠い、しかし同時に大多数の農民からも程遠い史料を、我々は手にしているわけである。事例集は、王朝後期のたいていの史料に比べてより地域色にみちており、女性も男性も、貧乏な農民から野獣のような食肉業者まで、そしてだらしない主婦から小売商人まであらゆる人物が登場する。

そこに展開する価値観は一般的な中国的価値観であり、儒教・仏教・道教すべての宗教において主張されてきたようなものである。将軍たちと彼らの霊媒（たち）が、こうした価値観について非常に「意識して」いるのは偶然ではない。関帝自身が正しい倫理の唱道者だと見なされており、扶鸞の中で多くの道徳的条約が「彼によって」記されているからである。こうした条約は本稿が扱う全書にも含まれている。とくに目を引くのは、神々による暴力的刑罰が大きな役割を担っていることである。

資料はテーマごとにまとめられており、異なるカテゴリー間でできるだけ重複しないようになっているが、個別の小見出しはつけられていない。奇跡が整然と分類されたグループごとに起こることは考えにくいので、こうした分類は編者の手によるものであろう。その他の点、たとえば神々や奇跡がどのように顕れたかという点などについては、かなり矛盾がある。他方、単純な言葉を使って記されているので、ねつ造に関してはあまり心配いらないと思われる。

1. 孝行と不孝な行い〈四〇例：一a―八b頁〉
2. 不道徳、ほとんどは性的側面でのもの〈四〇例：八b―一二b頁〉
3. 汚れた富（他者の犠牲の上に成り立つもの）〈四〇例：一一b―一二三a頁〉
4. 言葉の悪用（文献への不敬から誹謗、そして法の御用までにまたがる）〈四〇例：二三a―二九b頁〉
5. 力の悪用〈四〇例：二九b―三六b頁〉
6. 窃盗と強奪〈四〇例：三六b―三八b頁〉
7. 少女と女性への不当な扱い〈四〇例：三八b―三九b頁〉
8. 動物の虐待〈四〇例：三九b―四五a頁〉
9. 神聖なる癒し〈四〇例：四五a―五一a頁、および四二a―四三a頁、九a―b頁〉
10. 一八八八年からの付載、旱魃が以前と同じような自己中心的犯罪によるものであると非難している。

典型的には、犯罪は他者あるいは動物の利益や権利から個人的な財を奪取しようという私利を伴い、自己中心的である。この個人は後に罰せられる。牛肉を食べる、文献の虐待（ママ）といった禁忌を含む例は、相対的に少ない。罪人やその被害者のために儀礼の専門家が直接介入することもほとんどない。その代わりに、交流が行われる場合は霊媒こそが神であるがゆえに、神との交流は直接的である。神は個人的に介入するのである。以下の小節では、一つ、二つの例を挙げながらそれぞれのタイプについて考察する。

1、孝

神が唱道する一般的な価値の一つが孝である。

典型例としては、義母に仕えるのに適切な礼節がなく、自身の夫を奴隷のように操る妻の話がある。[11] 家父長制社会におけるあらゆる男性が恐怖するような、古典的な夫を尻にしくタイプの女性である。ある時、この妻は義母を激しく叱り付け、義母がもともと借りていた量よりかなり多くの綿を返させた。しかしこの時、義母は次のような呪いの言葉を付け加える。「将軍神の霊験は遠大である。お前がこんな風に図々しく詐取し続ければ必ずや報いを受けるだろう」と。そして実際。

数日後、暗雲がたれこめ、日は翳り、突然、雨が降り始め、稲妻が〔妻の〕頭を打った。女は門の外で意識を失って倒れた。彼女は慄き、言葉もなく、はあはあ喘ぎながら死にそうになった。夜半過ぎになってやっと、彼女は意識を取り戻した。義母が彼女を扇であおいでやっていると、再び雷が大音量で轟いた。女は腹が止めどなく痛み、叫び声をあげた。鮮血が口からどくどくとあふれ出た。

一家は罪滅ぼしのために道教儀式を執り行い、妻の命は助かった。これは何らかの儀式が関与したことを言及する稀なケースである。この物語の場合は主人公の女性が自分の罪を告白したという記述がないが、このカテゴリーではほとんどに、罪の告白という要素が含まれる。

親不孝な人々を罰する稲妻の役割というのは何世紀にもわたって語り継がれてきたものであり、この物語を聞いた人々は誰でも、この種の罰と罪の性質を関連付けることができたであろう。孝は伝統中国においても近代中国においても、核となる価値観であるが、家族のヒエラルキーを維持するためだけのものではない。たとえば叢林社会への参与は、息子たちが生母に負う恩義を果たすという点からも奨励される。また施餓鬼供養や血の池儀礼など様々な儀礼についても、後者は母による出産や月経期の血の損失の償いをするものと考えられており、こうした行いの源には孝がある。それ自体が、背景にある価値観とくに母に対する息子の恩義という強い意識に帰属するものである。[12]

2、不道徳

不道徳の危険性に関する物語すべてが性犯罪について記しているわけではない。このグループは、家庭が盗賊に脅かされていた女性を将軍神が守る話から始まっている。将軍神は鎧を着て大きな斧槍か刀を振るい、雷のように吼え、盗賊たちを追い払った[13]。また別の物語では、ある未亡人が義理の両親への忠誠心あふれる奉仕への褒章として「将軍の勅茶」を与えられた。どんな薬も宗教的治療も治せなかった彼女の一人息子の病気は、この茶によって癒やされた[14]。

しかしこのカテゴリーのほとんどの物語は、以下の例のように、実際に行われたあるいは未遂の強姦について述べている[15]。家に一人で居た女性が、彼女を犯そうとする甥に迫られていた。他に誰もいない家で、もはや抵抗できないと感じた彼女はこう叫ぶ、「将軍、早く助けてください」。

すぐに〔甥は〕恐怖のため地面に倒れ込み、うめき声しか出せなくなった。彼はまるで目覚めたかのように意識を取り戻すと、大声でこう言った。「私には自分の罪が分かっている、自分の罪が分かっている」と。しかし、彼は羞恥心と恐怖心から、どのように振る舞ってよいのかわからなかった。うな垂れたまま彼は去っていき、二カ月後に死んだ。

伝統的中国において、強姦された女性はつらい時期を過ごさねばならなかった。なぜなら事を証明する重責は女性のほうにあり、女性は自身が抵抗したことを説得力を持って証明せねばならなかったからである。この物語では、甥は直接的な力を用いていない。しかし、間接的に女性を追い詰めている。仮に彼女が強姦されたとするならば、彼女はそれを「証明する」にはつらい目に合わねばならなかったであろう。なぜなら、彼女は明らかに殴打されておらず、抵抗を示す目に見える証拠を示せなかっただろうからである。こうしたことから、多くの女性は唯一の目に見える名誉ある方法として自殺を選んだのである[16]。

3、汚れた富

次のタイプの物語群は、脆弱な市場経済においては相当に大きな関心事であったに違いない、不正手段で得た富の問題を扱う。[17] 孝はそれ自体が、常に観念的かつ宗教的な伝統の中で主張されている。信の価値の重要性についても言うまでもないが、主流の宗教的伝統の中ではあまり中心ではなかった。宗族ネットワークが人々をつなぐ唯一の、または主流なものですらなくなった王朝後期の社会において、裏切られることの恐怖は偏在していたに違いない。たとえば、二人の男性、AさんとBさんが一緒に店を経営していた。[18] Bさんはとても一生懸命働いていたが、Aさんはすべてのお金を自分のポケットへと流用していた。ついに店が閉店せざるを得なくなるに及び、Bさんは正式に将軍への不平申し立てを行った。ここでの術語は法的意味合いを持つ「具牒哀訴」から借用している。Aさんは間もなく狂気の発作に襲われ、思わず「オレはBさんから金を騙し取った。今日将軍はさらなる罰を与えるため、この件を城隍神に引き渡した」と口走った。

この物語では、Aさんの結末がさらに詳しく語られる。彼は棒で七〇回から八〇回にわたって打たれたが、見物人から見えるのは彼の太ももの上の赤い腫れ物や傷だけで、実際の殴打は見えなかった。この後、彼は口元を同じ数だけひっぱたかれるが、やはり見物人からは青紫の腫れと唇からの血しか見えないのであった。数日後、同じことが繰り返され、ついに彼は着服した物品のいちいちを告白し、Bさんへ返すのである。だがAさんは幸運であった。後に将軍の廟を訪れ、公に自身の罪を認めて、やっと受難から解放されたからである。

4、言語の悪用

王朝後期の中国で、訴訟は決して珍しいことではなかった。知識人の著者たちによって厳しく非難されたものの、訴訟の実施はなくならなかった。[19] 以下に示す例は非常に典型的なもので、訴訟の当事者は恐ろしい刑罰を受けた。これは明らかに「新興成金」の家から出てきた人物の話である。彼は訴訟を始めるのが大好きで、相手が負けて生活を失い、家族が崩壊するまで満足しようとしなかった。将軍神の扶鸞壇がこの地方で盛んだった時、多くの人々が神々にこの男に対する不満を持ち込んだ。その直後に、彼の長男は恐ろしい病で死に、続いて二人の健康だった孫がそれぞれ数日も経たないうちに続けて若くして死んでしまった。彼の三男は一年以上も眼病を患うことになった。[20] さて医学的な見解を述べるなら、これらの死は疫病によるものだというのがより妥当であろう。しかし地域の人々は、これを当然の天罰と見なしたのだった。

5、力の悪用

法的な補償が限られており、その結果を予測することが難しい社会においては、近隣との関係や共同社会内の合意により決定される部分が大きい。以下に挙げる話は、いかに物事が間違った方向へ行ってしまいかねないかを示している。しかし同時に、諍いがどのようにして相互の合意に基づいて片づけられるかということも示している。[21] 地元の小作農民、譚さんの雄牛が隣人・易さんの米を二斗（約二〇リットル）ほども食べてしまった。易さんは、譚さんが後で賠償金を支払えばよいということで合意した。後でというのは、おそらく収穫が終わって譚さんにいくらかの収入があった時のことだろう。そして彼らは友好裏に分かれた。ついでに言えば、その雄牛とは水牛であり、少なくともある程度は金に困っていないという証しであった。譚さんは、土地を〔もう〕所有していないからといって必ずしも貧農とは言えないのである。

この地方において「賢明な長老」を気どる者の中に、易さんの弱みを看破し、自分もこの件を利用して、いくばくかの金を盗もうと考えた者がいた。彼は易さんに、地方の乱暴者たちを集めるように命じ、それから解決策を仲裁するために現場に乗り込んだ。彼は譚さんから五〇〇〇文の小銭をだまし取り、（易さんと）当分に山分けした。譚さんは、だまされたことに激怒し、覚書を準備して、この不満をこっそり将軍の前に提出した（具蹀默訟）。二カ月後、易さんは気がちがってしまい、言った。「誰か紳士ぶった奴がいて、よほど危険なケチな野郎だ。私は、雄牛が穀物を食べてしまった件はもう忘れてしまい、とっくにカタがついていた。なのに、私はあの極悪人に唆されて、譚さんにもっと散財させることになってしまった。今、周将軍が私を殺そうとしている。不当に強請《ゆす》り取ろうとした者に、何が起こるかを示そうとしているのだ。お前たちは、助けようともせずに、私が死ぬのを見ていられるのか?」易さんの家族は、まじない師を呼び、悪霊を追い出そうとしたが、易さんはますます気がちがってしまった。譚さんはまっすぐ寺院に向かい、後悔しているという覚書をひそかに提出した。すると易さんの病は終わった。

一見してわかるのは、現実に生きている知県のように、神々は与えられた情報に忠実だということである。興味深いことに、この偽紳士の運命について、我々には何も分かっていない。易さんが苦しんだ狂気の発作は、有罪側が自身の罪を告白するありふれた瞬間である。易さんたちが他の癒し手や宗教の専門家を訪れたという短い記載は、関帝とその副官たちに不満を訴えるのは、医療の悩みを扱う宗教的手段というより大きなオプション群における、選択肢の一つであったことを示している。関帝とその副官たちなしに、社会的調和を取り戻すことはできなかった。

6、窃盗と強奪

上記〈5〉の事例では、偽紳士はほとんど泥棒と変わりない。だが彼は金を得るために、地域における仲介者としての自分の地位を乱用せざるを得なかったのだ。各カテゴリー間は常に明確に線引きできるわけではない。だが次に挙げるのは通常の窃盗としての、非常に分かりやすい例である。某喩さんとその家族はきわめて貧しかった。主人は至るところで雇われ仕事をし、妻と息子〔たち〕は物乞いに頼らざるを得なかった。

着る服がなかったので、彼らは親戚から四斤（約二キロ）の綿花を買い、それで衣服を作ったら、その代価を返すことで合意していた。ある日（中略）彼の妻は朝食を食べ終えて、家の近くの山へ薪を集めに息子を連れて出た。正午近くに彼らは家に戻った。戸棚の中の綿花を探したが、泥棒に盗まれていた。彼女は叫び泣いたが、どこにいったのか分からなかった。夫は戻ると、不注意だと妻を責めた。彼女は怒り悲しみ、天の前で涙ながらに将軍に申し立てた（哭訴）。彼女は将軍に霊験をすぐに顕してくれるよう、さもないと自分の命は保証できかねると頼んだ。

次の日、将軍は同じ家に住んでいる別の女性の息子のところを訪問し、彼を厳しく叱責した。彼は恐れて、母に命じられて自分が綿花を盗んだのだと告白した。彼らは盗んだ綿花の半分は売ってしまい、その金はどこかに隠してあった。この別の女性自身が突然高らかに叫んだ。「私はこの素行の悪い、極悪女を殺してしまおう！」。彼女が将軍の神がかりになっていたのは明らかである。彼女は床に倒れ、口と鼻から血を流した。こうした結末のおかげで、喩さんの妻は命拾いをした。なぜなら、さもなければ彼女は自殺を図っていたかもしれないのだから。

7、少女と女性への不当な扱い

若い女性にとって共通の不幸の元の一つに、嫁としての時期がある。これは夫の母親が生きている限り続く。清代の法の下、姑は非常に強い法的地位を握っていた。つまり虐待された場合、女性が補償を得ることができる、数少ない手法の一つが神の裁きだったとも言える。この問題を軽減したのは、当事者たちの平均年齢が低い場合であり、そして義理の娘とは仲睦まじくするべきであると表明する共通のルールであった。夫はたいていの場合、たいした助けにはならなかった。なぜなら息子としては、妻を守るよりも親孝行の義務の方がずっと重要だったからだ。

次の事例は、この問題が内包する様々な局面を示している[22]。この地方に、趙さんという冷酷で無慈悲な女性がいた。彼女には一人息子とその嫁・何某さんがいた。嫁の何某さんは非常に愚鈍ではあったが、自分の日常の家事はまじめに務めていた。趙さんはこの嫁にひどくあたり、いつも叱ったり鞭で打ったりしていた。ある時、趙さんは息子にどこか別のところで暮らすようにと命じ、嫁に再婚するようにとプレッシャーを与えすらした。しかし嫁は「絶対に出ていかないと誓った」。こうしたことがしばらく続いた後、趙さんは突然、厳寒の冬の最中に池に身を投げた。彼女は大声で助けを求めて言った。「将軍は、私が嫁を虐待したことにお怒りだ。私はこの罰を受けて当然なのです」。人々が彼女を水中からさらい上げた時、彼女は木のようにかちかちだった。何某さんは、涙ながらに祈り、将軍に感謝した（禱謝）。姑は再び意識を取り戻したが、話すことができなくなっていた。これは彼女がひっきりなしに嫁を叱責していたことへの、象徴的な罰とも解釈できる。親戚が寺院を訪れて許しを乞い祈って、初めて彼女は話すことができるようになった。そして、それまでの態度をすっかり改めた。

この話の法的な要素はやや分かりにくい。しかし自己中心的な行い、それに続く誓い、罰を通じての神の介入、告白、神との儀礼的仲裁、そして行為を通して表される自責の念などを見てとることができよう。この奇跡の全体的な文脈と、この話が載っている事例集の性格を鑑みるに、将軍の前で誓いが行われたと考えるのが妥当であろう。またこの話によれば、嫁は愚鈍であった。これは趙さんの視点からすると問題の重大なポイントであった可能性もある。それは息子が再び自由になれるように、嫁を家から追い出し再婚させようとした点からも推測できる。

8、動物の虐待

動物の虐待は、中国社会においてある程度問題視されていた。しかしベジタリアンというライフスタイルの選択は、決して虐待反対という観点から出たものではなかった。もしベジタリアンの食生活を選ぶ者がいたとしたら、それは実質的には常に仏教的考えから出たものであり、同時にそれは地方の社会ネットワークから、自分を進んで切り離すということを意味していた。だが、ある種の動物に対する虐待は、的確に観察され非難されていた。虐待という文脈では、とりわけ二種類の動物、犬と雄牛の話が際立っている。一方、食用としては最も一般的な、豚については、ほとんど言及がない[23]。どちらの動物も、社会的に重要な役割を果たしている。犬は番犬であり、人間の仲間でもある。そして雄牛の場合は牽引用の動物である。ヴィンセント・グーセルトが近年明らかにしたように、雄牛の肉を食べることは宋代以降、知識人の間でタブー視されるようになった。それはやがて様々な形の情報媒体を通して、とくに明代後期から社会の大部分に浸透していった[24]。伝統中国における犬の文化史については、まだ研究がなされていない。

犬を殺して食べる話の中でいつも問題視されるのは犬への虐待で、犬を食べるということに関するタブーはまったく現れない。文某が雌犬を飼っており、その雌犬が仔犬を何匹か生んだ[25]。一カ月後、彼は雇われ労働者に仔犬を水に漬けて殺させようとした。だが雌犬が仔犬をかわいがっているのは明らかだったので、その労働者は言われた通りにすることができなかった。文は冷酷な隣人に仔犬を溺死させるよう頼み、隣人は頼みをきいてやった。そしてその後、死んだ仔犬を食べてしまった。その雌犬は雇われ労働者の仕業かと思ったようであったが、労働者は犬にこれこれしかじかであると話してやった。その犬は間もなく悲しみのあまり死んでしまった。少し経って、寺院における扶鸞開催の期間に、以下のようなメッセージがしたためられた。

私は当県の生員で陳と申します。私は不当な扱いを受け、悲惨な殺し方をされました。階段の前で跪いていた犬に偶然出会い、私はとくに将軍にご指示を仰ぎにまいりました。その雌犬は、文某は無慈悲で冷酷であると告訴状を提出いたしました。文某はこの雌犬の仔犬をすべて殺してしまい、彼女は血を吐いて死ぬ羽目に陥りました。彼女はこの不正のあだを討ってくれるよう涙ながらに求めております。恐れながら、文某がこれを逃れることはできないと思います。

文某はこれを聞いて非常に恐れた。自分の番の時、彼は自分の過ちを反省しているという覚書を提出し、難を逃れた。

9、神聖なる癒し

本研究の初めに扱った肉屋の張の話や、譚さんと易さんの確執の話でも、失敗に終わった神聖な癒しの試みについて記述されていた。湘潭県の関帝とその副官への信仰には、勅茶と呼ばれるある種のヒーリング用の茶が関係しているのは明らかである。これはおそらく護符の灰が混ざっている茶であろう。こうした護符には通常、何かから守ったり、悪霊を追い払ったりといった任務を遂行するよう、将軍神への命令が特殊な字体で書かれていた。[26]護符の灰を混ぜた水（符水）を飲むという習慣は、信仰による癒しの古い形態であり、伝統的な知識人たちからしばしば批判されてきた。

以下に示すのはこうした信仰的治療の一例である。この例は、様々な方法がいかに競合し合っていたかということも示している。[27]譚某は病を患っており、いかなる方法も効き目がなかった。彼はまじない師たちを招いて、病を追い払おうとしたが、その儀式が始まる前に、病はますます重くなってしまった。まじない師たちは、仰々しく「将軍の勅茶」が必要だとした。これを与えると効果はたちまち顕れ、さらにもう二〜三枚の「医療の護符」を与えると、最もひどい痛みさえもがなくなってしまった。

譚さんの家族は、病が治ったので、正式にお参りしてお返しをするべきだと考え、ある夜、家にまじない師たちを招いた。祭壇と儀式用の用具をすっかり調えて儀式が執り行われた。人々は、出てきて儀式的礼を尽くすよう、譚某を促した。彼は跪くと地面に倒れてしまった。家族はすっかり驚いて、熱い湯を彼に振りかけた。しばらくして彼は再び目を覚まして言った。「お前たちはもう少しで私を殺すところだったのだぞ。私は将軍に偶然お会いしたが、将軍は『お前の病は、悪霊の姿をした怪物によるものではない。なのに、なぜお前は私の教えに背き、正統なやり方で信仰せずに、代わりに誤ったシャーマンを使ったりしたのだ？』と言った。最終的に許されるまで、涙ながらに私は将軍に何度も嘆願した。そして去ることができたのだ。私が生き返るために、早く勅茶をくれ」。

再び意識を取り戻した時、彼は「まじない師たち」を解雇した。その夜、夢の中で彼は将軍から本物の薬を与えられた。儀式の形式と記述からして、「まじない師」という語は、おそらく大衆的な道教の儀礼専門家か、または古典的道教の道士に対する別称ではないだろうか。この記載と既出の似たような記述を合わせて考えると、扶鸞壇の指導者たちは、道教の儀礼文化（そしておそらくその他多くの地元寺院）とは一線を画していた。そして関帝とその従者たちの信仰の方が、もっと威信のあるものだと考えていたようである。実際のところ王朝後期の中国における関帝信仰には、知識人の核となる道徳的価値観を、文章化したメッセージを通して広めるという意義があったことと強く結びついていた。これはつまり関帝信仰者たちは、もはや気軽に道教儀礼の専門家やまじない師などを使えなくなったということを意味する。

標準的シナリオ

すべての話をグループ分けして分析すると、これらはある理想とされるシナリオにぴったりと一致していることが分かる。それを以下の図式にまとめてみた。

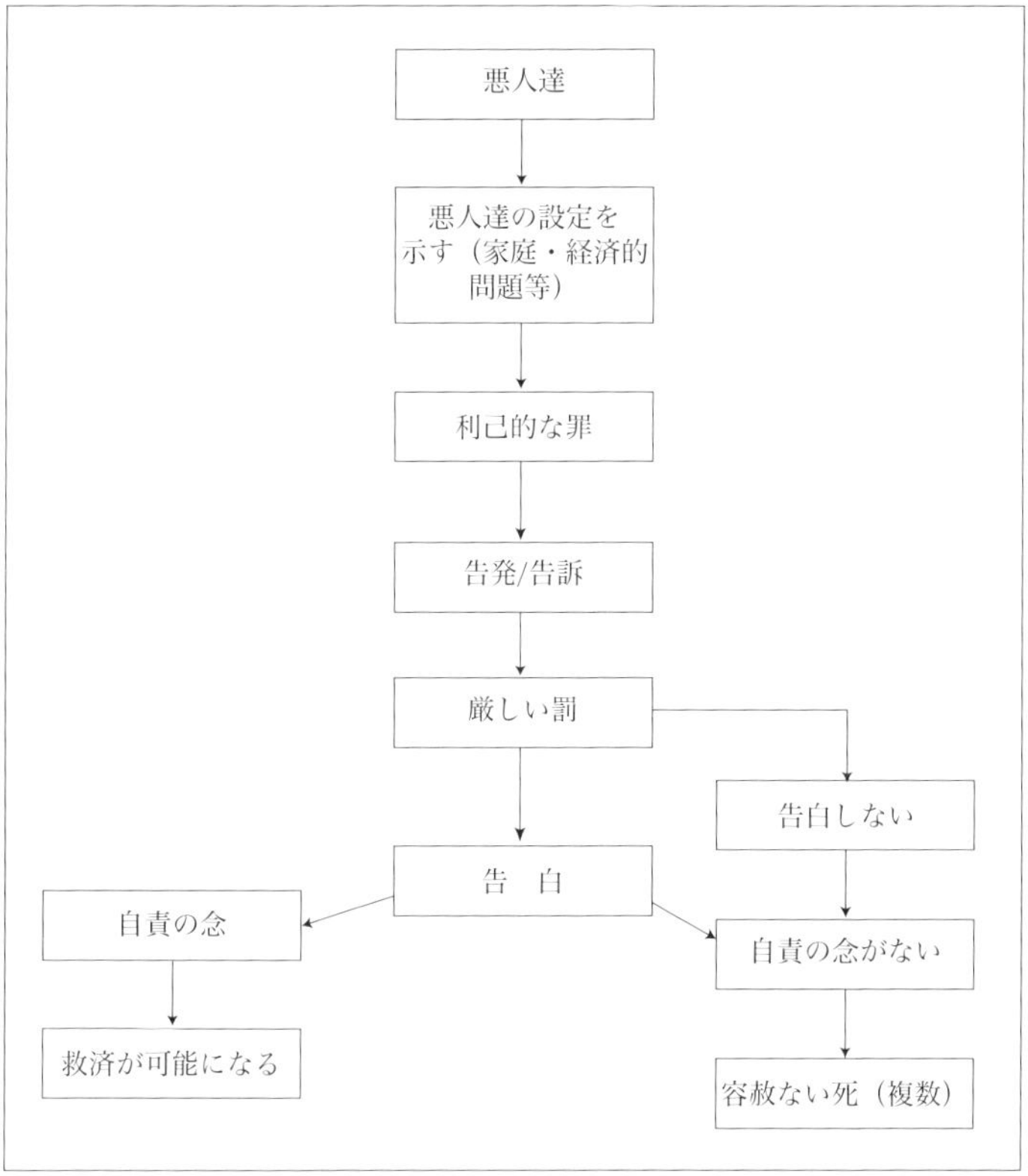

結局のところ、これらの話の構造は正式な起訴・処罰（従来の訴訟における拷問の役割を果たしており、因習的に罪を告白させる意図もあった）という点を含めて、訴訟とそれほど変わらない。自責の念がない場合は、ある場合よりも処罰がずっと重くなる。興味深いことに、この構造は一九五〇年代の土地改革期における「訴苦」大会や、一般的な中国の法的施行のありかたと驚くほど酷似している。両者が正義を執行するにあたり、告白と自責の念を明らかにすることが中心的役割を担っており、これなしにはどんな判決も実際には執り行うことはできなかった。いずれにおいても拷問と権力の乱用も、重要な副作用であった。この種の神の裁きはこの地方に特有の現象ではなく、伝統中国のあらゆるところで見受けられる慣行であった。したがって、この種の神の

裁きの構造が、一九四九年以降の政治運動や法的慣行に影響を与えてきたとしても、何ら驚くに値しない。

霊媒と神の役割とは、神と天の全般的な働きを説明するために、何が起こっており、なぜ起こっているのかを伝達することにある。ほとんどの話において、告白は常に加害者から直接出てくる。加害者はあからさまに自分の悪事を一切否定するが、処罰によって口を割らざるを得なくなるのだ。告白すれば、遅すぎたとしても、往々にして何らかの形で救済がもたらされる。

暴力の役割

目に見える容赦ない暴力の役割は、世俗の法制度と同じように、前述の話において絶対不可欠である。中国宗教研究の分野において、宗教的処罰とは死後には起こるかもしれないし、起こらないかもしれない何かだと見なされる傾向がある。一方、人が死後の法制度を通じて、善きかつ望ましい人間へ再生するにふさわしい経路があると保証する宗教行事については、豊富な文化的背景がある。例えば陰暦七月の于蘭盆会《うらぼんえ》は、伝統的にすべての市場ネットワークにおいて何週間もかけて行われる。これは、施餓鬼《せがき》というある特殊な儀礼を行うことによって、自分の先祖を解放できるという信仰に由来するものである。葬式もまた多くの局面を持つイベントである。年配者やより重要な近親者の場合は何週間もかかる。そして、地下における不当な処罰を避けるための、通常長々しい儀式が含まれている。かつて（時に今でも）儀式のこうした特定の部分は、地元の寸劇によって細かな描写とともに演じられるのが常であり、それは地下の図画を載せた巻物にも描かれた。地下世界における懲罰は例外なく極端に厳しい。杖で鞭打たれたり首枷をはめられたり、そして油の中で調理され、人の体の一部分が縫い付けられるなどの様々な拷問に遭い、恐ろしい死を迎える。（一人の人間の幽霊が、何度も何度も死ぬのである!）。そして本稿が扱ったような、奇跡譚にも似た精巧な構造の話と、あらゆるジャンルにおける演劇の伝統によって、こうした文化はさらに強固なものになった。当時の人々の目には、象徴的暴力などでは決してなくきわめて生々しく現実的に映ったはずである。

こうした話における暴力を、現実のものではなく象徴的なものと解釈する傾向がある。そのほとんどは、中国史以外の歴史家か西洋文化を研究する宗教家である（人類学者ではあり得ない）[28]。部分的には、こうした考え方はキリスト教文化と関係している。キリスト教文化では、聖書における暴力についての記述のほとんどを（そしてしばしば）比喩と見なすか、単純に無視してしまってきた。もちろんキリスト教の基盤には、裁判による殺人（長子の犠牲）があり、キリスト教儀礼の核の一つは、まさにその同じ犠牲、ジーザス・クライストの血と肉を（象徴的にまたは「実際に」）分けあうことにある。長子を犠牲にするという考えは、ユダヤとフェニキアの伝統を含め、パレスチナ文化に深く根ざしているものであるが[29]、七世紀以降の交流で、キリストの死の描写に向き合った中国人は、それを暴力の一形態としてとらえたに違いない。他文化における暴力の現実性を否定することは、自身の文化における暴力の現実性を否定するのと同じくらい世間知らずなことであろう。

当時の人々の目（と耳）に、地下世界の暴力が確かに「現実」のものとして映っただけでなく、中国全土の人々は、広く行われている真実を誓う儀式に神聖なる暴力を連想したであろう。人々は、天と地または公認されている神聖な権力の前で、誓いをたてる。聖書に対する西洋の誓いによく似ており、自らが真実を語ると宣言するのだ。天は正義を与え、買収されないという点において、完全に公平であると信じられていた。ある特定の神々を買収するという話は、他の文脈では非常にありふれたものであるが、天と地、関帝や雷（公）などの神々は買収の及ばないところにいる。誓いを立てる儀礼に不可欠な要素の一つは、器を割る、そして（または）若いおんどりを殺すことである。その後、動物の血をいくらか採ってアルコールに混ぜて飲むことになっている。血を飲むことで口は聖なる器となる。誓いとは、きわめて暴力的な性質の自身への呪いを伴う。誓いを破った者は、たとえば「一万本の剣で」、「五つの雷で（悪霊祓いの儀式で悪霊に対するのと同じ手法でもある）」、または「体の七つの孔から血を流して」、天に罰せられると約束するのである。

本稿が扱った話のように、こうした儀式もまた公的行事であった。目撃者と記録係が常に焦点を当てるのは、これまで隠されてきたことが、最終的には儀礼のお陰で公の場に引き出されたという事実である。少なくとも残っている証言によれば、罪を犯した者は、恐ろしい痛みと時には死に襲われる。

最後になるが、本稿が取り上げた話の当事者や聴衆にとって、暴力はきわめて現実のものであった。この点に留意する限り、最終的にそうした暴力が本当に「現実」であったか否かは問題ではない。この現実性の重要な指針となるのは、たとえば「暴」などの単語の使い方である。「暴」は、常に過度の実力行使に対して使われ、今日でも同じである。この語を選ぶのはそれほど奇異なことではない。なぜなら、話の中で犠牲者はかなりはっきりと目に見えるレベルで、傷を受けたり病にかかったりして、しばしば痛みを伴いつつ徐々に死に至らしめられているからである。話の当事者と聴衆にとっては、これらの出来事は間違いなく現実であった。それは法廷で知県の命令のもと虐待されたり、家賃の取り立て屋とその徒党等にひどい目に遭わされたりするのと、まったく同じようなものであったに違いない。

価値観の由来するところ

伝統中国に関するどのような史料についても、またはどの時代のどのようなテーマについてであっても、誰が語っているのか、そして誰の価値観が推し進められているのかを我々は自身に問いかける必要がある。もちろん、すべてが分かるわけではない。なぜなら、上記に要約した逸話のうちいくつかは、「神は」人々がライバルの神や儀礼伝統を崇拝することに不満を示している、と敢えて記しているからだ。このような記載から、人々がこの特定の信仰を、より大きなレパートリーの一部と見なしていたことが分かる。この点に関しては王朝期のほとんどについて立証済みであるので、ここでこれ以上深く立ち入る必要はないだろう。いったん人々がこの信仰に助けを求め、そして実際に助けられると、ある程度の価値観の是正が起こったであろう。しかし神とは何者なのだろうか？　言うまでもなく神とは将軍または関帝、またはある逸話に現れた竈神である、というだけでは十分ではない。奇蹟譚の中で、ある殿または廟について言及されており、そして人々が自分の資産の多くを、その寺院修復のために寄進する心構えがあったとも記されている。ということは、この殿や廟という特定の場所が中心になっていることが示されている[30]。つまり少なくとも社会学的見地においては、この信仰が「ポピュラー（広く受け入れられていた）」であったと、単純に言い切れないということを意味する。

神々が語る時には、砂に尖筆や木の棒で神字を書いたり、紙に大きな筆で書いたりすることもある。これはたいてい、普通の人々には読むことができないので、解読者が必要となる。実際こうした解読者は、人間の霊媒への信仰でもありふれたものだ。解読をする男性または女性はたいてい老人であり、当該コミュニティのことをよく知っている。したがってコミュニティのメンバーの性格や職業だけでなく、メンバーたちの間で起こっている緊張や諍いの状況をすべて把握している。そのお陰で、解読者は人々がその信仰を頼ってきた問題と、それに対する潜在的な解決策を（無意識であれ半ば意図的にであれ）宗教用語に置き換えて翻訳することができるのだろう。同じように、その土地の人々も、自分の心配事や、恐れ、そして諍いを、何らかの解決策が見込める言葉に置き換える方策として、この信仰と神の調停を使うことができたのであろう。すでに見てきたように、時にその解決策とは、（罪の）告白があろうとなかろうと、自責の念があろうとなかろうと、根本的には非常に厳しい処罰である。他の事例では、解決が実際にもう少し具体的な場合もある。なくなった物が戻ってきたり、悪化していた人間関係が改善されたりする。結局のところ、神は単なる神格者であるだけでなく、その地域における様々なグループの人々の希望、期待そして恐れを映し出す心像なのである。

神の伝言は書かれた神託を通して伝えられ、解読される必要があるため解読者の存在は重要である。乩盤を使った扶鸞という、台湾文化の経験によれば、これらの信仰は文語文化の価値観に根ざしているという傾向がある。[31] しかし、その価値観が信仰を見聞きする者と共有されなかったというわけではない。土地の人々は、様々な宗教の専門家や、様々な価値システムの信仰を訪れたのかもしれない。だが少なくとも調停がうまくいっている間は、彼らは、そのある特定の専門家や信仰と価値観を共有したのである。本稿で分析した事例においては、処罰の法的枠組みには、改宗は何ら必要なかった。宣誓儀式との類似性から考えるに、我々がここで扱ってきたほとんどは、ある固定の価値システムというよりは儀礼形式であると言えるだろう。しかしながら方法的にそれを支える実際の価値観は、間違いなく知識人の標準的な価値観に適合する。たとえば法の専門家への嫌悪感や、牛肉を食べることのタブー視などである。その一方でこうした価値観が、地元の多くの民衆にも支持されてきたであろうことは想像に難くない。

1 Melissa A. Macauley, *Social power and legal culture: litigation masters in late imperial China (Stanford*, CA: Stanford University Press, 1998); Matthew H. Sommer, *Sex, law, and society in late imperial China* (Stanford, CA : Stanford University Press, 2000); Philip C. Huang, *Code, custom, and legal practice in China: the Qing and the Republic compared* (Stanford CA: Stanford University Press, 2001) 等。

2 中国の研究者たちの大半が強い国家志向を持っていたために、我々がこの重要な事実をはっきりと認識できなかった部分も大きい。たとえば拙稿 *Telling stories: witchcraft and scapegoating in Chinese history* (Leiden: Brill, 2006) を参照。

3 例外に、初期の社会学者・民俗学者であり歴史家でもあった Wolfram Eberhard の研究、*Guilt and sin in traditional China* (Berkeley, CA: University of California Press, 1967) がある。それ以来、公文書が利用可能になったことと、彼の世代がいまだに持っていた伝統中国に対する詳細な文化的知識の欠落（彼は一九三〇年代初めに大陸中国で研究を始め、後に台湾でもフィールドワークを行った）によって、この分野は著しく変化した。我々は今日、国家と公的法律文書を特権視する傾向がある。

4 Katz, Paul R., *Divine justice : religion and the development of Chinese legal culture* (London: Routledge, 2009). Paul R. Katz の以前の研究に以下の論文がある：〝漢人社會的神判儀式初探〟、*Bulletin of the Institute of Ethnology, Academia Sinica* 88 (2000), 173-202; "Divine Justice in Late Imperial China: A Preliminary Study of Indictment Rituals", in: John Lagerwey ed., *Religion and Chinese Society: Volume II Taoism and Local Religion in Modern China* (The Chinese University Press/École française d'Extrême-Orient: Shatin, 2004) 869-901; "Indictment Rituals and the Judicial Continuum in Late Imperial China", in: Robert E. Hegel and Katherine Carlitz eds., *Writing and Law in Late Imperial China* (University of Washington Press: Seattle, 2007), 161-185.

5 黄啓曙纂輯『関帝全書四十巻』一八八八年、第四〇巻四二葉表～四三表（以下 40:42a-43a のごとく表記する）。とくにタイトルを指定しない場合は、参考文献はこの全書を指す。（魯愚編『関帝文献匯編』北京：国際文化出版公司、一九九五年、所収）

6 Robert Chard, "Master of the Family: History and Development of the Chinese Cult to the Stove" (Ph.D. dissertation, University of California Berkeley, 1990) を参照。

7 40: 46a.

8 Barend J. ter Haar, "The origins and development of Guan Yu mythology and the Guan Yu cult" (book manuscript) "The Rise of the Guan Yu Cult: The Daoist Connection", in: Jan A.M. DeMeyer en Peter M. Engelfriet eds., *Linked Faiths: Essays on Chinese Religions and Traditional Culture in Honour of Kristofer Schipper* (Leiden: Brill, 1999), 183-204.

9 前掲黄啓曙輯『関帝全書』所収。

10 Peter C. Perdue, "Insiders and Outsiders: The Xiangtan Riot of 1819 and Collective Action in Hunan Insiders and Outsiders: The Xiangtan Riot of 1819 and Collective Action in Hunan," *Modern China*, Vol. 12: 2 (1986), 166-201. Peter C. Perdue, Exhausting the earth: state and peasant in Hunan, 1500-1850 (Cambridge, Mass. [etc.] : *Council on East Asian Studies*, Harvard University, 1987) も参照のこと。

11 40: 7a-b.

12 Alan R. Cole, *Mothers and sons in Chinese Buddhism* (Stanford, CA: Stanford University Press, 1998) と Stephen F. Teiser, *The ghost festival in medieval* China (Princeton, N.J.: Princeton University Press, 1988).

13 40: 8b-9a.

14 40: 9a-b.

15 40: 9a.

16 Matthew H. Sommer, *Sex, law, and society in late imperial China* (Stanford, CA : Stanford University Press, 2000).

17 Richard Von Glahn, "The Enchantment of Wealth: The God Wutong in the Social History of Jiangnan", *Harvard Journal of Asiatic Studies*, Vol. 51, No. 2 (Dec., 1991), 651-714 と *The sinister way: the divine and the demonic in Chinese religious culture* (Berkeley, CA: University of California Press, 2004).

18 40: 20b-21a.

19 Macaulay (1998).

20 40: 27a.

21 40: 29b-30a.

22 40: 38b.

23 雄牛 5x (40: 39b-40a; 40a-b; 41b; 43b; 44a)；犬 4x (40: 40ab-41a; 41a-41b; 41b; 44b); 他の動物 4x (40: 40b; 42a; 42a-43a; 45a)。一八八八年の出来事においては、旱魃に対する祈願の間、一頭の雄牛を屠殺したために儀礼全体の効果が失われたという (40: 51a-52a)。

24 Vincent Goossaert, *L'interdit du boeuf en Chine: agriculture, éthique et sacrifice* (Paris: Collège de France. Institut des hautes études chinoises, 2005).

25 40: 44b-45a.

26 Jacques Gernet, *China and the Christian impact: a conflict of cultures* (transl. by Janet Lloyd) (Cambridge [etc.]: Cambridge University Press, 1985), 88-89.

27 40: 47b-48a.

28 これは本稿に先立つ発表時に筆者が得た一般的な反応であった。

29 Jon D. Levenson, *The death and resurrection of the beloved son : the transformation of child sacrifice in Judaism and Christianity* (New Haven, Conn.: Yale University Press, 1993).

30 40: 46b-47a, 48a-b

31 David K. Jordan and Daniel L. Overmyer, *The flying phoenix: aspects of Chinese sectarianism in Taiwan* (Princeton, NJ : Princeton University Press, 1986).

第6章

清末民初期の明達慈善会と慈善事業

小武海　櫻子

はじめに

二〇世紀初頭、東アジアにおいて伝統的道徳の実践と救済を唱え、扶鸞《ふらん》を行う一方で、都市の慈善事業を担う新興民間宗教結社が出現する[1]。これまで近代中国の民間宗教結社に対しては、必ずしも十分な評価が与えられてきたわけではなく、復古的かつ近代化に逆行するというような側面が強調されてきた。しかし近年、P・ドゥアラは、二〇世紀初頭に現れた道院、在理教、同善社、道徳学社といった新興民間宗教結社を「救贖団体」として包括し、近代的トランスナショナリズムの思潮が中国においては道徳を唱える救贖団体として現れたと論じた[2]。さらにドゥアラの見解を受けて、それらを「救済団体」または「民間儒教」と称して包括的に捉えなおし、その歴史的意義をより積極的に見直そうとする議論がある[3]。

こうした新興民間宗教結社を含む民衆宗教が近代になぜ発展したのかを探る手がかりは、都市秩序の再編にあるのではないかと考えられる。東アジアの各地域や都市で開港・租界化が進む時期、地域社会においてそれらが如何に受容されたのかを分析することは、近代に生きた人々が都市の秩序再編に対して如何に関わっていこうとしたのかを考える上で重要である。民衆宗教の発展した租界地の典型的な例として、重慶が挙げられよう。重慶は、清代より湖広地域からの移民が定住する長江上流域の経済圏に基づいた貿易地であったが、一八九〇年代以後に開港地となり、さらに日本の租界が置かれてより、外国からの商品を受け入れる内陸の重要な外国貿易地へと変貌した。一方で、重慶には民衆宗教をベースにした慈善団体が発展し、都市の民生部門の一端を担っていく。その活動の具体相を跡づけることは、近代中国において道徳と救済を唱える民衆運動が発展した要因を地域社会の中から解明する手立てとなろう。

本稿は、以上の点を踏まえて、清末四川に生まれた明達慈善会の活動を取り上げる。明達慈善会は、四川大足県人張執陽が開いた「龍沙道」の外郭団体であり、同善社と同じく四川東部に拠点を置く宗教的慈善団体の一つである。民国期になると杭州、重慶、成都へと活動拠点を拡大し、越境的な宗教活動を行った。本稿では、明達慈善会が如何なる発展をなし得たのかをその成立過程と慈善事業から検討する。その際に明達慈善会に関する詳細な情報を含む重慶市档案館所蔵資料と明達慈善会が刊行した定期刊行物を活用し、その活動状況の一端を明らかにしたい。

龍沙道と明達慈善会

龍沙道の誕生

明達慈善会はいったいどのように生まれ、慈善団体として発展していったのだろうか。その宗教機構である龍沙道は、おそらく清末に江西から四川へと伝わった道教の影響を受けて生まれたと思われる。その影響の発端となる人物は、清嘉慶期の重慶（清代では巴県を指す）・合川（清代では合州を指す）各地で内丹法を伝えた傅金銓の布教活動である。傅金銓は、江西金谿県人で、「鼎炉符火不伝之秘」を得て乩筆を用いて教え導いたという。[4] その教えが江西臨川県人である合川知州の紀大奎の支持を得て、合川の江西出身者の間に広まった点はすでに武内房司により指摘されている。[5]

傅金銓は、嘉慶二二年（一八一七）に重慶に寄住し、性命双修による内丹法を説いた『道書十七種』を著した。しかし、その後の重慶では、光緒末年に道教会と呼ばれる組織から受戒を得る者が多く現れ、ほとんどは形式上の戒律を守るのみであった。こうした状況に対し、内丹の修養を受け継いだ一派として新たに現れたのが玉清派とその後を継いだ龍沙道である。龍沙道の出現について、民国『巴県志』巻五、礼俗、は次のように記す。

居士で内丹を修める者は相伝し、晩清に旧道場があり、袁統師が道を明らかにしてその流派を開いた。後に玉清派が現れ、許旌陽（許遜）を奉じて新道場と称した。光緒二六年（一九〇〇）に止み、一二年を経て、民国紀元（一九一二）に再び巴県城の西にある香山に開いた。清末より、居士は張執陽を奉じて教えを明らかにした開祖とした。王居士は年がやや若く、高齢の道学者はみな彼を師事した。巴県人の陳真直は、香山の道師である。巴県人の謝真虚・栄県人の官徳懋・長寿県人の李席珍は、道侶を連れて入山し、王派を開いた。

相伝して太空・錬形を為し、内丹の修養を中心に行った。その修行法は静坐から入り、所謂「藤橋」と呼ばれるものがある。藤が通気し、橋を渡るかの如くである。民国四年（一九一五）に停止し、一支派が分かれて栄県で活動し、雲沙協会という。（西暦は引用者註）[6]

右の資料は、清末の重慶に玉清派と称する内丹や静坐といった修養を行う民衆教団が登場し、そこから張執陽という人物が新たに自立して教えを設けたことを伝えている。王居士は、張執陽の弟子である王雲仙を指しており、道学者の支持を得て新たに教えを説いた。また四川栄県では別の一派が雲沙協会を設けて活動したことを述べている。[7]

龍沙道の道統ついては、大足県や眉山県の明達慈善会に関する公安資料と王雲仙の後裔の語った口述内容をまとめた陳汝寛の記述が参考になる。陳汝寛によれば、龍沙道は、玉清派が老子から上清、太清、玉清の三派に分かれたうちの一派であり、その道統が「呂洞賓、張三豊、汪夢幾、黄裳、唐道中、張執陽、王雲仙」へと受け継がれたと見なしているという。[8] 道統の解釈や玉清派については詳らかではないものの、玉清派と龍沙道を結びつける重要な手がかりは、許遜信仰である。許遜は、清代において江西商人が外省の会館で奉じる代表的神格の一つであった。玉清派で信仰されるともに、龍沙道においても「龍沙道統祖師」という中核に位置する神格として奉じられた。[9] このことは、龍沙道が重慶の江西出身の移民に伝わった内丹派を受け継ぎ、清末にそれを再興させるかたちで現れたことを示していよう。

加えて、大足県公安局員の龍正中が王雲仙の口述内容を詳細にまとめている。[10] 龍正中によれば、張執陽（本名は張江、字は百川）は大足県天星寨出身であり、清光緒一〇年（一八八四）に玉清派から自立して龍沙道を開き、布教活動を始めた。さらに光緒二二年（一八九六）頃に幼少の王雲仙を連れて正一道派の本拠地である江西貴渓の龍虎山天師府に赴き、そこで道教の天師の位を継承したとして「第十五代護印天師」を称したという。[11] 王雲仙は開示師を務め、楽山出身の胡朗和（法名は慧通）は系道師を務めたが、光緒三〇年（一九〇四）、張執陽の死後は二人がともに道務を管理したという。[12] 一九〇〇年前後、大足教案の騒乱によって龍沙道は甚大な被害を受けて活動が困難となったが、その後も、王・胡両者によって継続されていたのである。

明達慈善会へ

草創期の龍沙道は大足、重慶といった四川の一部地域で布教活動をしていたが、慈善団体的性格を帯びて全国へ展開していくようになるのは、王雲仙の代からである。張執陽の同郷であった王雲仙は、張執陽の死後に自ら「十六代天師」と称し、張執陽から龍沙道の道統を継いだとされる。民国時期、胡朗和とともに浙江の済度道場（一九一五年設立）、重慶の闡度道場（一九一八年設立）、成都の伝度道場（一九一九年設立）といった宗教施設を次々と開いていった。道場は、それぞれ杭州明道善院、重慶明達慈善会、成都明道善院と呼ばれる慈善事業を行う外郭団体を持つ他、県レベルに仙房、公所、慈善会といった名称を持つ下部組織を具え、海外も含めて布教活動のエリアに定められた。さらに、各道場には布教活動に従事する度師、開化師、宣化師、扶鸞を行う主乩、外郭団体の責任者と副責任者が置かれた。仙房においても、布教を司る道学課、宗教儀礼を司る壇務課、文牘課、財務課を有するなど、厳格な組織運営が行われたという。王雲仙は、一九一九年に郷里の大足天星寨に龍沙道の総本部である「明達慈善総会」を設立し、「張執陽専祠」を建て、ここから三つの道場を管理したという。[13] 王雲仙は龍沙道の道統を受け継ぎながら明達慈善会の宗教活動を実質的に掌握していったのである。
以上のように、個人的救済に根ざした内丹の修養にとどまる玉清派と異なり、龍沙道は明達慈善会として発展していくことで社会的な救済を打ち出していったことが分かる。明達慈善会が大足においてどのように認識されたのか、民国『大足県志』巻三、風俗、は次のように記す。

咸豊・同治以後、また儒教・仏教・道教の三教合一を唱える者が現れた。皇壇と呼ぶものがあり、今は尽性善堂という。礼門と呼ぶものがあり、今は同善社という。その後、さらに明達慈善会、民峰善堂といったものが雑然と並び現れ、各々宗門を立てている。どれも内功を伝授し、さらに禍福響応・救世済民の説を唱えて、民衆を惑わしている。今、同善社および明達慈善会は全国に広く遍く伝播している。[14]

明達慈善会は、「慈善化」した民衆宗教の代表として同善社とともに列挙される存在であった。両者の近似性が指摘されているように、明達慈善会もまた同善社と同じく都市で慈善事業を行い商人や政治有力者との強い結びつきを得ていくが、それが如何なる歴史的社会情況の中で発展し得たのか、またどのような特色を持っていたのか、次に検討していきたい。

重慶における明達慈善会

慈善団体の勃興

明達慈善会が発展していく二〇世紀初期は、在家信徒の支持を得て、社会活動の実施や民衆の教化と救済にあたろうとする宗教的な慈善団体や鸞堂、民間教派が全国的に盛行していく時期でもあった。[15]重慶においては明達慈善会の慈善活動が比較的はっきりと確認できるが、その地域的な歴史背景を考えると、一つには租界化による経済的・産業的な構造変化と慈善団体の増加があると考えられる。

光緒一六年（一八九〇）の煙台条約続増専条によって開港して海関が設けられ、さらに光緒二一年（一八九五）の下関条約（馬関条約）によって日本の租界が置かれたことをきっかけに、重慶は長江上流域における外国貿易の重要な拠点となった。[16] 貿易の構造変化について、民国『巴県志』巻一三、商業、は次のように記している。

四川の地は肥沃な平野である。塩分を含んだ地下水や、生糸・皮革・麻・薬材が豊富であるのを外地の者が羨んで称えている。重慶は嘉陵江と長江の合流地点にあたり、船で運送するのに便利である。四川の西部・南北および西康省・西蔵、さらには雲南・貴州のひと隅に至るまで、商品の輸出入は必ず重慶を通る。故に重慶は四川の物産の集積地であり、四方の商人が集まる地なのだ。しかし、海関が成立して四、五十年の間、毎年必ず輸入超過し、現地の生産物で売れるものは常に未加工の原料や半加工品で、加工品となると粗末な商品や普通の出来のもののほかは往々にして売れない。関税は協定によって自主権を失ったため、現地の生産物を守らず、外国製品のダンピングを用心して制御している。[17]

ここでは、四川・西康・チベット・雲南・貴州を範囲とする長江上流域の貿易圏において、重慶が河川で繋がる重要な集散地となっていたこと、開港によって重慶における交易の構造が変化し、外国商品の輸入超過が常態化し、貿易競争の激化によって在地の生産者が旧来の商品では太刀打ちできなくなったことを示している。こうした状況に対し、王笛は、重慶の一八九〇年代以降の変化について、（1）対外貿易によって著しく流通量と商人の数が増大したこと、（2）外国の棉糸が在地の伝統的手紡業に打撃を与えた一方、外国の棉糸を原料とした手工織布業が起こるなど、これまでにない商品とその生産に携わる商工業家が生まれたこと、（3）外国商人との訴訟、悪貨の駆逐、商工業の促進といった競争社会に対応した商会・公所が発展したことを挙げている。[18] 外国貿易による流通量の増加は、在地の産業にダメージを与える一方で、外国貿易に積極的に対応してゆく商人を生み出したのである。

清末民国期の重慶に善堂や慈善団体の数が著しく増加したことは、以上の経済変化と軌を同じくしている。民国『巴県志』巻一七、自治、は清末民国期の慈善団体について次のように説明している。

巴県は外国貿易を行う大きな港である。商人の聖祖である陶朱公や猗頓のような人物はいつもいるものだが、巴県では裕福となった後に徳のある行いを好む者がとりわけ多い。県城には善挙が次々と興り、民国二四年（一九三五）に市区公益委員会が成立すると、慈善団体に加わったものは四十余所あり、各郷鎮の中にもまた消息を聞いて慈善団体を興す者もいる。〔鎮郷に善堂を設立する者が三、四割いる〕（〔　〕は割註[19]）

清光緒期の開港以降、重慶において貿易によって富を得て善行を行う者が多くなり、城内で慈善団体が次々と登場した。一九三五年に重慶市区公益委員会が設けられると四〇以上の慈善救済団体が当該委員に登記されたことを伝えている。ここで注意すべきは、城外の郷鎮レベルに設けられた善堂が全体の三～四割に及んだことである。これは清末の開港以降に慈善団体が増加していく中で、城外周辺の郷鎮にまで慈善活動の範囲が広がったことを意味している。次に、このような慈善団体の区域的拡大について、都市の空間的位置から検討していきたい。

都市空間の拡大

慈善団体が救済を施す区域の広がりは、明達慈善会を含む重慶における慈善団体の所在地から見て取ることができる。重慶には、康熙年間から光緒年間の間に、一八カ所の育嬰所の他、二一カ所の慈善団体が確認できる[20]。慈善団体の数を年代ごとに見ると、康熙一、乾隆四、道光四、咸豊一、同治三、光緒七、年代不明一となる[21]。民国時期の慈善団体数を見ると、一九四二年に三二カ所、一九四七年には三七カ所を確認することができる[22]。ただ四七年の記録は、本来登記されていた四九カ所のうち未立案や取り消しとなった団体を差し引いた数を示しているが、その伸び率は清代に比べると民国時期に著しいことが分かる。

ここで、開港する一八九〇年以前に設立された善堂、開港以後に設立された善堂、一九四七年に登記された慈善団体の成立年代を一覧表にまとめ（〈表6―1〉参照）、それらの施設および清代の八省会館の所在地を重慶の地図に落としてみると、次の点が分かる（〈地図6―1〉参照）。（1）八省会館の所在地がほぼすべて城内の長江沿いの城門付近に設けられていること。これは清代の重慶における会館が貿易取引を行った港に集中していることを示している。（2）一八九〇年以前の善堂一六カ所のうち、一〇カ所が旧城内にあり、そのうち体心堂、保赤所の二カ所は城内の最南西部に位置する南紀門付近に設けられている。城外の五つの施設のうち、体仁堂は乾隆四年（一七三九）に水難者を救済するため嘉陵江沿岸の龍王廟に設立されたものであり[23]、楽善堂は同治二年（一八六三）に通遠門外に設けられたものであり、培善堂は光緒四年（一八七八）に重慶中腹部の鵞嶺に造られた孤老施設である[24]。養済院は、乾隆三年（一七三八）に鵞嶺の西にある仏図関に建てられたものの、領糧のため来城する老年者が路上で死亡してしまうため、嘉慶二四年（一八一九）には城内の金湯坊門に移されている[25]。明心善堂は、光緒五年（一八七九）に重慶北岸の北部にある江北地域に設立されたと称するものの、民国時期に初めて政府に登録されている。（3）一八九〇年以降に登記された善堂・慈善団体のうち、二九カ所が城内に確認できる他は、一五カ所が嘉陵江北岸、長江南岸、重慶南部（今の巴南区）、城外西北の重慶中腹部といった城区周辺部に位置している。とりわけ城外西北は、もともと険しい低地の山地が連なっているため交通の便が悪かったが、一九二七年以後に道路が整備されてより城外西部への往来が活発となった[26]。万化慈善堂、重慶慈幼院、済世善堂といった慈善団体は、通遠門城外から西に延びる道路の周辺一帯に位置し、明達慈善会もまた同地域に純陽洞と称する丘陵に道場を設けている。以上のような慈善団体の空間的位置の拡大は、開港による流通量の増大と商人の量的増加、さらに一九二〇年代の都市拡張整備を背景に、清代には重慶の城内にとどまっていた旧来の経済圏が城外の西部・両対岸へと拡大したことを表していよう。

〈表6―1〉重慶における慈善団体一覧（18～20世紀）

		所在地	成立年代	責任者の職種	貫籍	職員数	備　考
1	天王堂	定遠坊	康熙				
2	養済院	仏図関	乾隆3年(1738)				嘉慶24年(1819)に金湯坊へ移設
3	体仁善堂	江北潮音寺	乾隆4年(1739)				辦事処は龍王廟に設立
4	育嬰堂	洪崖坊	乾隆12年(1747)				1933年、新市区観音崖下に孤児院として再建。今の滄白路
5	敦養堂	朝天観	乾隆18年(1753)	藍生			1934年傭工救済院を設ける
6	培徳堂	較場口	道光12年(1832)	士紳			
7	保赤所	南紀門内	道光20年(1840)	商界	自井		
8	体心善堂	南紀門仁愛堂三三號	道光24年(1844)				
9	存心堂	銅鼓台	道光24年(1844)		巴県		
10	至善堂	磁器街一二号	咸豊9年(1859)				
11	育嬰所	―	同治元年(1862)				1932年に南温泉郷に分所を設立
12	楽善堂	通遠門外	同治2年(1863)				
13	普善堂	東水門石門坎	同治9年(1870)	律師	江北	5名	
14	保節院	蓮花坊童姓房屋	光緒3年(1877)				
15	培善堂	復興関遺愛祠四七號	光緒4年(1878)				今の鵞嶺公園
16	明心善堂	江北寶蓋寺街一六號	光緒5年(1879)				
17	義済堂	金紫門順城街	光緒17年(1891)				
18	北尊徳善堂	江北呂祖廟（廖家台）	光緒20年(1894)	県長	巴県	20名	
19	南尊徳堂	南岸塩店場六號	光緒24年(1898)	旧学	貴州湄潭	33名	
20	勇善堂	民生路一三二號	光緒33年(1907)		巴県	30名	
21	残廃所	南紀門天鐙街	清末			62名	
22	救濟善堂	中正路二二七號	1912				

		所在地	成立年代	責任者の職種	貫籍	職員数	備　考
23	明達慈善會	純陽洞四五號	1914	私塾	江北	19 名	
24	明道善堂	文華街二一號	1916	財務局	巴県	50 名	
25	重慶市平兒院	江北新城	1916				
26	儒善堂	百子巷	1920				
27	聚善堂	江北鄭家院街一四號	1920				
28	達徳善堂	保安路一五七號	1922	旧学	巴県	5 名	
29	達善堂	中正路二二二號	1923				
30	靖安慈善會	二府衙街一一號	1923				
31	南鳳擧善堂	厚慈街一三九號	1925	薬材の仲買人	巴県		5 名
32	貧民収容所	通遠門外	1926				
33	婦女救済院	小較場	1929				
34	第一無息貸款所	石門街五一號	1930	商人	巴県	3 名	
35	救済善堂	東水坊報恩寺	1930	綢号	楽山		
36	援溺所	磁器街至善堂内	1932				
37	尚志慈善醫社	郵政局巷二一號	1932		仁寿	20 名	紅十字会主辦
38	戦時児童保育会	中山四路求精中学	1938		広東	29 名	
39	第四平価食堂	安楽洞鎮	1939		湖北	5 名	世界紅卍字会主辦
40	永善堂	民国路	1940	機器廠	浙江	3 名	
41	第七平価食堂	菜園壩下区	1941	商界			
42	広済服務所	森林路	1941	参議院議員	広東台山	12 名	解放東路
43	第二分診所	下南区	不詳	医師	福建		
44	第一分診所	中一路	不詳				
45	戦時児童保育会	陝西路	不詳		湖北	9 名	
46	陪都空襲救護委員会	神仙洞	不詳	私塾	浙江	13 名	振済委員・紅卍字会・道徳分会・公益委員会と関係有り
47	万化慈善堂	張家花園	不詳	綿紗	江北	5 名	
48	樂善堂	大同路三八號轉	不詳				
49	育嬰堂	陝西路二三九號	不詳				
50	存心善堂	新民街二四號	不詳				
51	濟世善堂	中一路四徳郵二七號	不詳				
52	大同慈善堂	林森路五二八號	不詳				
53	重慶種善堂	普善堂内	不詳				
54	輔善堂	九尺坎一二號	不詳				

		所在地	成立年代	責任者の職種	貫籍	職員数	備　考
55	石馬河盤渓郷賢慈善會	陝西路宏昇堂巷九七號	不詳				
56	龍門朝元慈善會	在南岸	不詳				
57	援溺所	東水門	不詳				
58	重慶慈幼院	石橋舗観音岩特二號	不詳				
59	重慶市幼稚工廠	下龍門浩覚寺	不詳				
60	廖氏捐助基金保愛委員會	二府街	不詳				
61	長安寺（取消）		不詳				
62	羅漢寺（取消）		不詳				
63	重慶市社會事業救濟協會（取消）		不詳				
64	飛来寺（取消）		不詳				
65	慈雲寺（取消）		不詳				
66	同善堂（未立案）	棗子嵐埡和園後面	不詳				
67	中国道徳會重慶分會（未立案）	倉壩子	1939		湖南、巴県	42 名	
68	中華慈幼學會（未立案）	南岸羅家壩團山堡三九号	不詳				
69	世界紅卍字會重慶分會（結束）	楊柳街	不詳				
70	中国紅十字會重慶分會（未立案）	公園路	不詳				
71	義濟善堂（未立案）	行営対面綉壁街	不詳				
72	八省積穀辦事処（未立案）	小樑子国華字号内持	不詳				
73	量新仏堂（未立案）	蒲草田	不詳		巴県	6 名	
74	自善仏堂（未立案）	蒲草田	不詳	居士	巴県	3 名	

同治『巴県志』（1867 年）、民国『巴県志』（1939 年）、重慶市社会局「重慶市救済及慈善機関調査表」（重慶市档案館蔵、1942 年）、重慶市社会局「救済設施概況調査表」（重慶市档案館蔵、1945 年）、重慶市社会局「重慶市私立救済設施考核表」「重慶市社会局各慈善団体清冊」（重慶市档案館蔵、1947 年）、「重慶市慈善団体一覧表」（重慶市档案館蔵）を参照して作成。

明達慈善会について

重慶の明達慈善会は、道場開設より早く一九一四年に成立したと見られる。近年刊行された『重慶簡史和沿革』は一九三六年出版の『重慶市一覧』を引き、明達慈善会の所在地である純陽洞について次のように記す。

> 純陽洞は、通遠門外の新市区の中一路にある。はじめは岩壁にある小さな洞窟であったが、呂純陽像が造られ、それから瓦を用いた宮殿が建てられ、清末に崩れ倒れた。民国三年（一九一四）に紳士らが義損金を募って修築し、明達慈善会を設立し、敷地の東の隅を開墾して芳園を開いた。民国一五年（一九二六）に観瀾楼を増築し、民国一八年（一九二九）には菩提金剛塔を建てた。近年、ラジオ放送局が純陽洞の頂上に設けられている。[27]

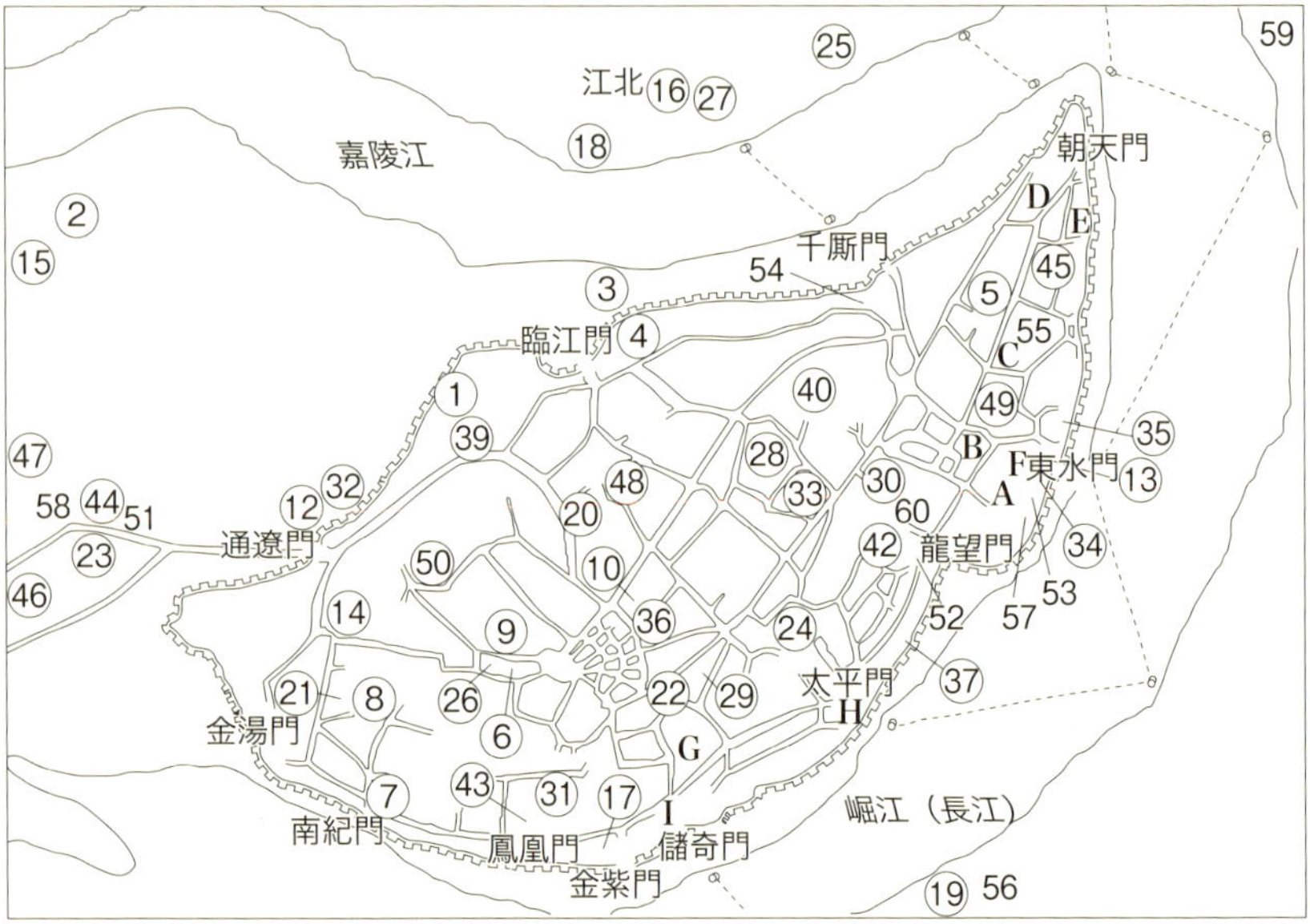

〈地図6―1〉

何知亜著『重慶湖広会館　歴史与修復研究』（重慶出版社、2006年）、『重慶簡史和沿革』（重慶地方史資料組編、1981年）および表6―1を参照して作成。地図に示した会館は次の通り。A湖広会館、B広東会館、C江西会館、D陝西会館、E福建会館、F江南会館、G浙江会館、H山西会館、I雲貴公所。1～74の慈善団体のうち、成立年代不詳のものは主に表6―1の档案資料に依拠して列挙した。地図には未立案のものを除いて1～60を表記した。ただし11・38・41は地図のエリア外に位置するため記載しない。

明達慈善会が成立してから四年後、闡度道場と称する宗教施設が設けられたが、その後も敷地内の規模を拡大していたことが分かる。一九四三年時の職員名簿によれば[28]、組織を運営する董事には次のような経歴を持つ人物がいた。


趙資生（一八六四〜？）：慈善会負責人。江北出身。重慶市商会会長。

鄧子文（一八八八〜？）：一九一六年入会。巴県出身。重慶銀行董事長（一九四三）、重慶市参議会参議員（一九四七）。

王海秋（一八七九〜？）：一九一六年入会。湖北麻城県出身、湖北旅渝同郷会理事。

温少鶴（一八八八〜？）：一九一六年入会。巴県出身。重慶市商会常務監事（一九四三）、国民大会代表（一九四七）。

王渭若（一八九〇〜？）：一九一九年入会。巴県出身。重慶市銀行主任秘書。

李奎安（一八七七〜？）：一九二六年入会。巴県出身。商会会長、重慶市参会副議長。


明達慈善会の執行上層部には、重慶の商会会長や銀行の幹部、参議会参議員といった都市の有力者が多く名を連ねていることが分かる。董事のみならず、合計六二名の会員の大多数は都市において高い地位にある社会層に属している。右の資料は、新たな経済状況に対応した商会を中心とする商人や政治有力者が明達慈善会のような新興の慈善団体を支える担い手となっていたことを示している。

救済事業

明達慈善会の活動状況については、一九四〇年代の重慶国民政府社会局が残した記録に詳しい。一九四四年から四六年の間に、重慶の慈善団体が社会局に提出した工作報告書によれば、明達慈善会は「公益救済を旨とする」とし、無料診察、施医薬、種痘、調剤、孤老、育嬰、施茶、施棺、検字を行っており、また明達小学校を経営したという[29]。その経営規模は、他の慈善団体と比べて遜色のないものであったようだ。一九四六年、日中戦争終結後に重慶国民党政府社会局は約三〇カ所の慈善団体を集めて救済会議を開き、復員者や被災者に対する救済などについて話し合い、あわせて工作報告と財産の再登記を求めた。明達慈善会もまたこの会議に参加している。この報告には一般の善堂を含めた七つの慈善団体―明達慈善会、明心善堂、万化慈善会、至善堂、培徳堂、勇善堂、楽善堂の活動記録が掲載され[30]、とりわけ明達慈善会の収支額および実施された施医薬の業績は他の慈善団体に比べて規模が大きかったことが分かる（〈表6―2〉参照）。その一方、育嬰、寡婦救済の業績はほとんどないに等しい。戦禍の中で被災者が増大する状況にあったことから無料診察や施医薬に力を注いだと思われるものの、恒常的に高いコストが求められる事業を極力省いていたことが分かる。

さらに、資金の運用について、明達慈善会は公金による補助を得ていないものの、他の団体と比べて資金が比較的豊かで赤字もなく安定的であった。一九四四年の社会局に提出された収支決算書によれば[31]、明達慈善会の収入は不動産と佃戸からの租金、利息、穀物販売、捐款および積立基金で賄われ、中でも捐款の占める割合が五パーセントと最も少なく、穀物販売が二九パーセントという最も高い割合を占めている（〈表6―3〉参照）。このことは一九四六年、一九四七年時の工作報告書においても、明達慈善会の収支がいずれも額が比較的高く黒字であることからも窺うことができる。

その他の団体の状況を見比べると[32]、資金の規模は支援している同業者や宗教団体の運営手腕によって異なっている。たとえば、前述した七つの団体のうち二番目に規模の大きい明心善堂は、光緒五年（一八七九）に成立した善堂であり、約八〇パーセントの租金収入と五パーセントの川塩による釐金《りきん》によって収入の安定した運営を行っている。培徳善堂もまた道光一二年（一八三二）に設けられた比較的古い善堂ではあるものの、政府の援助はなく房租による収入と会員による捐款にのみ頼るため収支が低く、運営が不安定である。また万化慈善会は綿紗業者によって支えられた慈善団体であり、同業者が経営する織布工廠の収入に頼るものの、公金、租金収入がなく捐款についても「募化困難」という状況であった。その一方で、世界紅卍字会は、社会局から委託されて第四平価食堂と称する貧民救済施設を設け、政府から援助を得ており、月ごとの収支額も各々一万五〇〇〇元とあるように他の団体より二倍近く突出している。以上のように、重慶という一つの都市において一般の善堂や紅卍字会といった宗教的慈善団体が救済活動を共有しており、その中

〈表6－2〉重慶市の主な慈善団体の活動報告（民国三十四年〔1945年〕）

	明達慈善会	明心善堂	万化慈善会	至善堂	培徳堂	勇善堂	楽善堂
総支出額（元）	2,978,000	2,686,000	1,467,000	1,418,000	1,335,000	505,000	329,000
総収入額（元）	3,113,000	2,727,000					295,000
孤老（費用）		100,000		230,000	418,000	85,000	192,000
（人数）	100名			178名	300名	43名	160名
孤孀（費用）		330,000	227,000	110,000	312,000		
（人数）				60名	200名		
育嬰（費用）		12,000		12,000			
（人数）	1名						
施薬（費用）		163,000	726,000	655,000	240,000	121,000	12,000
（施剤数）	8547剤		2864剤	3276剤	2211剤	400剤	
施棺（費用）		119,000	311,000	143,000	267,000	102,000	35,000
（施棺数）	59具	57具	75具	45具	70具	30具	10具

「重慶市三十五年度救済会議紀録」（重慶市档案館、1946年）を参照して作成。費用額は百の位以下を四捨五入して計算した。

〈表6－3〉明達慈善会の収支内訳（民国三十二年度〔1943年〕）

収入			支出		
租金収入 10%	房租 土佃	37,261元 1,530元	善務 65%	施医 義診 棺板 孤老 他	(103,439元) (24,579元) (14,200元) (9,233元) (44,198元) 計 195,649元
捐款 5%		20,014元			
利息 12%		44,892元			
旧管 38%	基金	(120,000元) 140,474元	事務 35%	人件費 冬至改選 追悼陣亡将士 糧税派款 公益会月捐 雑費他	(48,129元) (6,718元) (4,264元) (3,698元) (2,530元) (39,488元) 計 104,827元
穀售 29%		107,312元			
その他		9,212元			
計		360,695元	計		300,476元

「重慶市明達慈善会収支決算書」（重慶市档案館、1944年）を参照して作成。

で、明達慈善会は緊急性の高い救済分野に集中し、安定した活動を行っていたことが分かる。

慈善団体の新たな参入は、都市の地理的・経済的な範囲が広がったため旧来の善堂だけでは救済の不十分な地域を補完したと言えよう。しかし、より注意すべき点は、新規の慈善団体に商会や財界の有力商人が積極的に参加していることである。このことは、八省会館に代表される既存の支配勢力が城内の都市機能の中枢を独占していた旧来のあり方が崩れ、商会を基盤とする新興勢力が台頭していった状況を反映しているのではないだろうか。以上のことから、少なくとも清末民国初期に、重慶に新興の経済的有力者が現れるとともに、都市空間と慈善事業を行う担い手の基礎が変化してゆき、こうした状況が明達慈善会のような宗教的慈善団体が新たに参入していく社会的土壌を形成したと言える。

実業家としての王雲仙

重慶に見られる環境的要因の他、明達慈善会の活動を分析する上で注目すべきは、王雲仙の生い立ちについてである[33]。王雲仙は、大足県において明達慈善会の宗教活動を掌握する一方で、頻繁に海外を行き来し新式の経営を行う実業家でもあった。王雲仙の口述によれば、王雲仙は、その聡明さを買われて幼少より張執陽の教えを受けただけではなく、師の推薦を受けてフィリピンの中港鉱物地質学校へ留学した他、イギリス、ドイツ、フランス、日本などの国を遊歴した経験を持つという。帰国後、上海で歯磨き粉や化粧品などを販売した。王雲仙がとくに力を注いだのが四川の特産の一つである銀耳（シロキクラゲ）であり、これを商品化し、成都の道場では「西蜀銀耳荘」や「蜀香村」を設け、杭州の道場では「四川銀耳荘」を設けて販売経営を行った他、その収益を工場や商店といった設備への投資や道場周辺の不動産購入へ回すなど、近代に開港された都市を中心に経営を行った。家庭の点について、王雲仙は、フィリピン滞在中に華僑の女性と結婚して二男三女をもうけ、また帰国後に中国内で結婚して二男をもうけているが、三人の娘はいずれもチェコ籍、ドイツ籍、フランス籍の男性に嫁いだという。信徒の規模については、中国国内に六八万人、欧米やロシア、インド、日本、南洋地域に約五万人を有するとも言われる。実際の数を確認することはできないものの、中国内地において道場を設けた地域は、王雲仙の商業活動の範囲が広がっていったことを表し、彼が行った商業活動の足跡と見なすことができるのである。

以上のように、王雲仙は張執陽から龍沙道の教えを受け継ぐとともに、宗教活動の拠点を全国の主要都市へ広げていった。その際に、実業家として西洋由来の商品や四川の薬材を販売しながら、海外との交流や商売を通じて都市の商人に明達慈善会の教えを説いていたのである。その背景には、重慶、杭州、成都といった都市が新たな貿易構造の変化に巻き込まれていく形で商業流通が増大していった情況があったと考えられる。

次に、明達慈善会が社会に向けて発信した内容について検討していく。

『新徳善刊』に見る「新たな道徳」

「新たな道徳」とは

明達慈善会の慈善事業や宗教思想を知る上で貴重な情報を提供する資料は、成都明道善院の定期刊行物の『新徳善刊』である。成都明道善院は、明達慈善会の重要な宗教施設の一つであり、一九一九年に成都金沙寺付近に設立された。当該雑誌は、一九四一年から一九四九年の間に発刊され、北京の国家図書館にて四四年から四九年までを確認することができる。『新徳善刊』の目指すところについて、たとえば一九四四年発刊の巻頭に次のように記している。

その宗旨は、孝悌忠信・礼義廉恥を宣揚し、殺・盗・淫・妄・貪・瞋・奢・詐を戒めることである。その目的は、道徳とあるべき風格と永久の国運を打ち立て、宗教の繋がりを尊重し、大同を促進させることである。[34]

八徳（孝悌忠信・礼義廉恥）は基本理念としてたびたび『新徳善刊』の巻頭に掲げられている。一九三〇年代以降、国民党政府は新生活運動を提唱する際に八徳を利用したが、明達慈善会もまた政府の提言に応じる形で八徳を掲げる。

しかし注意すべきは、彼らの打ち立てるべき「道徳」が明達慈善会独自の宗教思想によって構成されていることである。『新徳善刊』において教化の大綱と見なされているものは、一九四八年の新徳善刊社宣教部の告示によればおおむね次の通りである。(一)儒教の分野には「龍沙学派」信明子の設ける聖学講座がある。(二)仏教の分野には蓮宗歴代祖師および印光大師ら先人の教えがある。(三)道教の分野には玉清派の本家である悟真子の説く『道学指南』がある。(四)徳性の分野には広東潮州人蔡振紳の手による『八徳須知』がある。(五)善行の分野には四川の老紳士である劉豫波の手による詩文佳作がある。(六)神学の分野には同善社の布教書である『洞冥宝記』に継いで刊行された『瑶池宴記』の警世を語った詩歌・要約がある、という[35]。以上、六つの大綱から分かることは、八徳を中心とする伝統社会の道徳規範のみならず、儒仏道三教の代表と見立てられた教義と民間教派の布教書が教化の模範として記されていることである。むしろ「新たな道徳」と呼ぶべきその教化の内容は、いったい何を説いているのだろうか。

まず、善行の手本とされる劉豫波は、『新徳善刊』の創刊に深く関与した人物を指している。劉豫波(名は咸滎)は四川双流県出身、四川省参議員を任じ、華西協合大学教授を務め、成都の政治・文化に深く関与した知識人の一人である[36]。一九四七年一二月の『新徳善刊』は、新年に臨んで改めて発刊の由来とその目的を確認し、次のように記している。

新徳善刊は、もともと劉豫波先生の『徳新報』に基づいている。善化を普及しようとしたため、今の名称に変えて広く宣揚してきたが、創刊から今まで七年が経った。まず三年続けようと考え、本来は一二日毎に一回発行すると決めていたが、刊行が困難となり月刊の発行に改めた。……ただ思うに、一貫した宗旨は、どれも忠義に基づいて救世し、己を立てて人を達せさせ、聖賢の教化に遵い、民を覚世させるよう導き、仙仏の慈悲を会得させ、天に代わって宣化することである[37]。

『新徳善刊』の前身は、劉豫波が刊行した『徳新報』であった。劉豫波は『新徳善刊』創刊時すでに八五歳という高齢であったことから、「普及善化」を引き継いで発揚することを目的に、刊行物の編集権を明達慈善会に委ねたと見られる。刊行後も、劉豫波は文章の投稿や善書の広告を積極的に行っており、一九四六年には紙価が高騰し刊行が極めて困難であったにもかかわらず、「勧善を推し進め広げなければ、天意に応えて人心を変えることができない」として寄付を募っている[38]。彼が明達慈善会の信徒であるかどうかは明らかではないものの、両者の間に密接な関係があったことが分かる。劉豫波は発刊を祝う献辞の中で、読者に向けたメッセージを次のように記す。

本来、劫運を挽回するにはまず人心を正さねばならない。天地の清寧なる状態を見たいと思うなら、必ず人心を温和で従順にさせねばならない。和やかであれば、天地の広大な心を見ることができる。従順であれば多くの人々の倫理が利己・利人となる道を広めることができる。ちょうど今の世の中は、人心を挽回してはじめて太平が訪れるように、善刊を注文したいと望む者が多く、改めてこれまでの文章の一部を摘出して刊行・転載した[39]。

人心を挽回し、八徳を中心とする道徳を回復させようという劉豫波の訴えは、清末以来の善書に通じる内容であり、また明達慈善会が説くものと一致した。このような宣伝を経て、発刊六年後には五〇〇〇部に及ぶ読者を得ている[40]。言うなれば、劉豫波は『新徳善刊』の代表的知識人として道徳の宣伝役を務めた。そのため『新徳善刊』の編集者と管理者は、劉豫波を非常に尊重しており、道徳を説く上で重要な人物だと見なしたのである。

旧来の善堂に似た教化活動を動機付けているのは、明達慈善会独特の宗教思想である。六つの大綱において儒仏道三教の模範的な教えとされているのは、龍沙道、玉清派、そして『新徳善刊』にてたびたび取り上げられている浄土宗の印光大師であり、明達慈善会と関わりのあるものや彼ら自身が関心を向けているものが示されている。龍沙道の前身である玉清派を「道教の教え」として掲げる一方で、龍沙道を「儒教の教え」として掲げているが、このことは、龍沙道の内丹法といった道教的性格を後退させて、道徳性に関する議論と直結しやすい儒教道徳を中心に位置付けようとしたことを示唆していよう。

さらに、道場では扶鸞が行われ、信徒に位階が与えられた。王雲仙の口述記録によれば、入会儀礼において、信徒希望者はまずお御籤を引き、「准」の字が出れば初めて入会できる。次に開化師による「点体」があり、初層玄関、二層玄窮、三層泥丸という三段階の伝授と真言を得る。信徒となれば、職業、婚姻を問われず、在家で修行することが求められた。修養の程度によって、金仙、神仙、霊魂鬼仙、水仙、人仙の五等と、上乗金身顕化、中乗脱売飛昇、下乗留形往世の三乗という道教的な色彩を持つランクを得ることができ、功徳を積むには積極的な「功果銀」（お布施）が求められたという[41]。

こうした宗教儀礼や位階制度の一部は、清代青蓮教系教派に似ていると見られるものの、明達慈善会においては、功徳の積み方として善行に重きを置く同善社と同じような発想を持っていたのではないかと思われる。事実、明達慈善会が模範の一つとして掲げる『洞冥宝記』『瑶池宴記』の二書は、雲南洱源県の同善社信徒によって著された鸞書であり、一九四七年に『新徳善刊』の編集者の一人曽淵如が自ら上海の道徳書局で『洞冥宝記』の底板を購入している[42]。同書は善行を強調する同善社の教えを如実に伝えており、慈善事業に積極的な明達慈善会に適った内容であっただろう。

この他、『新徳善刊』にはたびたび慈善事業の成果が紹介されている。たとえば、一八四七年五月に成都で暴雨のため洪水が起こり、河川沿岸の住民が多く水死した。この時、成都旅滬同郷会から寄付を受け、成都商会理事長の采配によって成都明道善院、正心慈善会、覚迷慈善会の三つの団体にそれぞれ救済活動の資金として分配されたという[43]。また善書の刊行も行われ、劉豫波は『八徳』『警世要言』といった善書を著して明達慈善会において流通させ[44]、『関聖帝君十全善本』『三種霊籤集成』[45]などの善書を宣伝している。さらに、漢方による麻薬の排除を宣伝する医学的な記事もあり、アヘン・モルヒネ・ヘロインに対する処方箋を紹介して広く新聞メディアに伝えるよう訴えている[46]。

明達慈善会の説く「道徳」[47]は、八徳に基づいた道徳とその実践を重視し、儒・仏・道三教同源の立場に立ちながら龍沙道、玉清派の流れを汲みつつ、同善社の教えを主体的に利用して説かれた。そうした宗教思想に基づいた道徳の回復と善行の協調という教えは、儒教知識人や商人の支持を得て、明達慈善会を通じた慈善事業への呼びかけとなったのである。

おわりに

明達慈善会は、都市の慈善事業に重きを置く社会性の極めて高い宗教的慈善団体であり、清末民国時期の民衆宗教が慈善的性格へ傾斜した特徴をはっきりと捉えている。明達慈善会の宗教を紐帯として越境的な繋がりを可能にするネットワークは、四川および長江流域の開港都市を中心に広がり、有力商人が慈善事業を発揮するツールとして受け入れられた。内丹や扶鸞を行う修養集団が慈善団体へと向かった時期、都市は様々な慈善団体がせめぎ合い、救済を行う空間を広げつつあったのである。

龍沙道が明達慈善会を発展させていく過程で、如何に清代青蓮教系教派の影響を受けたのかは明らかではない。同時期、青蓮教系教派の流れを汲む同善社は四川永川県に活動拠点を置き、隣の大足県においても明達慈善会と同じく宗教活動を展開していたため、信徒を獲得する上で競合した可能性は高い。ただし、明達慈善会が同善社と異なる点として、民国末期に至るまで慈善団体として都市の慈善事業に参加し続けたこと、慈善会の組織や活動状況に関する情報開示を積極的に行っていったことが挙げられる。民国時期の政治的・経済的に不安定な社会状況の中で、明達慈善会は民間教派特有のシステムを利用して施善・教化の上でより安定的な運営を提供しながら、都市の慈善団体に適合していったのである。明達慈善会の具体的な宗教思想についてはなお不明な点が多く、次の課題としたい。

1　二十世紀初期の都市で慈善事業を行う宗教結社に着目した研究に、酒井忠夫『近・現代中国における宗教結社の研究』(国書刊行会、二〇〇二年)、武内房司「慈善と宗教結社――同善社から道院へ」『講座道教第五巻　道教と中国社会』(雄山閣出版、二〇〇一年)、宋光宇「民国初年中国宗教団体的社会慈善事業――以『世界紅卍字會』為例」(『国立台湾大学文史哲学報』第四五期、一九九七年)などがある。

2　Prasenjit Duara, "Transnationalism and the Predicament of Sovereignty: China, 1900-1945", *The American Historical Review*, vol.102, no.4,

1997, pp.1033-1038.

3 たとえば、近年に台湾の仏光大学で開かれた「民間儒教与救世団体国際学術研討会」（二〇〇九年）、がある。

4 民国『合川県志』巻五八、流寓、傅金銓の項、一九二〇年。

5 武内房司「清末四川の宗教運動——扶鸞・宣講型宗教結社の誕生」『学習院大学文学部研究年報』三七号、一九九〇年、七三～七四頁。

6 民国『巴県志』巻五、礼俗、一九三九年。「居士清修者相伝、晩清有老道場、袁統師闡道、開其流。其後有玉清派、奉許旌陽、曰新道場。以光緒二十六年中止、越十二年、民国紀元、重開於西城之香山。自清末、居士奉張執陽、為闡教宗師。有王居士者、年稍少、長老学道者、皆師事之。県人陳真直、為香山■道師。県人謝真虚・栄県官徳懋・長寿李席珍、援引道侶来入山、乃開王派。相伝為太空・錬形、主清修。其法、自静坐入、有所謂藤橋云者。法之名詞、如藤之通気、如橋之過渡也。民国四年停、闡分一支、至栄県、曰雲沙協会云。」（■の箇所は黒等）

7 栄県の一派については、栄県人官徳懋の弟子と称する梅自強の記録に詳しい。梅自強によれば、王雲仙の弟子の一人である官徳懋は劉客舟、龍徳珊とともに四川栄県において「継尼仙房」を設けたとされている。これが雲沙協会と関わりがある可能性は非常に高い。梅自強『顛倒之術』大展、台北、一九九六年、を参照。

8 陳汝寛「明達慈善会和王雲仙其人」『大足文史』第一輯、一九八八年、五九頁。

9 「龍沙道統祖師許旌陽真君仙凡路論」『新徳善刊』一九四四年。

10 龍正中「龍沙道的始末」『大足文史』第一輯、一九八八年、六八～七二頁。

11 王雲仙（一八八七～一九六〇）は、またの名を王栄先、王雲軒という。法名は慧清、号は昌金、または幇道、仙凡主人という。大足県南郷雲慶山天星寨人。陳汝寛、前掲書を参照。

12 龍正中前掲書、参照。

13 陳汝寛・龍正中前掲論文、参照。

14 民国『大足県志』巻三、風俗、一九四五年。「咸同以後、又有倡為儒釈道三教合一之説者。曰皇壇、今名尽性善堂。曰礼門、今名同善社。後又有明達慈善会・民峰善堂、雑然並起、各立宗門。皆以内功相伝授、而更為禍福響応・救世済民之説、鼓惑徒衆。今同善社及明達慈善会伝播之廣、幾遍全国。」

15 清末の扶鸞運動と慈善事業に関する研究は、范純武「清末民間慈善事業与鸞堂運動」国立中正大学歴史研究所修士論文、一九九六年六月、参照。

16 大里浩秋・孫安石編著『中国における日本租界——重慶・漢口・杭州・上海』御茶の水書房、二〇〇六年。

17 民国『巴県志』巻一三、商業。「大蜀為沃野。井塩之富、絲枲・皮革・薬物之饒、外人艶稱。而重慶当二江合流、有舟航転運之利。蜀西南北旁及康蔵、以至滇黔之一隅、商貨出入輸会必於重慶。故重慶者、蜀物所萃、亦四方商賈輻湊地也。然自海関成立、四、五十年之間、無歳不為入超、蓋土貨出口、恒為生貨或半生貨、至於熟貨、則舍粗陋常物而外、往往而絶。而関税由於協定、失自主之権、無以保障土貨、防制洋貨之傾消。」

18 王笛『跨出封閉的世界——長江上遊区域社会研究（一六四四―一九一一）』北京、中華書局、二〇〇一年、二五七～二九五頁。

19 民国『巴県志』巻一七、自治、慈善。「巴県為通商大埠。陶朱・猗頓、時有其人、富而好行其徳者尤多有之。治城之内、善挙迭興、民国二十四年、成立市区公益委員会、列入慈善団体者、合計四十余所、各鎮郷中、亦有聞風興起者。〔郷鎮設立善堂者、十之三、四〕」

20 民国『巴県志』巻一七、自治、慈善、育嬰堂の項。

21 王笛前掲書、五二六頁～五二七頁。重慶市社会局「救済設施概況調査表」重慶市档案館蔵、一九四五年。重慶市社会局「重慶市私立救済設施考核表」重慶市档案館蔵、一九四七年、参照。

22 民国時期の慈善団体については、重慶市社会局「重慶市救済及慈善機関調査表」（重慶市档案館蔵、一九四二年）、重慶市社会局「救済設施概況調査表」（重慶市档案館蔵、一九四五年）、重慶市社会局「重慶市私立救済設施考核表」（重慶市档案館蔵、一九四七年）、一九三二年までに成立した慈善団体を記録した「重慶市慈善団体一覧表」（重慶市档案館蔵）を参照した。

23 民国『巴県志』巻一七、自治、慈善、体仁堂の項。

24 民国『巴県志』巻一七、自治、慈善、培徳堂の項。

25 民国『巴県志』巻一七、自治、慈善、養済院の項。

26 『重慶簡史和沿革』重慶地方史料組編、一九八一年、一一六頁。

27 『重慶簡史和沿革』、一五八頁。「純陽洞、在通遠門外新市区中一路。初為岩壁小洞、塑呂純陽像、嗣建瓦殿、清末傾圮。民国三年、経士紳募資培修、成立明達慈善会、又於東角辟芳園。民十五、増建観瀾楼、民十八、建菩提金剛塔。近年、広播電台設于洞口最高処。」

28 「重慶市明達慈善会職員名冊」重慶市档案館、一九四三年。

29 「明達慈善会三十二年中心工作報告書」重慶市档案館蔵、一九四四年。

30 「重慶市三十五年度救済会議紀録」重慶市档案館蔵、一九四六年。

31 「重慶市明達慈善会収支決算書」重慶市档案館蔵、一九四四年。

32 各慈善団体の支出状況については、「重慶市救済及慈善機関調査表」（一九四二年）、「重慶市三十五年度救済会議紀録」（一九四六年）を参照。

33 龍正中前掲論文、参照

34 『新徳善刊』改版第十六期、一九四四年。「宗旨：宣揚孝弟忠信・礼義廉恥、勧戒殺・盗・淫・妄・貪・瞋・奢・詐。目的：樹立道徳風範・永昌国運、尊重宗教聯誼、促進大同。」

35 「拡充戊子年度善刊預言」『新徳善刊』第四九期、一九四七年。「略掲大綱、敬陳如下。一、儒教方面、有龍沙学派信明子敷設之聖学講座（解明理教、推進大同）。二、釈教方面、有蓮宗歴代祖師暨印光大師之各種遺教（宏掲正法、引人入勝）。三、道教方面、有玉清正宗悟真子之『道学指南』（導引昇真、駕軽就熟）。四、徳性方面、有潮州賢達蔡振紳先生之『八徳須知』（故事記述乾坤並闡）。五、善行方面、有西蜀耆老劉咸榮先生之詩文佳作（覚世牖民、無微不至）。六、神学方面、有継『洞冥記』而問世之『瑶池宴記』中之詩歌文摘（警世化俗、包羅万象）。」

36 『成都市志・文学志』現代篇、成都市地方志編纂委員会、二〇〇〇年、五七頁。

37 「拡充戊子年度善刊預言」『新徳善刊』第四九期、一九四七年。「『新徳善刊』、原基於劉豫波先生之『徳新報』。因謀普及善化、■異今名而広事宣揚、創始迄今、及経七載。先期三年本定逢亥出版、継因困難、乃改発行月刊。……惟以一貫宗旨、悉本忠義救世、立己達人、遵聖賢之教化、牖民覚世、体仙仏之慈悲、代天宣化。」

38 「成都新徳善刊丙戌年度発行啓事」『新徳善刊』一九四六年。

39 「発刊致辞」『新徳善刊』第二五期、一九四六年。「自来挽回劫運、先正人心。欲覩天地清寧、必須人心和順。和以見天地大生広生之心。順以普群倫利己利人之道。方今之世、挽回人心、自見大平、切望訂善刊者多、更復摘印転載之。」

40 「本刊六周年発行献辞」『新徳善刊』第二五期、一九四六年。「此六年当中、承蒙諸大善長之殷勤愛護、輾轉介紹、使本刊銷数日増、訂戸遠逾五千之数、銷場日広、遍及西南西北各省。」

41 陳汝寛前掲論文、六二頁。なお梅自強によれば、明達慈善会には天恩、正恩、引恩、保恩、頂航にいたる九層の位階制度があったとされ、梅自強は七層を位するという。梅自強前掲書、四五〇頁。

42 「介紹善書珍貴本洞冥記蔵板待印」『新徳善刊』第四九期、一九四七年。

43 「成都水災賑済別記」『新徳善刊』第四六期、一九四七年。

44 「本社流通各書余列後」『新徳善刊』一九四五年。

45 「関聖十全善会三種霊籤集成啓」『新徳善刊』第四七期、一九四七年。

46 「治吸鴉片・嘱啡及海洛英等毒物仙方」『新徳善刊』第四六期、一九四七年。

47 陳汝寛の記録によれば、教義においては儒、仏、道、基督、イスラムの五教一致を唱えるとある。

第7章

五教合一論初探
――道院・世界紅卍字会の教説を例に

宮田　義矢

はじめに

「五教合一論」とは、儒教（孔教）、仏教、道教、キリスト教（天主教・基督教）、イスラーム（回教）を世界の「五教」（五大宗教）と見なし、その一致の必要性を説く、諸宗教一致の主張である。そして、それは、中華民国期に活発な動きを見せた一群の民衆宗教団体によって唱えられた。清末までの民衆宗教の教義における特徴の一つが、儒・仏・道の三教合一的傾向だとすれば、五教合一論は中華民国期以降の民衆宗教に特徴的な教説と見なすことができる。

さて、三教合一という用語が、宋代以降における三教の教説・実践における融合的あり様を意味することがあるのに対し、五教合一がそのような意味で捉えられることは少ない。むしろ、それは民衆宗教が掲げた一種の標語と見なされてきたと言える。新たに包摂したとされるキリスト教やイスラームに由来する教説、儀礼や戒律がどの程度理解され、採用・実行されたか、あるいはされなかったかについて、つまり融合の実態がいかなるものであったかについて、これまでほとんど論じられてこなかったことが、そうした五教合一理解を暗に示している。この点はあらためて検討されるべきであろう。しかし、本稿は一先ず、諸宗教融合の表れとしての五教合一ではなく、民衆宗教内の教説として確立されつつあった五教合一論を考察の対象とする。そして、五教合一論が帯びた時代的特徴を具体的な事例に即して提示することを目指す。

すでに五教合一論の新規性として、第一次世界大戦の影響を受け、教化・救済の範囲に中国を越えたグローバルな世界を想定していることなどが挙げられている[1]。では、それは、個々の団体でどのように反映されていたのであろうか。以下では、中華民国期五教合一論の展開の具体相を、道院・世界紅卍字会《こうまんじかい》の事例に基づいて検討する。

五教合一論の形成

五教合一論の土壌

道院・世界紅卍字会の五教合一論を検討する前に、その背景をなす状況に触れておきたい。五教合一論が、彼らの着想によるものというより、先行して案出されていた類似の主張に倣ったものだったことが了解されるであろう。

五教合一論が盛り上がりを見せるのは、一九一〇年代半ば以降、一九二〇年代を中心にしてのことだが、その着想自体の起源は、さらに遡ることができそうである。よく知られた例として、譚嗣同が一九世紀末の天津在理教について述べた『仁学』中の一節が挙げられる。「天津に在理教というものがあり、（その団体は）最も新しく、最も小さい。その文書は浅薄であり、精細な意義が少しもなく、孔教、仏教、耶教（キリスト教）、回教の皮相な部分を剝ぎ取って作ってある」[2]。譚嗣同によれば、当時の在理教は「孔教、仏教」だけでなく、「耶教、回教」の教説をも取り込んでいたというのである。

そもそも儒教や仏教を、キリスト教やイスラームなどと同質のものとして並列する発想は、儒教の位置付けをめぐっては議論が繰り返されるものの、早くは一八世紀末の文献に見られるといい[3]、一九世紀末から二〇世紀初めには一定程度の定着を見ていたようである。

一九一二年に英国浸礼教会派宣教師であった李提摩太（Timothy Richard）らによって上海で組織された世界宗教会は、「各教の連合」を宗旨とする。その簡章の前言で、各教は、孔教、仏教、道教、基督教、回教と具体的に呼び換えられている[4]。こうした呼び換えと「五教」という用語との距離は、もうほとんどないように見える。ともあれ、五つの「教」を一括りにし、かつその連合が志向されるようになることを、五教合一論の土壌に喩えるならば、それは民国初期に整いつつあったのである。なお、こうした動きが一部の宣教師によって推進されつつあった点は、注目に値する。

『息戦論』中の五教合一論

一九一五年には五教合一論の先駆的著作とも言うべき『息戦論』[5]が著された。書名に見える「息戦」は第一次世界大戦を終結させるという意味であり、停戦の訴えが同書の最大の主張となっている。大戦をやめる方法として、『息戦論』は五教の一致を唱えたのだった。

同書には、宗教一致の実現を目指す「万国道徳会」なる組織の設立計画が付されていたといい、その計画は一九二一年の同会発足によって実現を見る。『息戦論』の著者は当時九歳の「神童」江希張とされ、彼の父江鐘秀は小中学教育における読経講経の復活を民国初年に唱えた運動家であった。江父子は一九一三年、曲阜における孔教大会に参加した際に康有為とも面識を得ており、江希張は康より「今の項橐[6]」と評されたと言う。両者の関係はその後も続き、康は万国道徳会発足時の副会長に名を連ね、後に会長となっている。『息戦論』が、孔教運動の周縁に位置した人物の手になったことが分かる。

また『息戦論』には、著名無名を問わず多くの人物が序跋文を寄せている。中でも特筆すべき一人が尚賢堂の設立者、李佳白（Gilbert Reid，元米国長老教会派の宣教師）である。李はキリスト教と孔教の連合を説いた人物として知られるが、それだけに留まらずすべての宗教の連合をも鼓吹した人物であった。尚賢堂では各宗教界から招かれた著名人による講演会が行われ、各教が連合する必要性が主張されたという[7]。宗教一致論が伝播する際に、李と尚賢堂の果たした機能が注目される。彼が『息戦論』に寄せた序文は二編あり、第二の序文の冒頭は、以下のように始まる。

万国の戦争をやめようと望むなら、まず万国を一つにさせよ。万国を一つにしようと望むなら、まず万国の人心を一つにさせよ。万国の人心を一つにさせるには、まず万国の宗教を一つにさせよ。[8]

宗教の連合を唱え、反戦をも主張した李の平素の問題意識が直截に述べられている。李は、自らが発行する尚賢堂の機関誌『尚賢堂紀事』にも、『息戦論』に寄せた序文を掲載しこの「思想書」への共鳴を示している。[9]このほか、序文を寄せた人物には、正一天師張元旭などがおり、『息戦論』の五教合一の主張はこうした人物のネットワークによって宗教界に受容されていったことが予想される。

さて、『息戦論』は、本文において各経典・教典の一節に解釈を加えながら五教それぞれの特徴を概説し、跋文において五教の根本義を総括するという構成をとっている。以下に多少長文であるが、江希張の自跋より『息戦論』の主張が最も明瞭に読み取れる箇所を引用する。

『易経』に「乾道変化して、おのおの性命を正しくし、太和を保合するは、すなわち利貞なり。庶物に首出して、万国みな寧し」という。……孔子や、老子や、釈迦や、キリストや、ムハンマドは、みな衆に抜きんでた人である。みな太和を保合し、おのおの性命を正しくする道を説明した者である。それらの典籍を揃えて、その書を読み、その言うところを実行するなら、地球上の各交戦国は、その日のうちに戦争をやめることができる。……(しかし戦争をやめさせる立場の各教が争うのは)諸聖人が教を立て、それぞれの教が宗旨を有し、儀式を持っており、互いに異なるものを強いて同じであるとすることはできないからである。(宗教は)門派ごとに分かれ、自派の主張を押し通し、他をかえりみず、互いに争い合い、殺し合う。現在までの宗教紛争の歴史を調べてみれば、今もって人心を寒からしめるものがある。……どうしてなお戦争をやめさせるということができるのか。(このように反対する者は)各教の異なるところが形式の部分であって、その精神は異ならないことを知らないのだ。精神とは何か。おのおのが性命を正しくすることがそれである。孔教はもとより人におのおのが性命を正しくすることを教えているが、道教、仏教、耶教、回教の各教もまた人におのおのが性命を正しくすることを教えている。（それを）一言で言うなら、太和を保合するということにつきる。太和とは、真精のことであり、真気のことであり、真神のことである。保とは、大事に守ることであり、合とは、一つに集めることである。人々がみなその太和を大事に守り、その太和を一つに集めるなら、なんと利貞なることだろう。……（このように）各教の精神が、ともに性命を修養することなのだから、各教の賢者が一つところに集まり研究することは支障がない。その教の形式にはおのおのが従い、またおのおのが（それを信徒に）教えればよいのであって、異なるものを同じであるとする必要はない。その精神はともに一致へと向かうのだから、同じであるものを異なっているとする必要もない。互いに忠告し合い、助け合い、逆に競い合ったり攻撃し合ったりしなければ、やがて万教は一致し、万国も自ずと一致するだろう。一とは安定であり、戦争をしないことである。[10]

世界戦争の終結を目標とし、万教の一致によってそれを達成させるべきことを主張する内容である。一見すると各教が「性命を正しくし、太和を保合する」という共通の修養を実践することによって停戦が達成されるかのように読めるが、実際にはそれ以前に宗教間の紛争をやめるべく、何かしらの行動、たとえば「各教の賢者が一つところに集まり研究すること」がなされるべきだとされている。つまり、宗教が個別に存在するだけでは十分でなく、一致に向けた運動が要請されているのである。その念頭には、運動を推進する組織、つまり万国道徳会の設立があったであろう。

ここで、再度強調されるべきは、五教合一を説く目的が戦争の停止にあるという論点である。五教合一論の嚆矢とも言うべき『息戦論』は、いかにして第一次世界大戦を終結させるべきかという、時代に即した問題意識に基づいていた。三教合一論の漫然とした拡充というだけではない、五教合一論の特徴が、ここにあると言える。

『息戦論』と反宗教思潮

中華民国期の反宗教思潮は、一九一〇年代の終わりから一九二〇年代の初めにかけての、「非基督教」・「非宗教」運動として大きく盛り上がるが、それはたとえば「廟産興学」の動きに見られるように清末に兆していた。また儒教に対する批判も、孔教運動をめぐる議論を経て、『息戦論』の著された一九一五年には、『新青年』（初号のみ『青年雑誌』）の創刊とともに、新たな展開を迎えつつあった。社会進化論や科学主義に裏付けられたこうした宗教批判は、『息戦論』においても重要な背景をなしている。以下では、戦争を中心的な問題として反宗教と宗教の立場を対比的に位置付け、宗教の有用性を訴える『息戦論』のレトリックを確認しておきたい。

物質についての学問が日に日に精緻なるようになってから、宗教の権威は日に日に衰え、形而下の学問が日一日と精密になると、戦争は日一日と激しくなる。……ゆえに、兵器の力で戦争をとめようとすればするほど戦争は激しくなるのであり、ただ宗教の残した言葉によってのみ、戦争はようやくやむのである。……ともかく今の反宗教論者は、こともあろうに宗教を迷信であり、愚か者のものだという。孔教は専制に与し、君主を尊ぶことを多く語るので、民主の時代に行われるべきでないという。……このように言うものは、地球上の万国の民をことごとく死地に置くまでやめないだろう。[11]

世界の進化はすでに宗教の時代から科学の時代に入ったのであり、けっして再び退化してはならないのである、それなのに今も宗教に戻ろうとするのは大きな誤りだ、という人もいる。たしかに宗教と科学は時代によって変わるものである。昔は宗教が盛んであって、その弊害が甚だしかったが、今は科学が盛んであってその弊害も甚だしい。だから宗教をもってこれを救うのだ。[12]

反宗教の立場を戦争と関連付けることでその非を指弾し、宗教こそがそれを解決しうると主張している。『息戦論』にとって、第一次世界大戦という未曾有の戦災は、反宗教側が旗印とした科学の失敗であり、宗教の正当性があらためて叫ばれるべき契機だったのである。このように、『息戦論』の五教合一論は、宗教批判言説との対抗の中で、宗教を擁護する側が基づくべき論理として提出された。

道院・世界紅卍字会の五教合一論

『太乙北極真経』中の五教合一論

道院は、山東省濱県の一乱壇（一九一六年〜）を前身に、同善社との接触を経て[13]、済南で一九二一年（正式認可は一九二二年）に成立した民衆宗教である。同団体は一九二二年に北京で慈善団体、世界紅卍字会を組織し、慈善活動をも積極的に行ったことで知られる。しかし一九二八年、南京国民政府によって、道院は「迷信機関」として取締りを受ける。道院が、その後一九三五年まで新たな認可を得られなかった一方で、世界紅卍字会は南京国民政府下でも慈善団体として存続を許された。

道院・世界紅卍字会はその成立時より五教合一論を唱えていた。また一九二三年に日本の大本教との提携を行ったほか、その一貫として一九二五年に北京で大本教が開催した世界宗教連合会に参加し、一九二九〜三〇年には三度、「東瀛布道団」を日本に派遣するなど、合一の主張を実践に移した。中華民国期に五教合一論を唱えた団体の一つの典型と見なせる。

道院の文献で、五教合一に言及する初期の例が、『太乙北極真経』（以下『真経』と略称）である。『真経』は、一九二〇年末から一九二一年初にかけて済壇（道院の前身）において扶乱によって編まれた。乱文を降した神格は、同乱壇で最高神として信仰されていた太乙老人（その後、正式には至聖先天老祖と呼称される）とされる。降乱に際して纂方（乱手）を担当したのは、乱壇の最初期からの参加者だった劉紹基、洪士陶の二人である。なお道院は、この『真経』の成立を契機に済壇が改名して発足することになる。『真経』はまさに、根本経典とでも呼ぶべき重要な経典だったのである。

まず『真経』冒頭に位置する「六箴」の前言部分において、「合五統六」という言葉が唐突に表れる。直後に、やはり扶乱による注釈が施され、それが五教合一をあらわすことが説明される。「五つを合わせて、六にまとめる。〈五教とは、基教・回教・儒教・釈教・道教である。一系にまとめて六とする〉。そこで六箴を作り、諸君のためにこれを告げよう」[14]。極めて短い一節であるが、五教を合一することで第六のもの（つまり道院）を生じるという内容であることが了解される。最重要の経典中にあらわれた簡明な五教合一論として、この「合五統六」という言葉は、その後も同団体の文書中で頻繁に引用されるようになる[15]。次いで、『真経』中で最も詳細に五教合一について論じた箇所を見てみよう。

老人（太乙老人）はこうおっしゃった。先天の気は、茫洋と広がり、煌いていた。……炁（先天の気）が水を孕んで、（水を）産み（炁と水の両者は）分離した。母（炁）と子（水）がもたれ合い、生活するうちに、陰陽が開闢し、奥深く捉えどころがないところから、すべての物が分かれてきた。（たとえば）釈教（仏教）のように、道教のように、儒教のように、清教〔回教部である〕のように、救教〔一万二千年前の真教である……〕のように、約教〔イエス教がこれである〕のように、である。……道教、儒教、釈教、救教および諸子百家とその諸註釈の学は、すべてが炁の一脈に源を発している。その敷衍して述べるところに異同があるに過ぎない。（にもかかわらず）その教えに固定的な見解が有り、善い霊はこれに縛られて、道魔（教中の悪人）が日々に争うようになった。そして争い乱れてちりぢりとなった。劫（災劫）は数（命数）を超え出ることはなく、数は劫から離れることはない。炁が漏れ出てしまうのを防がないので、水が燃えてしまった。（水は）油のように漆のように、風に遇っていよいよ烈しく燃える。そこで天地の真宰はこれをやめようと、劫をもって数を削った。……清教、約教が相継いで発生するに至って、炁より分かれた水が生じた。炁火は一先ずやんだが、まるで薪の下に火を置いているかのようであり、紙が油に染まっているかのようである。これを、真丹がまさに成就しようとしていて、鼎の火が（それを）まさに鎔かそうとする状態という。その器に水がなければ、性根はすべて灰となる。だから水が来て炁をたすけて、本源へと回帰するのである[16]。

宇宙生成の様子と五教の一致を、内丹（道教の瞑想法の一種）の用語を用いて描写している。最初に炁（先天の気）があった。つまり、この炁から分かれ出た水と、炁自身との交わりによって万物が生じる。その過程で、諸宗教や諸学が出現した。つまり、諸宗教は万物と同じように炁という同一の根源に由来するのである。しかし、源を同じくするはずの諸宗教は、それぞれの見解に執着し、相争うようになってしまう。この争乱は、水（炁から分かれ出た水）が盛んに燃える様に例えられており、一種の異常な事態と認識されている。この状態を救うのが、イスラームとキリスト教の登場である。両者はやはり水であるとされ、燃えてしまった水の状態を鎮めるように作用する。こうして生じた水と炁の融合は、世界が炁と水に分離する以前の始原へ回帰することをも意味している。諸宗教の融合が、世界の生成の過程を遡ることとして観念されているのである。

五教同源を主張する内容と要約できるが、扶乩によって著された文書であるため、必ずしも論理の筋道が明瞭とは言えない。しかし、そのことをもって、『真経』を取るに足らない資料と見なすことも早計である。そもそも扶乩は、道院・世界紅卍字会における権威の源泉であり、中でも『真経』は、その後成立する『太乙正経午集』と並ぶ最高位の経典として、信徒が常に参照すべきものとされた。そのため、同経典中に示されたいくつかのアイディアは、五教合一論のみならずその他の教義の出発点ともなっている。

道院の五教合一論の特徴

『真経』の成立を契機に、済壇は名を済南道院と定めた。道院の祭る神位は、至聖先天老祖を頂点に、次いで五教教主、以下、各種神・聖人・賢人・仏が配された。礼拝対象に五教合一が具体的に反映されていると言える。このほか、政府に団体認可のために提出した「院章十二条」には、「およそ真心から道を志すものはみな道院に入り研修することができる。種族や宗教によって区別することはない[17]」という条項が見られる。種族や宗教による差別を行わないという主張であり、五教合一論が道院の普遍主義的主張の一翼を担っていたことを窺わせる。その後、五教合一論は道院の中心的教義として整備されていった。たとえば一九二四年に改正された「道院院綱」の第一綱一目は、以下のように定められている。

道院は至聖先天老祖、基・回・儒・釈・道の五教教主および世界歴代の神・聖人・賢人・仏を信仰し、『太乙北極真経』を悟ることをもって五教の真理を貫徹し、大道を明らかにすることを宗旨とする。[18]

五教合一は、道院の第一の信仰箇条に掲げられたのである。この条項は南京国民政府による取締りを経た一九三二年の院綱改正後も変化しておらず、一貫して重要な位置を与えられている。また章程上の文言だけにとどまらず、道院は五教の教説を研究する部門として、成立初期の頃より世界宗教研究会や五教特部などの機関を設けていた。他宗教研究の結果が個々の信徒にどれほど還元されたかを確認することは困難であるが、たとえば道院の下部団体である道徳社が発行する月刊誌『道徳月刊』(一九三三～三七年)では、五教の教典に対する解釈が連載されており、こうした出版物を通じて信徒に諸宗教に関する知識が供給された可能性は指摘できる。[19]

では、道院の五教合一論はいかなる展開を遂げたのだろうか。時代を追って、その特徴を見ることとする。一九二三～二七年までに各地の道院分院で降ろされた乩訓をまとめた『道徳精華録』中の一節に、五教合一に関する記述が見える。

教が興れば興るほど悪くなっていく。……教も非常に多くなり、互いに排斥し合う。道を行い、教を行い、世界を済度し教化することで世界に幸福をつくるものが、逆に災いと悪い運命を造る悪魔となった。教は教と争い、人は人と争い、ついには大戦争となる。大乱、大災、大劫の世界となる。もはや挽回できない。老人(太乙老人)は再び天人一貫の真理を伝え、五教を合わせて六にまとめて、各教、各道の人心を収束させようとしている。……これが世界の真の精神である。これを存すれば人類は生き、これを失えば人類は滅ぶ。[20]

宗教紛争が大戦争のもとになっているため、五教の合一によってそれを収束することが可能だと説く。戦争終結の方法論としての五教合一という主張は、『息戦論』と軌を同じくしているが、ここでは戦争の直接的原因を宗教紛争に求めるなど、明らかに宗教批判の様相帯びている。宗教に対する批判的態度は道院の五教合一論中に散見される。[21]

さらに例を挙げてみよう。そこでも宗教紛争を収めることが五教合一の目的であると説かれ、宗教の現状が批判される。一九三二年および一九四〇年に刊行された道院の教義説明書よりそれぞれ一節を引用する。

五教とは、基教、釈教、道教、回教、儒教がそれである。……道院が五教のみを重んじるのはなぜか。曰く、五教の教義は、最も綿密で行き届いており、その範囲も最大である。だから五教には万教が兼ね備わっているというのだ。信徒はこのことを察しないばかりか、五教にでたらめに差別を設けては、門戸を自ら閉ざすこともある。それは、各教がみな有している独自の優れた境地を隠し、人心に分裂の禍を招くことである。老祖（至聖先天老祖）と五教の教主はこのことを憂え、道を創って世を救おうと、まず教の争いをやめさせようとした。だから五教を並列して、人心の趨勢を正すのである。してみると五教教典の精確なる奥義は、道院の修方（信徒）が、これを研究して完全に理解しているではないか。[22]

道の一字は、道・儒・釈・基・回の五大宗教の真諦であり、また中国文化の基本でもある。……真宰（至聖先天老祖）は、宗教紛争、一神教と多神教の確執、自派の主張を押し通し他をかえりみない考え方が、小さくみても人類の戦災の原因であり、大きくみれば必ず世界大同の障害となることを嘆いている。いったい至尊なるものにはそれより上はなく、神は二つとないことを知らないのか。各教の教主が命を奉じて従うのは、一つとしてそれより至尊無上なるものがない唯一の真宰である、真宊一胞の元始（世界の始原、本体である老祖のこと）[23]なのだ。ただ名称が異なっているだけで、道教、儒教、耶教、回教が共通に尊ぶ上帝は、もともと一致している。仏教の毘盧遮那とは法身仏のことだが、真宰の別称でないということはない。道院の聖号（至聖先天老祖という称号）は、五教の教主が公けに定めたものなのである。[24]

いずれも、五教合一が必要とされる前提として、諸宗教が反目し争い合う状況が挙げられている。なぜなら、それこそが人類に戦禍をもたらすからである。争い合う宗教というモチーフは、すでに『真経』中にも見えるものであるが、このようにその後幾度も繰り返されたのである。[25]

以上から、道院の五教合一論の特徴が窺い知れる。道院のそれは、『息戦論』と同様に平和論的であるものの、戦争の原因を直接的に宗教間の紛争に求める点で異なる。既に『息戦論』の引用文中においても、平和を説く宗教が争い合うことの矛盾に対する反省は見られたが、道院の五教合一論においては、宗教紛争への言及が時に宗教への批判にまで進むこともあったのである。それは、五教合一論に潜在する論理の帰結としても捉えうる。つまり、宗教の一致した状態をあるべき姿として捉えることが、反対に宗教が個別に存在する状況を乗り越えるべき事態として否定的に捉えることに繋がっているということである。

道院もまた一つの宗教であるとするなら、この宗教批判は自らをも傷つけるのではないかと思われる。しかし、次節で見るように道院は自らを、五教合一を果たし宗教を超えた存在と見なしていたのだった。そしてこの「超宗教」という自己規定は、自団体に向けられた宗教批判の矛先をかわすレトリックとしても用いられた。

対抗言説としての五教合一論

一九二八年一〇月、南京国民政府は、道院、同善社、悟善社等を、迷信機関であるとし、これらを閉鎖した上でその財産を慈善公益の用に充てるよう全国に通令したとされる。[26]この通令は、国民政府の発動した迷信打破運動の一環であり、取締りの主な理由は扶乱を行い、迷信を流布したことであった。ただし、そこにはこれら民衆団体に参加していた「軍閥、土豪劣紳」をはじめとする対立勢力への攻撃という政治的意図を含んでいた。[27]結局、道院に対する施設の閉鎖、財産没収という取締りは、地政学的要因からとくに黄河以北では徹底されず、道院は団体認可こそ得られなかったものの、その後も存続することを得た。[28]一方で道院の下部組織のはずの世界紅卍字会は、慈善団体であることを認められ、同年中に認可を継続されている。

一九二八年一〇月、道院への取締り令の発出に前後して、道院は「道院紅卍字会宣言」を発表する。それは慈善団体である世界紅卍字会と道院の関係を前面に押し出すことで、道院の社会的な有用性を強調する内容の宣言であった。宣言文中、道院は自団体の政治性を否定し、また自団体の教説と、孫文の精神との共通性を強調するなどしており、国民政府に向けた弁明の意図が看取される。その中で道院の宗教性を論じた部分が以下である。

（道院は、）まことに至って普通の学術団体であり、ありのままを言えば、一種の超宗教、超政治的組織である。……（宗教は）それぞれの尊ぶところを尊び、それぞれの教えとするところを教えるが、また自ずから不変の道理をも有する。だから、われらは宗教について、事の道理を研究する精神をもって虚心になって考え、そこから偏った見解に対する固執を取り除き、それらを貫く道理を取り出して一つの炉で溶かす。そうして人生の本旨に適い、道に背くことのないように求めるのだ。世間の人はこれを察せず、（われらを）宗教、迷信であるというものもあるが、間違っている。……（道院の精神は、）実にわが中山先生の親愛精誠、大同博愛といった諸説と異ならないのである。[29]

自団体に向けられた「宗教、迷信」という批判に対抗する論理として、五教合一論が用いられている。道院は諸宗教から「迷信」を取り去り、その真髄のみをとった、いわば宗教を超えたものだから、宗教に対して向けられる批判はあたらないと言うのである。宗教批判への対抗が、宗教そのものを擁護するという体裁をとらず、自団体の宗教性を否定するという形式をとっているのである。

一九二九年前後に著されたと考えられる『道院説明書』も、宗教批判に抗して道院の正当性を説く内容となっているが、そこで持ち出されるのが第一次世界大戦と社会進化論や唯物主義の共犯関係である。

道院は民国一〇年に成立したが、その理由はヨーロッパ大戦（第一次世界大戦）の後、人民の死者が幾千万人にも及んだことによる。……論者はこれを生存競争などの学説の流弊のせいであったという。……そこでかの国の学者も唯物主義だけを重んじることが、平和人道の妨げとなることに気がついた。以前はわが国の儒教・釈教・道教を、わが民族を弱体化するとして、誇りからかった過てる論者も、みな一変して形而上の学の研究に従事し、物質と私欲にとらわれた残酷の極み（にある世界）を救うであろう。（これこそ）世界大同のための一大転機である。われらは遠い各国に悔悟の情がきざすのを見て、近い国内に紛争の苦しみがあることを恐れる。この機に乗じて立ち上がり、わが国古来の超然たる哲学を大いに発揮し、五教の真旨の精華をとることによって、各宗教信徒の宣伝する迷信や、各門・宗派の様々な争いのもとをすっかり除き、それらを数千年来心から心へと伝えられてきた一貫の大道にすべてまとめられるようにと願う。[30]

第一次世界大戦を引合いに出すことで、宗教批判に反論するというのは、すでに『息戦論』中で見たレトリックである。すでに大戦終結後一〇年が経過していたが、同じレトリックが依然として持ち出されることがあったのである。文中、「わが国の儒教・釈教・道教」という伝統の三教の有用性を主張しているが、やはり五教合一について語る際には、宗教のマイナス面に言及しそれらを排除しようと述べている点も見逃せない。それが、この場限りの一種のポーズでないことは既に見てきた通りである。道院にとっては、宗教が世界平和に資するためには、五教合一という過程を経ることが是非とも必要だったのである。

いわゆる「宗教」との差異化を図ろうとする傾向は、世界紅卍字会の文書にも見出せる。一九三二年に発表された宣言文である。

卍字会は純粋な慈善団体である。それは道院に源を発している。その中に宗教の意味を含むのではと思うこともあるだろう。それは我々が真の意味で宗教を信じていることを知らないからである。宗教を信じるといっても、とくに一宗を立てるわけではなく、一教に拘らずして各宗教の真理を融合させるのである。そして万有に均しく備わっている道徳性を取って、その中心にすえる。この道徳精神を根本とし、それを外に表せば慈善事業となるのである。これを内外の一致という。他人と自分の区別はなくなり、ゆえに種族の差別もなくなる。党派に拘らず、政治を論じない。これが卍字会精神の優れたところである。願わくば、世の宗教者と宗教反対論者がともに（この精神を）修め、ともに変化して、相親相愛、互助互利の途にともに赴かんことを。ついに人類、生物の安楽と幸福が実現し世界もまた長くその平和が保たれんことを。[31]

宗教批判を念頭に置き、道院がいわゆる宗教とは一線を画することを述べている。その根拠は「各宗教の真理を融合させたとあるようにここでもやはり、五教合一論にある。宗教を超えたものとして自己規定することで道院を擁護しようとする論理は、上引の「道院紅卍字会宣言」のそれと共通する。

以上のことから、道院・世界紅卍字会の五教合一論が、自団体に向けられた批判に対抗する言説としても利用されていたことが了解される。道院・世界紅卍字会は、宗教批判に対しては『息戦論』と同様のレトリックをもって応じることもあったが、宗教を超越したものとして自団体を提示することでもって、その矛先をかわすことをも試みている。ただし、こうした言説は必ずしも有効に機能したとは言えない。

実践の場における五教合一論

一九二九〜三〇年にかけて、道院・世界紅卍字会は中国東北地方の道院を主体として、三度、東瀛布道団を日本に派遣する。それは、関東大震災への援助を縁にして一九二三年に提携を果たしていた、日本の新宗教大本教および二五年に成立した大本教の下部団体人類愛善会からの働きかけを受けて行われたものだった。第一次布道では、東京に日本道院の総院が開設され、第二次は大本教の開催した大宗教博覧会を参観するために行われた。この間の経緯は道院の信者である侯延爽によって『東瀛布道日記』として記録された。東瀛布道の顚末については、稿を改めて論じることとして、以下では道院・世界紅卍字会と大本教・人類愛善会との協調が、教義に基づいて語られる際に、五教合一論を根拠としている点を指摘しておきたい。以下に挙げるのは、一九二九年、人類愛善会の「奉天」支部が、道院・世界紅卍字会の瀋陽支部に提携を要請した際にもたらした「人類愛善会宗旨」である。

さて人類はみなわが老祖〔天之御中主大神〕の子孫である。……しかし愛情を抱くところ、利の趣くところ、声色の変わるところ、和やかで落ち着いた様子から、略奪と混乱の世界へと変貌する。平和を求めるのに、ますます力を奮って闘い、愛善を求めるのにますます残酷な殺害がおこる。だから人と人は争い、国と国は競い合い、争えば争うほどに激しくなり、その重なりは止まるところを知らない。わが老祖は子孫がそのようであることを見るに忍びなく、儒・釈・道・耶・回教の五大聖人を出現し万民を諭したことがあった。……思いもよらないことに残忍きわまる不仁のやからが、利害の趣くところのために、こともあろうに科学の効用をとって、残虐な銃や大砲を作りあげ、同胞兄弟を殺害する利器にした。事変が内に起こり、災禍が隣国で発生し、悲惨な情景によって太陽も空も蔽われ、親愛なる同胞は、ことごとく激しい災害に遭遇した。肥沃な大陸は、やがてことごとく覆滅してしまうだろう。……わが老祖は再び人や世間を憐れみ愛する心をもって、人類を水火の中から救い出そうとしている。だから聖人〔出口王仁三郎、道名尋仁〕を降して、東亜に壇〔大本すなわち道院〕を築き、西欧に教〔愛善会すなわち卍字会〕を施そうと、人々を人類愛善会に集め、五大聖人を一体としたのである。[32]

大本教文書の中国語訳ではあるが、五教の五大聖人という言い回しを用いるなど、道院の五教合一論に則って、両団体の一致が謳われている。大本教の教主出口王仁三郎が、人類を救うために老祖が降した次なる聖人であると主張する点にのみ、大本教側の主張が見られる。これは、すでに大本教でも行われていた宗教一致の主張である万教同根の説を下地に五教合一が重ねられたものだと言える。また老祖と大本教の主神でもある天之御中主神が同一視されているが、こうした考え方も万教同根説に基づいたものであった。[33]

一方で、神は一つという主張は、すでに見たように道院の五教合一論にも存在していた。道院・世界紅卍字会側が、第一回東瀛布道団の途上で配布した「世界紅卍字会布道の主旨」では、上引の呼びかけに応じるかのように、神は同じであるという主張を繰り返している。

本会（世界紅卍字会）員は神への信仰に立脚して居るが、宇宙主宰の根本神は一柱であり、之を老祖と呼んで居る。而して日本の神典では之を天之御中主大神、又は単に大神様と称して居るが、其実体は同一であることをも認めて居る。耶蘇教の神も、各宗教の神も、共に根本は同一であることを認めて居る。従って宗教宗派の門戸の見を立つることなく、又国籍種族の差によって大道に一二あること無く、大道は古今東西一貫なりとの啓示を確信して居る。……而して此の会（世界紅卍字会）の趣旨目的は日本に於ける大本・人類愛善会の宗旨と全然一致するの故を以て、両者は互に相提携して進むことになって居る。奉天では大本・人類愛善会と紅卍字会員とは互いに加入して居る者少なからず、相往復して精神的融合を計りつつある。（原文カナ表記を平仮名表記に改め、適宜読点を打った）[34]

このように万教同根説と五教合一論という教説は、互いの信仰対象を同一のものとして受け入れる回路の役割を果たしたのである。無論、そうした教説を有していたために、両団体の提携が可能になったと主張しているわけではない。互いに異なる経緯で成立した両者の宗教一致論ではあるが、一先ず、国を跨えて宗教団体同士が関係を取り結ぶ際に、教義面での裏づけを与えたと言える。なお、神は同一であるという信仰は、「満洲国」建国後に見られた至聖先天老祖と天照大神を同一視する道院の言説にも繋がっていく[35]。

おわりに

本稿では民国期の五教合一論を特定の団体に即して、その具体的な主張のあり方、および用いられ方を跡付けた。道院・世界紅卍字会の五教合一論は、一九二〇年末の山東省済南で編まれた『真経』中に登場し、その後戦争、宗教紛争の停止という文脈を伴う平和論として展開された。こうした主張は孤立したものではなく、たとえば、一九一五年に成立した著作『息戦論』にも認められる。第一次世界大戦の終結を訴えた『息戦論』において五教合一論は、平和へ至る手段として説かれたのであった。平和論的色彩は五教合一論が帯びた時代性と言える。また五教合一論は、科学主義に基づく反宗教思潮に対抗する言説としても用いられた。つまり、世界的な戦争を中心的な問題として設定し、反宗教／宗教陣営のいずれもがその解決に資することはできないと批判し、五教合一のみがそれを可能にするとし、自団体の有用性、正当性を主張したのである。五教合一論は、第一次世界大戦を契機にグローバルな問題が意識された時期に、こうした意図をもって社会に向けて発信された。そこに諸宗教融合の趨勢というだけではない五教合一の新規性が見出されるのである。

さて中華人民共和国建国後、中国内の道院・世界紅卍字会は解散を余儀なくされ、活動の中心は香港、台湾に移ることとなった。最後に、後年における道院・世界紅卍字会の五教合一論を、一信徒の信仰に即して見ておきたい。香港の世界紅卍字会会長であった元外交官王正廷の回顧録中の一節である。

これらの宗教の偉大なる創始者、教師たちは、この造物主を異なる名で呼んだのかもしれない。それを道と呼ぼうと、天、釈迦牟尼、アッラー、ゴッドと呼ぼうと、同じ造物主を意味しているのだ。彼らの教えは、「かの方」にいたる道を示している。人は、この霊的乗り物を通してのみ、「かの方」へと導かれるのだ。……今日の中国の家庭では、父親、母親、その子供たちが異なる宗教に帰依し、それぞれが自分のやり方で礼拝するということがある。その父親は道教徒あるいは儒者かもしれず、母親は仏教徒、子供たちは異なる教派のクリスチャンであるかもしれない。しかし彼らは反目することなく同じ家の中に住むことができるのだ。……宗教信仰の自由に対する信念は広く行き渡り、先ごろさらなる重要な転換を遂げている。その転換は五大宗教を信奉する人々の間で、ともに集い協調して活動することを目指そうというものである。それは世界紅卍字会という名称の組織の形態をとった。[36]

王の個人的な思想も反映されていると考えられるが、五教合一は信教の自由に関わる事柄として取り上げられており、世界紅卍字会はそのための組織として位置付けられている。自身がクリスチャン[37]でもある王の五教合一論は、宗教多元主義的[38]色彩の濃いものであり、五教合一論の現代的展開の一つとして興味深い事例といえる。なお民国期に始まった五教合一論は現在においても、多くの中国系民衆宗教団体によって維持されており、「五教」という呼称は一定の効力を持った枠組みとして存在している。現代的な意義を持つ課題として、なお検討されるべき余地があろう。

1　Prasenjit,Duara, "Transnationalism and the Predicament Sovereignty: China, 1900-1945", *The American Historical Review*, Vol.102, The University Chicago Press, 1997. pp.1033-1034.

2　譚嗣同『仁学』（中華書局、一九五八年、原一八九六年、六三頁）。

3　森紀子『転換期における中国儒教運動』京都大学出版会、二〇〇五年、一六九頁で、趙翼の『二十二史箚記』より世界に行われている四大教として、「天下大教四、孔教、仏教、回回教、天主教也」という説明を挙げている。

4　「世界宗教会小引付簡章」『東方雑誌』第八巻第十一号、一九一二年、二三～二四頁。

5　江希張『息戦論』（一九一九一年重刊本）では、「宗教」の語は頻繁に出てくるものの、「五教」という用語自体は、「張元旭序」（一九一七年）と、「息戦跋」（一九一九年）の二カ所で使われるのみである。

6　『万国道徳会発起人略歴』万国道徳総会、一九三九年、三頁。

7　胡素萍『李佳白与清末民初的中国社会』中山大学出版社、二〇〇九年、九五～九六頁。

8　李佳白「李佳白序其二」『息戦論』一九一九年、四頁。

9　胡素萍、前掲著、一二八頁。

10　『息戦論』自跋、五一～五二頁。

11　『息戦論』自序、八頁。

12　『息戦論』自跋、五二～五三頁。

13　武内房司「慈善と宗教結社——同善社から道院へ」『講座道教第五巻　道教と中国社会』雄山閣出版、二〇〇一年。

14　『太乙北極真経』（蕭天石主編『道蔵精華』十一集之五、自由出版社、二〇〇三年、五頁）。

15　一例として、「首以真経伝世、闡発大道之秘旨、統合五教原理而貫之一道。経曰合五統六者、即此意也」（済南道院編『道旨綱要』一九四〇年、二頁）。

16 『太乙北極真経』、三一～三三頁。なお引用文中の（ ）は引用者註を、〔 〕は原註を表す。
17 楊承謀撰『道慈綱要大道篇』一九六〇年台湾重版（内容から原一九三二年、一四七頁）。
18 「道院院綱」道徳社『道徳雑誌』第三巻第五期、済南道徳社、一九二四年、専件一頁。
19 本書付録の「宗教雑誌文献解題」上で、『道徳月刊』の聖書解釈を取り上げた。併せて参照されたい。
20 謝紹佐編『道徳精華録』巻一、道旨門下巻、一九二八年、一九四～一九五頁。
21 一例として、一九二八年～一九三三年までの乩訓を収めた謝紹佐編『道徳精華録続編』巻一、道旨門下巻、一九三三年、一九一頁。
22 侯素爽編『道院覧要』、一九三二年、一五～一六頁。
23 『太乙北極真経』、二六頁に、「老人曰、此吾未成気形之一滴小胞耳」とあるように、至聖先天老祖は世界の根源と同一のものとされている。
24 済南道院編『道旨綱要』、一九四〇年、一～二頁、七頁。
25 傍証として一例のみ挙げておく。「抑本会尤有与他公益同者。則在本会、会員不分宗教門戸、由儒釈道耶回五教信徒組織而成、以帰之於道。所謂道者、即惟一無二之真理也。意謂各教宗旨原在弭化人類之争。宗教而分門別戸、不能消滅其自争、又不能弭世界之争。故本会合五教而統一於道」（世界紅卍字会中華総会『世界紅卍字会中華総会一覧』、一九三七年、二頁）。
26 宋光宇『宋光宇宗教文化論文集（下）』佛光人文社会学院、二〇〇二年、五三九～五四〇頁。
27 北平特別市市政府密令（一九二八年一〇月二二日）所付上海特別市党部呈文「査尚有道院及悟善社両大迷信機関、設壇開乩、謡言惑衆、提唱迷信不残余力。（中略）道院総機関設在済南、悟善社総機関設在北平。各省各地皆有分処。其中分子非軍閥政客既土豪劣紳、広収党羽以拡実業。（中略）且道院組設一道生銀行（中略）該行股分大都為軍閥、土豪劣紳之逆産、万難任其逍遥法外。即希貴会（中央執行委員会）呈請中央通令各省将道院、悟善社一律査禁、並没収其財産以作賑災或教育之費」。張天宇選編「一九二八年北平特別市政府査禁悟善社史料」（『北京档案史料』第六期、一九九八年、八頁）。
28 『道慈綱要大道篇』、一八六頁。
29 世界紅卍字会編『道院紅卍字会宣言』、一九二八年、二～三頁。
30 『道院説明書』（奥付なし、内容より一九二九年）、一頁。
31 世界紅卍字会編『世界紅卍字会宣言』、一九三二年。
32 「人類愛善会宗旨」侯素爽『東瀛布道日記』（『歴代日記叢鈔』一八五冊、学苑出版社、二〇〇六年、二一六～二一七頁）。
33 『出口王仁三郎全集三　霊界物語』（あいぜん出版、一九九九年、原一九二二年、二一三頁）。「大宇宙の元始に当たって、湯気とも煙とも形容の仕難い一種異様の微妙なものが漂うて居た。この物は殆ど十億年間の歳月を経て、一種無形、無声、無色の霊物となった。之を宇宙の大元霊と云ふ。我が神典にては、天御中主神と称え、仏典にては阿弥陀如来と称し、キリスト教にては、ゴッド又はゼウスと云ひ、易学にては太極と云ひ、支那にては天主、天帝、又は単に天の語をもつて示されている。国によつては造物主、又は世界の創造者とも云ふのである」。

34 「世界紅卍字会布道の主旨」『東瀛布道日記』、四〇～四一頁。

35 小田秀人「世界紅卍字會存在の意義」『興亞』五月号、大日本興亜同盟、一九四二年、一〇一頁。また済南母院統掌何素璞の言として「至聖先天老祖は御國で申せば天照大神です」と伝えられている。大山彦一「道院・紅卍字會の研究」『建国大学研究院研究期報』第三輯、一九四四年、一七頁。

36 王正廷、服部龍二編『王正廷回顧録 Looking Back and Looking Forward』、中央大学出版部、二〇〇八年、一五八～一六二頁。

37 『王正廷回顧録』、一七四～一七五頁。

38 イギリスの神学者 Alan Race による他宗教理解の類型（Alan Race, *Chritians and Religious Pluralism*, London : SCM Press, 1983; 2nd edition,1994.）。キリスト教の他宗教理解を、「多元主義」「包括主義」「排他主義」の三つに分類し提示する。多元主義的立場を良しとする価値判断を含む類型である等の批判もあるが、他宗教理解の類型として広く行われている。代表的な論者としてジョン・ヒックが知られる。

第8章

二〇世紀アジアの儒教と中国民間宗教

プラセンジット・ドゥアラ

（梅川純代・大道寺慶子　訳）

はじめに

本稿では、二〇世紀前半における中国および東南アジアの中国民間宗教と、エリートによる国家儒教の関係を考察する。二〇世紀前半は、アジア全体で宗教が複雑化した時期である。国家と市民という近代的概念との関係、また新しい宗教性のモデルとしての現代キリスト教やイスラム教との関わりから、民間宗教もエリート宗教も自身を再定義しようとしたからである。

近代のスピリチュアル・イデオロギーと言われる、ないしはそう理解されているキリスト教は、それ自体が再公式化を経たものである。その主張に対応して、中国と日本の組織は、儀礼、宗教、迷信、そして東アジア全体に蔓延していた世俗主義を、独自のやり方で区分するようになった。本稿の前半部では、こうした区分の再構築とその普及のあり様を、いくつか事例を挙げながら見ていく。孔教運動、国民党の新生活運動、一貫道、最近の法輪功のような、中国における民間の救済宗教集団への順応（および非順応）などが例示できよう。宗教的概念の政治的なものへの変質（または交渉）

は、フィヒテやウェーバーの頃から言及されている。しかし、政治的なものから宗教的なものへという逆の推移こそが、とくに中国における宗教と世俗間の動力を理解するための鍵である。

本稿の後半部分では、二〇世紀前半のオランダ領東インド、現在のインドネシアにおける中国系移民の子孫、プラナカンの宗教観に注目する。分析上、このケースは非常に興味深い。なぜなら、このグループの知識人階層は二〇世紀初期の中国の、とくに孔教運動に見られたものと同じような思考回路に強く影響されたにも関わらず、中国の場合とは違う方向へ進んだからである。ここでは植民地社会における社会および種々の環境により、中国的方向性からの逸脱が生じたことを論じる。加えて、そうした生活環境が、ある点においては、インドなど他の植民地社会に生まれた改革主義的宗教との類似を引き起こしたことにも言及する。このような歴史的状況により、宗教言語においてアイデンティティに関する表現が形成されただけでなく、社会的少数派に他とは違う特異な文法が生じたのである。

現在、世俗主義の歴史はよく知られている。一六世紀の宗教戦争を終焉に導いたヨーロッパ専制主義国家の台頭は、市民の社会的「行動」から心の私的領域へと格下げされた良心、ないしは内面的道徳心というものを背景としていた。一市民として、個々人は国家の政治的権力に従属していた。そのため（ラインハート・コゼレックが言うところの）道徳的な内面領域と外的な政治との間に、差異が生じることとなった。ヨーロッパにおける世俗主義の歴史は、専制主義者と国民国家が三〇〇年にわたる国家建設とアイデンティティ形成を通じて制度化した道徳と政治を、分離する過程である。教会でさえもこの分離に合わせるようになり、個々の信者の主観的な状況やモチベーションという点から、宗教というものを特徴付けるようになっていった［Asad, 39］。こうして、宗教は次第に人間の主観という新しい視点と結びついていくようになる。

しかし西洋社会の中においてでさえ、宗教的前提の中に根付いていた倫理という権力と信頼性が、個人的領分へ完全に降格することはなかったのである。以下に見ていくように、道徳と政治の差異化は風潮的なものであり、二〇世紀初頭まで、完全に制定化されることはなかった。コゼレックは、抵抗運動という形態に見られる趣の異なる不完全さというものを指摘している。一八世紀中、啓蒙思想は道徳と政治の分離に逆らおうとしていた。たとえば、フリーメイソンや共和主義思想家たちは、政治的組織の中に、非政治的な倫理的信頼性を再定着させようとした。それは、非政治的信頼性の優位を主張するものであったのだ。彼らの唱える倫理的信頼性には、（キリスト教的良心の残滓ないしは変異としての）宗教的思想と、（ルソーの）自然の無垢〔natural innocence〕という啓蒙的思想が結びついている。こうした試みを続けた啓蒙提唱者たちは（国家に対峙するものとしての）彼らなりの政治性というものを、倫理の優位性やユートピア論という思想の中に隠しもっていた。フランス革命は、文化大革命を思わせる恐怖へと向かってしまったが、そこには、倫理的信頼性の再統合ないしは発見への努力があったのだとコゼレックは言う。宗教と世俗主義を分離する制度には、分離に対する意識的な挑戦と、二者間に内在する相関関係とが、初めから伴っていたのである。

近代中国における宗教と世俗の交信

こうした宗教と世俗の分離は、一九世紀末から二〇世紀初頭までに、近代性の主要な特徴として新興国家の間に広がった。中国政府と文人たちは、使用可能な歴史的手段として、この区別を取り入れようとしていた。帝国後期の中国における宗教の領域には、三つの重要な側面があった。

第一は、王朝国家の信仰と正教である。これは、孔子と儒教教理への尊崇を含むが、決してそれだけではなかった。供犠と祭祀は、最高位の祭司的存在としての皇帝によって執り行われる。それは国家信仰としては、天や、武神であり忠義神である関帝などへの供犠を通じ、役人によって再現された。また村落では、リーダーたちが村落の土帝のもとへとお参りする、という形で再現された。これは、地域帰属性の官僚政治的な宗教モデルである（祭祀と教義としての教をあわせている）。

第二の要素は、仏教、道教という認可された宗教である。これらの宗教形態は制度化され、清朝後期までには一般大衆の生活の中である程度限られた役割しか持たないようになっていた。たとえば仏教の僧侶は主に葬送儀礼の際に呼ばれ、道教の道士は呪術的なものや神託を伝えるものなどを含む、その他の様々な儀礼に呼ばれるようになったのである。

最後は、時には国家信仰のローカル・ヴァージョンという枠組みの中で、また、その枠組みの外でも機能している民間宗教団体や宗派であり、中国語では会道門として知られるものである。こうした団体は何千とまでいかないにしても何百にも及び、三教合一を特徴とすることが多い。私はこうした団体の多くを救済宗教集団として認識している。こうした団体は、よく、世界を救う救世のプログラムと自身を救うためのプログラムとを内包しているからである。救済宗教集団としては、白蓮教、一貫道などが挙げられる。こうした集団において、儒教道徳的な理想は、社会を復活させ救うという切なる願いと関連付けられていることが多い。そのため、儒教学者たちの多くは「三教」というもの自体をかなり懐疑的に見ていた。

王朝国家と民間団体との関係はどのようなものであったのか。認可された宗教はかなりコントロールされていた。一方で、近代初頭における救済宗教団体の台頭は商業化や人の流動性と結びついており、国家との間に複雑な関係を有していた。また救世思想は、新しい、今とは違う世界、時に終末大異変的な変化というものを想定していたため、迫害を受けた。その反面、書籍や天に関する宇宙論的思想については、一般社会と共有できるものもあったため、こうした集団では、表書きを改変したり偽経を作るなどして、上手く便宜を図っていた。以前論じたように、関帝は便宜的戦略の表現としては完璧な媒体として使われている。

中国の事例を日本の事例とあわせて研究することは有益である。二〇世紀前後の日本と中国を理解する際に、きわめて多くの関連性があるのだ。どちらの社会も、しばしばよく似た問題に直面しており、文化的資質をいくらか共有しているからである。

徳川時代の日本にも、儒教の天の思想、神道儀礼、そして幕府の権力に支えられた仏教寺院体制の統制を背景とした国家信仰の型が存在したようである。徳川幕府は地域の寺院を宗教統制の出先機関にしようとし、各世帯は一つの仏教寺院に登録することを命じられた。ある意味では仏教諸派が優遇されたのであるが、同時に仏教寺院は厳しい管理下に置かれることにもなった [Shimazono, 77]。また、認可された仏教を統制することは、しばしば仏教の形骸化をもたらし、とくに一九世紀初頭からは、救済的で諸説統合的な（たとえば法華経に基づくような）新興宗教の勃興を促すこととなった。

こうした新興宗教はしばしば迫害されたが、一定限度内で活動する分においては存在を許された。

韓国やベトナムと同じように、中国と日本においても、国民国家へ移行する中で旧形態からの爆発的変化が起こった。まず、二〇世紀への変わり目に、国教ないしは国家儀礼は、国民国家で切実に要求される必要なものであるという思想がどちらの国にも現れた。信教の自由と政教分離という考えはアメリカ独立革命やフランス革命より以前に現れていたが、多くのヨーロッパ諸国は国立、ないしは国民教会を維持していた。一九〇五年になってやっと、フランス国会が、教会と国家を分離する法律を通したくらいである。（ただし、このフランスにおける政教分離は、一部の専門家たちによれば完全な分離であったわけではないという）［C. T. McIntire, 153］。さらに、日中両国は、キリスト教への改宗の危機にさらされていた。明治政府は信教の自由を宣言したものの、キリスト教および仏教への改宗に反応して、国家神道が発達した。また、一九世紀末から二〇世紀初頭における中国の改革者たちは、ロバート・モリソンやティモシー・リチャードら、強力な宣教師たちによって、近代化への秘密は科学と教会にあるのだと説かれていた。[1]

清末の改革期、とくに一九〇〇年の義和団の乱に続く教育改革において、中国政府は、中国の古典文学は、世間が「宗教」と呼ぶものの叡智と同等のものであるという概念を持ちこんだ。一九〇六年には、孔子崇拝が天に対する尊崇と同レベルにまで高められた。ただし、天の子としての皇帝権力を減じてしまうので、清代初期の皇帝たちであればこれを却下したであろう。

日中の国家宗教モデルが、近代の国民国家というパラダイムと、儀礼や祭祀を通じて天と占有的に通じることができる国家という、東アジアの歴史的モデルとを融合させたのは明白である。では、祭祀や儀礼を執り行う国家というものに、なにか歴史的特長はあったのであろうか。こうした儀礼や祭祀は「宗教」とは見ないという意見もあるかもしれない。事実、神道の神官や官僚たちは国家神道を宗教として括ることに反対していた［Hardacre, 49］。むしろ彼らは儀礼の威信を、国力を支えるものとして表現していた。これは、次第に象徴的意味合いになってきてはいたが、東アジアに受け継がれてきた宇宙論に依拠したものである。彼らが具体的にどのようなものを達成しようとしていたのかを、市民権という点から理解することは重要だ。ここでは、最も初歩的な思考に基づき、一つの提案をしたい。典型的な祭祀とは、権力の施行としての「政治形態の儀礼への同調」という中華帝国の概念を適合させたものである。故に、国家（と帝国）を通じて行われた神道の神社祭祀における官僚化、画一化、および同調には、徴兵制、国家的徴税制、および義務教育という三教の教育法が伴っていた［Hardacre, esp 32, 70-76］。（東アジアには市民権を儀式化する特別な様式があったであろうか？）

もし国家的信仰が修正された祭祀と引き続き連携しており、それが宗教を表すものであると認知する必要がなかったならば、中国における国家的視野での新しい宗教概念は必要であったろうか？　まだ系統的研究には着手していないが、一九世紀末の中国の文人たちは、この問いについて争議していたようである。一見したところでは、文人たちがイエズス会的な意味合いでの宗教として、儒教を宗教であると見なしたことが一度もなかったとは思えない。実際、新生中華民国は、一九一二年に小学校教育での儒教古典を禁じている。しかし、よく知られているように、とりわけ康有為とその追随者たちによって先導された非国家的運動では、孔子を宗教的なイメージに発展させようとしていた。これは、二〇世紀前半の五〇年程の間に発達した、儒教を国教として設立しようという運動（孔教運動）である。

この運動は、近年の研究の中で注目され始めているが、ここでは深く踏み込む時間がない。ただ、この運動は、当時のキリスト教理解が作り上げた、ある市民モデルというものに到達することを目指していたと、筆者は考える。国家宗教は、宗教の自由というものと両立しないと主張する人々に対応すべく、康有為はイギリス、ドイツ、デンマークなど、国教会を支持する多くのヨーロッパ諸国に注意を向けた。

明らかに、康は、当時のキリスト教の組織や実践に即した形で孔教を形成しようとしてた。康は、役人による孔子への祭祀を提案する。また、国中に孔教会を設立することで、儒教の宣教と日曜ごとの孔子像への九跪叩頭、キリスト教の西暦システムのような孔子暦、および孔子生誕祭を制度化しようとした。キリスト教信仰の教義・内容自体は拒絶しながらも、孔教運動はキリスト教における活力であると思われるものを吸収しようとしたのである。また、孔教を「国教」として制定することで、国家市民の創造にふさわしい国家的伝統を作り上げようとしていたのも、明らかである。

中華民国大統領であった袁世凱は、孔子の尊崇には反対でなかった。しかし、孔教を国教とすることについては反対だった。その理由については、研究者たちが様々に推測している。たとえばキリスト教の宣教師や権力を遠ざけてしまう危険、また、すでに中華民国への帰属意識に欠けていたチベットやモンゴルの仏教地域および西域のイスラム教徒たちと、ますます疎遠になる危険性などである。一九一四年、袁世凱は、天と孔子の同時祭祀、また岳飛廟と関帝廟の合祀を復活させる。しかし、袁世凱は慎重であった。聖人たちの尊崇は宗教的行動ではないと宣言したのである。明治政府と同じように、袁世凱もまた、歴史に由来する国家的儀礼である祭祀と、国民が自由に選択することのできる「宗教」とを区別したのだ。

一九二〇年代が終わりに近づくにつれ、ロシア革命のような国際的発展を非宗教化する動きが起こり、国教会の廃絶へとつながった急進主義が中国国内で台頭した。こうした動きにより、中国社会の知識人による国教運動は、急速に存続不可能になっていく。事実、五四運動はアンチ儒教という前提に立脚していただけでなく、宗教に対する不断の敵意の上に成り立ったものであった。孔教運動は次第に曖昧なものとなっていき、鄭孝胥など、多くの唱道者はその運動を孔「学」と宣言しはじめた。その一方で、儒教を宗教的に解釈しよう、ないしは救世的信仰の一部として認識しようという努力は、この時期に隆盛した道徳会など、新興の統合的救世宗教集団の中でさらに展開していった。

最後に、国家主導の運動のうち、一九三四年、蒋介石によって推進された新生活運動について考察してみよう。YMCAをモデルとしたこの運動は、儒教の歴史的理想と市民権のスピリチュアルな概念を統合しようとしたものであった[2]。宣教師の養子となったキリスト教徒の実業家の娘である蒋介石夫人宋美齢は、次のように表現している。「この運動は外側の政治的経済的改革に対応する、霊的倫理的な革新の内的なものとして、儒教的理想を利用しようとしたのである」と。このキャンペーンはもともと、江西蘇区から共産主義者を排除した後に始まり、国家的伝統に由来する市民権倫理の創造を目指したものであった。儒教は、当時のキリスト教の実践モデルにそって再構築されていたのだが、本物の国家的伝統に訴えかけるものとして理解されてしまった。新生活運動と孔教運動が啓蒙的だったのは、どちらも歴史的儒教教学の中心である孝の倫理観を強調しなかった点にあるだろう。さらに、蒋介石は恥—または国恥—を強調したことでも知られている。蒋介石にとっての国恥とは、彼と中国国民が、時期が熟して恥辱をはらすその時まで耐える必要がある何かであった。実際、グレース・ホアン（Grace Huang）によれば、一九四三年から系統だてて聖書を読み始めた蔣介石は、忍耐、犠牲、努力の精神をもって大いなる屈辱を耐え抜いた点において、ジーザス・クライストを敬愛していたという。

救済宗教集団：清末の迫害にもかかわらず、多数の救済宗教集団が現れた。この隆盛は、一九世紀の日本における、きわめて福音の伝道者的であるとともにいくらか統合主義的な性格を持つ新興宗教の隆盛と並行している。一九世紀後半から二〇世紀末までの間、天理教、大本教、ひとのみち、霊友会などの集団は、人口の一五〜二〇パーセントに当たる信者を率いていたと、島薗は算出している。以下に見るように、こうした集団は近代主義者や国家主義者の言説に多方面で適応していったが、中には、一九二〇年代から三〇年代の間、国家からの厳しい迫害を受けていた集団もあった［Garon, 1997］。

中国においては、一方では禁止・追放、もう一方では調和・適合という初期に見えた両価性が、中華民国の苦難の歴史によって複雑化していった。袁世凱の軍閥支配下で救済宗教集団は事実上隆盛し、多くは新しい時代の要求に上手く適応した。道院・道徳会などは認可を得て集団を設立し、三教という統合的な思想をイスラム教とキリスト教を含む五教の統合へと発展させた。また、多くの集団は、学校や改革プログラムの設立という需要に応えた。道院は世界紅卍字会を設立したし、在理教はアヘンやその他麻薬の中毒者を改善するための内的戒律のプログラムで有名である。彼らの活動目標の内面外面は、はっきりと新しい状況を反映して修正されているのである。

国民党の統治下で、これらの集団は再び禁じられ、初期の迷信打破運動によって攻撃されるようになる。道院のように禁止令が解除された集団もあったが、こうした集団はその後も広く不信の目で見られ、また監視下に置かれ続けた。実際、世界紅卍字会は、道院から切り離された別の団体として運営することで、法的に認可されている（ただし、道院と世界紅卍字会は日本占領下で再統合する）。国民党政権での国家は、世俗対宗教という二項的区別ではなく、世俗、宗教、迷信という三項的区別を行ったのである。国家は、宗教的なものを定義するという簡単な行為によって、市民権や国家、国民国家の建設という模範と矛盾しない質のものを作り上げる、ないしはそこへ導いていく能力を発達させた。その一方で、コントロールできないものについては、迷信的、ひいては違法であるとして排除したのである。

確実なのは、宗教団体にとって、国家による再定義だけが、市民権に匹敵するような主体性モデルを形成する手段ではなかった、ということである。ただし、太虚大師の影響下にあった中国仏教集団や救済宗教集団の多くは、この、世界的に採用されたモデルというものを意識していた。彼らは国民国家設立のプロジェクトに従事しさえした[3]。しかし、中国における展開は、日本におけるものに比べてゆっくりであった。その原因は明白である。国家主義や帝国主義と同じくらいに、進歩史観の新しいモデルと啓蒙文明が、中国の仏教諸派と新興宗教にも影響を与えたためである。

中国の救済宗教集団を変化させる国家的試みの中でも最も大胆であったのは、満州国（一九三二〜一九四五）におけるプロセスであった。傀儡政権が救済宗教集団からの支持を得る必要があったというのも、その理由の一つである。中国や日本政府に比べて、そうした必要性は高かったであろう。満州国政府は、国民党下ではほとんどが違法な立ち位置におかれていたこうした集団を、公的な範疇へ取り込もうとした。明らかに、満州国政府はキリスト教をモデルとして意識していた。橘樸らのリーダーたちは、西洋諸国はこのキリスト教モデルによって市民組織の形成に成功し、国家・国民国家形成プロジェクトに貢献したと考えた。満州国政府はエリート集団を含むいくつかの救済宗教集団を取り込み、新国家プロジェクトへ変化させることに成功した。しかしその一方で、多くの他集団は、政府からの歩み寄りにむしろ反抗的であった。ただし、少なくともこれらの集団における、すべての人は最終的に救われるという救済思想を、東対西の文明の衝突という戦争プロパガンダに転換するという点において、満州国政府は間違いなく成功したと最後に付け加えておきたい。

南洋における孔子

ここまで、我々は東アジアにおける宗教と世俗的な市民権との交流について論じてきた。以下、二〇世紀前半のオランダ領東インド、現在のインドネシアにおける中国系移民の子孫、プラナカンの事例について論じたい。プラナカンの事例は、本稿でここまで論じてきたテーマをさらに掘り下げるだけではなく、国民や少数民族のアイデンティティを形成する上での宗教との交流について示す例ともなる。政治的には劣っているかもしれないが独立した東アジア地域と、ヨーロッパに従属的な植民地域との交差点に位置付けられるプラナカン社会では、流伝する多様な思想と実践が組み合わさり、重層的な様を呈している。よって、この事例は近代中国における宗教—世俗という区別の特殊性を明らかにしてくれるであろう。

インドネシアのプラナカンの起源は、インドネシアに移住した五世紀前の中国人商人にまで遡れる。これらの中国系商人たちは、東南アジア社会に、G・W・スキナーがいうところの「クレオール文化（ないしは第三の文化）」をつくり上げた。この商人社会の上層部は、しばしば官僚やアドバイザーとして現地の宮廷や貴族社会の人々と交流した。下層においても、商人たちは現地女性たちと頻繁に国際結婚を行い、現地の言葉、ないしは混成通商語を話した。

タイやカンボジアなど、東南アジアの非植民地帯においては、華人は何世代にもわたって、現地の人たちと同化する傾向にあったが、英国領マレーシア、蘭領インドネシア、スペイン領フィリピンなどの植民地社会においては、ヨーロッパ人と現地人双方からの人種的分離という植民地政策により、こうした初期の（中国系）移民たちの間にクレオール文化が定着する傾向があった。こうしたクレオール社会は、入植側の権力と現地人との間の経済的管理的な媒介として重要な役を果たしていた。一九世紀後半に新たに中国系移民が増えると、新しい移民たちと植民地住人との間の媒介としても重要になっていった。一方で多くの場合、植民地的搾取の直接の手先として働くことなどから、植民地システムの病原体として非難された［Skinner, 50-63］。

マレーシアではシンケ（新客、sinkeh）、インドネシアではトトックとして知られる中国からの新しい移民の波は、植民地におけるクレオール社会の地位を変化させた。フィリピンでは、以前はスペイン人に対抗して現地人寄りになっていた中国系移民メスティーソたちが、現地のフィリピノたちと大々的に同化した。マレーシアでは、ババ・プラナカンは新移民であるシンケたちと同化する傾向にあり、歴史的な理由から、（移民を）受容する側になっていたインドネシアン・プラナカンのみが、独自性を保っていた。今日、彼らはいまだにインドネシアの人口の三パーセントを占めている。インドネシアのプラナカンは、インドネシア都市部の共通語であり市場で交わされるマレー語を話し、このマレー語で文章を書く。一方、トトックは漢字を使用し、また、インドネシアの華人エリートは、好んで宮廷マレイ語を使う［Suryadinata 1993, 101-103］。一九二〇年には、インドネシア華人の三〇パーセント以下しか、主用語ないしは日常会話の言語として中国語を使っていない。一九三〇年代ですら、インドネシア華人の八〇パーセントはインドネシアで生まれており、さらにそのうちの八〇パーセントはインドネシア生まれの父親を持っていた［Mackie and Coppell, 6-7］。

プラナカンのアイデンティティの存続と進化は、オランダとの、また中国および新しい華人との特別な関係と、何らかの関連があった。しかし、意義深いのは、彼らのアイデンティティそのものが、言語と宗教的実践によって表現されていたことである。こうした言語や宗教的実践によって、プラナカンは地元の隣人たちから区別されただけではなく、他の中国人からも区別されることとなったのは興味深い。まず、世紀の変わり目において、再中国化（ないしは単に中国化かもしれないが）プロジェクトを主導しようとしたのはプラナカンであった。中国の国家主義の組織者であった胡漢民が述べたように、一九〇八年には、自身の中国語名を知っているプラナカン、あるいは、辮髪以外に中国のことを知っているプラナカンはほとんどいなかった。辮髪は、皮肉なことに、急進的国家主義者にとっては、満州族への漢族の従属を示すシンボルであったのに。郭徳懐（Kwee Tek Hoay, 1886-1952、以下キー・テック・ホアイと記す）はこう付け加えている。プラナカンたちは彼らの祖国を、正しい中国（チョングオ）という名前ではなく、西洋による軽蔑的な名称であるシナ（チナ、Tjina）という名前でしか知らなかったと。

初期の中国化推進派プラナカンたちは、部分的には中国国家主義者たちによるプラナカンの富とアイデンティティを総動員しようという努力に応えたのであるが、その総動員への構想は、同時に現地から起こったものでもあった。中国と中国人という新しい意識をもたらした中国から届く波と、新聞や雑誌を含む新しいメディアによって、東南アジアの様々な地域にいるプラナカン間のコネクションは促進された。たとえば、儒教経典である『大学』と『中庸』は一九〇〇年にマレー語に翻訳されている。オランダ領インドネシアでは、プラナカンのエリートたちの間におけるこの意識によって、中華会館（Tiong Hoa Hwe Koan : THHK）が設立されるに至った。中華会館は一九〇〇年、「目覚めた」プラナカンのリーダーたちによって、孔教を宣揚し、中国語教育を支持し、中国的習慣を改変するために作られた［Kwee, 1936-1939 : 17］。

この中国化初期段階の東南アジアにおいて最も影響力のあった中国国家主義者集団は、康有為と梁啓超に率いられた変法派であった。プラナカンのリーダーたちにおける国家意識の芽生えは、戊戌変法（百日維新）と、それに続く、破壊的と言われた義和団の乱の失敗と、同時期に起きたものであった。結果的に、中国的習慣の改変と、中国語、英語、ないしはオランダ語による近代的教育は、中華会館の協議事項の中でも高い位置を占めるものとなった。しかし彼らにとって、こうした事項よりも、とまではいかないにしても、同じくらい重要だったのは、「孔教」の宣揚であった。改革者たちが目指したのは、「彼らの社会生活を向上させるガイド、ないしは源として純粋に使える宗教ないしは倫理システムの創造……」であり、「……（改革は）預言者孔子の原理と一致している限り、教化された振る舞いのために必要な（着手されるべき）もの」であった（強調は著者）［Kwee 1936-1939 : 6］。事実、D・E・ウィルモットが一九六〇年の研究で述べているように、インドネシア華人の間における宗教への興味は、その頃までに着実に増大していた［Willmott, 188］。華人エリートが受けた習慣改革の衝動は、中国人知識人の間で起きたような宗教の衰退ではなく、キリスト教の広まりと共に、信仰と実践への新たな結合へとつながっていったのである。

中国での状況と比べて、オランダ領インドネシアにおいて、宗教というものが多少どころかきわめて大きな影響力を持ちえた理由は、わりと明白なように思われる。インドネシアでは、宗教は（合理的で理神論的な文明の一部としての）近代社会の切実な要求を象徴しているだけではなく、国家的文明的アイデンティティの問題とこそ、より密接に結びついていたからだ。これを、中国における康有為の儒教運動と比較してみよう。実際、この二つの運動は密接に関連している。中華会館の創立者たちは、康有為の思想とプログラムに大いに影響を受けていた。儒教系の学校は、一日と一五日の月に二回、儒教経典の説教と解説を聞くために集うことになっていた。これは、中国の儒教運動で行われていたのと同じ方法だったが、彼らは意識的にミッション系の学校の例にも沿うようにしていた［Kwee, 1936-39 : 15］。一九〇三年、康有為はバタビアにある中華会館センターで、殺到した聴衆を前に何度か講義を行った。康有為はアドバイザーとして振舞い、中華会館の指導者たちは、以下に挙げる宗教的典礼に関する論争に裁定を下してくれるよう、康有為に頼んだりもした。

しかし、すでに記したように、康有為の孔教運動は、孔学会と抑圧された救世宗教集団の中に消えていった。その原因は、反宗教的な五四運動の台頭と、康有為が国家的支持を保持できなかったことにある。思うに、国民党の新生活運動は、孔教運動を非宗教的に引き継いだものではないだろうか。だが、新生活運動は、新しい国民／公民の伝統的道義心という形をとることにより、一連の運動の流れに関与しつつも、自分たちを宗教であるとも、また、国家から分離した、ないしは国家をしのぐ倫理的権力の源を象徴するものであるとも、見なしてはいなかった。さらに、康有為が孔教運動の発達に努めようとしていた社会的政治的状況においては、宗教的意味での、激しい排斥または他者との同一化から自己を識別するための、強烈なアイデンティティ主義運動は必要とされていなかった。

康有為が、キリスト教の圧力と帝国主義者による文明論争に反応したことは事実である。しかし、倫理的市民権の要求としての宗教を創設する努力と、基本的にアイデンティティ主義運動——望むなら、運動と認識できるだろう——としての努力を、ここで分析的に区別するならば、康有為は前者に重きを置いていたと思う。一九二〇年代の知識人が始めた、強烈な反キリスト教、反宗教運動は、彼らがアイデンティティの代替物として、既存の宗教を求めていなかったことを明らかに示している。

オランダ領インドネシアという植民地環境においては、孔教運動のバランスは逆転していた。なぜなら、宗教はアイデンティティの挑戦に不可欠と考えられていたからである。この挑戦は、統治者たちがキリスト教を文明的な宗教と認める植民地環境におけるキリスト教の主導的存在から起きたのみならず、人口の大多数を代表すると言われ、また書籍の宗教と認識されているイスラームから起きたものでもある。とくに一神教と反偶像崇拝が、文明的宗教という勝負における規範、または規則であると考える時、イスラームの主張は、文明に対して競争力を持つ。こうした点で、孔教会とプラナカンたちの三教会（Sam Kauw Hwee）は、他の非イスラーム系の植民地宗教の刷新、ないしは改革運動、たとえばスリランカやミャンマーの近代仏教、また、イギリス領インドにおけるヒンドゥー教ヴェーダンタ学派と類似している。

オランダ領インドネシアにおける孔教は、国家主義のアイデンティティとなる傾向にあり、公民道義心や非国有の宗教以上の役割を果たさねばならなかった。この思想は、改革を容認し、中国人としてのアイデンティティの確固たる基礎をつくらねばならなかった。しかし、改革と変化が確実性を蝕むのなら、それらはアイデンティティをも脅かすことになる。これはもちろん国家主義思想における古典的な当惑であり、他の何にも劣らずプラナカンたちに付きまとった。

中国の康有為と改革者たちのように、中華会館も儒教を教育と改革として認識した。近代教育の機会は、プラナカン社会の重要な要求であり、彼らが置かれた状況を向上させる最良の方法だった。オランダ的教育を否定して、中華会館は教育の機会を向上すべく中国系の学校を始めた。これは、当初、非常に成功し、早くも一九〇五年には華人へのオランダ式教育を導入させたほど、オランダへの圧力となった。皮肉なことに、完全に予測不可能なことではなかったが、このオランダ式教育の導入により、中華会館の中国系学校への入学者が減少するという結果がもたらされてしまった。よって中華会館の教育事業は、失敗であったと広く考えられている。しかし、もちろん、この教育事業はオランダへ圧力をかけることを意図していたので（この意味において）、その失敗はまた、成功でもあったのである。同時に、この事業により、プラナカンはますますオランダ人、ないしは非中国系の人々への志向を強めることとなった。[4]

「迷信的でやっかいな習慣」の、とくに葬送儀礼や婚礼儀式における改革は、中華会館が大いに関心を寄せた部分であった。プラナカンの著述家にして脚本家、改革者にして三教会の創立者でもあるキー・テック・ホアイは、『インドネシアにおける近代中国化運動の起源（The Origins of the Modern Chinese Movement in Indonesia）』と題し、中華会館の歴史を記している。彼は、この著作の三分の一近くをたっぷり割いて、目覚めたインドネシア華人のリーダーたちの努力を記録した。それは、すべての「間違い」との闘いであり、「古代の儀式、寺院儀礼、および伝統的中国のその他の慣習から」はほど遠い、不純な慣習、迷信的信仰、偶像や霊廟への供犠を改革することであった。彼の中華会館の物語は、「公館（gongguan）」に存在したプラナカン社会における公的な文化権力と戦って勝利をおさめた改革者たちの、わくわくする勇ましい話である。公館はバタビアの中国人行政官（major）のオフィスにあり、そこでは儀式や祭礼を執り行い、かなり熱意に欠けてはいたが、漢字を教える伝統的な学校（義学、yixue）を運営していた［Kwee, 1936-39: 17-18, 62-63］。

一九〇〇年代にプラナカン社会をコントロールする指導力を増してから、中華会館の改革者たちは祭礼の改革に乗り出した。陰暦七月の往生していない亡霊のための儀礼儀式（敬和平、Keng Hoo Peng）の間、競技者たちが高台の上に置かれた儀礼対象を摑むために走りよる競技が行われていた。暴力的で乱暴なもののように映るかもしれないが、これは祭りなのであった。改革者たちは、シンプルに、このイベントを後援するためのお金の流れを止めた［Kwee, 1936-39 : 31］。彼らはまた、お金の力を使って、多くの神々の祭壇でプラナカン社会のために祈りを捧げる僧侶の行動を制限した。僧侶に二五ギルダーを支払い、その給料分に含まれていない神々は無視するようにと依頼したのである！　祭りにおけるギャンブルやその他の競争も禁じられた［Kwee, 1936-39 : 32］。

ここで、キーの雄々しい語り口は幾分悲劇的になる。なぜなら、彼自身が告白しているように、習慣の改革は受けが悪かったからである。改革非難の大部分は、イスラム教信者で教育を受けていない保守的な女性たちから出たものであった。一方では、これは純粋な中国的伝統を土着の要素と混ぜ合わせて、品質を落とす結果となった。よって、祈禱は中国の陰暦における休日だけではなく、ムハンマド生誕日にも行われることとなる。婚礼・葬祭儀礼は煩わしいもので、霊廟や寺社への供犠を含む迷信に満ち溢れていた。もう一方では、教育の欠如というものが、彼らの無分別な保守主義につながっていた。こうした女性たちや伝統主義者は、儀礼的な服喪や泣き叫ぶことは、孝の表現に必要であると主張した。しかしキーは、『孝経』の中で孔子が「本当の孝子は親の葬式で泣きまねをしない（孝子の親に喪《そう》するや、哭《こく》して偯《い》せず）」と述べ、儀礼的服喪に反対している証拠を発見した［Kwee, 1936-39, 36］。中華会館は公民儀礼とよく似た代替的な結婚儀式を提供した。だが、この結婚式を行った者は多くなく、何年もの間にたった六回しか執り行われていない。キーが主張するように、それにも拘らず、結婚習慣の改革の多くが社会に浸透したのは事実であるようだ。しかし、そうした改革が儒教や中国的思想というものの信用を高めたと見なされているかどうかは、明らかでない［Kwee, 1936-39 : 33-52］。

プラナカンにおける改革的宗教としての儒教が、限定的に成功した結果として、多くの儒教者たちは宗教的急進主義から遠ざかることになった。初期の段階において、中華会館は一神教的であり、また偶像破壊主義的でもあった。康有為は、訪問中に、中華会館の会員たちの間の論争を解決してほしいという相談を受けている。その論争は、中華会館ホールと学校の孔子壇と朱熹壇に、肖像を入れるべきか否かというものであった。康有為は肖像を入れるという考えに全く反対というわけではなく、肖像画への反対意見を非難した。康有為は反対派の人々を指差して「諸君らは値段が張りすぎるからという理由で、孔子を祭ることを禁じた歴史上の人物のようである。結果として、スピリチュアルな面を剝奪されたと感じた人々は、あらゆる種類の寺社を拝むようになった」と言った。キーによれば、反対者たちは後に、中華会館の建物内に祭壇があると、人々が加護や富などのために祈りにやってくるのを防ぐのが難しいだろう、と康有為を説得したという。それでは結局、バタビアにもう一つの寺を作ってしまうようなものだから、と［Kwee, 1936-39, 24-26］。

一九三〇年代初めには、キーのような改革者たちは急進的な偶像破壊主義から、抽象的で内面的であると同時に、より偏りなく寛容な、統合主義的信仰へと変化し始めた。トリ・ダルマ（Tridharma）とも呼ばれる三教会は、儒教、仏教、道教の要素を統合した中国の三教合一結社のプラナカン版である。三教会は一九三四年に設立されると、すぐに孔教会よりも勢力を増し、一九五五年にはインドネシア中に三〇カ所の支部を持つに至った。三教会では、民衆の熱狂的信仰や神々、ないしはトアペコン（大伯公）を中国式の神殿に受け入れ、すべての宗教は共通のゴールを持っていることを強調した。「道教は、道（タオ）と呼ばれる原初的根源の傍らにある、孤高の状態へと続く道を人類に示した。仏教は人がどのようにして法（真理またはダルマ）と一つになるか、そしてそ

〈写真８—１〉華人系インドネシア人のトリ・ダルマ

れを通じて解脱へ到達できるかを教えた。儒教はどのように真実の道に沿って生きるか、そしてそれを通じて聖人になるかを示した」[Suryadinata, 1993a, 50]。それぞれの方法は違えども、目標は一つ。完全なる幸福への到達である。事実、キーはヒンドゥー教（さらには以下に見るようにイスラム教）にも影響を受けていた。精神性と輪廻というテーマは、彼の著作の中で繰り返されている。

植民地インドにおけるヴィヴェーカーナンダーやラーマクリシュナといった現代ヴェーダンタ学派の思想家のように、キーは二重層的な宗教性をつくり上げた。様々な違う宗教的活動を受け入れ、様々な神々に礼拝する人もいるだろう。しかし、これらは一つの同じ神へ到達するための手段でしかない。三教会は偶像や民間活動の受け入れを許したが、抽象的な意味では、一神教的であり続けたのだ、と言う人もいるだろう。この一神教主義は、台頭してきたイスラム教勢力と、近代における信仰の内面性への反応である。[5] 三教会は、しばしば天と呼ばれ時にアラーと同一視される最高神の存在を仮定したのだ。七月九日、華僑たちは神・アラーに祈りを捧げる。そして彼らは広く果てしない天を祭る。「なぜなら、天だけが神の偉大さを描き、表すことができるから」である。一九五〇年代の三教会のオブザーバーによれば、教会は「祖霊と至高の神、ツハン・アラーへの儀礼的帰依」を強調していた。さらにこうも強調した。「この思想は特別な加護を求めるものではなく、自身を清めるためのものであり、名誉と賞賛を提示する。呪術は、スピリチュアルな面で無教養な人たちの迷信だと考えられている」[Willmott, 250]。キーは神々や活動の多さにも関わらず、三教会の焦点は、すべての現象を超えたところにある単一のゴールと単一の神、天（でありアラーでありジーザス）にあると示そうとした。彼にとって、トアペコン（大伯公）は、神への道を見つけるために人々を助ける、天使や神の使徒のようなものであった。

急進的な儒教への熱狂的信仰から始まり、アラーと天を同一視する抽象性へと至ったキーの宗教的な旅は、二〇世紀におけるプラナカンの歴史の重なり合った複雑さの記号として読むこともできよう。近代化した儒教エリートの、他を寄せ付けない道徳主義に背を向けて、キーは統合的な三教会をつくった。それは、文化の中にすでに存在していたものを、取り囲み体系化する努力であったように見受けられる。この文化的基礎は、インドネシアに住みながらも中国人としての個を失わずにいる華人、主にプラナカンたちの、中国人コミュニティでのアイデンティティに必要とされたものであり、また、いまだに必要なものである。事実、三教会への転向は、中華会館の中国志向からの脱却と重なっており、二〇世紀半ばになると、中華会館は次第にプラナカンにとって重要ではなくなっていった。

しかし、もし三教会が、中華民国においてはおそらく不必要となっていった宗教の役割である民間的基盤とのコミュニケーション・ラインを維持するための組織的手段であったなら、三教会は、世界的宗教が必要条件を提示し得る、熱狂的信仰の一形態を代表するものともなった。至高神の強調は、個人的正義と公共奉仕の唱道に伴われていた。組織的には、三教会支部も、日曜礼拝、牧師、チャリティ、カウンセリングなどにおいて、キリスト教教会をモデルにしていた。孟子、民主主義の思想、アトマ（魂・最奥）とアートマン（真我）、カルマ（業）と輪廻などの問題について、説法が行われた。（もともとオランダでエンジニアとしての訓練を受けた）カリスマ的なビク・ジナラッキタら、その指導者たちは、東洋スピリチュアリズム（東洋精神主義）を信奉し、西洋物質主義を非難した［Willmott, 250-253］。キー・テック・ホァイと三教会は、結局、民間宗教と内的神の二元性を統合し得なかったという見解もある。言うまでもなく、我々は彼の立ち位置の一貫性を過度に問題視しているわけではなく、キーや多くのプラナカンの主導者たちにとって、この二者の立ち位置がどのように必要とされていたのかを理解しようとしているのだ。三教会によって、プラナカンたちは、彼らの神々と唯一神とを持つことと、彼らの小さな文化と大きな文化を持つことができた。それは、民間の中国文化を含み、一つの真の宗教を意味する。つまり、アイデンティティと改革双方の源を表しているのである。

しかし、内性化されたのは何なのか？　辺境地域につくられた教会と政府の区別は、いかにしてキーにとって何かを意味するようになったのか？　彼が一九二八年に書いたエッセイの所々に、キーの個人認識の中で、内的宗教が果たした役割についての洞察を見出すことができる［Suryadinata, 1993a, 39］。蒋介石のもと、中国で国民党が設立された後、キーは、激しいエッセイを書いて、華人に中国へ帰って母国における国家的プロジェクトを完全に奉ずるようしきりに促す国家主義者の喧騒を非難している。中国へ戻った華人たちと、とくに中国語が読めないプラナカンたちが経験した苦難を概説した後、キーは自己への信頼を強調した。彼は海外にいる華人は、世界へ進出して成功を収めることで、中国を助けることができるのだと論じている。中国の領土は彼にとって神秘的で近寄りがたいものではなかったのである。「もし彼の心が中国人であり続けるなら、彼の思考と共感は父なる国と共にあったであろう。思い出すがよい。陳友仁のように中国語の読めないトリニダードのプラナカン華人は、張作霖体制下の百万人の中国土着の住人たちより価値があるのだ」[Kwee 1997, 26]。

宗教と比較することで、キーは、自らのケースを、内的、または非領土的な感覚の中国人性へと強化した。彼は言う。救済ないしは利益は、仏陀、キリスト、ムハンマドへの帰依、またはトアペコン(大伯公)に寺院を建設したり建て直したりするという献身によってもたらされる、多くの人々は信じている、と。「真実においては、人の救済や天罰は自身の行動によるものである。……神々はただ、道を指し示すだけだ。なぜなら、すべての人の運命はその人自身の手の中にあるからである。……永遠の救済という恩恵は、自身の中にそれを求めて努力することでしか手に入らない。」。同じように、キーは、インドネシアの華人は、彼ら自身の内側を見て、自身の能力に頼り、この国での地位を向上し「様々な人種の中で」自身を順応させていくべきである、と力説している[Kwee 1997, 46-47]。本稿を締めくくるにあたり、彼の中国人であること、中国人性というもの自体は、宗教的内性化の原則をもとに形づくられてきた、と言えよう。非宗教主義の出現によって、信仰と帰依の内性化を迫られたのと同じように、少数民族(マイノリティ)も、内的自己の境界を引くことによって、国家主義社会に対して備えようとした。そうすることで、他者の国家の中に適合できるようになったのである。

参考文献

Asad, *Talal Genealogies of Religion: Discipline and Reasons of Power in Christianity and Islam,* Baltimore: Johns Hopkins Press, 1993.

Garon, *Sheldon. Molding Japanese Minds: The State in Everyday Life*. Princeton, N.J.: Princeton University Press, 1997.

Hardacre, *Helen Shinto and the State, 1868-1988*, Princeton, N.J., 1989

Hu Hanmin（胡漢民）「南洋与革命」（『中華民国開国五十年文献』編纂委員会編『中華民国開国五十年文献』第一編第一一章「革命之倡導与発展」、台北、一九六四年。

Koselleck, Reinhart. *Critique and Crisis: Enlightenment and the Pathogenesis of Modern Society*, Cambridge, Mass: The MIT Press. 1988

Kwee, Tek Hoay. The Origins of the Modern Chinese Movement in Indonesia (Atsal Moelahnja Timboel Pergerakan Tionghua jang Modern di Indonesia from Moestika Romans, nos. 73-84, 1936-1939). Translat ed and edited by Lea E. Williams, Translation Series, Modern Indonesia Project, Southeast Asia Program, Cornell University, Ithaca, NY, 1969.

Kwee Tek Hoay, "Misleading Clamour", From Leo Suryadinata ed., *Political Thinking of Indonesian Chinese 1900–199: A Sourcebook Singapore*, Singapore University Press, 1997, 26.

Lombard, Denys and Claudine Salmon, "Islam and Chineseness", *Indonesia* 57 (April 1994).

Mackie, J. A. and Charles A. Coppell., "A Preliminary Survey", The Chinese in Indonesia The Australian Institute of International Affairs, 1976.

McIntire, C. T., "The Shift from Church and State to Religions as Public Life in Modern Europe", *Church History*, March 1, 2002, Vol. 71, Issue 1: 152-177.

Mori Noriko（森紀子）「日本和中国近代化過程中国教問題」中央研究院近代史研究所主催『近代中国的知識建構 一六〇〇～一九四九』国際学術研討論会論文　二〇〇四年一一月二五日・二六日、台北。

Pittman, Don A., *Toward a Modern Chinese Buddhism: Taixu's Reforms*, University of Hawai' i Press, Honolulu, 2001.

Shimazono, Susumu. *From Salvation to Spirituality: Popular Religious Movements in Modern Japan,* Trans-Pacific Press, Melbourne. 2004

Skinner, G W. "Creolized Chinese Societies in Southeast Asia" in Sojourners and Settlers: Histories of Southeast Asia and the Chinese, ed. Anthony Reid, Sydney, Allen and Unwin, 1995.

Suryadinata, Leo "From Peranakan Chinese Literature to Indonesian Literature: A Preliminary Study", in Leo Suryadinata ed, *Chinese Adaptation and Diversity*, Singapore University Press, 1993.

Suryadinata, Leo "Kwee Tek Hoay: A Peranakan Writer and Proponent of Tridharma" in *Peranakan's Search for National Identity: Biographical Studies of Seven Indonesian Chinese Singapore*, Times Academic Press, 1993a

Tuttle, Gray, *Tibetan Buddhists in the Making of Modern China*, Columbia University Press, 2005.
Willmott, Donald E., *The Chinese of Semarang: A Changing Minority Community in Indonesia Ithaca*, NY, Cornell University Press, 1960
Yang, C. K., *Religion in Chinese Society*, University of California Press, Berkeley and Los Angeles, 1961.
Willmott, Donald E., *The Chinese of Semarang: A Changing Minority Community in Indonesia Ithaca*, NY, Cornell University Press, 1960

1 土着の信仰を再組織化することにおけるキリスト教への反応は、もちろん近代インドの諸宗教を考える上できわめて重要な側面であり、比較する上でも明確なポイントである。

2 新生活運動がどの程度国家的信仰の延長、ないしは発展を象徴しているかを探求することは有益である。袁世凱と新生活運動の間には、自然神への供犠の廃止や、半神格化された英雄の追悼などによって、国家的信仰を近代化しようとする様々な努力があった［Yang, 365］。もちろん、新生活運動が国家主義的上位下達式な流れの運動であったという事実によって、この運動が、内性化された倫理の再構築運動というよりは、国家的信仰ないしは神道国家に近似するという結果になってしまったが。事実、この不協和音のために、近代中国人や部外者たちには、新生活運動は非常にばかばかしいものとして映ってしまったであろう。

3 太虚大師は政府の支持を得るために、ＹＭＢＡ（Young Mens Buddhist Association）のようなキリスト教的戦略、チャリティ、科学的言語を取り入れた。一九二九年に、彼は国際仏教ツアーのため、蒋介石からの資金援助を確固たるものとした。彼は世界的仏教（world Buddhism）を確信するに至り、分校もある自身の研究院を世界仏教院と改名した［Tuttle, 121-124］。彼は、唐代の経典（仁王護国経）は仏教的徳を持つすぐれた指導力というものと関連していて、孫文の儒教的仁および戴季陶の国家主義の倫理的基盤とも関連しているのではないか、と強調している。Don Pitman の太虚に関する著作も参照されたい。

4 オランダも一九〇九年の中国国籍に関する法律に反応し、一九一〇年にオランダ「国民」のカテゴリーを宣言している。それによれば、両親が植民地に寄留し、植民地で生まれた人々もオランダ「国民」に含まれる。実際問題として中国政府は、一九六〇年の中国―インドネシア条約が二重国籍を廃止するまで、プラナカンたちが中国国籍であるという主張を諦めなかった。

5 Mackie and Coppel, "A Preliminary Study" 9。

デニス・ロンバール（Denys Lombard）とクローディーヌ・サルモン（Claudine Salmon）は、エリート階層と庶民階層の双方において、華人社会と現地のイスラム教社会が数百年以上、歴史的にかなり混和していたことを示した。スキナーによって論じられたように、個々の社会を隔離するオランダの植民地政策によって、クレオール文化が定着する傾向にあったが、ロンバールとサルモンは、インドネシア文化との統合へと向かう、際立った運動があったことを発見した。この運動はとくに第二次世界大戦までずっと続いたダクワー（dakwah, 布教）ないしはイスラム改宗運動に反応したものである。

第Ⅲ部

植民地期社会と民衆宗教

――台湾・香港・ベトナムの場合

第9章

日本植民地初期、台湾総督府の宗教政策と宗教調査

張 士陽

はじめに

日本植民地期の台湾総督府の宗教政策について、蔡錦堂は以下のように段階区分をしている[1]。すなわち明治二八年(一八九五)から大正三年(一九一四)頃までを第一段階、大正四年(一九一五)西来庵事件発生から昭和五年(一九三〇)頃までを第二段階、昭和六年(一九三一)頃から終戦までを第三段階とし、西来庵事件の発生で総督府は宗教調査を急遽実施し、そして社寺課を設立して「神社」と「宗教」とを分離させ、制度・法規の整備に進み、それによって、在来の社寺宗教に対する放任・温存が調査・制度整備期の第二段階に入ったとする。昭和六年頃からの第三段階では国家神道の強調と在来宗教統制が実施された[2]。

蔡錦堂による第一段階の宗教政策の検討では、当時の台湾省文献委員会での台湾総督府公文類纂の整理と公開が十分行われていなかったこともあり、同史料が活用されていない。一九九〇年代後半以降、台湾総督府公文類纂の整理と公開が進み、そのうち宗教関係史料の一部が、国史館台湾文献館(もとの台湾省文献委員会)から国史館台湾文献館研究員の

温国良の編輯で中国語に翻訳されて出版されている。[3]

本稿は温国良編訳の史料集を参考にしつつ、国史館台湾文献館における台湾総督府公文類纂の原文書への閲覧を通じて得た筆者の知見により、[4]日本植民地初期の台湾総督府の宗教政策と宗教調査とに再検討を加えるものである。

台湾総督府の宗教政策と宗教調査

台湾総督府による最初の宗教政策は周知のように明治二九年（一八九六）一月一八日に台湾総督樺山資紀によって出された「本島在来ノ社寺保護ニ関スル諭告」[5]で、台湾在来の廟宮寺院を「信仰遵宗ノ結果徳義ノ標準秩序ノ本源ニシテ治民保安ノ上ニ於テ欠クヘカラサルモノタリ」と位置付け、武装抗日勢力との戦闘が続き、各地を転戦する日本軍が在来の宗教施設を供用する際に「叨リニ旧観ヲ損傷セサル様特ニ注意セシムルヲ要ス。就中霊像ヲ破毀シ什器ヲ散乱スルカ如キ所為ハ苟ニモ之アルヲ許サス」とし、軍隊の不用意な占拠と使用が、治安の安定の実現が困難な状況でさらなる治安悪化の契機ともなりかねないことを憂慮している。その後も山間地帯を根拠とする抗日武装勢力の蜂起が相次ぎ、台湾総督府はその対策に忙殺されることになる。

明治三一年（一八九八）の宗教調査

台湾総督府による宗教調査は明治三一年（一八九八）一月の通達によって全島で開始される。児玉源太郎が台湾総督に就任するのは二月二六日、後藤新平が民政局長に就任するのが三月二日である。後藤時代の一連の旧慣調査事業が始まる前のことである。

「社寺廟宇調」[6]には、はじめに民政局から出された「明治三十一年一月二十四日付民県第六十四号」という通達がファイルされており、調査内容は以下の通りである。

一　社寺廟宇及其附属財産ノ員数（別紙第一表）
二　教務所説教所神職僧侶等ノ員数（別紙第二表）
三　目下布教ニ着手セシハ何々派ニシテ就中何派ニ属スルモノ最モ広ク布シ居ルヤ
四　布教競争等ノ為メ弊害ヲ生スル等ノ傾キナキヤ
五　内地ヨリ派出ノ神仏教ト外教トハ何レヲ信仰スルモノ多キヤ
六　目下ニ於ケル宗教ノ概況将来布教ノ盛衰ニ関スル状況
第一表　社寺廟宇所属財産表　明治三十年十二月末日現在
第二表　教務所説教所布教師等員数表　明治三十年十二月末日現在

社寺廟宇所属財産表には社寺廟宇の名称、建立年度、所在地、敷地面積、附属財産として家屋（社寺廟宇以外の貸屋などの家屋の坪数）、田園（田畑・山林等の反別）、金穀（維持基本たる積立金または穀類）の記入欄が設けられている。

以上の通達に続けて、各地域からの報告が「社寺廟宇調」にファイルされている。第一表では建立年度は大部分の地域の調査では記入されているが、台中県二林辨務所管内の調査ではすべて不詳と記入されており、調査そのものがきちんと行われていなかった可能性をうかがわせる。附属財産の欄は記入されている場合が少ない。調査が実施された明治三一年二月〜三月は依然として各地の抗日武装勢力の活動は活発で、島内の治安が確立していたとは言い難い。そのため十分な調査ができなかった地域が存在していたであろう。記入されている社寺廟宇は在来の宗教施設で、日本から布教に来た仏教・神教（神道）の布教所や清末以降布教してきたキリスト教の施設は、一部の地域の報告の中には記入されている。

一方、第二表には教種、教派の名称、寺院、教務所、説教所、事務員、伝導《ママ》師のそれぞれの数を記入する欄があり、この表には日本から布教に来た仏教・神教（神道）や一九世紀後半以降布教してきたキリスト教について記載されている[7]。

第三項目から第六項目に関する報告も地域によって報告内容に精粗がある。これらの報告から当時の地方当局が台湾の在来宗教や外来宗教をどのように認識しているかを検討する。

まず台北県の報告によると、台湾総督府が置かれていただけに布教に着手していた日本の宗教団体は他の地区に比べてかなり多く、真宗大谷派、真宗本願寺派、浄土宗、曹洞宗、神宮教、基督教などで、中でも真宗大谷派が最も広く布教していた。これらの外来宗教の布教状況について、「仏教熱心以テ之ニ従事シ、神教ハ寧ロ冷淡ト云フモ敢テ過当ニアラサルヘク、外教ニ至リテハ陰然ノ裏ニ好妙手段ヲ以テ伝導《ママ》ニ従事シツツアリ」とあって、仏教が最も熱心で神教（神道）は布教に消極的で、外教（キリスト教）は巧みな布教手段で伝道していると見なしている。しかし日本仏教の布教には障害があった。「只惜ムラクハ布教師ニシテ土語ニ通スル者稀少ナルカ故ニ布教ノ趣旨ト宗教ノ何物タルトヲ充分貫徹セシムルコト不能、神教ニ於テモ尚且然リトナス」とあるように土語（漢族系台湾住民の母語である閩南語）能力が十分ではなかったのである。

しかし「神教及基督教等ハ概ネ本島人ノ厭忌スル所ナルヲ以テ、仏教布教師ニシテ土語ニ通暁シ殊ニ礼節ヲ重シ百難ヲ排シ斯道ニ励ミ布教ノ趣旨ト宗旨ノ何物タルカヲ充分貫徹セシムルヲ得ルノ日ニ於テハ、仏教益々至大ノ勢力ヲ得ルハ期シテ俟ツヘキナリ」という見通しを持ち、閩南語能力の向上によって日本仏教の布教拡大の可能性に期待をしていた。

台北県の報告には在来宗教や民俗信仰に関する内容はないが、宜蘭庁の報告には、

> 本地方ニ行ハル、宗教ノ現況ヲ概観スルニ、其教旨タル極メテ簡易単純ニシテ、之ヲ清国ノ一地方若クハ内地ニ流布スル所ノ宗教ニ比較スルニ甚タ幼稚タルヲ免レザルモノ、如シ。然リト雖モ廟宇ノ建築ノ如キハ資材ヲ吝マス経営スルヲ以テ各堡到ル所壮麗ノ観ヲ備ヘリ。其祀ル所ノ本尊ノ多クハ孔子又ハ関帝或ハ三官大帝・神農大帝等ニシテ尚細々ニ審査スルトキハ数多クノ種類アルカ如シ。所謂道教ナルモノハ夫レ之ヲ道フ也。

と述べられ、台湾の在来の宗教が中国大陸や日本と比べて幼稚であることが強調されている。一方、資材を惜しまず建

築された宗教施設の壮麗さには目を瞠っている。ただし在来の寺廟で祀られている多様な神々の分類はほとんどできていない。漢族系台湾住民の信仰の実態については、

稀レニハ観音菩薩ノ偶像又ハ画幅ヲ安置シ、日夕香華ヲ供ヘテ看経誦読スルモノアリト雖モ之必シモ三宝ノ真理ヲ解シ仏氏ノ妙諦ヲ知悉スルモノニアラス。唯夕纔カニ死者ノ葬祭ニ際シ一部ノ経典ヲ朗誦スルニ過キズ、其道士ト称スルモノニアツテモ亦徒ニ荒唐無稽ノ誣説ヲ附和引援シテ、口ヲ雨乞治病等ニ藉リ祈禱ヲ事トシ金銭ヲ貪取シ以テ糊口ノ資ニ充テ、仏氏ノ所謂慈悲済世ノ功徳ハ毫末モ念頭ニ置カザルモノノ如キモ、多年宗教的迷淵ニ沈滞セル一般士人ニ於テハ、一種ノ信仰心ニ駆ラレ却テ之ヲ怪マザルモノノ如シ。

とあって、仏法の真理を理解しているのではなく、葬礼の際の読経にのみに止まる。また道士は荒唐無稽なでたらめなことを言って祈禱を行って金銭をどん欲に取り生活費にあてていると指摘し、台湾住民も迷信に沈滞し信仰心から祈禱を拒まないという。さらに、

夫レ然リ彼等ノ教育ノ素養ヲ欠キ事理ヲ辨知スルノ明ナキヤ迷溺ノ処ニ至ツテハ実ニ太甚シキモノアリ。天災地変其他凶事アル毎ニ必ズ先ツ僧侶道士ニ乞フテ禳祓ヲ為シ、疾病ニ罹ルコトアルモ医薬等ニハ深ク之ヲ用フズシテ専ラ禁厭祈禱ヲ為シ、遂ニ死ニ至ルモ蒙々トシテ覚悟セザルノ陋習アリ。

と述べ、教育による素養がないため迷信への惑溺を甚だしくし、僧侶・道士の祈禱による病気の治癒を願い医薬に頼らぬ状況を指摘している。

一方、儒教については仏教や道教に対する評価とはやや趣きが異なり、

儒教ハ素ヨリ宗教トシテ之ヲ見ル可カラズト雖モ人民ノ虔敬ノ意ヲ注ク造次顚沛ニモ必シモ忽諸ニセサルニ、却テ道教仏教等ヲ信仰帰依スルヨリ厚キモノ存スルアルヲ見ル。之レ畢竟儒教ノ由来因縁久シキト且ツハ浸染教化ノ甚タ深キノ致ス所ナラン。

とあるように、儒教は宗教と捉えるべきではないが、人民は敬虔の念を持ち、わずかの間もなおざりにせず、その理由として長期にわたる儒教との関係とその教化の程度の深さを指摘している。

キリスト教については宜蘭庁管内の「熟蕃社」(清末までに漢化した台湾先住民の村落、クヴァラン族と思われる)への布教に関して「基督教ノ如キモ往々熟蕃社ニハ礼拝堂ノ設ケアリト雖モ信者ハ纔カニ小数ノ熟蕃人ニ限リ萎微振ハス頻々頽勢ヲ示セリ」と述べられていることから、クヴァラン族への布教がある程度進んでいることがうかがえる。さらに明治三〇年から真宗本願寺派僧侶と曹洞宗の布教使による布教が開始されたが、それぞれ適正に欠く人物であると指摘されている。

次に台中県の報告から台中の宗教布状況について検討する。この報告ではまずキリスト教の布教状況に着目する。一九世紀後半から布教を始めたキリスト教が優位ではあるが、

……然レトモ現今基督教ノ状況ハ比較的奮ハサル傾キアリ。其要因ハ種々アルヘシト雖モ就中本島カ吾帝国ノ版図ニ皈シタル如キハ其衰微ノ一基因ナラン。何トナレハ旧政府時代ニ在リテハ、外教信者ニシテ犯罪ノ事故ヲ生シタルトキハ、外国宣教師自ラ官庁ニ出頭シ該犯人ノ身分ヲ保証シ、又官庁モ是ヲ処スルニ処刑ノ緩急軽重等全然異ニシタル事実アルヲ以テ、多年圧制ノ下ニ沈溺シタル本島土民ハ表面的之ニ皈依スル者多カリシナリ。然ルニ本島カ帝国政府ノ版図ニ帰シテヨリ、是等表面的若ハ利己的信仰ノ効果ナキヲ以テ向後非常ナル熱心ヲ以テ布教スルニアラサレハ本島ニ於ケル基督教ハ益々衰微ヲ来スナルヘシ。

と述べ、清末にキリスト教の布教が拡大した要因としてキリスト教宣教師による清朝地方政府への影響力の行使を期待する台湾住民の入信する者が多かったが、日本の統治下に入ってからはその影響力は低下したため信者獲得の力は衰えるであろうと予測している。

一方、仏教については、

之ニ反シテ仏教ハ元来本島ニ伝播シ居リテ、加フルニ内地ヨリ続々布教師ノ渡来スルアリ。為ニ以前ニ比シ稍活気ヲ添ヘタルモノノ如シ。又信者ノ中ニハ重ニ文字アル者皈依シ居ルカ如クナレハ、今日ニ於テ熱心布教セハ将来益々盛況ヲ見ルヲ得ヘシ。

とあって、漢族系台湾住民の中に存在する仏教信仰という下地が日本からの仏教布教に有利に作用するとの見通しを立てている。それでは、台中県の報告では在来宗教についてはどのように認識されていたのだろうか。

一般土人ハ儒教釈教(是レハ従来伝播シ居ル仏教ヲ云フ)道教等ヲ信スル者多ク、其春秋ノ祭祀等ニ狂奔スルノ状態ハ彼等ノ厚キ信仰心ヲ発表スルカ如クナレトモ、是等ハ従来ノ慣習ニ止リ所謂冠婚葬祭等ノ形式的信仰ニシテ、精神的ニ之ヲ信シ之ニ依リテ以テ安心立命ノ地ニ立タントスルカ如キ高尚ナル信仰者ニ至リテハ、殆ト絶無ト云フモ不可ナカルヘシ。

とあるように、台中県においても儒教・仏教・道教に対する信仰は祭祀に狂奔する時など信仰心が厚いように見えるが、これは慣習で冠婚葬祭の際に顕れる形式的信仰に過ぎず、精神的に信仰し高尚なる信仰者には至らないと見なしている。ここにも漢族系台湾住民の信仰を未開な表面的な信仰であるという見方が示されている。民俗信仰と習合した在来の仏教・道教は遅れた段階の宗教であるという認識である。

次に嘉義県の報告から同県の宗教布教状況について見てみよう。

内地派出ノ仏教ハ近ク一二年前ヨリ布教ニ従事シ、其区域モ僅々一二ヶ所ニ過キザルヲ以テ信徒ヲ得ル亦甚ダ多カラズ。基督教ニ至ツテハ布教遠ク十数年以前ニ在リテ、現今嘉義・北港・西螺・林圯埔・土庫・斗六ノ各地ニ教務所若クハ説教所ヲ設ケ、伝導師一名若クハ二名アリテ布教ニ従事セリ。故ニ全般上ヨリ観察セバ信徒ノ衆多ナル固ヨリ以テ仏教徒ノ比スベキニ非ラズ。

とあって、嘉義県管内では日本からの仏教布教はすでに始まっていたが、一九世紀後半から開始された基督教の布教活動が嘉義県でも優勢であることが分かる。しかしこの報告においても、

然リト雖モ仏教師ノ鋭意布教ニ従事セル嘉義辨務署管内ノ状況ヲ観ルニ、布教日猶ホ浅キニ拘ハラズ信者ノ数遙ニ基督教徒ヲ超越セリ。是蓋シ基督教ハ外来ノ異教タルヲ以テ自然嫌厭スルノ情アルモ、之レニ反シテ内地派遣ノ仏教ハ本島在来ノ仏教ト同一宗教ナルヲ以テ帰依スルモノ多キヲ至セシナラン。

とあって、漢族系台湾住民は外来宗教であるキリスト教に対して自然に嫌う傾向があり、日本から布教にきた仏教は同じ宗教という親近感から布教が拡大するだろうと楽観視している。

一方、嘉義県における在来宗教の状況については、

目下ニ於ケル宗教ハ仏教道教基督教ニシテ、就中基督教ハ牧師孜々トシテ教ヲ説キ信徒亦稍教理ヲ会得スルモノ、如シト雖モ其他ノ宗教ニ至テハ唯古来ノ慣習ニ因リ迷信スルノミニシテ、其教理ヲ会得スルモノ殆ンド稀ナリ。而シテ一般人民ハ古来ノ聖哲及祖先ノ神霊ヲ信仰スルノ念慮甚ダ渥ク、吉凶禍福一トシテ祈ラザル所ナシ。之レヲ要

スルニ本島人ノ知識猶ホ未ダ幼稚ニシテ宗教的ノ頭脳ニ乏シク、随テ宗派ノ異ナルニヨリ祭神教理ノ異ナルアルヲ知ラズ。故ヲ以テ葬送ノ儀式等毫モ其区別アルナク、概ネ道教ニ関ルモノノ如シ。

とあって、仏教・道教などの在来宗教は古来の慣習により迷信で宗教それぞれの教理を理解しているわけではない。ただ古来の孔子などの聖哲や祖先の神霊（たましい）に対する信仰心の強さは認めている。しかし結論的には他の地方の報告と同様に、漢族系台湾住民の知識が幼稚で宗教的思考に欠け、宗派の教理の違いも知らず、宗派による葬儀の区別もなく、おおむね道教式の葬儀が一般的であったと指摘している。周知のように中国大陸では明清期、儒教・仏教・道教の三教合一という状況が生じていた。明治維新以後、文明開化をめざす明治政府の宗教政策の展開の中で宗教進化論的思考が広まっていた日本では、[8] 宗教にも発展があり教義が体系化されたものがより発展した宗教と見なされていた。そのような常識を有する植民地官僚らの宗教調査には高度な宗教と幼稚な宗教という図式が濃厚であり、台湾の廟などにおける三教合一の状況はむしろ幼稚な信仰と認識されることとなる。しかし未開な信仰状況だからこそ、

以上ノ情況ヲ以テスレバ、将来布教上人民ノ情性ト感シ易キ卑近ノ教義コソ漸次信仰者ヲ得ルニ至ル可キハ必然ノ理勢ニ有之、而シテ内地渡来ノ仏教ノ如キハ后来尤モ有望ノモノナラン。真宗ノ布教ニ於テ現時既ニ其趨勢アルヲ見ルナリ。故ニ布教者其人ヲ得テ熱心事ニ茲ニ従ハ、将来ノ隆盛期シテ待ツベシ。

とあるように、台湾住民が理解し易い教義から布教を始めることが彼らの信仰を獲得するやり方で、日本の仏教、なかんずく真宗布教の勢いから将来の一層の日本仏教の勢力の拡大を植民地官僚は期待している。

次に台南県の布教状況について見ると、日本からのキリスト教布教と仏教の布教が開始されている。日本基督教会は台南を拠点として布教をしていたスコットランド長老教会と連絡して布教を開始した点が注目される。また日本仏教は学校を設立し日本語教育を通じて布教を試みたことが分かる。ただ台南県におけるスコットランド長老教会の活動には

注目すべきものがあり、次のようにやや詳細に報告されている。

……（一）ハ英国人ノ手ニ成ル長老教会ニシテ三拾三年前ヨリノ布教ニ係ル、其布教機関ハ病院学校教会堂ノ三トス。病院ハ病者衣食ノ費用ヲ除クノ外、総テ之ヲ施与シ常ニ教会堂ニ出入拝礼セシムルノミナラス、毎朝ノ祈禱ノ如キモ亦病者ノ一責務ト定メタリ。而チ医師ノ如キニ至リテハ、他面ニ於テハ一ノ伝道師ニシテ常ニ布教ノ事務ニ従事セル者ナリトス。学校ハ神学校中学校女学校ノ三ツニシテ、之レカ教師タル者亦医師ト同シク悉ク伝道師ニアラサルナシ。三校ノ教科書ハ過半宗教ニ関係セルモノニシテ、毎朝及日曜日ノ拝礼ノ如キハ彼等ノ一科業ニ属ス。学生ハ男女ヲ問ハス総テ寄宿生ニシテ、其費用ノ幾分ハ之ヲ給与スルコトトセリ。而テ学生ノ大部ハ各地方ノ者ニシテ、殊ニ熟蕃ヲ以テ多トス。教会堂ハ各地方信者夥多ナルノ地ニ設立シ、神学校卒業生ヲシテ之レカ監守者タラシメ、時ニ巡回シテ布教ス。

スコットランド長老教会は台南において、無料の医療、神学校・中学校・女学校における教育や寄宿生への経済的援助などを通じて、布教を拡大していたことが分かる。また神学校の学生に「熟蕃」（漢化した平地の台湾先住民）が多いという指摘が注目される。そして神学校で学んだ漢族系や平埔族系の人々が新たな布教の担い手になっていたことも分かる。

台南県における日本仏教の布教状況については、東本願寺派、西本願寺派、曹洞宗の三派が競って布教していた。曹洞宗および西本願寺の二派は領台時の戦闘の終結後すぐに布教に着手し、西本願寺は主に日本語教育を目的として開導学校を設立し、曹洞宗は宗旨がやや台湾の仏教に類似しているのを利用して多くの寺院と本末の契約を結び、台湾住民に説教し帰依させようとしたが、最近になって学校を設立し日本語教育をするようになった。東本願寺は明治三〇年末になって再び台南に来て布教を再開し、学校を設立し「今日ニ至リテハ三派殆ント互角ノ勢力ヲ有スルニ至レリ」という。

最後に鳳山県の状況について見ると、「基督教ハ数十年来布教ニ従事セシヲ以テ鳳山城内ヲ始メ其他沿岸各地帰依スルモノ多ク、其数遠ク仏教信者ノ上ニアリ」とあり、鳳山県管内ではキリスト教布教が有利な状況であることが分かる。
そして鳳山県の住民の信仰の特徴については、

第六項　土人ノ宗教ヲ信スル厚キハ、厚シト雖モ所謂迷信ニシテ、自己ノ信スル宗旨スラ知ラサル者多シ、故ニ宗教ヲ信スト云ハンヨリハ寧ロ僧侶伝道師其人ヲ信スト云ハン方当レルカ如シ。

とあって、漢族系住民の信仰心は確かに厚いがそれは迷信に対する信仰で、自己の信ずる宗旨すら知らない者が多く、宗教を信ずると言うよりはむしろ僧侶や伝道師その人を信ずる傾向があると指摘している。

明治三二〜三六年（一八九九〜一九〇三）の宗教調査

（イ）外来宗教布教状況の調査の概要

明治三二年（一八九九）から三六年（一九〇三）の台湾総督府による宗教調査報告の中で外来宗教の布教に関する調査が頻繁に行われていた。本節では調査回数の変化や調査項目の変遷をたどりながら、その概要について述べる。[9]

明治三二年以降の台湾総督府の宗教調査は、明治三二年七月訓令第二二〇号第十項「神官僧侶又ハ檀家等ノ社寺ニ対スル措置信仰ノ状況ヲ視察シ其他宗教ノ消長ニ関スル事項ヲ取調時々報告スヘシ」によって始まる。ところがこの訓令には、具体的な報告の内容や時期についての規定もなく、保甲条例・匪徒刑罰令などによる一連の武装抗日勢力政策が実施されていたものの各地方は治安対策で忙殺され、上記の訓令に基づく宗教調査報告はほとんど行われておらず、公文類纂には澎湖庁が三三年六月二二日付で臨済宗妙心寺派、真宗本願寺派、耶蘇教、それぞれの布教の沿革について詳述した報告が残されているだけである。[10] そのため明治三三年一一月二六日付で「民県第一一八八号」通達が出される。[11]報告事項は、「布教師増減及其理由」、「布教師ノ住所氏名及所在地」、「布教師ノ平素ノ行状及布教師ノ勉否」、「各宗教派間ノ関係」、「信徒ノ増減」で、毎月月末に報告することとした。この通達に基づく報告として、公文類纂に残されている報告は、明治三三年一一月分の台北県・台中県のもの、一二月分の台南県・宜蘭庁のものがあるが[12]、台北県で布教活動をしていたのは、曹洞宗、浄土宗、真言宗、真宗本派、真宗大谷派、日蓮宗、基督教、天主教で、台中県は真宗本派、真宗大谷派、曹洞宗、基督教の布教活動について、台南県はさらに県下在来の宗教の状況と内地仏教布教の状況として曹洞宗、真宗本願寺派の布教を報告し、宜蘭県は曹洞宗、真宗大谷派の布教について明治三四年一月に報告している。

さらに明治三三年一二月分の台中県・台南県の報告[13]があり、そして三四年二月〜四月分の台南県の報告[14]が残されている。この間各県から毎月末報告があったかどうかは現存史料を見るかぎり定かではない。しかし毎月の報告は地方官庁にとってやはり煩雑で毎月報告することは困難であったと思われる。そこで明治三四年五月二九日には、「民県第六七二号」通達で報告の回数は年三回に減らされた。しかしながら調査項目は以下のように増加している。

宗教ノ消長ニ関スル状況調査項目

一 教師ノ重ナル者即一派数人ノ教師ナル場合ハ其監督者ノ氏名
一 布教ニ従事スル者ノ性行及生活ノ状態
一 布教所ニ於ケル説教又ハ法会ノ度数又ハ出張布教ノ度数及其成績
一 前項布教ノ外教育慈善其他ノ事業ニ従事スルモノアレハ其組織現状及成績
一 本島人ニシテ神葬又ハ仏式ニ依リ葬儀ヲ営ム場ノ有無アレハ其数並ニ宗派別
一 布教事業ニ関係ナキ事項ニ干与スル者アラハ其事柄及状況
一 教師ノ更迭及前駐者ト後継者トノ比較
一 信徒カ布教師ニ対スル信用ノ程度
一 信徒ノ数及其増減
一 布教ニ属スル経費ノ出所及其概額若シ布教費ノ幾分ヲ信徒ニ於テ負担スルモノアラハ各其負担額及出資ノ方法
一 布教師ニ於テ前項以外ニ収入ヲ得ルノ途アラハ其事由及概額

一　布教ニ関シ他宗派トノ競争等アラハ其状況及ヒ之ヨリ生スル影響

一　布教師中将来ニ期スル処ノ目的

この通達に基づく報告で公文類纂に残されている報告は、まず明治三四年第二期分（五月から八月）として台北県の報告[15]、台中県の報告[16]、台南県の報告が一〇月に行われている[17]。同年第三期分（九月から一〇月）の報告[18]は全地域から提出されているが、台東庁・澎湖庁は前期と異動なしという報告で、依然として地域によって調査項目ごとの報告内容にかなりの精粗がある。台北庁の報告によると、真宗本派本願寺、真宗大谷派本願寺、曹洞宗、日蓮宗、浄土宗第二開教、浄土宗淡水、真言宗（護国寺派）、真言宗（醍醐派）、天理教、黒住教、基督教が布教活動を展開していた。台北庁以外の地域で布教を行っている宗教団体は少数である。

明治三五年第一期（一月～四月）の各宗教報告[19]には各庁からの報告が揃っているものの、新竹・苗栗・台中・彰化・斗六・恒春・澎湖の各庁は前回と異動なしと報告されている。第二期の宗教報告は残っていない。

明治三五年第三期（九月～一二月）宗教報告[20]でも、新竹・苗栗・彰化・南投・斗六・台南・蕃薯藔・阿猴・恒春・澎湖の各庁は前回と「異動ナシ」などの報告になっている。

台北庁の報告には真宗本願寺派、臨済宗の布教活動について詳述され、布教使の履歴なども記載され、この期間に台北仏教同志会と台湾仏教会が組織されたことが報告されている。また基隆庁の報告には、曹洞宗一等教師、真宗本願寺派四等巡教師、浄土宗三等巡教師、神道御嶽教権中教正の履歴や活動状況が述べられている。日本からの宗教団体が北部を中心に布教を展開していたことが分かる。

新竹庁の報告では曹洞宗の布教使が交替したため、その履歴等を報告し、さらに基督教新教長老会派の七カ所の教会の伝道士名と信徒数が報告され、信徒の数は少数だがいずれも熱心な信者と述べられている。

南部の報告の中では、塩水港庁の報告では管内にある六カ所の基督教会で信者が増加し布教の成果が現れているとある。鳳山県の報告には、曹洞宗三等布教使の布教により「本島人」信者は四二〇名となり夜学会を設け修業年限二年で本島人子弟に国語と修身を教育しており、天主教宣教師のスペイン人リヨンペロールの活動として、信徒は三四一余名で養生堂という極貧の女児を収容して育てる施設を設置し、信徒の信仰心が極めて高いとある。

次に明治三六年第一期（一月〜四月）の宗教報告[21]では、新竹・苗栗・彰化・蕃薯藔・阿猴・恒春の各庁の報告は「前回と異動なし」などとなっている。台北庁の報告によると、日本仏教の布教実績は全般的に良好で、その理由として浄土宗台北布教所で本島人向けに施薬をするなど「慈善的感化ノ方法」を行ったことを挙げている。

以上の一連の宗教調査から、明治三二年から三六年にかけて外来の宗教団体の布教状況を台湾総督府が必要以上に神経質に把握しようとしていたことがうかがえる。この間、後藤民政長官のもと抗日武装勢力に対する政策が実効を挙げ始め、山地の先住民地域を除けば全島的な治安が確立しつつあった状況で、総督府は日本仏教の布教を通じて台湾住民を教化することによってさらなる治安の安定を期待した。そのためには布教関係者の日常的な素行まで神経を使っていたと言えよう。しかし一連の外来宗教布教に関する調査は地方の調査能力が十分ではなかったため、総督府の期待に添う内容とはならなかった[22]。

（ロ）旧慣に依る社寺廟宇に関する調査

明治三二年（一八九九）から三六年（一九〇三）にかけて外来の宗教団体の布教状況に強い関心をよせていた台湾総督府だが、一方、明治三二年から旧慣による社寺廟宇台帳登録を実施していた[23]。

「別紙明治三十五年第三十一表（本島ノ旧慣ニ依ル寺廟[24]）」は明治三五年末現在の在来の宗教施設の数を各地方庁から報告させた文書のファイルである。各地方庁の在来の宗教施設を社、寺、廟宇に分け新設、再興、合併、廃止、年末現在、前年比較の数を記入する様式で報告されているが、年末現在の数のみが記載されている庁が大部分である。

社の報告数は極めて少なく、台北庁が二、台南庁一だけでその他の地方の報告にはない。そもそも社がどのような宗教施設を指すのか明確ではない。明治三〇年一二月末日現在の台南県の社寺廟宇所属財産表[25]には開山神社もリストアップされており、明治三五年末の台南庁の統計はおそらくこの開山神社を社として数えたのであろう。もともとは鄭成功を祀った廟だったが、領台後に改称されたもので、旧慣の社寺として扱われたと思われる。台北庁のリストにある二つの社については、明治三〇年一二月末日現在の台北県の社寺廟宇所属財産表[26]に神社の名称は見あたらない。一つは明治三四年に設立された台湾神社のことである可能性はある。

寺の数は多い庁でも一〇前後で、まったく寺がないと報告している庁もある。嘉義庁と鳳山庁以外の庁の報告では在来の宗教施設はほとんど廟宇に分類されている。

さて嘉義庁の報告では、種別が次のように細分され、その数（括弧内の数字）は、社（〇）・寺（一三）・廟（一二四）・宮（八九）・祠（八）・殿（三）・亭（四）・庵（四）・堂（三）・壇（二）。また鳳山庁の報告では、社（〇）・寺（九）・廟（五六）・祠（五）・宮（六五）・殿（一〇）・廳〔庵のことか？〕（二）・亭（六）・府（四）・岩（一）と分類され、備考には「寺廟宇等其性質判明セサルヲ以テ名称別ニ掲記セリ」とあって、様々な名称の宗教施設を社・寺・廟宇に分類することが困難で、名称別に掲載したことが分かる。このことから、他の庁でははっきりと寺という名称を持つもの以外はすべて廟宇として統計したと考えられる。

宜蘭庁の報告の備考には「本表ニハ曩ニ提出セシ社寺廟宇台帳ト符号セザルハ台帳ニ記載ヲ要セザル骨堂ノ類ヲ記載シタルニヨル」とあることから、今回の報告では宜蘭庁は骨堂を旧慣の寺廟として加えていることが分かる。新竹庁からの報告には備考として「従来辻堂ノ如キ若クハ一私人ノ宗廟ノ如キ総テ廟宇トシテ報告シ来リタルヨリ本年取調結果之ヲ省キ尚寺名ヲ附スルモ其実廟宇ニ属スルモノ之ヲ廟ニ編入シタリ依テ本表ノ通リ相違ヲ来シタリ」とある。備考でいう辻堂が具体的に台湾在来のどのような宗教施設かは明らかではないが、この報告以前は宗廟や家廟も廟宇としてその数を報告していたことが分かる。新竹庁における宗教調査では明治三四年頃まで特定の神を祀った廟宇と祖先を祀る宗廟との区別がつかなかったのである。また寺と名乗っていても実態が廟宇に属するものとは、仏教寺院としての内容の乏しい宗教施設と思われるが、これを廟として統計した。以上の事例から明らかなように、調査のための時間が限定され、宗教的知識の乏しい人員で地域の在来宗教の調査をする際に様々な困難が生じていたと思われる。

旧慣による寺廟の内、官廟に属する寺廟に関する調査が明治三六年（一九〇三）に実施された[27]。官廟とは「旧政府時代清帝ノ旨ヲ奉シ又ハ勅准ヲ得テ建立シタル廟宇及ヒ官吏カ祭事又ハ管理ニ干与シ所謂ユル官廟ト称シタル者[28]」とされる廟のことである。

この調査報告は台帳様式によるもので、名称、所在地、祭神、所属財産台帳（建物・土地・金融）、建立の由来、建立から現今に至るまでの沿革、現在の状況について、地方志や碑文史料からの引用や関係者からの聞き取りなどによる比較的詳細な報告となっている。調査対象となった官廟は、嘉慶会典などによって地方に建設すべき壇廟として定められた城隍廟や聖廟（孔子廟）、関帝廟、媽祖廟、昭忠祠、清代台湾統治に功績のあった地方官を祀った廟などである。

明治三六年に官廟に関するこのような調査が実施された背景として、領台直後から一部の寺廟が日本軍などによって占有されていた状況がある。温国良「日治初期日人占用台湾寺廟概況」[29]によれば台湾割譲後、日本軍や公務員・教員が大量に来台し、軍隊の駐屯地や公務員の事務所、学校そして彼らの宿舎として必要な土地や建物の確保が間に合わず寺廟の建物や土地を充用した。その後、明治三一年（一八九八）三月に台湾事務局から台湾総督府民政局に対して台湾の寺廟が兵舎などとして占用されている状況の調査を求める照会があり、四月にこの指示が民政局から台湾の各県に通達された。七月に各県からの調査結果がまとめて民政部（六月に民政局から民政部に改称）から事務局に報告されたが、それによると全島で二一五カ所の寺廟が兵営、警察署、辨務署、病院、学校として占用されていた。占用寺廟リスト中には、家廟（五カ所）斎堂（一カ所）、耶蘇教会堂（一カ所）、書院（五カ所）が占用された事例も含まれている。

さて明治三六年に調査対象となった官廟は兵営、宿舎、学校として使用され宗教的活動は途絶え参拝する者もほとんどいない状態の廟が大半である。その原因として「明治二十八年ノ役」（一八九五年五月から一一月までの日本軍と台湾の抗日勢力との戦争）と報告の中で記されている場合が多い。日本への割譲で清朝地方政府からの経済的援助を失ったこと、官廟の建物や敷地が日本軍や台湾総督府によって占用されることで、官廟の宗教的活動は弱体化した。結果的に官廟のパトロンであった清朝の存在を台湾住民の意識から引き離す効果もあったと言えよう。

たとえば台中庁の孔子廟は領台後、陸軍衛戍病院に充用されたため「春秋ノ例祭モ執行スルコトヲ得ス廟屋ハ依然存スルモ各房悉ク該院ノ公室其他ニ使用セラレツツアリ」という現況であった。台湾統治に功績のあった地方官を祀った廟や反乱鎮圧の際に戦死した人々を祀った祠が廃墟となり祭祀が行われないようになるということは、地方の公的な記憶が失われる契機となる可能性があったと思われる。

一六八四年から一八八七年まで台湾府城であった台南には官廟が多い。その中には台湾統治に功績のあった人物を祀る廟がある。王公祠は公務のため台南を訪れて病死した福建巡撫王凱泰を祀った廟だが、領台後、陸軍省の占有となり台湾守備混成第三旅団将校集会所に充用された。唐公祠は福建陸路提督の唐定奎を祀る廟で、唐は「撫番上ノ治績顕著ニシテ恒春地方ニ於ケル対蕃政策ニ於テ最モ勲労アリ」と評価され光緒一六年（一八九〇）に建立されたばかりだったが、領台後、台南郵便電信局宿舎に充用された。高公祠は咸豊三年（一八五三）に鳳山県で発生した反乱で殉職した台湾知県の高鴻飛を祀る廟で咸豊一〇年（一八六〇）に建立された。領台後台南辨務署宿舎に充用、その後台南庁宿舎に充用された。以上の三つの廟は祠の実体がなかったという。台南では他の官廟も植民地各機関に占有されたものが多い。

しかしながら官廟だったものがすべて参拝の場としての機能を失ったわけではない。宜蘭庁の聖廟は明治二八年（一八九五）に日本軍が宜蘭に入った際に兵站司令部として使用され、後に陸軍衛戍分院として使用されたが、明治三五年（一九〇二）に廟宇が還付された。

新竹庁新竹街の関帝廟は明治二八年に憲兵隊の兵舎に充用されていたが、三二年に祭祀が復旧した。同地区の孔子廟（学宮と呼ばれていた）は明治二八年の役に新竹守備隊の兵舎に充用されて一時祀典が絶えたが、三〇年の秋に紳民らが資金を集めて祭儀を執行し、三一年夏に新竹辨務署長が新竹守備隊と協議し大成殿の兵舎を撤し神位をもとの如く安置したが、その他（崇聖祠・文昌祠など）はすべて兵舎に供用していた。

恒春庁にある聖廟は領台後、いったん陸軍経営部の所管となり使用されるが空居となり、人民の請願により往時の日常参拝などの復活が認められ、明治三五年八月に至り恒春庁の保管となり、往時の参拝が可能となった。

さらに一部の孔子廟のように地方有力者である紳民による祭祀を復活させることは、揚文会の開催などと同じく台湾の地域エリートを植民地体制に取り込む機会として利用されることとなった。軍政から民政に移行し、児玉総督・後藤民政長官の時代に入ると旧慣尊重政策の下で、植民地統治政策上の在来宗教の役割について再評価が進められる。後藤新平は明治三七年（一九〇四）に台湾中南部の先住民地域を巡視した時に隘丁廟の由来を知り、その祭祀費用を寄付した。[30]

また児玉源太郎は鳳山における曹公の義祠修復の費用を援助し、台南・彰化における文廟の復旧起工は、台湾の士紳の主唱であったが、当局者は助力と便宜をはかったのである。[31]

台湾旧慣調査における在来宗教認識の形成

明治三一年（一八九八）の児玉・後藤の登場で台湾旧慣調査は転機を迎え、[32]旧慣調査が永久統治のための法典編纂事業という立法構想の第一段階となる。後藤の依嘱により岡松参太郎は明治三二年、京都帝国大学の法科大学教授のまま臨時台湾土地調査局嘱託となり、臨時台湾土地調査局が収集した資料、台湾覆審法院および台北県庁の調査書類などに基づいて、主に台北県下の土地に関する慣習をまとめたのが、『台湾旧慣制度調査一斑』（明治三三年一一月）である。

明治三四年（一九〇一）一〇月、臨時台湾旧慣調査会が正式にスタートしたが、これに先立ち、台湾総督府の肝いりで、明治三三年一〇月三〇日、台湾慣習研究会が設立され、会頭児玉源太郎、副会頭後藤新平、岡松も含む台湾の司法関係者による慣習研究活動も始まり、その成果を発表するために『台湾慣習記事』が明治三四年一月二五日に創刊された。

臨時台湾旧慣調査会第一部の法制に関する調査は、まず私法領域全部を対象とすることとなり、とくに財産および人事、とりわけ土地および親族相続に重点がおかれたが、実際の調査にあたっては公法領域まで拡大した。[33]私法領域の調査は明治三四年に北部から開始され、続いて南部、中部の順に実施され明治四二年（一九〇九）に終了した。

臨時台湾旧慣調査会第一部の最初の報告は『臨時台湾旧慣調査会第一部第一回報告書』上巻・下巻・附録参考書（明治三十六年、以下『第一回報告書』と略称）で、収録された事項は土地及親族相続の三者で、第一編はもっぱら土地に関するにかかわらず広くこれを「財産」と題したのは、土地に関する調査に伴い動産質、銭債および財産権享有の体様に関する慣習を併収したためで、第二編を「人事」と題したのは、親族相続に属せざる戸籍、姓氏、喪服等に関する事項を併収できたからだという。[34]収録地域は主として北部台湾に限るが、しかし他の地方の慣習にしてすでに材料の存するものはまたこれを収録対比するとした。[35]

さて『第一回報告書』の中で台湾の宗教に関する記述として、「第一編財産　第十章特別ナル主体ニ属スル財産権第三節廟」の中に以下のような記述がある。

台湾ニ於テハ神仏ノ区別ナシ。否区別ナキニアラサレトモ恰カモ維新前ニ於ケル内地ト等シク判然之区別スルノ国法ナキニ因ル。故ニ台湾人ノ異口同音ニ神ナリト云フ媽祖ヲ祀リタル媽祖宮ニ於テモ、観音釈迦十八羅漢等ノ仏像ヲ祀リタルヲ見ル。亦台湾人ノ異口同音ニ仏ナリト云フ観音ヲ本尊トシテ祀リタル龍山寺其他ノ廟ニ於テモ、関帝・媽祖・土地公等ノ神像ヲ祀リタルヲ見ル。且又神ヲ祀リタル媽祖宮及ヒ城隍廟ニ於テモ、仏門ニ属スル僧ヲシテ廟守タラシメタルカ如何レモ神仏ヲ混同シタルモノナリトス。[36]

とあるように、台湾の寺廟における仏教と道教の習合状況を指摘し、その原因は江戸時代の日本の神仏習合のように、清朝でもこれらの宗教を明確に区別する国法がないことが原因だと考えている。そして台湾の廟の特徴を次のように述べる。

台湾ニハ儒教、道教、仏教、耶蘇教等ノ輸入サレタルヲ見ル。然レトモ台湾ニ於ケル一般ノ廟ハ此等ノ教力ニ因リテ設立セラレ其宗効ニ属スルモノニ非ルカ如シ。例之曹洞又ハ臨済ノ僧ヲシテ廟守タラシメタル廟ノ如キハ仏教ニシテ曹洞又ハ臨済宗タルノ観アリ。然レトモ是適々如斯キ僧ヲシテ廟守タラシメルニ過キスシテ、廟其者ハ曹洞宗ニモアラス又臨済宗ニモアラサルナリ。要スルニ台湾ニ於ケル数百ノ廟ハ一種ノ迷信ニ因テ設立セラレタルモノニシテ、廟其者ニ属スル宗旨ナルモノアルコトナシ。但観音仏ヲ祀リタル寺ト称スルモノハ稍々仏教ノ信仰力ニ因リ設立セラレタルノ形跡ナキニ非ス。然レトモ概シテ之ヲ云フトキハ台湾ニ於ケル公廟（官廟家廟ニ非サルモノ）ハ無宗教ニシテ、迷信ニ因リ設立セラレタルモノナリト云フモ敢テ過言ニ非サルナリ。[37]

とあって、特定の仏教の宗派の僧が廟主であってもその廟は特定の宗派の寺院ではなく、公廟は無宗教にして迷信によって設立されたと見なしている。他方、孔子廟や関帝廟などの官廟に対する評価は高く、その格式は日本内地の官幣大社に比すべきものであるが、「我領台以来ハ官ニ於テ之カ祭祀ヲ行ハサルノミナラス新竹ニ於ケル文廟、台北ニ於ケル文武廟トモ守備隊ノ使用スル所ト為リ空シク荒廃ニ属ス。新竹ニ於ケル或ル台湾人ノ如キハ文廟ノ現状ヲ見テ今昔ノ感ニ堪ヘス涕泣シテルモノアリト。蓋文廟武廟ノ如キ大廟ノ処置ハ台政ノ上ニ於テ一考ヲ要スヘキ問題ナリト信ス」[38]と述べ、台湾総督府による官廟占用を批判している。幕末・維新期の著名な儒学者である岡松甕谷を父に持つ岡松参太郎[39]の儒教に対する想いがこの箇所には出ているようだ。

『第一回報告書』ではさらに廟の管理・経費・財産について説明し、続けて神明会に関する説明をしている。神明会とは「廟ニ於ケル神仏及廟以外ニ於ケル神仏ヲ祀ル目的ヲ以テ組織シタル会ニシテ、此等ノ会ハ皆神仏ヲ祀ル費用ヲ支出スルカ為メ多少ノ財産ヲ有ス」と説明されている。

土地調査事業を行っていた臨時台湾土地調査局は明治三八年（一九〇五）、台湾各地の農地開墾の沿革と土地慣行に関する、臨時台湾土地調査局『台湾土地慣行一斑』を出版するがその『第三編』「土地及権利ノ授受」の「第一章　授受物件ノ主格即業主　第二款業主ノ種類　第二項　社団及財団　第二節祀廟」の中で基本財産として大租・小租を有する祀廟は台湾全体では少数で、その中から二八カ所の祀廟の沿革と大租や小租の徴収に関する慣行を概説し、「第三節神仏会」では宗教的団体の多い竹北一二堡と阿猴内埔地方での調査した要領が記されている。竹北一二堡で紹介されている義民嘗・福徳嘗・鸞城会・聖母会は祭祀目的の団体だが、阿猴内埔地方で紹介された団体の中には宗教性の薄い団体もある。

さて臨時台湾旧慣調査会第一部は南部台湾の調査結果として、明治三九年（一九〇六）に『臨時台湾旧慣調査会第一部第二回報告書』第一巻・附録参考書を、明治四〇年には第二巻上下・附録参考書を刊行した（以下『第二回報告書』と略称）。『第二回報告書』では宗教に関する調査結果として、まず「第一編不動産　第四章不動産権の主体」の「第三節　社団及財団」の中で、宗教関係の団体として紹介されているのは、「第二款　祀廟」、「第三款　神明会」、「第四款　斎堂」である。

「第二款　祀廟」は、『第一回報告書』で「略其要領ヲ悉クシ、且此慣習ハ台湾北部ト南部トニ依リ其間甚シキ差異ナキ」として詳述はしないとする。ただ南部地域の調査も進んだこともあり、祀廟と台湾の開発との関係についての知見が増え、開漳聖王廟の創立と漳州人との関係、輔信将軍の設立と漳州府海澄県人との関係、三山国王廟設立と潮州人との関係が指摘されて、祀廟の設立と台湾移民の出身地との関係に着目している。

「第三款　神明会」では、「元来神明会ハ同郷人ノ団結ニ係ルアリ同業者ノ団結ニ係ルアリ或ハ読書人若クハ単ニ親友ノ会合体タルコトアリ。又其目的ハ神仏帰依ヲ以テ主ト為スト雖トモ之ニ兼ヌルニ各自ノ利益増進ヲ企図シタルモノナキニ非ス」と述べるが、台湾全域の各種神明会については調査中として、神明会の実例として竹北二堡の義民嘗、福徳嘗、鵝城嘗、聖母嘗、阿猴内埔の忠勇公嘗が紹介されている。

宗教関係の項目で『第一回報告書』に記載がなく、『第二回報告書』で初めて紹介されたのが「第四款　斎堂」である。そこでは、

斎堂ハ仏教ノ一派タル持斎宗ヲ信奉スル斎友ニ於テ建立シタル堂宇ヲ云フ。已ニ記シタル祀廟中ニ包含サル、コト勿論ナレトモ、元来持斎宗ナルモノハ嘉慶二年ノ頃台湾ニ伝来シ以後漸次斎友ヲ増加シタルモノニシテ、且此等斎友ハ単ニ俗家ニシテ稍悟道シタルニ止ル者多ク従テ未タ宗教トシテ世ニ顕ハレス、世人亦之ヲ度外視スル如キ状態ニ在リ。而カモ亦其裏面ノ実際ニ於テハ台湾全島到処トシテ斎堂ノ建立ナキモノナク、其勢決シテ侮ルヘカラサルモノアルヲ以テ特ニ之ヲ記述スルコト、セリ。而シテ持斎宗ノ何物ナルヤニ付テハ茲ニ記載スルモノノ外、尚台湾慣習記事第三巻第五号雑録中ノ記事ヲ参照スヘシ。[40]

と述べて、台湾住民から宗教と見なされていなかった斎教の台湾社会における活動形態と全島的な斎堂の存在について注目している。

『台湾慣習記事』第三巻第五号雑録中の記事では、「独り肉食を禁ずるのみならず、阿片、酒類、煙草、檳榔、韮葱等

苟くも心身に害あるものは挙て之を排斥し、其他金銀紙及爆竹、賭博、邪淫等、種々の悪弊を一掃し、家業に余念なく順良の民と化するを以て、吃斎の名は一時社会の信用を高むるに至れり」とあり、また「済友は諸般の弊俗を斥け、冠婚葬祭の大礼に於ても、本島従来の悪例を墨守せざるが故に、種々の冗費を節約し、家道漸く振ふに至れり、若し夫れ持済宗が、風俗頽敗の社会に於て、眼に一丁字なきものをして一念の信仰克く直に修身斉家の要領を会得せしむるに至ては、其の社会に及ぼす効果亦蓋し浅少ならず」と述べられているように、台湾の文明開化と風俗改良を目指す植民地統治者は彼らが悪習と見なす漢族系住民の民俗的慣行を斎友（済友とも呼ばれた）が行わない点を高く評価した。そして『第二回報告書』では神明会が某堂と称していても堂宇はなかったのに対して、斎堂は堂と称し必ず堂宇が存在しているということで、斎堂に属する不動産に関する慣習について述べられている[41]。

『第二回報告書』の第二編人事は『第一回報告書』の人事よりもかなり増補され、宗教に関する項目が以下のように追加された。

第二編人事
第一章人
第二節品性
第三款宗教　第一項総説
第二項儒教
第三項仏道教　第一目総説　第二目僧道
第四項雑教　第一目斎教　第二目巫覡　第三目占筮

第二項儒教では「支那人ノ崇敬スル神祇中ニハ儒教ノ本義ニ基ケル正神ト唯民間ノ奉祀ニ係ル邪神ノ二種アリ」と分類した上で、儒教と関係のない「台湾ニ於ケル神祇」として玉皇上帝、東岳大帝、北極大帝、天后、五谷大帝、保生大帝、三山大帝、水仙尊王、開漳聖王、広沢尊王、臨水夫人、白顕大帝、元帥爺、王爺、大衆爺、福徳正神、君（竈神）が紹介され、旧慣調査において民俗信仰の対象にも一定の関心を持っていたことが分かる。

これらの項目の中で仏教と道教は「第三項仏道教」の中にまとめられているが「第一目総説」でそれぞれ個別に解説されている。また「第二目僧道」は僧と道士について身分の取得、僧・道士らの法的地位、身分の喪失について解説を加えている。

「第五項雑教」は儒仏道三教以外の様々な雑教が台湾においても存在し、其主要なものは大別して斎教、巫覡、占筮であると述べた上、「此中斎教ハ仏教ノ一派ニシテ尚仏教ノ教義ヲ其ノ本旨トス。反之巫覡及占筮ニ至リテハ全ク異端邪教ニシテ儒ニアラス、仏ニアラス国法ノ禁止ヲ潜リ窃ニ其命脈ヲ維持シ所在ニ蠱毒ヲ流布シ来レルモノトス」と見なしている。斎教についてはその由来、龍華、先天、金幢の三派の沿革が述べられ、さらに斎友たる身分の徳喪および、斎友の権利義務が説明されている[42]。

なお巫覡では台湾の巫覡として童乩・法官・女巫が紹介され、占筮では術士（占い師）の種類が説明されており、どちらの項目でも台湾人の中の迷信の存在がこれら人々の「衣食ノ地尚ホ余アリ」とされ、ここでも台湾人の迷信への執着が強調されている。台湾の住民の民俗信仰に直接的な影響力を有するこれらの人々は統治者側から常に警戒される存在であり、旧慣調査においてもその視点に違いはほとんどない。

宗教に関する項目はさらに「第五項宗教的造営物」があり、その「第一目　総説」では、

各宗教ニハ儀式ヲ営ミ又ハ教義ヲ説クカ為使用スル営造物アリ。儒教ニ於テハ壇廟ト云ヒ、道仏両教ニ於テハ寺観ト云ヒ、各其名称ヲ異ニス。未之ヲ総括スヘキ適当ノ名称ナシ。明治三十二年台湾総督府令第五十九号ハ之ヲ社寺廟宇ト為シタルモ台湾ニ於テ社トハ神社ノ意義ヲ有セス。又廟宇ノ中ニハ壇ト称スル祭場ヲ包含セス。社寺廟宇ノ四字ハ未能ク此等ヲ総括シタリト云フヲ得ス。

と述べられ、それまでの台湾総督府の宗教的営造物に対する呼称の問題点を指摘している。そして「宗教的営造物ノ種類」を（イ）壇（ロ）廟祠（ハ）寺（ニ）観（ホ）淫祠（ヘ）齋堂（ト）家廟と分類したのである。さらに「官設造営物」で官設壇廟について詳説し、「民間造営物」では「神祠・寺観」と「斎堂」とに分けて性質・設立・管理などについて詳説している。

「第六項宗教的団体」では、第一項総説に続いて第二項神明会、第三目祖公会、第四目父母会が紹介されている。

明治四三年（一九一〇）から臨時台湾旧慣調査会第一部の最終報告書となる『臨時台湾旧慣調査会第一部第三回報告書台湾私法』（以下、『台湾私法』と略称）が刊行される。その第一巻下（明治四三年）では、「第一編不動産　第四章　不動産権ノ特別ナル主体」の中に「第五節宗教的主体」という節を設けて、第一款総説、第二款寺廟、第三款祠堂、第四款斎堂、第五款神明会、第六款祖公会附父母会、に分けて記述している。

また明治四四年に刊行された『台湾私法』第二巻上の「第二編人事　第二節　品性」の「第三款　宗教」では、第一項宗教ノ種類、第一目総説、第二目儒教、第三目仏教、第四目道教、第五目斎教、第六目外教、という項目編成となる。この「儒教」項目の中の「台湾ニ於ケル神祇」の中に義民と城隍爺が加えられている。そして仏教と道教が別々の項目となり、斎教も『第二回報告書』では雑教の中に置かれていたが、『台湾私法』では独立した項目となっている。あらたに外教という項目がたてられたが、外教とはキリスト教のことである。

「第二項宗教ノ信徒及機関」は、「第一目総説、第二目僧道、第三目巫覡、第四目術士」で、第四目の術士は『第二回報告書』では占筮という項目だった。「第五目宗教的団体、第一則総説、第二則神明会」では、「総説」の中の「第二、台湾ニ行ハルル宗教的団体」の中で、「台湾ニ於テモ古来巫覡ヲ中心トスル団体ナカリシニアラス。現ニ日本領台後扶鸞会ノ一団アリ妄ニ神仏ニ仮託シ人民ヲ誘惑シタルコトアリシモ政府ノ禁圧ニ遇ヒ其跡ヲ潜メタリ。今ヤ巫覡ハ只諸人ノ依頼ニ応シテ加持祈禱ニ従事スルノミニシテ自中心トナリ衆人ヲ会合スルモノナシ」と述べ、この箇所以外で鸞堂や降筆会について『台湾私法』の中で言及されることはない[43]。

『台湾私法』第二巻上「第三款宗教、第三項宗教的造営物、第三目民設営造物」では『第二回報告書』で含まれていた

「祠堂」（家廟）が省かれた以外は記述に大きな変化はない[44]。『台湾私法』でも斎教・斎堂に関する記述は独立した項目になっており、斎教についての関心が極めて高かったと言えよう。清代斎教は福建や台湾で反乱を起こし、清朝の弾圧を受け、統治者から警戒される対象であった[45]。しかし台湾旧慣調査においては、斎友という形で信仰の社会的な広がりを持つ斎教の影響力と斎友の「開明的」生活が着目され、これをいかに植民地支配の中に取り込むかが関心事となっていたと思われる。

おわりに

本稿では日本植民地期初期の約一〇年間にわたる台湾総督府の宗教政策と宗教調査、および台湾旧慣調査会の宗教調査について検討した。明治三一年（一八九八）から在来宗教および外来宗教について台湾総督府は各種の調査を実施したが、当時の不安定な治安や各地方庁における宗教調査に関する基本的知識の欠如もあり、必ずしも総督府当局が期待するほどの情報を収集することはできなかった。

台湾総督府の一連の調査の中で、在来宗教については、宗教進化論的立場からこれを幼稚な宗教と見なし、漢族系台湾住民の信仰の程度も教義を理解するよりも現世利益を求める傾向が強く、迷信に対する執着などが指摘された。官廟については当初、日本軍や台湾総督府の占用によって荒廃が進んでいたが、児玉・後藤時代以降、一連の旧慣温存政策の下で儒教などによる地域秩序の再編を図る上で伝統的地域エリートの取り込みのために廟の修繕や祭祀儀礼の復活に植民地当局が資金援助をすることもあった。

外来の宗教の布教活動についても頻繁な調査が実施されたが、その背景には不安定な治安状況のもとで、布教活動による台湾住民への教化を期待する面と布教者の行動が治安を乱すことを懸念する面もあった。

台湾旧慣調査会第一部の調査では当初在来宗教に関する知見は乏しかったが、調査地域が中部・南部に広がるにつれて在来宗教関係の認識も次第に増加し、移民と特定の神に対する関係などに気付くようになる。しかし在来宗教に対する見方は総督府の宗教調査報告と同様にその三教合一状況が幼稚な宗教と決めつけられた。ただし斎教については植民地当局が悪習と見なす民俗的慣行を行わないなどの点が評価されることになったのである。

1　蔡錦堂『日本帝国主義下台湾の宗教政策』同成社、一九九四年。

2　『日本帝国主義下台湾の宗教政策』は日本統治下の台湾の宗教政策の全過程が考察の対象とされるが、第三段階の宗教政策がその中心となっている。

3　温国良編訳『総督府案専題翻訳（二）宗教系列之一　台湾総督府公文類纂宗教史料彙編（明治二十八年十月至明治三十五年四月）』台湾省文献委員会、一九九九年。『総督府案専題翻訳（五）宗教系列之二　台湾総督府公文類纂宗教史料彙編（明治三十四年六月至明治三十五年八月）台湾省文献委員会、二〇〇〇年。『総督府案専題翻訳（十二）宗教系列之三　台湾総督府公文類纂宗教法規彙編（明治二十八年至昭和二十年）』台湾省文献委員会、二〇〇一年。『総督府案専題翻訳（十六）宗教系列之四　台湾総督府公文類纂宗教史料彙編（明治三十五年八月至明治四十二年六月）』国史館台湾文献館、二〇〇三年。

4　台湾総督府公文類纂の文書は手書きで句読点はない。以下、この史料からの引用には筆者の判断により句読点をつけたが、史料原文では報告者により濁点の有無があり原文通りとし、また公文類纂と略称する。なお、日本植民地初期、台湾の地方行政区画は度々変更されており、本稿で扱う期間では、一八九七年五月に六県・三庁、一八九八年六月に三県・三庁、一九〇一年十一月に二十庁、一九〇九年十月に十二庁に変更された。

5　公文類纂第三〇五文書第三号文書。この文書は台湾総督府編『詔勅・令旨・諭告・訓達類纂（一）』一九四一年にも所収されている。

6　公文類纂第三九五冊第二号文書。この文書は前掲『宗教系列之一』で中国語に翻訳され紹介されている。

7　一九世紀後半、台湾北部はカナダ長老教会が、中部・南部はスコットランド長老教会が、また南部ではスペインのドミニコ会が布教を行った。公文類纂で基督教と表記されるのは長老教会などのプロテスタントで、天主教と表記されるのはドミニコ会などのカトリックである。

8　安丸良夫『近代天皇像の形成』（岩波書店、一九九二年）第六章、参照。

9　この時期の宗教報告では日本仏教の布教状況に関する内容が大半で、それに基づく論考に、温国良「日拠初期日本宗教在台布教概況——以総督府民政部調査為中心」『台湾文献』第五十巻第二期、一九九九年、がある。また松金公正「日本植民地期初期における浄土宗布教方針の策定過程（上）」『宇都宮大学国際学部研究論集』一三号、二〇〇二年、同「日本植民地期初期における浄土宗布教方針の策定過程（下）」同前一四号、二〇〇二年、同「真宗大谷派による台湾布教の変遷——植民地統治開始直後から台北別院の成立までの時期を中心に」『アジア・アフリカ言語文化研究』七十一号、二〇〇六年、は公文類纂に加えて、布教側の史料を検討することで日本仏教各宗派の台湾布教実態に迫る労作である。松金によれば、台湾総督府の宗教調査報告には宗教的事象への理解が高くない他、届出の遅れなどで、情報が不正確であったり、各布教師の所属宗派に誤認があるが、当時の宗教関係史料は乏しく史料不足を補う価値はあるという。

10 公文類纂第四六四四冊第二六号文書。

11 公文類纂第四六〇九冊第四号文書。

12 公文類纂第四六四四冊第二六号文書。

13 公文類纂第四六四四冊第二七号文書。

14 公文類纂第四六四四冊第二八号文書。

15 公文類纂第四六四四冊第三〇号文書。

16 公文類纂第四六四四冊第三一号文書。

17 公文類纂第四六四四冊第二九号文書。

18 公文類纂第四六八一冊第一四号文書。

19 公文類纂第四六八一冊第一五号文書。

20 公文類纂第四七四一冊第六号文書。

21 公文類纂第四七四一冊第八号文書。

22 宗教調査報告はその後、明治四〇年（一九〇七）には年二回、明治四二年には年一回となり、明治四五年には「年報行政事務及管内概況」中に報告する形になり廃止されている。前掲、松金、二〇〇六年を参照。

23 明治三十二年七月十一日訓令二二〇号第七項（温前掲書『宗教系列之一』、一九二頁）、および温前掲書『宗教系列之三』、二六五頁を参照。

24 公文類纂第四七四一冊第九号文書。

25 「社寺廟宇調」（公文類纂第三九五冊第二号文書）

26 注25に同じ

27 以下の記述は、公文類纂第四七四二冊第二号文書（明治三十六年年二月二十五日付民総第八四六号の本島旧慣に依る社寺廟宇中官廟に属する分調査照会に対する地方官庁からの回答のファイル）所収の各庁からの報告による。

28 公文類纂第四七四二冊第二号文書所収の台南庁からの報告に記されている。

29 『台湾風物』第四九巻二期、一九九九年。

30 「後藤男爵の台湾慣習研究上に於ける功績」『台湾慣習記事』第六巻第一〇号、明治三九年。

31 「本島史蹟の保存」『台湾慣習記事』第六巻第一〇号、明治三九年。この論説では、台湾日々の記事を引用し史蹟保存が同化の障害となるとの批判に対して、史蹟保存が島民の「心服帰嚮を深厚ならしめ」、「本島の経営治化の普及に至大の裨益あるや言を待たず」として、史蹟保存の台湾統治上の意義を強調している。

32 春山明哲「台湾旧慣調査と立法構想――岡松参太郎による調査と立案を中心に」『台湾近現代史研究』第六号、一九八八年、後同『近代日本と台湾――霧社事件・植民地統治政策の研究』(藤原書店、二〇〇八年)収録。また西英昭『『臺灣私法』の成立過程――テキスト層位学的分析を中心に』九州大学出版会、二〇〇九年)第一章「『臺灣私法』に関する基礎情報」は台湾旧慣調査の範型にも詳細な検討を加えており参考になる。

33 前掲、春山論文。

34 『第一回報告書』上巻、一～三頁。なお、臨時台湾旧慣調査会報告書からの引用も、筆者の判断で句読点をつけた。

35 同前掲書、三頁。

36 同前掲書、四三九～四四〇頁。

37 同前掲書、四四〇頁。

38 同前掲書、四四一頁。

39 春山明哲「法学博士・岡松参太郎と台湾――『台湾ノ制度ニ関スル意見書』解題」『台湾近現代史研究』第六号、一九八八年、後春山前掲書収録。

40 『第二回報告書』第一巻、七三九頁。

41 李坪侠仙「持済宗」『台湾慣習記事』第三巻第五号、明治三六年。日本統治期全般にわたる台湾の斎教については、第一〇章胎中論文参照。

42 前掲『第二回報告書』第二巻上、二一七～二二〇頁。なお明治三九年一〇月一六日の台湾府議において、本島旧慣の寺廟に斎堂・神明会類も含むことが決定された。「本島寺廟の内容」『台湾慣習記事』第六巻一二号、明治三九年、による。

43 創刊まもない明治三四年(一九〇一)に発行された『台湾慣習記事』では鸞堂や降筆会に関する記事は比較的多かった。「鸞堂と降筆会」、「鸞堂彙報」第一巻第八号。「台南降筆会の近況」第一巻第一〇号。また第一巻第一一号所収の「妖教彙報」にも鸞堂規論と降筆会の衰勢についての記述がある。

44 『台湾私法』第二巻上、三一九～三三六頁。

45 野口鐵郎編『結社の世界史二　結社が描く中国近現代』山川出版社、二〇〇五年、所収の相田洋「真空家郷に憧れて」、浅井紀「無生老母への誘い」を参照。

第10章

植民地台湾と斎教

胎中　千鶴

はじめに

斎教は清朝末期から日本統治期全般にわたって、広く台湾民衆に浸透し支持された民間宗教である。その独特の教義と信仰スタイルによって、清朝期まで支配者から「邪教」として扱われることが多かったが、日本統治期台湾においては「仏教の一派」と見なされ、日本仏教や台湾仏教とともに仏教界でその存在感を示し続けた。

植民地期の斎教に関する研究は、その歴史的位置付けや斎教徒および斎教団体の社会的活動などについて、これまで一連の成果が残されている。また戦後の台湾社会で、斎教を「仏教」ととらえるべきか否かという議論が高まり、その結果斎教の宗教的源流を検証する研究が進んだことも事実である[1]。

しかし台湾社会が現在に至るまで常に民間宗教と密接に関わり合ってきたことを考えると、斎教研究は、今後も学際的な視点で持続的に扱うべきテーマであろう。台湾独特の宗教風土の中で変容を続ける斎教は、台湾の歴史を、そこに住む人々の心性から探ろうとするときの一つの有効な手がかりになると考えるからである。

あらゆる角度からの問題提起が可能ではあろうが、本稿では試みとして、斎教が日本統治期に限ってなぜ「仏教」としての社会的認知を得たのかという、従来まで見落されがちであった論点を軸に、植民地台湾の斎教に関する歴史的考察を行うこととする。また、日本統治期に仏教知識人として活発な言論活動を展開した李添春の斎教認識について、彼の著作を手がかりに検証していく。

台湾流入後の斎教

台湾の斎教は日本統治期には持斎宗とも呼ばれたもので、明代中期に成立した民間宗教羅教（無為教）を起源に持つ。斎教の「斎」とは素斎、すなわち葷辛（肉や葱、大蒜など）を用いない精進料理を食すことを指し、斎教の信徒（斎友）がこの戒律を守ることから彼らを俗に「食菜人」と称することもある。信徒はまた阿片、煙草、酒類、檳榔も慎み、賭博をせず、爆竹を嫌い、平素は法服をまとわず頭髪も剃らず、一般の社会人と同様に生業を営み、半僧半俗のような生活を送ることが多い。

台湾に流入した斎教は大きく先天派、龍華派、金幢派の三派に分けられる。龍華派は一六世紀の明代正徳年間におこった羅教の開祖羅祖を第一代祖師とするもので、羅教の嫡裔と自認する一派である。金幢派の開祖王太虚は羅祖の娘を師と仰ぎ、のちにここから独立して明末清初に開教した。また先天派は清朝前期に羅教の影響を受けて黄徳輝が創立したと言われている。

教義面では三派のうち先天派には儒教思想が、金幢派には道教思想が多く加味されていると言われ、三派いずれも羅教と同様に儒・仏・道の三教合一思想を基本としている。たとえば龍華派の教典『龍華科儀』には、「夫れ三教は並びにこの国に生まれ、名は三ありと雖も、道は本これ一なり」と書かれているし、先天派においても、三教の聖人が認めて間違いない共通の思想や徳目は宇宙間の唯一真理なので実行すべしと主張している。したがって三派とも観音菩薩や釈迦仏を本尊とするものが多いものの、その他に道教の神である三官大帝や媽祖、関帝なども併せて祀ることが少なくない[2]。また彼らが日常的に用いる経典には、『金剛経』『阿弥陀経』のような仏典の他、羅教の経典『五部六冊』をはじめとする宝巻類なども含まれており、伝統仏教とは異なる様相を示している[3]。しかし羅祖が「悟り」に至る過程で浄土信仰や禅宗の影響を強く受けていることが、『五部六冊』のなかで明らかにされているため[4]、斎教徒は伝統的に自らを「仏教徒」と認識する傾向が強い。

神仏は斎堂（斎教の宗教的建築物）に安置され、信徒はここに定期的に集まって各種の行事を行う。信徒の中には斎堂に寄食して出家者同様の信仰生活を送る者もいるが、大半は在家のままで、仏の祭日などに斎堂に参会するのが通常であった。また斎堂の主宰者である堂主はこの斎堂の経営と祭祀を司るとともに、斎堂の持つ土地財産などの管理にもあたることが多かった。

斎教が台湾に流入したのは、清代康熙年間の一七世紀半ば頃に金幢派が台南に慎徳堂を設立したのが嚆矢という。その後一七四八年（乾隆一三年）、福建省で羅教の一派、老官斎の信徒を核とした大規模な暴動が起こったのを機に清朝政府の取り締まりを受けたものの、一七〇〇年代後半から一八〇〇年代にかけて、台湾中・北部を中心に多くの斎堂が出現した。これらの斎堂は大陸から移民した人々によって建立されたものだが、林美容らの研究によると、初期の斎堂では、信徒の増加に伴いその斎堂が母堂となって周辺地域に新たに子堂が建立されていく現象が見られるという。現存する史料によれば、清代に台湾に建立された斎堂は百カ所前後というが、官憲の目を逃れて密かに造られた斎堂もあるはずで、実際はこの数をはるかに超える斎堂が存在したと考えられる[5]。

こうした清朝期の斎教の隆盛は、当時の台湾における出家仏教の沈滞状況と密接な関わりがあると考えられる。台湾の仏教は明代以降中国大陸からもたらされ、一七世紀半ばには福建地方から禅宗各派の僧侶がしばしば布教に訪れて、清朝官吏の助力も得て仏寺の建立を進めた。しかしこれらの仏寺の多くは道教などの民間信仰と混淆しており、仏寺に道教の神々が祭られることは日常的な現象であった[6]。また寺院の多くは人里離れた地域に建立されたうえに、大半の僧侶はもっぱら寺院の運営や雑務に従事するのみで、無学の徒が多く、人々の尊敬を集める対象ではなかった。また当時の台湾には伝法授戒の場がなく、僧侶が受戒をするには中国大陸に赴かなければならなかったことも、僧侶の資質低下と関係があるだろう[7]。

当時の台湾民衆の多くは大陸からの移民やその子孫で、多くの艱難を経てようやく暮らしを築いてきた人々である。彼らの過酷な生活のなかで、神仏への帰依は大きな精神的支柱であっただろうし、そうした信仰生活では難解な教義よりも、日常の実践に基づく宗教活動こそが心の安寧を得るために必要だった。さらに民衆は日々の生業を維持しつつ帰依できる信仰活動を求めており、こうした民衆の宗教的ニーズに当時の出家仏教は十分に応えられるものではなかった。しかも清朝の法律では、女性は満四〇歳にならないと出家できないという厳しい規定があった[8]。

一方、斎教では村落地域に斎堂を構えることが多く[9]、農・商工業者が生業を断つことなく定期的な宗教活動を行える環境が確保されていた。またその三教合一思想は、儒・仏・道混淆の民間信仰と祖先崇拝が定着していた台湾社会にうまく適合するものでもあり、平易な言葉で庶民の救済を説く斎教の経典類は、一般民衆に安心立命への道を開く役目を果たしたと思われる。蔡相煇は清代の斎教隆盛の原因として、斎教の信徒となるには第三者の紹介と厳格な審査が必要だったこと、内部組織の秘密が保持されたこと、信徒の多くが農・工・商人層など経済活動に従事している人々のため斎堂の維持経営が安定していたことなどをあげている[10]。また老人や病人、寡婦などを斎堂に収容し、信徒の経済的援助によって彼らを養うという相互扶助組織としての機能も果たしたと考えられる[11]。斎教が持つこれらの側面は、とりもなおさず当時の出家仏教が民衆に対して与えられなかった厳格な宗教的規律と生活に密着した大衆性を、斎教が兼ね備えていたことを示していると言えよう。

このように出家仏教を補完するかたちで台湾民衆に受け入れられた斎教は、台湾に土着化していく過程において、本来備えていた仏教的要素をより濃厚に前面に表すようになっていった。前述のように台湾の斎堂では観音菩薩や釈迦仏を本尊として祀る斎堂が主流であったため、それに伴い斎堂そのものも清末期から日本統治期初期にかけて、次第に民間信仰の仏祖廟とよく似た建築様式を取り入れるようになった。こうした変化は、斎教を邪教と見なしていた清朝官憲の監視の目を逃れるために仏教を装うという一種の方策でもあったのだが[12]、何よりも当時の斎教徒が仏教的な信仰形式を重視していたことの証左であろうし、そうしたスタイルが定着するにつれて、斎教徒自身が自らを「仏教徒」と位置付ける傾向も一層強まっていったと考えられる。[13]

台湾仏教界と斎教

出家仏教との接近

一八九五年に日清戦争が終結し、講和条約（下関条約）によって台湾と澎湖諸島が日本に割譲されると、日本仏教勢力が内地から続々と台湾に布教使を派遣した。[14] 日本仏教各宗派の大半は割譲当初の従軍布教を終えると、台湾在住の軍人・軍属、商工業者など内地人向けの布教に力を注ぐようになるが、その中で曹洞宗のみは、台湾人向けの布教活動と自宗派の勢力拡大に当初から積極的姿勢を示していた。

一八九六年、曹洞宗は内地から六名の布教使を派遣して台北、台中、台南で本格的な布教活動を開始し、「在島の寺院との間に、日本曹洞宗に帰属させる私的契約を取りかわし、七〇余ヵ寺との間に契約を結んだ」という。「在島の寺院」の中には斎堂も含まれており、台南では布教使二人が駐在して台南地区の斎堂に契約を勧めた。[15] たとえば一八三七年に台南に建てられた龍華派斎堂の徳化堂では、一八九八年に太空（龍華派の高位を指す名称）が曹洞宗説教員に任命され、曹洞宗の傘下に入った。[16] その後一九〇〇年頃まで、曹洞宗の他真宗本願寺派や大谷派などの日本仏教勢力も在来寺廟との「私的契約」に奔走し、帰属寺廟・斎堂は増加の一途をたどった。

ただしこうした現象は、割譲直後の混乱期に在来宗教勢力が保護を求めて日本仏教に歩み寄った結果生じた一過性のものである。当時の総督府は台湾人の反感を避けるため在来寺廟に対し「尊崇保護」[17] の姿勢をとっていたものの、寺廟側にしてみれば極めて不安定な状態であったことは言うまでもない。そのため島内の秩序が回復する一九〇一年頃から「私的契約」数は目に見えて減少していった。

その後一九一〇年代にかけて、多くの寺廟が日本仏教各宗派の傘下から離れていったが、台南の徳化堂のようにその後も曹洞宗との距離を保ち続け、さらに曹洞宗を通じて、基隆月眉山霊泉寺住職江善慧のよう台湾人有力僧との関係を深めていくようなケースもあった[18]。

江善慧は一九〇二年に福州鼓山湧泉寺で受戒したのち故郷基隆に戻り、一九〇七年に曹洞宗に僧籍を編入、同年霊泉寺住職となって寺院経営に辣腕をふるった仏教界の主要人物である。彼は一九一一年に中国大陸の仏教名勝地視察に赴き、帰台後ただちに台湾全島の著名な寺院斎堂を訪れたが、徳化堂もその訪問先の一つであった。また翌一九一二年八月、霊泉寺で曹洞宗主催の「愛国仏教講習会」が開催された際は、霊泉寺関係者の他台南、新竹、嘉義などから寺院関係者四〇名余りが出席し、その中には徳化堂関係者も含まれていたという[19]。

とはいえ清朝期以来、斎教と台湾仏教の間には、温金柯が指摘するように「一種のつかず離れずの緊張関係[20]」が存在していた。仏教の一派という意識を強めたとはいえ、依然として自己の独自性を主張する斎教は、「正統」仏教にとってはやはり受け入れがたい対象であったからである。

一九一〇年代のこの時期の江善慧と斎教が接近した背景には、曹洞宗が台湾人有力僧を通じて斎教勢力の抱き込みを企図していたのではないかという動機が考えられると同時に、江善慧をはじめとする台湾仏教側の斎教観の変化が内在していると見てよいだろう。すなわち斎教がすでにある程度仏教としての社会的認知を受けており、従来までしばしば斎教が被ってきた「邪教」イメージが弱まっていたために、台湾仏教側が斎教の受容にあまり抵抗を持たなくなっていたと考えられるのである[21]。同時に斎教側にも、徳化堂のように、台湾仏教との従来の緊張関係から一歩踏み出す動きが現れてきた。両者の接近もまた、当時の台湾社会における斎教の存在感を反映した現象と言えるのではないだろうか。

台湾仏教界への参入

斎教が仏教界とさらに緊密な関係を持つのは、一九一〇年代後半のことである。一九一五年の西来庵事件後、総督府は全島規模の宗教調査を実施し、その結果を受けて「在来宗教に対し厳しい弾圧策を控え、代わりに容認と籠絡を兼行しながら『監督指導』の方法を取り入れ、漸次在来宗教を『改良指導』する方針[22]」を立てた。このような当局の意向を受けて仏教界では新たな再編成の気運がおこり、とりわけ曹洞宗、臨済宗妙心寺派の禅宗二宗は、台湾人布教に積極的姿勢を示した。双方とも在来宗教の寺院斎堂を勢力下に入れるべく台湾人有力僧や斎教勢力との関係を深め、教線拡大をめざして対抗意識を露わにしていったのである。

そうした中で一九一六年、臨済宗は台湾人僧侶養成を目的とする教育機関「鎮南学寮」（のちの鎮南学林）を設立、続いて翌年曹洞宗は同様の教育機関「台湾仏教中学林」開校にいたった。これらの教育機関の教育対象には、自宗派と帰属関係にある寺院の僧侶の他、斎堂関係者の子弟も含まれていた。たとえば「台湾仏教中学林」の創立当初の学生は「出家僧侶と在家信徒が半々」[23]の状態であったという。ならば曹洞宗にとって、斎教徒への教育はどのような意味を持っていたのだろうか。前出の曹洞宗関係者は次のように述べている。

且つ中学林にては斎教の信者をも教育するのであるが、斎教は六祖大師が居士の時に弘めた大教旨といふことで、菜食主義の居士宗である。斎教信者は台湾に其数多く、最も勢力の大なる者である。彼等は信仰心も深くして内地の僧侶に対して敬愛の念を表はしている、されば彼等を教育して曹洞禅宗の真髄を知らしめ永久に信徒たらしむることは刻下の急務で、彼等にして熱心、本宗の布教を援助するに到らば、台湾布教の独立もできやうと思ふ。されば中学林は是非成功させたいものである。[24]

彼のこの言からは、曹洞宗が出家仏教の僧侶よりもむしろ斎教徒に希望を託していることがうかがえる。

斎教徒がこうした仏教教育を受ける機会は、総督府主導のもと一九二一年に設立された台湾初の全島規模の仏教組織、南瀛仏教会の登場によってさらに増加した。南瀛仏教会は当時総督府社寺課長の任にあった丸井圭治郎が、台湾人有力僧江善慧、沈本円をはじめとする主要仏教関係者や有力斎教徒と図って結成したものである。当初、南瀛仏教会の会員には寺廟や祭祀団体なども含まれる予定だったが、同会が事実上仏教系在来宗教を主な「教育指導」対象としたため、道教色の強い寺廟や祭祀団体は自然にはずされるようになったという。[25]

結果的に南瀛仏教会は、台湾人僧侶、斎教徒、および日本仏教関係者によって構成されることとなった。その活動内容は雑誌発行や研究会、講習会の開催、宗教調査などであったが、中でも定期的に開かれる会員向けの仏教講習会は年に一～二回のペースで、特別講習会や婦人講習会を含むと計二一回開催された。大正年間（一九一二～一九二六年）に限って見てみると、計九回、受講者は延べ二〇〇名近くにのぼり[26]、受講者の中にはのちに仏教界で活躍する僧侶と並んで、数十名に及ぶ龍華派と見られる斎教徒が含まれていた。また一九四二年までに三回にわたって開かれた婦人講習会には毎回数十名の女性会員が受講しており、ここにも女性斎教徒が多く参加していた可能性が高い[27]。

日本人の斎教認識

日本人の見た斎教

前節で見てきたように、日本統治期の台湾社会では、清朝期に「邪教」視されることが多かった斎教が、一定の社会的認知を獲得することが可能だった。そこには、統治者である日本人の斎教観が大きく影響していると考えられる。本節ではまず一九〇〇～一九一〇年代の史料から、日本人の斎教イメージを見てみよう。

史料上の日本人の手による斎教関連の記述は、一九〇〇年代以降統治期全般にわたって散見されるが、統治期初期の調査記録として代表的なのが、一九〇三年に雑誌『台湾慣習記事』に掲載された「持斎宗」と題する一文である。ここでは斎教を、衰頽した仏教に代わるものとして新たにおこった一派と位置付けた上で、次のように述べている。

（斎教徒は：引用者注）独り肉食を禁ずるのみならず、阿片、酒類、煙草、檳榔、韮葱等苟も心身に害あるものは挙て之を排斥し、其他金銀紙及び爆竹、賭博、邪淫等、種々の悪弊を一掃し、家業に余念なく、順良の民と化するを以て、吃斎の名は一時社会の信用を高むるに至れり（……）済友亡故せば、済主を請ふて家に至り念経せしめ、葬儀を行ふ、其式簡にして其実亦甚だ廉なり抑も持斎宗未だ宗教として世に顕はれず、世人亦之を度外視するが如きも、殿堂を建て、信者を有し、布教を試み、葬儀を行ひ、儼として各宗の外に独立し、其団結持戒、信仰、感化の力は、反って普通僧侶の上にあり、真に一宗たるの実力あり。[28]

この筆者の目に映った斎教徒は、日常生活上の戒律を厳守し、「家業に余念なく、順良の民と化」して「社会の信用を高めた人々であった。さらに彼らの儀式一般が簡素であることも好印象として受け取られている。こうした斎教への「好感度」は、日本内地の代表的な宗教紙『中外日報』紙上に、一九〇七年に初めて載った斎教に関する短い記述にも表れている。[29]

満韓と同じく司教者には食菜人と称して、道士の如きもの数多あり、各町毎に斎堂あり、彼等は此処に参詣して最も好める煙草、酒、茶を断ち斎戒沐浴して身心を錬磨し、除災招福の呪をなす、之に反して僧侶の数は極めて少なく葬儀に列する僧は司公と称し、日本の僧侶を見れば日本公司《ママ》と卑しむ。[30]

同様に一九一〇年七月の記事では、曹洞宗の僧侶が台湾視察の感想を述べる中で、食菜人についてこう述べている。

何れも肉食を断ち菜食のみを造り居るそうですから、先づ禅宗と云う方に近いでしょう。而して其信仰の強固なる、勤行の厳粛なる点に至ると禅坊さんとしては大に遜色なきを得ざる次第です。[31]

こうした日本人の斎教への肯定的な認識は、同時期の台湾仏教や道教などに日本人が投げかけた視線とはまったく対照的なものである。「近代」を体現すべき統治者として台湾に来た日本人が見た台湾在来の宗教は、儒・仏・道が混ざった「一種の混淆教」であり、「道・仏二教の宗教家等は、出家、道士の美名の下に、徒に衣食を策するのみにして、敢て教義の如何を顧み」ないため、「二百年来教勢漸く衰頽し、今や法燈全く滅せんとす」るものであった。[32]

また霊験を重視し、迷信を多く含む台湾人の信仰は、日本人仏教者にとっては、「徐々に真仏教に導き、順次風俗に改良を加え、之を文明に導く」ための対象であり、それこそが「宗教家の職務」だととらえられた。[33]しかし斎教のみは、統治期初期からすでに台湾宗教へのこのような日本人の視線から、ある程度免れる立場にあったのである。

こうした日本人による斎教および在来宗教への認識は、統治期全般にわたって基本的に大きな変化はなかったように見える。次に統治期後期にあたる一九三〇年代半ばの史料を見てみよう。

曹洞宗布教師として渡台経験のある秋田県角館の常光院住職村野孝顕は、台湾仏教に関するエッセイの中で、現在の日本仏教の植民地布教を「各宗あえぎあえぎの布教競争、謂はば自宗尊しの信徒の争奪に過ぎない」と断じている。その一方で、台湾仏教には「日本内地の移出仏教を俟たずに立派に独立し得、海外に誇り得る底の美しさがある」という。とりわけ斎教は、「日本の真宗一派にも似て、相似ざる持戒堅固の家庭信仰の普及団体」であり、「尽く慕古内省に始まり、当時の社会思想にピタリと相調和する間隙矛盾のないもの」という点が浄土真宗に通じると村野は言う。それゆえ「その発生に童話的典拠を持つが故に敢て価値なしと速断することなしに、要はその団体の社会民衆に及ぼす信仰による生活態度の浄化作用の如何であるから、それから見て決して日本内地の各宗の持斎精進力とは勝こそすれ劣つては居らぬと思ふのである。」と評価する。[34]

また台湾在住の民間人で台湾製壜会社重役の西岡英夫は、次のように述べている。

（斎教徒は：引用者注）宗教に対する信仰があるものと云って可いし、真の仏徒であり善男善女と称すべきで、他の多くの台湾人の神仏に対する態度とは全然同一ではなく、宗教なぞと云ふものに何等関心がなく、唯だ神仏を拝し祈願するのは己の求福避禍のためのみと心得て居る態度とは雲泥の差で、吃斎人こそ斎教信徒の信仰は一異彩で、而も堅く仏戒を守持して、仏を信ず念の厚く深いことは、真に敬すべきものがある。[35]

こう絶賛する西岡が描く斎教徒像は、「観音さまを礼拝して、朝夕読経し仏戒を守持し、冥福を祈る外、他を顧みず一心に帰依信仰する」「真剣の信仰生活」である。また彼らが「俗人と同様に生業を営み働いて居る」のに「決して不正の業は一人も営んで居ない」こと、菜食を固持するため「敬念を含まれる社会的待遇を受けて居る」こと、「世界に知られる迷信民たる支那民族の台湾人でありながら、迷信に陥ることが尠い」などの点を美点としてあげている[36]。

本人も観音菩薩の熱心な信仰者と見られる西岡の記述は、やや客観性を欠いているものの、既述の『台湾慣習記事』や『中外日報』の斎教認識ときわめて同質であることが分かる。そこで共通して「良きもの」とされるのは、菜食主義と厚い信仰心、市井にあって生業を営み、祭祀が簡素で迷信にとらわれない、といった斎教の信仰生活のスタイルである。それはまさに儒教的とも言える「順良の民」の模範的な姿であった。

妻帯と三教合一

統治期全般におけるこのような日本人の斎教認識は、当時の斎教が既述のように仏教色を強めていたことともちろん無縁ではない。主に観音菩薩を本尊とする斎教徒の日常の営みは、村野孝顕の言葉に代表されるように、日本人から見ると内地の在家仏教徒の姿と重なるものがあった。

一方斎教徒自身も自らを「我等は法服を纏ず剃髪をせずとも、仏道の教に通じ、戒律を互に厳守して仏徒たるに恥じないのみか、生産に務めて人の本務を尽して居る[37]」ものとしてとらえており、出家仏教と次のように比較することもあった。

> 斎友は、出家と接することは尠いが、時世に合ふことは斎教が勝って居る。出家僧侶は一定の職業なく、而も戒律複雑に過ぎて守り得ず、社会の悪評を受ける。若し、彼等が職業を選んで之に従事し、戒律を持すること厳ならば、斯かる風評も無くなるであろう[38]。

しかし本来の伝統的な中国仏教から見れば、このような生活を守る斎教はまさにそれゆえ「邪教」であった。それはとりもなおさず斎教徒が出家せず市井にあって妻帯するという点が破戒と見なされるからである。一方日本仏教では、浄土真宗の伝統的な宗風の土壌もあり、江戸期より出家僧侶が事実上の妻帯をするのは一般的に珍しいことではなかった。明治に入り一八七二年に太政官布告により僧侶の肉食妻帯勝手令が出されたことで、日本国内での僧侶の妻帯は公的に認められるようになっている。そのため当時の日本人にとって斎教徒の妻帯は、斎教を仏教と見なすか否かを判断する際の否定的な材料とはならなかったと言えよう。

それでは斎教の特色である儒・仏・道三教合一思想について、日本人はどのように受けとめたのだろう。他の台湾在来宗教のようにこれを「混淆教」としてとらえず、仏教と見なしたのはなぜなのか。ここでは丸井圭治郎の言説から検討してみよう。

丸井は一九一九年に総督府社寺課から刊行された『台湾宗教調査報告書第一巻』の編集責任者で、この報告書作成にさきだち一九一五年から行われた全島規模の宗教調査の際は、総督府編修官兼翻訳官として調査の中心にあった。彼は報告書の中で、斎教を在来仏教の一派として位置付けたが、一九一六年の『中外日報』ですでに斎教を「仏教の一種」と紹介している。彼はここで、

此徒は主に観音を尊奉して、信仰が厚く団結力が却々強い、我真宗の開祖親鸞上人の意志は或いは此の斎教にあったのではなからうかと思わるる点がある。[39]

と述べており、斎教の三教合一思想にはまったく触れていない。また彼は、一九一八年に雑誌の誌上で報告書の中の「仏教」に関する記述について、こう述べている。

（台湾の宗教は―引用者注）儒仏道の三教は互いに相混淆して居るが、併し我国で嘗て神仏習合の行はれた時代に於て仏本神迹と神本仏迹とあった如く、其の系統内容を調査すれば孰れが主、孰れが従たる判別の付くものが少なくない。それで大体の基準を定めて仏本神迹と見るべきものを仏教と見做して之を総括して「台湾仏教」の中に叙述し

たのであります。[40]

彼のこの言葉は、報告書の中で「仏教の一派」とされた斎教にもあてはめることができよう。丸井は斎教に対しても「仏本神迹」と解釈することで、斎教の仏教性を認知したと考えられるのである。もとよりこれは、丸井の斎教に対する一方的な「読み換え」に過ぎないのかもしれない。しかし丸井は同一九一八年、宗教行政監督機関として新たに総督府に設置された社寺課の初代課長に就任した人物でもあり、こうした「読み換え」は、丸井をはじめとする統治者の多くが無意識のうちに行っていた可能性が強いのである。

以上のように斎教は、本来日本人が持つ宗教風土との近似性を備えていたことで、結果的に日本人が受け入れやすい「仏教」としての斎教像を統治者側に与えることになった。もちろん当然のことだが統治者側がすべてこうした認識を持ったわけではない。たとえば一九一五年の西来庵事件前後には、斎教徒が反社会的分子と見なされ、当局から嫌疑をかけられることも少なくなかった。[41] とはいえ、統治期全般を通じて形作られた日本人の斎教認識の基本はやはり上述のようなものであり、「仏教の一派」という認識を統治者側に与えた斎教が、台湾という新天地で新たな展開をはかる日本仏教との距離を縮めていくのは、むしろ自然な流れだったとも言うべきであろう。

その結果斎教は、一九一〇年代から一九二〇年前後にかけて南瀛仏教会や仏教教育機関とより濃密な関係を結び、日本仏教、台湾仏教とともに「仏教」としての存在価値を示せる空間、すなわち仏教界を共有するに至った。しかしそれゆえに斎教徒は、統治者および統治者側の視点に立つ日本仏教の設けた枠組みの中で、あらためて「仏教としての斎教」である自らの位置の所在を模索しなければならなくなった。「仏教としての斎教」は日本仏教に啓蒙されるべき存在なのか、台湾の出家仏教へのアンチテーゼとしてあった斎教のアイデンティティは、日本仏教主導の仏教界において維持されるものなのか。斎教を「仏教」として見る仏教界の視線と、「仏教」であることを望む斎教の自己認識がからみあう中で、斎教徒は意識的にせよ無意識にせよ「斎教であることの意味」を自らに問い直すべき局面に立たされたと言えよう。

李添春と斎教

それではこうした「仏教」としての斎教を、当時の台湾仏教知識人はどのようにとらえていたのだろうか。ここでは斎教に関する論文や記述を多く残し、代表的な仏教知識人として知られる李添春の言説をとりあげ、分析を試みよう。

「在家仏教」としての斎教

李添春は一八九八年、台湾南部の高雄県美濃に生まれた客家人である。家は貧農で、幼少時から牛飼いなどで家計を支えたが、腸チフスで一年近く病に伏した。父親は観音菩薩に平癒祈願し、息子が回復した暁には、「弟子として捧げる」ことを誓ったという。快癒した李添春は菜食に励み、一二歳で公学校に入学した時は、終日菜食するようになった[42]。

その後一五歳の時に基隆霊泉寺で沙弥となり、一九一七年に曹洞宗の「台湾仏教中学林」に入学、卒業後日本内地に渡って山口県の多々良中学で学び、曹洞宗大学予科を経て一九二五年に駒沢大学文学部仏教学科に進学した。同期生には李の又従兄弟にあたる曾景来が、下級生には高執徳、林秋梧などの台湾人留学生が在籍しており、のちに南瀛仏教会の機関誌『南瀛仏教』誌上で積極的な言論活動を展開するこれらの人材が同校で学んだ。当時の仏教学科には、仏教学関係のみならず、宗教史、哲学、倫理学、外国語などの課程が設定されており、ここで近代的な宗教教育を受けた台湾人留学生は、統治者側と台湾人社会双方から仏教エリートと目される存在となった[43]。

李添春は大学時代の研究テーマに斎教を選び、一九二九年、龍華派の有力者許林に教えを請うなどして「台湾在家三派の仏教」と題する卒業論文を完成させた[44]。この労作は、学内の成績優秀者に与えられる「永松賞」を獲得している。彼は卒業前の一九二八年にすでに「台湾の在家仏教に就て」という文章を『南瀛仏教』に発表したが、李の回顧録によると、これは当時の総督府文教局長が東京に上京し、「台湾宗教の論文」執筆を依頼してきたからだという[45]。この時台湾人の手による本格的な斎教研究はまだ他に見られず、彼はその先駆けと言えるだろう。

この論考で彼は斎教を「ウバサツカ仏教」と称し、当時日本で在家仏教を唱導して注目されていた河口慧海のウパーサカ仏教運動と斎教を重ね合わそうと試みている。河口の提唱したウパーサカ仏教運動とは、当時の既成仏教各宗派への強烈なアンチテーゼとして彼が打ち出した仏教改革の思想と実践の総称である。河口は、大乗仏説の信念に基礎をおいた戒律主義的な在家主義を主張し、虚偽と欺瞞に満ちた出家よりも、戒律を基本とする在家こそが現代社会に最もふさわしいとして、既成諸宗派への痛烈な批判を展開した[46]。

河口のこの思想の影響を受けたと思われる李添春は、龍華派開祖とされる羅因を「衰へた仏教を作興する為に憤起したが、奈何せん今迄の仏教の形では絶望であると思ったのか遂に決心して在家仏教を鼓吹し、且つ在家仏教に依って儒教道教等を調和折衷しやうと努めた」[47]人物ととらえている。

また現在の台湾斎教徒については、「開祖の改革精神を失って徒に出家仏教と峻別し、或者は儒者の奴隷となり或者は出家仏教に隷属して、頗る不徹底極まるものである」と断ずる。しかし同時に彼は、斎教徒は戒律（三帰五戒）を厳守して「頗る社会の信用を得て居る」とし、次のようにむしろ斎教の美点を強調するかたちで一文を締めくくっている。

> 顧て現在日本仏教界を見るに殆んど全部が半僧半俗の不徹底極まる状態であるし、且つ戒律を疎かにする人が多い様であるから、先づ之を鑑として聊かなりとも襟を正しくする必要はなかろうか[48]。

この文章が駒沢大学仏教学会で発表したものであることも考え合わせると、台湾土着の斎教を日本で紹介する場に臨んだ留学生李添春の、台湾人としての自尊心の一端がここからうかがえる。この時の彼は、斎教を「在家仏教」と位置付けることに何ら迷いを持たなかったように見える。「在

〈**写真 10-1**〉留学時代（1928 年）の李添春（右側、『李添春教授回憶録』より）

家仏教への運動」は「仏教最後の転回」であり「自然の趨勢」[49]だとする当時の彼には、むしろ斎教が日本仏教と台湾仏教の現状を打破するラディカルな存在と感じられたのかもしれない。

一九二九年に駒沢大学を卒業した李添春は、ただちに台湾に戻って総督府文教局社会課に台湾宗教調査事務嘱託として勤務し、当時の調査主任増田福太郎とともに、全島の宗教調査にあたった。

同年『南瀛仏教』七月号誌上に発表した「日本仏教に対する一考察」で、李は台湾仏教について「私の知ってゐる限り凡べて禅宗であ」り、「在家仏教たる龍華派、金幢派、先天派の三派は倶に禅宗より脱化したることは歴史に照らして明らかである」と述べている。さらに、同誌一月号に掲載された曹洞宗台北別院主水上興基の、日本仏教主導による台湾仏教改革を唱える文章に対しては、次のように果敢に反論した。

曹洞宗別院主水上興基老師の台湾仏教の整理に関するご意見を拝観致しましたが、吾人は多少の疑問を懐くものである。所詮、政府も信教自由を精神とする限り、台湾人仏教徒の自覚を直接、間接に補導助成するは必要であるけれども、その組織や信仰の内容に深く干渉することは問題である。[50]

斎教を含む台湾仏教の自律的向上の可能性を疑わないこの筆致からは、若き仏教知識人の気概が垣間見えないだろうか。

李添春の迷いと揺らぎ

李添春は一九三〇年から二年間にわたり『南瀛仏教』の編集長を務めた。この時期に発表した彼の一連の論考には、二〇年代のそれとは異なる論調が見られるようになる。

一九三〇年に発表された「本島に於ける斎教の活動」と題する論文で、李添春は一転して「一体斎教は如何なる宗教に属すべきか」と問題提起を行い、「本島に於ては斎教は今迄条件なしに、仏教の一分派と看做して来たけれども、前述の如き斎教の本来の意味から云へば、仏教であるか否か疑はざるを得ない」[51]と疑問を呈した。そして斎教はその教義や歴史的変遷から見て「三教調和思想を中心に、開展した一種の新宗教運動」[52]であると位置付けている。

翌三一年の論考「三教思想と台湾の宗教」でも、台湾の儒・仏・道三教は「孰れも其の本来の教義を喪失して相互に相混淆し、所謂純粋なる仏教道教若くは儒教といふものは殆んど存在しない」とし、中には「三教の区別を知りつつわざと混同せしめるものもあ」り、これは「三教を超越して一種の宗教を形成していると見るべき」だと書く。そして、

> この新宗教は如何なるものであるか、或るものは之を民間宗教と称し、或は之をXとなし、或は雑教或は迷信と謂はれている。[53]

と述べている。ここで言う「新宗教」とは斎教を指しているものと考えてよいだろう。

一方、一九三一年の論考「斎教概説」においては、再び「斎教は仏教の一派であることは自他共に認めるところ」であると言うのだが、反面次のようにも述べている。

> 然し乍ら斯かることは仏教からいふと優婆索迦仏教（Upasaka Bu-ddha Shasana）であるが出家の僧団に隷属すればこそ始めて意義をなすけれども実際上斎教は出家僧団より分離独立から厳密の意味からいうと仏教と言ひ得ないかも知れぬ。[54]

そして、河口慧海の在家仏教運動を範としつつも、「三教の混同」と「幾多の不純物の潜入」が見られる斎教が、「純仏教に精錬して以て本島に於ける仏教を先導する」ことを望んでいる。[55]

上記の三論文からは、三教合一思想を掲げる斎教の現状を「在家仏教」と見なすことへのためらいがうかがえる。と同時に、むしろ新たな宗教運動として仏教から切り離し、社会に寄与する新宗教としてとらえようとしているようにも

見える。これは当時の李の上司でもある増田福太郎の言説とも共通するものだ。増田は「本島における仏教の地位」と題する論考の中で、現在の台湾の諸宗教の「低迷せる混同」を嘆きつつも、これは「一段と高き階段を創造するに必要な地盤である」としている。そしてそれらを「生活の新しい統一原理」にふさわしい「新信仰」とするためには、日本仏教という「より高き宗教」によって導かれる必要があるという[56]。

斎教は仏教なのか、あるいは「雑教」なのか。そしてそれは日本仏教に導かれ、「生活の新しい統一原理」として社会に寄与する新宗教になるべきものなのか。『南瀛仏教』編集長という、言わば植民地支配システムの一端に身を置く李添春が描くこの時期の斎教像は、それらの問いに答えを出せず、輪郭が曖昧なままである。

一九三二年、李は台北帝国大学理農学部の助手となるが、その後も民間宗教に関する論考執筆を続け、戦時期の一九四〇年には「台湾仏教の特質」を発表している。ここで彼は斎教を「果して仏教であるか何うかに就ては、多少の疑問がないでもないが、今は且らく一般の常識に随って」「在家仏教」として分析する。

しかし一方で、その内実を「表面上は仏菩薩を祀っているけれども、実在の崇拝対象は皆支那固有の天地開闢説を、宗教的に造り直して、無極を神格化して崇拝している」「三教一家の無謀の統一[57]」だと記している。当時の台湾は、いわゆる皇民化運動期にあり、二年前の一九三八年からは在来宗教の寺廟や神仏像を廃止・廃棄しようとする「寺廟整理運動」が展開されていた。「無謀の統一」という否定的な表現には、そうした社会状況が投影されているのであろうか。

以上見てきたような李添春の斎教観の揺らぎは、植民地台湾の知識人に共通する価値観の混乱であろう。異民族統治下における植民地知識人は自民族の歴史的アイデンティティを強く意識し強調しようとするが、その一方で同胞よりいち早く近代化に浴したエリートとして、自身が属する社会の啓蒙活動を担わねばならなかった。そこでは必ず、近代によって否定される自民族の文化や歴史への愛憎半ばした思いが生まれるはずである。

李添春は、斎教の現状を否定的にとらえつつも、幾度にもわたって斎教の歴史的源流に言及する論文を書き続け、そこにラディカルな新仏教運動との関連を見出そうとした。幼少時、大病の快癒を契機に菜食や読経に親しんだ記憶を持つ李添春にとっては、他の台湾仏教知識人のように、斎教を因習や旧弊に囚われたものとして切り捨てることはできなかったのだろう。

一方、同時期に総督府に勤務し『南瀛仏教』の編集に携わった江木生は、台湾仏教改革を論じる中で、斎教が「仏教の真精神に及ぼす悪影響は亦質に恐るべきものがあり誠に遺憾」とし、仏教改革のためにはまず「斎教の根本的大改革が必要である。暴言の様ではあるが、教義上、思想上幾多の弊害を有する此の斎教三派の組織を一応根本より打ち壊はして純仏教の一宗派として再建したら如何であるか」[58]と記している。江木生のこうした激しい論調と比較すると、李添春の記述からは彼の抱えるアンビヴァレンスが一層浮き上がって見えてくるのである。

日本の敗戦後、中国大陸から中国仏教が台湾に流入すると、斎教は日本化した不健全な仏教として指弾され、再び仏教界の「周縁」に置かれた[59]。そのため、斎堂の中には堂主が受戒して僧侶となり、仏教寺院として存続をはかるものもあった。

一九四七年に台湾大学農学院教授となった李添春は、その後も斎教に対する仏教学的言及を止めることはなかった。五〇年代に仏教雑誌に発表した彼の一連の論考からは、在家仏教の再評価と、斎教が仏教界に果たす役割の重要性などに関する意見が散見される[60]。

その一方で、一九六〇年に発表した論考「台湾的斎教与教匪」のように、中国仏教史上「教匪」とされた民間宗教と斎教の関連性を分析することもあった[61]。闞正宗の言葉を借りれば、これは強い「殺傷力」[62]を持つ斎教批判とも受け取れよう。

李添春は一九八四年、八五歳で回顧録を執筆した。彼の描く生涯最後の斎教像とは、自身の二〇年代の言説を彷彿とさせる次のようなものであった。

台湾の仏教は従来の出家仏教と在家仏教の二派があり、在家仏教は又斎教とも謂われている。……（在家仏教は）しかも尚ほ一歩すすめて儒教、道教を兼修しようと努めている。……中国仏教の改革は将来台湾仏教徒によって改革されると思うが、又そうなるように希望している[63]。

おわりに

清朝期よりすでに仏教色を強め、民衆の間に根づいていた斎教は、日本という新たな統治者を迎えたことでひとつの「生きる場所」を得た。それは、斎教に日本仏教との近似性を見た統治者および日本仏教によって用意された仏教界という空間であり、その中で台湾の出家仏教と斎教の距離も大きく縮んでいくことになった。しかしその結果、斎教徒は「斎教であることの意味」の再考を余儀なくされた。仏教学者李添春の斎教への視線が常に揺れ続けたのは、彼の知識人としての葛藤が生んだものであろうが、同時に日本統治期の斎教自体の揺らぎを映したものだったのかもしれない。

戦後に至っても、李添春の斎教像は確たる輪郭を示さなかった。振り幅の大きいそれらの言説を、時代の権力者を意識した阿諛追従ととらえることもできるだろう。しかし同時にそれを、戦前戦後と続く支配者の強権をやりすごしながら、自身の身体にしみこんだ斎教を最後まで手放そうとしなかった彼の、強烈な自我意識と受け取ることも可能ではないだろうか。

戦後の斎教は上述のように厳しい環境下で衰微したが、台湾の歴史や精神文化と深く結びついた斎教を台湾社会が再びどう位置づけるのかは、今日的なテーマであろう。日本統治期の斎教の歴史的変容が現代にもたらした連続性という点から見ても、きわめて興味深い課題である。

付記　本稿は拙稿「日本統治期台湾の斎教に関する一視点」（『史苑』六〇巻二号、立教大学史学会、二〇〇〇年）の一部を加筆・修正したものである。

1　植民地期の斎教に関する主な先行研究としては、王見川『台南徳化堂的歴史』徳化堂管理委員会、一九九五年、および『台湾的斎教与鸞堂』南天書局、一九九六年、の他、江燦騰「戦後台湾斎教発展的困境問題」および林美容「在家仏教――台湾彰化朝

天堂所伝的龍華派斎教現況」（『台湾斎教的歴史観察与展望——首届台湾斎教学術研討会論文集』新文豊、一九九四年）、林美容「台湾斎堂総表」（『台湾史料研究』六号、一九九五年）、鄭志明『台湾民間宗教結社』南華管理学院宗教文化研究中心、一九九八年、などがある。また斎教の源流に関しては、王見川『台湾的斎教与鸞堂』の他、武内房司「台湾斎教龍華派的源流問題——清末浙江的霊山正派与覚性正宗派」、馬西沙「台湾斎教——金幢教淵源史実弁証」、浅井紀「台湾斎教的「龍華科儀」与霊山正派的教義演変」（以上『台湾斎教的歴史観察与展望——首届台湾斎教学術研討会論文集』）、などがある。戦後の斎教を民間宗教の一貫道と関連づけて言及したものとしては、宋光宇『天道鈎沈』元祐出版社、一九八五年、がある。

2　斎教の教義、儀礼、建築物などに関しては高賢治「台湾的斎教」（『台湾風物』三六巻三号、一八九六年、比屋根安定『世界宗教史』三陽書院、一九三四年、篠崎壽雄『台湾における一貫道の思想と儀礼』平河出版社、一九九三年、張崑振・徐明福・林美容「清代台湾的斎堂建築」（『台湾史料研究』一三号、一九九九年）、林美容『台湾的斎堂与巌仔——民間仏教的視覚』台湾書房出版、二〇〇八年、を参照。

3　『五部六冊』は五種類で六冊になる羅教の経典で、宝巻の形式をとっている。宝巻とは明清以降、中国民間の仏教・道教および新興宗門で用いられた唱導的・通俗的文芸の一様式であり、唐代の変文の系統を受け継いでいる。当初、その内容は宗教的な故事を題材にして因果応報を強調するものが多かったが、明清以降は民間伝承や社会生活に関係する宝巻が流行した。しかし民間宗教結社が組織内でこれを用いるようになったため、官憲に「妖書」と見なされ、しばしば弾圧された。（澤田瑞穂『増補・宝巻の研究』国書刊行会、一九九五年、九五～九六頁、および『中華仏教百科全書　九』中華仏教百科文献基金会、一九九四年、五八八七頁）

4　浅井紀『明清時代民間宗教結社の研究』研文出版、一九九〇年、三二一～三二三頁。

5　張崑振、徐明福、林美容前掲論文、八七頁および一一五頁。

6　尹章義「仏教在台湾的開展（1661～1895 A.D）」（『台湾仏教的歴史与文化』霊鷲山般若文教基金会国際仏学研究中心、一九九四年）、三五～四一頁。

7　台湾総督府編『台湾宗教調査報告書第一巻』、一九一九年、七二頁。

8　江燦騰『台湾当代仏教』南天書局、一九九七年、五二頁。

9　張・徐・林、前掲論文、九七～九八頁。

10　蔡相煇『復興基地台湾之宗教信仰』正中書局、一九八九年、八一頁。

11　時代背景は異なるが、日本統治期後期の記述には次のように書かれている。「斎友中、鰥、寡、孤、独にして多少の財産を有するも、親戚故旧の扶掖するなき者、或は老後の煩累を慮り、遂に吃斎持戒の人となり、三、四十円或は五、六十円を斎堂に捐納せば、斎主は一生の衣食を給して斎堂内に安住せしめ、若し亡故せば出葬忌辰の礼を行ふ」（台南州共栄会編『南部台湾誌』、一九三四年、

四八三頁）

12 張・徐・林、前掲論文、一〇四～一〇六頁。

13 鄭志明、前掲書、二七頁。

14 日本統治期初期の台湾布教に関しては、松金公正「植民地時期台湾における日本仏教寺院及び説教所の設立と展開」（『台湾史研究』第一六号、一九九八年）、「関於日拠初期日本仏教従軍布教使的活動――以浄土宗布教使橋本定幢〈再渡日誌〉為例」（『円光仏学学報』第三期、一九九九年）「曹洞宗布教師による台湾仏教調査と「台湾島布教規程」の制定――佐々木珍龍『従軍実歴夢遊談』を中心に」『比較文化史研究』第二号、二〇〇〇年、「日本植民地初期台湾における浄土宗布教方針の策定過程（上・下）」『宇都宮大学国際学部研究論集』第一三・一四号、二〇〇二年、などがある。

15 曹洞宗宗務庁編『曹洞宗海外開教伝道史』一九八〇年、六六頁。

16 王見川、前掲書、一九九五年、三四頁。

17 蔡錦堂『日本帝国主義下台湾の宗教政策』同成社、一九九四年、四〇頁。

18 江善慧と曹洞宗の関係については、釋慧厳「日本曹洞宗与台湾仏教僧侶的互動」（『中華仏学学報』第十一期、一九九八年）に詳しい。

19 徳化堂は同一九一二年、中南部の斎堂六堂とともに斎教連合組織「斎心社」を結成していた。これは前年に起こった辛亥革命の余波で揺れる台湾社会の中で、当局から無用な嫌疑をかけられることを恐れた斎教勢力が自己保身のために設立したものと考えられ、この講習会にも「斎心社」の名義で参加している。

20 温金柯「台湾居士仏教的展望」（『台湾仏教的歴史与文化』霊鷲山般若文教基金会国際仏学研究中心、一九九四年）、一四一～一四三頁。

21 同右。

22 蔡錦堂、前掲書、六六頁。

23 釋慧厳、前掲論文、一三九頁。

24 螺蛤生、前掲論文、四五頁。

25 蔡錦堂、前掲書、七二頁。

26 『南瀛仏教』一一巻四号、四四～四五頁、一一巻五号、四一～四二頁、一一巻六号、三三～三四頁、一一巻七号、一八～一九頁など。

27 釋慧厳、前掲論文、一四六頁。

28 李坪侠仙「持斎宗」（『台湾慣習記事』第三巻第五号、一九〇三年）、五四～五七頁。

29 『中外日報』は浄土真宗本願寺派系の新聞で、一八九七年に『教学報知』として発刊され、一九〇二年に『中外日報』と改題されたのち、今日に至っている。台湾宗教に関する記事が初めて『教学報知』に載ったのは発刊約一カ月半後の一八九七年一二月のことで、本願寺派への台湾信徒帰入について短く報告されている。翌一八九八年から九九年にかけては台湾関係記事が比較的多く、日本仏教の布教活動報告から台湾の宗教や風俗紹介まで幅広い記述が見られるが、一九〇〇年代に入るとアジア関連記事における台湾関係記事が占める割合は目に見えて減少する。「中外日報」のアジア記事に関しては、槻木瑞生「「中外日報」紙のアジア関係記事目録」（『同朋大学仏教文化研究所紀要』第一七号、一九九七年）および「日本の開教活動とアジア認識――「中外日報」のアジア関係記事から」（『真宗総合研究所紀要』第一二号、一九九四年）を参照。

30 『中外日報』一二月四日、一九〇七年。

31 『中外日報』七月四日、一九一〇年。

32 李坪生「台湾の宗教」（『台湾慣習記事』三巻六号、一九〇三年）、四七頁。

33 『中外日報』八月二七日、一九〇九年。

34 村野孝顕「台湾仏教を語る」（『南瀛仏教』一三巻七号、一九三五年）、八～九頁。

35 西岡英夫「台湾人の観音信仰と食菜人生活」（『観音さま』一九三六年三月号）、一二頁。

36 同右、二三～二七頁。

37 西岡英夫「観世音と台湾の斎教」（『南瀛仏教』一六巻七号、一九三八年）、二八頁。

38 増田福太郎『東亜法秩序序説――民俗信仰を中心として』ダイヤモンド社、一九四二年、二九二頁。

39 『中外日報』一〇月七日、一九一六年。

40 丸井圭治郎「『台湾宗教』に就いて」（『台法月報』第一二巻第七号、一九一八年）、四一頁。

41 西来庵事件は一九一五年に漢族系台湾人が起こした大規模な反日武装蜂起である。事件の中心人物余清芳が台南市内の民間宗教の鸞堂に同志を集めて資金を調達したことや、彼が台南や台北の斎教関係者とつながりがあったことから、事件後斎教徒にも嫌疑が及ぶ場合があった。また一九一三年から翌年にかけて、辛亥革命の余波を受けて羅福星が反日蜂起を計画し、事前に発覚して検挙された羅福星事件においても、斎教徒の中から取り調べを受けたり離島に流刑となった者が出たという。普雨生「病苦中遇仏法」（『南瀛仏教』一二巻三号、一九三四年）、一一〇頁。

42 陳国政編『李添春教授回億録』（私家版）、一九八四年、一四〇～一四一頁。

43 大野育子「日治時期台湾留学生与台湾宗教信仰関係初探――以駒沢大学留学生為中心」（『台湾史料研究』第三二号、二〇〇八年）五～一四頁。

44 陳国政編、前掲書、一五七頁。

45 同右、一四五頁。

46 ウパーサカ仏教については、河口慧海『在家仏教』世界文庫刊行会、一九二六年、奥山直司「河口慧海の思想」（『印度学仏教学研究』四三巻二号、一九九五年）、を参照。

47 李添春「台湾の在家仏教に就て」（『南瀛仏教』六巻六号、一九二八年）、四三頁。

48 同右、四五頁。

49 同右、四二頁。

50 李添春「日本仏教に対する一考察」（『南瀛佛教』七巻五号、一九二九年）、三五〜三六頁。

51 李添春「本島に於ける斎教の活動」（『台湾時報』一二四号、一九三〇年）、一一四頁。

52 同右、一一七頁。

53 李添春「三教思想と台湾の宗教」（『南瀛仏教』九巻七号、一九三一年）、一〇頁。

54 李添春「斎教概説」（『南瀛仏教』九巻一号、一九三一年）、七〇頁。

55 同右、七一頁。

56 増田福太郎「本島に於ける仏教の地位（一）」（『南瀛仏教』八巻二号、一九三〇年）、二五〜二六頁。

57 李添春「台湾仏教の特質（上）」（『南瀛仏教』一八巻八号、一九四〇年）、一二ページ、および「台湾仏教の特質（下）」（『南瀛仏教』一八巻九号、一九四〇年）、一二頁。

58 江木生「台湾仏教改革号発刊に就いて」（『南瀛仏教』一〇巻八号、一九三二年）、四二頁。

59 戦後の台湾社会で斎教が置かれた状況については、闞正宗「一九四九年之後大陸仏教対斎教的衝撃」（『台北文献』一三八期、二〇〇一年）、八五〜一一七頁、闞正宗『重読台湾仏教・戦後台湾仏教（続編）』大千出版社、二〇〇四年、を参照。

60 李添春「提唱在家仏教」（『台湾仏教』七巻二期、一九五三年）、五頁、「台湾仏教史要」（『中国仏教史論集（三）』中華文化出版事業委員会、一九五六年）など。

61 李添春「台湾的斎教与教匪（一）」（『台湾仏教』一四巻九期、一九六〇年）四〜七頁、および「台湾的斎教与教匪（二）」（『台湾仏教』一四巻一〇期、一九六〇年）、四〜六頁。

62 闞正宗、前掲論文、一〇四〜一〇六頁。

63 陳国政編、前掲書、一七二〜一七四頁。

第11章

香港における民衆宗教の諸相

倉田　明子

はじめに

清代中期、「羅教」（霊山正派）の影響を受け、乾隆年間の江西において成立し、喫斎を重視する大乗教と、道教的養生論を説く皇極金丹道の流れとが合体した」民衆宗教が生まれる[1]。清代の文書において「青蓮教」と称されてきたこの宗教は、清朝からの取り締まりの中で分裂しながら各地に広まり、清末から民国初期にかけて先天道や帰根門、同善社、一貫道などへと分化していった[2]。その後先天道や同善社、一貫道は香港にも伝わり、香港を経由して東南アジアや北米にも伝播してゆく。これらの諸派の中でも先天道については近年研究が進んでおり、游子安や志賀市子によって、広東・香港における道脈の展開や東南アジアへの伝播の状況などが明らかにされてきている[3]。ところで、先天道や同善社などの民間教派の団体の香港における特色の一つは、彼らが「道教」団体として認識されており、しかも、香港における道教の主要な流派の一つとして数えられている、ということである。こうした特色はどのようにして形成されてきたものであろうか。本稿は先行研究および筆者の香港での調査をもとにこれらの民間教派の香港への伝播と発展の過程を概観し、今日の香港におけるその位置付けについて考察するものである。

先天道、同善社の香港への伝播

上記民間教派のうち、最も早期に香港に伝播したのは先天道である。「三教合一」をとなえ、自らの修養を目指す「内果」と外に向けて善を行う「外功」を共に重んじ、厳格に喫斎と非婚を守るのが特徴である。先天道は咸豊年間（一八五〇年代）に湖北省を経て広東省に伝わり、一八六三年、林法善という人物によって清遠県に蔵霞洞が創建され、これが先天道の「嶺南道脈」の発祥地となった。[4] その後徐々に広東全体に広まっていくが、香港への先天道の伝播に直接関わりを持つことになるのが田邵邨、麦長天、羅煒南の三名である。いずれも林法善の弟子の一人李植根から分かれ出た「八賢堂」の一つ「礼賢堂」の流れをくんでいる。礼賢堂の創始者である巫済良の直弟子が田邵邨、同じく巫済良の弟子である紀培道の弟子にあたるのが麦長天、紀培道の弟子の系譜に連なり巫済良から数えて五代目の弟子にあたるのが羅煒南である。[5]

田邵邨は師である巫済良が一八八五年に亡くなった後、広東省の「新安県、香港、帰善、東官〔莞〕などの地域を受け持ち、衆生を救済する」ように、との遺言に従ってこれらの地域に先天道の道場〔修行施設〕を開くようになったという。「香港での布教の端緒となった」のは九龍の油麻地大石古に建てられた観音堂であった。[6] 筆者は未見であるが、やはり田邵邨が記した『桃源洞徴詩聯集序』ではこの道場は小霞仙院とも呼ばれ、一八八六年の創建であると述べられているという。[7] 田邵邨は深圳や広州でも積極的に道場を開いているが、その後も一九一二年には九龍の旺角に坤道堂を建て、一九一八年には新界の大埔に桃源洞を建てるなど、香港での先天道の拡大にも尽力した。

一方の麦長天は、先にも述べた通り礼賢堂の創始者巫済良の孫弟子にあたる人物であるが、一九一一年に蔵霞洞のそばに「飛霞洞」という新たな道場を創建し、嶺南道脈の中でもかなり規模の大きな道脈を形成した人物でもある。[8] 一九一三年には香港に芝蘭堂を、一九二三年には智園〔行徳堂〕を建てるなど、香港での布教活動にも力を注いだ他、東南アジアへの先天道の布教にも熱心に取り組んだことで知られる。[9] 麦長天のもとには麦が信頼を寄せる何廷璋、張国興、何明顕という三名の弟子がいたが[10]、何明顕の弟子洪学庸によって一九三五年には九龍の牛池湾に賓霞洞も建てられている。これは当時の大陸での政局の混乱により、広州や上海にあった道場が掠奪されるようになり、戦乱を避けるために香港に新たな道場を建てることになったためであるという[11]。

最後に羅煒南であるが、羅も一九一五年に南海県の紫洞に善慶祖堂という道場を開いて新たな道脈を形成した人物である。一九二四年に香港島西環の太白台に香港道徳会福慶堂を建てた後、一九三一年には屯門にも祖堂と同じ名前の善慶堂という支堂を建てた。また同じく一九三一年には羅煒南の弟子である葉華文によって、深水埗に九龍道徳会龍慶堂も建てられた。これらの善慶堂派の道場は無償で医療や薬を提供し、また学校を作るなど、慈善事業にも積極的に携わった。

なお上記三名の他にも、蔵霞洞の創始者である林法善の孫弟子にあたる朱翰亭という人物が、一九二〇年に香港新界の粉嶺に蔵霞精舎を建てている。朱翰亭は清遠県の蔵霞洞の継承者として蔵霞洞の拡大事業に貢献した、かなり地位の高い人物であり、その朱によって建てられた蔵霞精舎は香港の先天道道堂の中でも「超然たる」地位にあるという[12]。

このように主に一九一〇年代から三〇年代にかけて、香港では多くの先天道の道場が建てられた。近代広東地域に勃興した「道教系」結社には呂祖を祖師とする扶鸞結社の系統も存在しており[13]、この「呂祖道壇系」の道場も一九二〇年代以降、徐々に香港に現れてくるが、道場の数や規模の面では先天道が他を圧倒していた[14]。

〈写真 11－1〉 桃源洞の内部。2007 年 7 月、著者撮影

一方、同善社も、やはり一九二〇年代あたりから香港における布教活動を開始していたという。同善社は四川省大足県人の彭如尊を開祖とし、民国初期に成立、その後急速に全国に広まった。[15] 同善社は先天道とは異なり、信徒の結婚を奨励し、また祭祀を行う日には斎戒沐浴が求められたが、それ以外の時は喫斎を守る義務はないなど、独自の教義を持っている。[16] 一九二〇年には全国的な組織がほぼ確立しており、四川省永川県に置かれた洪信祥総号の下に漢口合一会が、その下に北京総社が置かれ、さらにその下に省社各号、県社、各地分社、事務所が置かれたという。広東省には「大仁祥」という名称の省社が置かれ、香港を含む広東省内の社務を統括した。[17] 大仁祥の香港における活動を今に伝える文献史料は非常に少ないが、『荃湾仁祥別墅簡章』はその一端を伝える貴重な史料である。これは香港新界の荃湾に新たに建設されることになった「仁祥別墅」という信徒の勉学と修行のための道場の規則集である。出版年は明示されていないが一九三五年に仁祥別墅の建設が開始されている、との記述が見られることから、一九三五年かそれより少し後の出版であることが分かる。[18] この『荃湾仁祥別墅簡章』の「小引」には「我が粤省〔広東省〕に道場が開かれてから二〇年になろうとしている」とあり、一九一〇年代から大仁祥の活動は開始されていたことが分かる。[19] 省社の下に置かれた県社は統一的に「先覚祠」と称されたが[20]、一九二六年には香港九龍に油麻地先覚祠が建てられており[21]、ここが香港における大仁祥の中心的な仏堂の一つであったことをうかがわせている。また『荃湾仁祥別墅簡章』の末尾には仁祥別墅建設のための寄付金の受付所として広州、香港島中環、スワトウの三カ所の仏堂が挙げられており、大仁祥の活動拠点の一端が示されている。[22] なお、同善社は当初は政府の認可を受け、急速な勢いで全国に拡大し、一九二三年には「数千万」の信徒を擁したとも言われているが、その後一九二七年からは政府からの取り締まりを受けるようになった。[23] 民国政府の影響力が及ばない香港に仁祥別墅が建てられた背景には、このような同善社を取り巻く政治的環境の変化もあったのかもしれない。

いずれにせよ同善社もまた、こうして成立からほどなくしてその広東省の分社である大仁祥を通して香港にまで伝播し、一九三〇年代には香港に根付いていたのである。

孔教と先天道

前節では先天道と同善社が香港に伝播した初期の状況を概観したが、この時代の先天道の特色として、康有為が提唱した孔教運動と深い関わりを持っていたことが挙げられる。以下ではこの先天道と孔教の関わりについて見ておきたい。

游子安の指摘によれば、前節で挙げた羅煒南の善慶堂系の道場は当初から孔子崇拝と深く結びついていた。一九二四年創建の香港道徳会福慶堂は、「道徳会」という名称からも儒教的な色彩が強く感じられるが、この福慶堂は主殿に孔子を祭り、また福慶堂の支洞である屯門の善慶洞は玉皇上帝を祭っていたという[24]。香港道徳会福慶堂や九龍道徳会龍慶堂は「先天道と尊孔団体とを兼ねそなえた団体であった」のである[25]。

一方、一九一〇年代後半から二〇年代にかけて香港にはこの他にも多くの尊孔団体が成立したが、そのような団体の一つとして「三教総学会」を創設した先天道関係者もいた。それが前節で挙げた麦長天の弟子の一人、何廷璋である。麦長天の伝記によれば、麦長天には何廷璋、張国興、何明顕の三名の弟子がおり、彼らは「〔麦長天〕先生が本当に頼りにしていた者たちであった」が、中でも何廷璋は「大黒柱ともいうべき才能を備え、先生の及ばないところを補佐した」人物であり、「孔子にとっての顔回のような存在」だったと述べられている[26]。香港で漢文学の教鞭をとる知識人でもあったが、後に麦長天の命を受け、飛霞洞の宗旨や関係者の伝記、詩文などを集めた文集『飛霞洞誌』を編纂した。

何廷璋は先に中華聖教総会という尊孔団体を創設していた洋行の買弁馮其焯らとともに三教総学会を立ち上げた[27]。三教総学会は一九二二年に『国粋雑誌』を創刊し、また一九二五年には新界粉嶺に軒轅祖祠を創建するなど、孔教運動と深く連動した団体である。ただし、『国粋雑誌』は国家の根本である「国粋」を明らかにし、世の中を感化することを目的としたものであるが、「国粋」とは儒、釈、道の「三教」の教えであるとしているところが特徴的である。何廷璋は「発刊詞」の末尾で「我々はみな孔教の中におり、もともと孔教を崇拝すべきことは知っている。しかし道教は争わないことを主義とし、仏教は不殺生を主義としている。貪欲や殺生は当世においても見るも痛ましいことであるので、これら三教をとりあげて論じるのである」と述べており[28]、孔教運動の流れに乗りつつもあくまで「三教」を等しく重んじるべきことを主張している。先天道における「三教合一」の教えと共通する理念である。もちろん三教総学会そのものは先天道と直接関係のある団体ではないが、何廷璋は馮其焯やその他の孔教派の人々と連係してこのような団体を立ち上げることで、逆に先天道的な価値観や主張を公にする場を得ていたと見ることもできよう。実際、『国粋雑誌』の記事の執筆者には『飛霞洞誌』の執筆者と重なるメンバーや香港に桃源洞などを開いた田邵邨などの名前も見え、さらには「上海同善分社」のメンバーによる記事も掲載されていたのである[29]。

ところで、三教総学会を立ち上げた何廷璋と馮其焯にはもう一つ共通点があった。それは嗇色園普宜壇の入信者でもあった、という点である。普宜壇は一八九七年に広東省番禺に作られた扶鸞結社である普済壇の信徒が一九二一年に香港に開いた道場であるが[30]、何廷璋や馮其焯はこの普宜壇創設時の弟子二四名の中に入っていた[31]。普宜壇には馮其焯のような商業界のエリート層に属する人物も多く、また何廷璋もそうであるが、別な道場や他の道教系の道壇の信徒でありながら入信する者も多かったという[32]。番禺の普済壇は赤松黄大仙を主神とする鸞堂であったが、香港に入り、普宜壇を創設するに際して、黄大仙が主神であることは変わらないものの、「三教合一」を宣揚するようになったとされる。一九二一年の創建時、すでに黄大仙を祭る主殿とともに、独立して孔子を祭る麟閣も建てられており、一九三三年には燃燈聖仏を祭る盂香亭も建てられた[33]。游子安の指摘によれば、もともと普済壇の時代にも三教を共に尊ぶことが提唱されてはいたものの、儒教と仏教のためにそれぞれ特別に壇を設け、三教を同じように崇拝するようになったのは嗇色園になってからであるという[34]。このような三教に対する姿勢というのは、まさに先の三教総学会の理念――すなわち先天道の教えに通じる理念――と共通するものであるわけだが、この嗇色園とも何廷璋が関わりを持っていたということは非常に興味深い事実と言えよう。なお、馮其焯は中華聖教総会、三教総学会の重鎮であったうえに、当時孔教学院の主席も務めていたが、一九二一年から二三年にかけてはこの嗇色園の副総理も務めている。またやはり三教総学会の一員であった曽富という人物は南洋帰りの華僑であるが、一九二二年に嗇色園にも入信しており、一九二九年には嗇色園総理を務めたという[35]。

以上見てきたように、先天道は二〇世紀前半に香港で急速に発展したが、その際には積極的に同時代の孔教運動と連携する姿勢をとっていたのである。

日本による香港占領と先天道養老院

第二次世界大戦中、一九四二年一二月から三年八カ月にわたって香港は日本の占領下にあった。占領統治を行った香港総督部は、当初二〇〇万人近くいたとされる住民を疎散させる政策をとり、半ば強制的に中国に「帰郷」させており、香港の人口は日本占領期に急激に減少した。宗教政策としては、「香港神社」の建設や日本仏教の導入などが行われた一方、香港における「仏教、基督教、インド人宗教（回教、ヒンズー教）および中国の旧慣による寺廟斎堂の四種」の宗教のうち、とくにキリスト教は厳しく管理された[36]。なお、「寺廟斎堂」の「斎堂」は、先天道の桃源洞や賓霞洞など、単身女性が喫斎をしながら修道する道場を指していたと思われるが、ここからも当時すでにこのような斎堂の存在が目立っていたことがうかがえる。ただし全体的に見ればこれら「寺廟斎堂」の数は少なく、総督部は「指導監督上には別して支障がない」と判断していたようである[37]。

日本占領期においては、とくに後半、物資の不足によって物価が高騰し、香港住民の生活は非常に苦しかった。このような中で先天道の九龍道徳会龍慶堂は、二年間にわたって毎日六〇〇〇碗ほどの粥を無償で配り、また他の先天道道堂にも呼びかけて共同で先天道養老院や児童のための作業所などを創設した。実は龍慶堂は日本占領期の間に堂務の管理を選挙による理事会が行うよう制度を改め、非営利慈善団体として登記している。このように宗教団体が理事制度を備えた慈善団体として政府認可の組織になるという方式は、日本占領期が終了してイギリスの統治下に戻った後に、多くの道場によって継承されてゆくものであり、龍慶堂はその先駆的存在であったという[38]。

香港においては、そもそも宗教団体による慈善活動が非常に大きな意味を持っていた。イギリスの香港政庁は、香港の安定を守り、スムーズな商業活動を助けることを最重要視しており、香港居民、とくに華人居民の福利には注意を払わなかった。そのため、香港においては伝統的に政府による社会政策というものはほとんどなく、代わりに個々の団体や組織が行う慈善事業によって社会の福利が保たれてきた。一八七〇年代に華人社会のエリート層によって「東華医院」が開設され、華人社会の福祉事業に指導的な役割を果たすようになったが、戦前の香港において宗教団体として慈善事業に組織的に、また積極的に関わっていたのはカトリックやプロテスタントの団体が主流であった。[39] 日本占領期にキリスト教系の慈善事業が少なからぬ打撃をこうむる中で、龍慶堂のような「寺廟斎堂」の中から新たに公的な「慈善団体」となる宗教団体が現れたのである。

ただし戦前にも、先天道の道場でもたとえば福慶堂が無償の学校を開くなどの慈善事業を行う例は見られ、あるいは東華医院が主体となって行う慈善事業にいくつかの先天道の道堂が賛助したこともあったという。[40] また、斎堂というシステムそのものが単身女性信徒の「生養死葬」を保証するものであり、本来的にそこから養老院へと発展してゆく要素を内在していたとの指摘もある。[41] 龍慶堂がまず養老院を設立したというのは、先天道そのものの宗教的背景から考えれば自然な流れであったとも言えよう。

この先天道養老院は一八四三年八月に九龍の深水埗に開かれ、三六名の高齢者の信徒を収容した。一九四五年に日本の占領が終わると用地移転を余儀なくされ、一時期賓霞堂が収容者を受け容れたが、一九四八年に新界の沙田に新たな土地を得て養老院が建てられ、同時に先天道の各堂による「先天道安老会」が成立して養老院の管理にあたることになった。現在も九〇名ほどの入居者がいるという。[42]

一九五〇年代香港における諸教派の展開

中華人民共和国成立後、所謂「青蓮教」系の諸教派は「会道門」とされ、当局からの厳しい取り締まりを受けた。中国本土での活動がほぼ不可能な状況になる中で、香港はこれらの諸教派のいずれにとっても重要な意味を持つ地域となった。

まず先天道であるが、中国本土での活動停止を受け、統括機関である総会を重慶から香港に移すことになり、広東地任〔先天道の地域ごとの指導者である「十地」の一人〕の曽漢南が新たな「家長」〔全地域を統括する指導者〕となった。[43]曽漢南は広東省梅県の出身で先天道の「天恩」を授けられた後、積極的に橋梁建設などの地元の社会事業に携わった人物である。[44]一九四八年、当時の重慶総会長の命で香港を経て東南アジア各地を視察し、新たな道場を建てたことでも知られる。一九五二年に香港に戻り、それから総会の香港移転に尽力した。また曽漢南は香港先天道会を組織し、『大道』という雑誌も発行している。本拠地であった大陸中国での先天道の危機的状況を前に、香港や南洋に逃れた信徒の連係と先天道の継承を図るのがこの雑誌の大きな目的であった。

曽漢南は広東出身であり、いわゆる「嶺南道脈」の先天道の流れに属していたわけであるが、そのこともあって、結果的に一九五〇年代以降、先天道は嶺南道派をその最大の継承者として生き延びてゆくこととなった。曽漢南が『大道』第二期「蔵霞古洞源流紀略」の中で、「現在香港、マカオ、海外各地の信徒は九割方嶺南道脈に属しており、その源流は遠大である。己丑〔一九四九〕年以来八、九年にわたって大陸では情勢が変化し、各省の道門は災難に遭い、信徒たちはほとんど殺戮し尽くされ、ただ香港、マカオと海外に逃れた者だけが災難を免れた。私はこのことから、陳公〔陳復始〕が九〇年前に南方に来て労苦をいとわずに嶺南道脈を開かれたのは、今日大陸の道門がきっと災難に遭うことを知っておられたからではないかと思う。……〔香港、マカオ、南洋の〕これらの多くの善良なる信徒たちは、単に先天道の道脈を保存するというだけでなく、来るべき日に神州を復興し、大道を再興する一大主流となるのである」と述べているように、[45]嶺南道脈こそが先天道を保存し、再起をはかるべく運命づけられたものと解されたのである。なお、総会は曽漢南の次の家長の代までは香港に置かれたが、一九七九年にはタイに移っている。

一方同善社も一九四九年以降大陸での活動は停止したが、その後台湾、香港、マレーシア、シンガポール、タイで活動を継続してきたという。[46]二〇〇四年に台湾で出版された『同善社祖派源流』によれば、香港とタイは大仁祥、その他は福建省の省社であった天益祥の系統を引いているとされる。[47]すなわち、同善社も先天道と同じく、やはり東南アジアに伸びていった布教拠点とともに道統が継承されていったのであるが、同善社の場合は福建と広東の二系統がそれぞれに継承されたのであった。

香港の大仁祥の戦後の歴史については、近年、関係者への聞き取りや内部資料などに基づく研究もなされ始めている[48]。また筆者自身、二〇〇七年一一月に大仁祥直轄の道壇および台湾同善社の関係者に会い、現在の香港における大仁祥の状況について話を聞くことができた。以下ではすでに公刊されている資史料、および筆者の聞き取りをベースに戦後の大仁祥の歩みについて概述する。

香港には先にも挙げた油麻地先覚祠の他にもいくつか大仁祥下の地方事務所が置かれていたが、それらは戦後、政治的な理由もあってあまり対外的な布教活動は行ってこなかったようである。一九五八年に開かれた事務所の一つ荃湾の乾元洞は、二〇〇二年出版の『道風百年』の中で香港の道教寺院の一つとして紹介されているが、そこでは、「創建以来、この洞の信徒たちは自分たちの修養に重点を置き、世の中とは一線を画してきた。収入の面でも外部に施しを求めず、信徒にも寄付を奨励せず、ただ信徒の自発的な寄付によっており、道務を行う責任者が道堂の収支をやりくりしなければならなかったので、道堂の成長にはかなりの困難を伴ったが、それでも何とか十分やってこられた」と述べられている[49]。これがおそらく大仁祥下の各堂の基本的な姿勢であったと思われる。

しかし、各堂がそれ自体として拡大してゆくことはなかったものの、一九五〇年代に大仁祥の領袖たちは円玄学院の創立に関与しており、このことが後の香港道教界に大きな影響を及ぼすことになった。円玄学院の創設は、一九五〇年に広州の宏道精舎という鸞堂の謝顕通、杜光聖、林光慶、王明韻という四名の信徒が扶乩によるお告げを受け、香港に仏道学院を創立しようとしたことに端を発する。四人は荃湾の三畳潭にちょうど良い土地を見つけたものの費用を全額工面することができずにいたが、ちょうどやはり新しい道場を建てようとしていた陸吟舫という人物の協力を得て、土地を購入することができた。しかしこの土地には飛び地になっている部分があって不便であったのだが、これを趙聿修、楊永康という二人の人物が政府に掛け合って飛び地を隣接する土地と交換させたのだという[50]。こうして得られた土地に最初の四名と陸吟舫、趙聿修、楊永康らが共同で円玄学院を建てたのである。陸吟舫は商人であるが、一九四〇年代に広州至宝台を創立し、なおかつ香港の孔聖堂という尊孔団体の理事も務めたことのある人物であった[51]。楊永康も一九五〇年代にこの孔聖堂の会長を、趙聿修も理事を務めており[52]、また両者とも実業家であったが、趙聿修は大仁祥の地方事務所である先覚祠の道長でもあった[53]。一九五三年に円玄学院が発足した際、トップの座である主席には楊永康が、副主席には陸吟舫と趙聿修、黄錫祺、呂重徳が就任した[54]。つまり、土地の購入に賛助して後から加わった楊永康や趙聿修らが中核の地位に就いたのである。

このように円玄学院は、鸞堂の信徒、尊孔団体のリーダー、そして大仁祥下の事務所の道長や信徒が加わって創設された組織であり、それぞれの母体の要素を同時に内包する混合組織であった。しかし、発起人たちによる設立計画宣言（『円玄学院籌建宣言』）の段階から、「短期間の内に計画に従って荘厳な建築物を建て、孔・仏・道の真理を押し広める基礎を固める」ことが定められ、「三教」を等しく崇拝するという宗旨が明確にされていた[55]。創立当初の祭殿「明性堂」には呂祖、関帝、観音、済公の「四聖」が祭られていたが、一九五七年、病気で退任した楊永康に代わって趙聿修が主席になると院内の設備もさらに拡充されてゆき、一九七一年には孔子、釈迦、老子を主神とする天壇様式の祭殿「三教大殿」が完成し、「三教同源」の宗旨がさらに明確になっていったという[56]。

円玄学院は一九五六年に慈善団体の有限会社として政府登録しており、養老院や診療所、小中学校や幼稚園などを開き、福利活動にも積極的に参与している。さらに一九七〇

〈写真 11–2〉 円玄学院の三教大殿。2007 年 11 月、小武海櫻子撮影

年代後半には一般市民向けの位牌安置所の提供も開始し、また香港の農村、漁村で数年に一度行われる太平清醮と呼ばれる民間祭祀を円玄学院の道士が執り行う例も見られるなど、多方面に渡って香港社会との接点を保持している。なお、一九九〇年代以降、中国での道教寺院の再建や学校の建設なども行っており、中国本土との関わりも深めている。

さて、最後に一九五〇年代に入ってから香港に伝播したと思われる一貫道についても言及しておきたい。一貫道も所謂「青蓮教」の教義と道脈を継承しつつ分立した教派で、一八七〇年代に山東省出身の王覚一という人物によって成立したとされる。劉清虚（一八八六〜）、路中一（一九一九〜）、張天然（一九三〇〜）と祖師の座が引き継がれ、張天然の時に全国的に拡大したという。[57]一貫道も「三教合一」を唱えるが、先天道や同善社と異なり、キリスト教とイスラム教の教えが取り入れられることも多く、キリストやムハンマドが扶乩で訓示を降すこともあり、「五教帰一」や「万教帰一」という言い方も用いられている。布教、礼拝、集会などの場として信徒の家などに「仏堂」が設けられ、地域ごとにそれらを統括する「総仏堂」が置かれたという。王覚一や張天然がその時々の当局から厳しい取り締まりを受けていたこともあってか、仏堂は秘密裏に設けられることが多かったとされる。[58]現在、台湾では「中華民国一貫道総会」が設けられ、一貫道は大いに隆盛しているが[59]、香港においては「一貫道」という名前自体ほとんど聞かれることはない。

香港の一貫道について言及した論文は、管見の限り一九九三年に発表された黄兆漢のものだけである。ここでは「善一堂」という香港の一貫道の一派の概略と、善一堂に属する仏堂の一つで黄兆漢が実際に訪問した「塱《しょう》文仏堂」について述べられている。[60]現在この善一堂はホームページを開設し、善一堂の概要を紹介している。それによれば、善一堂の領袖（「前人」）は陳文華という人物である。[61]一九〇五年生まれ、江蘇省丹陽県の出身で、一九四一年に入道し、翌年には点伝師（伝道師）となり、間もなく幾つかの仏堂を率いる前人に昇格、溧陽県で布教活動に従事した。「師尊」に謁見することを熱望したが、その前に師尊が死去したためかなわなかったという。一九四九年、漢口で「師母」に謁見し、「善一」という組名を与えられた。一九五〇年に香港での布教活動を開始し、一九五七年に数名の前人と共に澤化仏堂を、一九六七年には「常州組」の王彰徳に付き従ってともに天徳仏堂を建てたが、その後一九八四年に広文仏堂を建てたのを機に、王彰徳の一派と分離したという。

「師尊」「師母」の名前は明記されていないが、これは一貫道の一八代祖師とされる張天然と、その妻で一九四七年に張天然が死去した後道務を掌握した孫素真を指す[62]。また王彰徳は台湾の一貫道総会が出した『一貫道簡介』にもその名が見られ、やはり陳文華が一貫道に連なる人物であったことを示している[63]。ただし、善一組が王彰徳と「分離」したことが善一堂側の文献の中ではっきり述べられている一方で、台湾側の文献には陳文華の名前は登場せず、香港の一貫道についてもほとんど触れられていない。おそらく一九八四年以降、両者は分離したものと思われる[64]。なお、陳文華は一九八二年には善一堂を「善一堂有限公司」として政府登録し、幼稚園や養老院を設立している。

香港道教連合会の設立

一九六一年、香港道教連合会が設立され、現在同会は香港における道教の代表者として香港の宗教界に一定の発言権を有している。この道教連合会の設立にも、やはり先天道や大仁祥、そして円玄学院の関係者が貢献していた。もともと道教連合会の設立は、一九六〇年に香港政府の華民政務司から、福利事業の円滑化と政令の浸透の促進のために道教団体を統率する連合会を組織するよう呼びかけがあったことに端を発する。これを受けて翌年九龍道徳会龍慶堂が他の道堂に呼びかけ、三五の団体が参加して道教連合会が成立したのである。一九六二年に発行された『香港道教連合会組織章程』によれば、同会の招集人には趙聿修が入っており、準備委員として名を連ねた三五の団体の中には、龍慶堂、円玄学院の他にも、道徳会の福慶堂や善慶堂、賓霞堂などの先天道の道堂や、同善社の大仁祥、乾元堂、また嗇色園が、そして賛助人の中には紅卍字会が含まれていた[65]。一九六七年に香港道教連合会は政府の批准を受けて法人化され、二〇〇六年現在九二の団体が団体会員になっており、先天道の桃源洞や蔵霞精舎、また大仁祥下の油麻地先覚祠も加わっている[66]。一九七五年に香港道教連合会の事務所ができるまで、同会の連絡先は龍慶堂と円玄学院になっていたことからも分かるように、龍慶堂と円玄学院が道教連合会発足時のリーダー的存在であり、初代の主席は円玄学院主席の趙聿修が務めている。一九七四年に趙聿修が亡くなると、副主席であった湯国華が主席に選ばれたが、湯国華もまた当時の円玄学院の主席であり、大仁祥の領袖であった。

なお、『香港道教連合会新廈特刊』に収録された「本会会務概況」によれば、一九七五年に道教連合会の事務所を新設するにあたっては、青松仙観の主持侯宝垣がとくに積極的に協力しており、事務所内の祭壇を開く儀式なども青松仙観が執り行っている[67]。この青松仙観は円玄学院の創始者の一人でもあった陸吟舫を含む人々によって一九四九年に設立された道観で、一九五一年に慈善団体として登記され、勉学の機会がない子供たちのための無償の学校「青松義校」や養老院などを経営するようになった。この青松義校は一九五七年創立であるが、この学校の理事長〔校監〕は趙聿修であったという[68]。青松仙観も円玄学院の関係者とのつながりが密接であったことが分かる。

香港道教連合会は成立以来、教育や福祉事業を積極的に展開し、また経典や気功、道教儀礼、道教音楽などの講座を開くなど、道教の宣揚に力を注いでいる。現在の香港道教連合会の主席は円玄学院の主席で湯国華の息子の湯偉奇であるが、彼は一九八〇年に道教連合会内に学務部が設置された時から二〇〇三年に主席になるまでの間、学務部の主任を務めており、道教連合会の教育面での発展に寄与してきたという[69]。なお香港道教連合会は一九七六年に発足した「香港六宗教〔道教、儒教、仏教、イスラム教、カトリック、プロテスタント〕領袖座談会」にも道教の代表として参加している他[70]、一九八〇年代中期以降は中国大陸の道教寺院とも積極的に交流を進めており、北京の白雲観や広州の三元宮などと合同で法会が開催されたりしている。二〇〇一年からは老子の生誕を記念する「香港道教節」も毎年開かれ、法会とともに展覧会や道教講座の開講などを行い、香港市民に向けた道教の宣揚が続けられている[71]。

このように、香港道教連合会は香港における道教の代表者として対内的にも対外的にもその存在感を示してきたわけであるが、その成立から現在にいたる運営の中で、同会が先天道や大仁祥の関係者と深い関わりを持ってきたことも見て取れる。その結果として大陸では「会道門」とされ異端視されてきたこれらの諸教派も、香港においては「道教」の中の一道派として認識されることとなった。とくに先天道は、香港という枠組みにおいては相対的に早い時期に伝播したため、「全真派」や「正一派」などのいわゆる正統派の道派と並んで「伝統」ある道派と見なされており、堂々と「先天道」を名乗ることができるほど主要な地位を確立しているのである。

なお、前節で取りあげた善一堂は、道教連合会には加わらず、独自の活動を続けた。二〇〇三年には九龍の油麻地に善一堂中心という一四階建てのビルを建てており、筆者は二〇〇七年七月にここを訪問した。善一堂中心には大きな礼拝堂や講堂、静座のための部屋、図書室などの他、喫斎の食堂、養老院や診療所も擁し、信徒のために様々な福利を提供している[72]。陳文華は一九九九年五月に死去し、天上で「毅慈大帝」の位を授けられたとされており、現在の善一堂ではこの「毅慈大帝」に対する崇拝の度合いが増している[73]。先にも述べたように台湾の一貫道総会との直接的なつながりは切れており、両者はもはや互いを別個の教派と見なしているようにも思える。少なくとも香港善一堂のホームページや、筆者が善一堂中心を訪問した時の印象では、善一堂の中心は陳文華、すなわち「毅慈大帝」であり、それ以前の「道統」はほとんど強調されていないのである[74]。

二〇〇八年の時点で善一堂は前節で挙げた天徳仏堂、広文仏堂、そして黄兆漢氏が訪問した罍文仏堂を含め、香港に少なくとも二七の仏堂を擁している[75]。個々の仏堂も、また善一堂中心も、香港社会の表舞台にその名が登場することはほとんどないが、それでもやはり慈善団体として登記し、養老院や幼稚園といった社会との窓口を保持しているという点は、他の香港の宗教団体と共通している。

おわりに

以上、香港における先天道系の民間教派について概観してきた。筆者のもともとの関心は、これらの諸教派がなぜ香港では「道教」として認識され、なおかつその主流とも呼ぶべき地位を占めているのか、という点にあったが、それは多分に香港道教連合会の結成を通して、先天道や大仁祥系の道堂が自ら「道教」という立場を選択してきたことによることが明らかになった。実はこのことは、一方で香港における「道教」の性格を独特なものにさせている。その最大の特徴は「三教合一」の思想が色濃いことであろう。香港の数ある道観の中でも「三教合一」を大々的に掲げるのは嗇色園と円玄学院であるが、これらはいずれもその創建に際し、先天道系教派の信徒と深いつながりを持っていた。とくに円玄学院は香港道教連合会を支える主要な団体であり、このような香港独特の「道教」のあり方を強く前面に押し出す立役者ともなっているのである。その一つの例は、二〇〇七年に行われた羅天大醮であろう。これは香港返還一〇周年を記念し、香港道教連合会の主催のもと大陸と香港の道観が多数参加した大規模な道教祭祀であったが、開催場所を提供したのは円玄学院であり、一二日間の祭祀を通して中心的な役割を果たした。また「香港道教の三教をともに奉じる伝統的特色」を代表するものとして、通常の道教祭祀では見られない孔子と釈迦を祭る「諸聖壇」も設置され、この壇の祭祀を執り行う団体として香港先天道総会も参加したのである。[76]

なお、本稿で取りあげた三教総学会や香港、九龍道徳会、また円玄学院などはいずれも尊孔団体との結びつきが強かった点も特徴的であるが、ただし、尊孔団体の関係者は呂祖道壇系の団体とも深い関わりを持っている場合も多く、これは香港における孔教と「道教」の結びつきの強さとして捉えるべきかもしれない。その背景や経緯は今後さらに検討が必要である。

そして、善一堂を含め、香港の所謂「青蓮教」系教派が持つもう一つの特徴はそれぞれ慈善団体としての顔を持っているということであろう。これは先にも述べたように歴史的に香港社会が民間の慈善団体を必要としていたことと深く関係している。慈善団体として登記することで宗教団体は合法的な地位を得、慈善事業を通して香港社会に根を下ろしてゆくことが可能であった。このことは結果的に、かつては異端視されたこれらの諸教派が香港社会においては正統的なものと認められ、受け入れられてゆくこと

〈写真 11–3〉 羅天大醮の様子。2007 年 11 月、著者撮影

をも可能にしたのである。

1 武内房司「清末青蓮教帰根門派の展開」『学習院大学東洋文化研究所調査研究報告』四一号、一九九四年、八〇頁。

2 青蓮教の系譜については、浅井紀『明清時代民間宗教結社の研究』研文出版、一九九〇年、および林万伝『先天道研究』靝居書局、一九八四年、同『先天大道系統研究』靝居書局、一九八五年、を参照のこと。また帰根門については武内房司、前掲論文、七九～九五頁、に詳しい。

3 代表的なものとして、以下の数点を挙げておく。志賀市子「先天道嶺南道脈の展開――その理念と担い手を中心に」『東方宗教』第九九号、二〇〇二年、一八～四二頁、游子安「香港先天道百年歴史概述」黎志添編『香港及華南道教研究』中華書局、二〇〇五年、六二～九五頁、游子安編『道風百年』香港利文出版／蓬瀛仙館道教文化資料庫出版、二〇〇二年。なお、游による個別の道場に関する研究も多数あるが、それらについては随時註で示してゆくものとする。

4 梧桐山人『道脈総源流』一九二四年序、一九八二年重印、第一七葉。『道脈総源流』は後述の田邵邨の著作で、先天道の道脈、とくに嶺南道脈の系譜を詳しく述べたものである。

5 嶺南道脈の系譜については、志賀市子、二〇〇二年、二二～二三頁に図式化されたものが掲載されており、理解しやすい。

6 『道脈総源流』第二四、二六葉。

7 游子安編、二〇〇二年、二三頁。なお『道脈総源流』巻末の「梧桐山人行述」には田邵邨は光緒壬戌（一八六二）年生まれ、二五歳で小霞仙院創建とあり、ここからも同院の創建が一八八六年であったことが分かる。

8 この飛霞洞については、志賀市子、二〇〇二年、に詳しく言及されているので併せて参照されたい。

9 游子安編、二〇〇二年、二一頁。および張開文「故主持麦長天先生行述」何昌達〔廷璋〕『飛霞洞誌』粤華興蔭記印務局承印、一九三一年、巻二、三五頁。

10 張開文、前掲文、三一頁。

11 游子安編、二〇〇二年、一六二～一六五頁。

12 游子安、二〇〇五年、七三頁。

13 広東、香港における扶鸞結社についての研究として、志賀市子『近代中国のシャーマニズムと道教――香港の道壇と扶乩信仰』勉誠出版、一九九九年、がある。

14 游子安編、二〇〇二年、二〇～二二頁の「道脈源自広東道堂的港澳宮観資料表」を参照のこと。

15 林万伝、一九八四年、第一篇、一六二頁、王見川「同善社早期歴史（一九一二〜一九四五）初探」『民間宗教』第一輯、一九九五年一二月、五八〜六〇頁。
16 『仏堂規則合編』明前書局、一九二八年、第一葉、第一二葉。この資料は、李家駿氏のご厚意により複写させていただいた。
17 黄正笙編『同善社祖派源流』中国同善社、二〇〇四年、六八〜六九頁。
18 『荃湾仁祥別墅簡章』「小引」第一葉。李家駿氏のご厚意により複写させていただいた。
19 『荃湾仁祥別墅簡章』「荃湾仁祥別墅簡章」第一葉。
20 黄正笙編、二〇〇四年、六九頁。
21 黄兆漢・鄭煒明『香港与澳門之道教』加略山房有限公司、一九九三年、六三頁。
22 「荃湾仁祥別墅簡章」第五葉。
23 黄正笙編、二〇〇四年、六六〜六七頁。
24 游子安「香港早期道堂素描——香港道徳会福慶堂及其碑記解説」（香港中文大学『道教文化研究中心通訊』二〇〇七年七月第七期）五頁。
25 游子安、二〇〇七年、七頁、註二五。
26 張開文、前掲文、三二〜三三頁。
27 游子安「粉嶺地区祠観与香港早年道教源流」陳国成編『粉嶺』香港：三聯書店、二〇〇六年a、一三四頁。なお、何廷璋も中華聖教総会の一員であった。
28 「発刊詞」、三教総学会『国粋雑誌』第一期、一九二二年一一月一六頁。
29 『国粋雑誌』第九期、一九二三年七月、には同善社上海分社韓覚初が投稿した「論維持孔教之尊崇不若発明実行之義」が掲載されている。
30 游子安編『香江顕迹——嗇色園歴史与黄大仙信仰』嗇色園、二〇〇六年b、一二〜一三頁。なお、番禺における普済壇の歴史については、志賀市子、一九九九年、二三四〜二三五頁でも言及されている。
31 游子安編、二〇〇六年b、五八〜五九頁。
32 同上書、四八〜五一頁。
33 同上書、六二〜六三頁。
34 同上書、六五頁。
35 同上書、五八〜五九頁。
36 東洋経済新報社編『軍政下の香港——新生した大東亞の中核』東洋経済新聞社、一九四四年、二八四頁。

37 同上。

38 游子安編、二〇〇二年、一五六頁、游子安、二〇〇五年、七五頁。

39 香港における慈善事業の歴史については、冼玉儀「一九七零年代以前慈善活動在香港之発展与特徴」張学明・梁元生編『歴史上的慈善活動与社会動力』香港教育図書公司、二〇〇五年、一七九～二一三頁、を参照されたい。

40 游子安、二〇〇五年、八五頁。

41 同上書、七四頁。志賀市子、二〇〇二年、三三～三四頁。

42 游子安、二〇〇五年、七五～七六頁。

43 同上書、七七～七八頁。

44 「曽漢南道長事蹟」『大道』創刊号、香港先天道会、一九五六年、八～九頁。

45 「蔵霞古洞源流紀略」『大道』第二期、一九五七年、三四頁。

46 現在の台湾同善社の代表黄正筌氏へのインタビュー。二〇〇七年一一月一六日。

47 黄正筌編、二〇〇四年、七二頁。

48 李家駿「先天道在香港的蛻変与転型――論先天道対香港道教発展的重要性」香港中文大学宗教研究課程哲学修士論文、二〇〇五年八月（未刊）、および李家駿「先天道与香港道教発展的特色」、「先天道歴史与現況研討会」発表論文、二〇〇七年九月二二日（未刊）。李家駿氏のご厚意により閲覧させていただいた。

49 游子安編、二〇〇二年、二五五頁。この本は香港における「道教」の歴史を概述し、さらに香港の代表的な道教寺院四三カ所を写真と共に紹介したものである。紹介されている道教寺院のうち一〇カ所は先天道の道堂（東初祖派一カ所を含む）で、道派も「先天道」と明記されている。同善社の施設でここに収録されているのは乾元洞のみである。道派は記載されておらず、紹介文にも「同善社」「大仁祥」という言葉は登場しないが、彭如尊の名前を挙げてかなり明快にその系統を述べている。なお、この本では世界紅卍字会も「道教寺院」の一つとして紹介している。

50 游子安編、二〇〇二年、二三八～二四〇頁。

51 同上書、二四〇頁、游子安「朱汝珍与香港孔教学院――一九三零年代的先賢往事」『華南研究資料中心通訊』第二十一期、二〇〇〇年、一一頁。広州至宝台については、志賀市子、一九九九年、二九六～三〇八頁に詳しい。

52 游子安、二〇〇〇年、九頁。

53 游子安編、二〇〇二年、二四〇頁。

54 黄錫祺は香港の孔教学院（一九三〇年、北平孔教総会会長陳煥章により創設）の主席（一九五〇～五四年）、および孔聖堂の理事を務めていたという。（游子安、二〇〇〇年、八、一一ページ）

55 「円玄学院籌建宣言」円玄学院文牘組・円玄学院宣伝組編『円玄特刊』一九五三年、一九頁。

56 游子安編、二〇〇二年、二四二〜二四四頁。

57 周育民「一貫道前期歴史初探——兼談一貫道与義和団的関係」『台湾宗教研究通訊』第六期、蘭台出版社、二〇〇三年九月、八三〜九七頁。および「一貫道歴代祖師」中華民国一貫道総会編著『一貫道簡介』中華民国一貫道総会ホームページ〔http://www.ikuantao.org.tw/modules/tadbook2/〕より。

58 一貫道の教義については、前掲『一貫道簡介』に詳しい。

59 台湾における一貫道研究については、王見川「台湾一貫道研究的回顧与展望」張珣等編『台湾本土宗教研究的新視野和新思惟』南天書局、二〇〇三年、二五〜六八頁に詳しい。

60 黄兆漢・鄭煒明、一九九三年、六五〜六七頁。

61 香港善一堂道徳協会『毅慈大帝紀念冊』（二〇〇五年以降に同会が発行した記念誌のパワーポイント版。同会ホームページ http://www.hksytma.org.hk/ の「前賢足跡」より）。

62 「師母」については「月慧師母」とも称されており、前掲『一貫道簡介』の「一貫道歴代祖師」には「第十八代祖孫素真、字明善、道号慧明、山東単県人、係月慧菩薩化身」とあることから、孫素真を指していることが分かる。

63 『一貫道簡介』の「一貫道的職級」に、「老前人」〔年配で、道場に大きな貢献のあった前人〕の例として「香港の王彰徳」が挙げられている。

64 王見川によれば、現在台湾の一貫道においては一八代祖師張天然、孫素真の次の祖師をめぐる争いが起きているという。その有力候補の一人王好徳という人物が「香港の一貫道の組線〔分派〕を接収したという消息も道内で広く伝わっている」とされ、善一堂とは別系統の、台湾の一貫道と密接なつながりを持つ分派が香港に存在していることが推測される。ただし、管見の限り、香港の学界ではこちらの系統に関する言及は見られない。王見川、二〇〇三年、五三四〜五三五頁。

65 游子安編、二〇〇二年、六七頁。『香港道教連合会組織章程』の写真も掲載されている。

66 「香港道教連合会団体会員名録」香港道教連合会編『道心』第廿九期、二〇〇六年、一五頁。

67 特刊編集委員会編『香港道教連合会新廈特刊』香港道教連合会、一九七五年、七九頁。

68 「団体会員概覧・青松観」特刊編集委員会編、一九七五年、四七頁。青松仙観については、志賀市子、一九九九年、三〇八〜三一二頁も参照のこと。

69 二〇〇六年現在、六つの幼稚園と七つの小学校、五つの中高一貫校を擁している。「学務部報告」前掲『道心』第廿九期、七八〜七九頁。

70 この座談会は異なる宗教の間の交流を主な目的としたもので、毎年二回、各宗教の代表者が集まって会議を開いている。毎年新年に共同で声明を発表する他、「必要な場合には、連名で香港政府や外国政府、国連に対して香港の異なる宗教の領袖たちの意見を表明する」こともあるという。なお、儒教代表は孔教学院院長、仏教代表は香港仏教連合会会長、イスラム代表は香港中華回教博愛社主席、カトリック代表はカトリック香港教区主教、プロテスタント代表は香港基督教協進会主席である。前掲『道心』第廿九期　六、七五頁。

71　游子安編、二〇〇二年、六八～七一頁。

72　図書室には五教（儒、仏、道とイスラム、キリストの五大宗教）それぞれに関する書物や一貫道の教えに関わる書物、また善一堂で行われている経典講座のテープ、扶乩の「訓文」などが保管されていた。また、前賢紀念堂と呼ばれる部屋には「弓長師尊」「子系師母」の写真が掲げられており、一貫道の祖師張天然とその妻孫素真が善一堂の祖師として認識されていることを示している。

73　善一堂では現在も扶乩が行われており、「毅慈大帝」も降臨したことがあるという。『毅慈大帝記念冊』。

74　『一貫道簡介』では「一貫道的源流」や「一貫道的歴代祖師」で所謂「青蓮教」から分離する前の歴史から非常に詳しく述べられているが、善一堂では張天然と孫素真以前の道統には全く触れられていない。現在、善一堂中心の礼拝堂には五体の神像（弥勒仏、孔子、観音、関帝、済公活仏）の傍らに陳文華の写真が祭られており、また毎年陳文華の「毅慈大帝証位（「帰天」して帝位を授かったこと）」の記念行事が催され、二〇〇九年は一〇周年として陳文華の生涯を演劇化した「毅慈伝」が上演されるなど、陳文華個人に対する崇拝の度合いが高まっている。

75　二〇〇八年に行われた善一堂中心設立五周年記念行事に参加した仏堂の数に依る（善一堂ホームページ「活動近況」の「中心五週年花絮」より）。

76　梁徳華編『太上金籙羅天大醮』香港道教連合会、二〇〇七年、および、香港道教連合会羅天大醮執行委員会編「諸聖壇」パンフレット（いずれも羅天大醮期間中会場で配付されたもの）。

第12章

仏領期ベトナムの「善壇」と民族運動

――『道南経』の思想世界

今井昭夫

はじめに

ベネディクト・アンダーソンは『想像の共同体』の中で「植民地ナショナリズム」を第一次世界大戦後の一九二〇年代以降に「原住民」の「新しい知識人」によって担われた思想・運動だとしたが、そのような運動が展開される以前にベトナムにおいては開明的儒学者たちによって国民国家構想を持った運動（愛国啓蒙運動）が二〇世紀初頭に展開されていたことについては以前に論じたことがある[1]。それらの運動は一九一〇年前後に弾圧され終息してしまうが、第一次世界大戦を経て、一九二〇年代に様々な「政党」が誕生し、新たな民族運動が展開されるようになるまで、ベトナム民族運動の衣鉢を継承した重要な運動の一つは、本稿で扱う善壇であった。善壇それ自体は、仲間で集って諸神のお告げを聞いて書き記し道徳的修養につとめるという民間宗教的な性格の強い活動であることもあり、ベトナム民族運動史の主流（二〇世紀初頭の愛国啓蒙運動の挫折→第一次世界大戦後の立憲党などの「ブルジョワ」政党の誕生→一九二〇年代後半以降の国民党、共産党などの革命政党の誕生）からはずされ、民族運動史の研究上、十分には扱われてこなかった。そこで本稿では一九二〇年代の善壇と民族運動との関係について、一九二三年にベトナム北部のナムディン省で刊行された善壇の降筆文集『道南経』の思想世界の解明を通して探っていきたい。

ベトナムの善壇についての研究はまだそれほど多くの蓄積はない。ベトナム思想史研究の権威であるチャン・ヴァン・ザウは最も早くに善壇と民族運動との関係について言及していた研究者の一人である。一九七三年刊行の『一九世紀から八月革命までのベトナムにおける思想の発展』第一巻[2]の第五章「ベトナム封建意識系の他の形態：反植民地主義運動における道教、仏教、そして神秘思想」の第三節「仏教と道教の神秘思想の影響を受けた一九世紀末から二〇世紀初頭の抗仏蜂起人民運動」の第二項「儒教意識系の崩壊：フランス支配に対する人民の闘争を発動するために、愛国者たちは仏教・道教の思想・信仰を利用する」の中で善壇について言及されている。一八八四年にフランスによってベトナム全土が植民地化された後、八〇年代半ばから九〇年代前半にかけての阮朝・勤王運動による抗仏運動が失敗に終わると、儒教思想はもはや抗仏運動の思想的担い手とはなりえず、愛国者たちは神秘思想へと傾倒していったと言うのである。ザウによれば、北部と中部において、勤王運動が終結すると、ベトナムの女性神である柳杏公主、中国道教の神格などを中心とする神秘的な人物、民族の神格と民族史の英雄たちなどが降神する「善壇」、「勧善壇」あるいは「至善壇」が発生・発展した。善壇は一種の勧善・勧徳の会で、公開活動ではあるが非合法で、その中では扶乩・降筆が行われた。思想的に堕落した人だけではなく、多くの著名な儒学者も善壇に参加した。神々が降筆した時は、漢字で書き記された。これらの善壇は二〇世紀初頭まで活動し、ハノイや多くの省で維新、新学、義塾、工商振興の運動が行われていた時でも、以前より勢いは弱ったが、この神秘運動は継続していたという[3]。以上のようなザウの見解について、筆者は以下の点について疑問を抱いている。①勤王運動後、儒教思想は崩壊し、民族運動でまったく思想的な力を失ってしまったとしていいのか。二〇世紀初頭の愛国啓蒙運動でも科挙の学、詞章の学としての儒学は否定されたが、儒教そのものが否定されたわけではなく、一定の思想的役割を担っていた。②善壇を神秘思想としてのみで捉えられるのか。愛国的儒学者は単に敗北主義的に神秘思想の善壇に参加したのではなく、それなりの道徳的合理性を持っていたのであり、さらに二〇世紀初頭の愛国啓蒙運動以降においては啓蒙主義的な側面も併せ持っていた。

二〇世紀初頭、北部と中部の諸省に広まった善壇では、多くがその降筆文集を刊行している。有名なのは『明善真経』、『道南経』などで、これらの降筆文集を刊行した責任者は後に植民地政府により弾圧を受け捕らえられ流刑されたという。[4]本稿で扱う『道南経』に早くから着目し、紹介していたのはベトナムの文化研究者・歴史研究者として名高いダオ・ズイ・アインである。彼は一九八九年に出版した自著の中で『道南経』について紹介している。[5]この中でアインは、インテリで啓蒙的であった愛国的儒学者が善壇に参加したことについて、次のような問題を提起している。「降筆は元来、完全に宗教的性質を持った活動である。降筆した神格は、ベトナムや中国の人民の迷信や想像によってつくられた神（天神）かあるいは人民によって尊崇されて神とされた昔の偉人（人神）である。そのため降筆は荒唐無稽なものだということができる。それでは愛国的儒学者は自分たちの意図を隠すため、すなわち自分たちの政治活動を宗教活動に偽装して敵の目をくらますために、宗教活動を意識的に利用したのだろうか」[6]。本稿では、アインが指摘するような、愛国的儒学者たちが善壇を単に偽装のために利用したという消極的な意味合いだけではなく、かれらが善壇に関わっていった積極的な意味をすくい上げてみたい。また、ベトナムの著名な歴史研究者であったチャン・フイ・リュウは『歴史研究（*Nghiên cứu lịch sử*）』一九五九年九月号で『道南経』を紹介し、「思想水準はドンキン義塾の潮流をまだ脱しきれていない」との評価を下している。[7]これに対し本稿では、ドンキン義塾などの愛国啓蒙運動の思想が『道南経』に継承されつつも、単にそこにとどまっていたのではなく変化を遂げていった面も捉えていきたい。

一　九世紀後半から二〇世紀前半の「善壇」と降筆文

善壇が盛んとなった時期

ベトナムには、様々な神格のお告げを霊媒者が聞いて書き記し、それを教訓として道徳的規律を図っていく集いがあり、その集いを「善壇（thiện đàn）」と呼んだ。またその書き記したものを「降筆（giáng bút）文」などと呼ぶ。現在、ハノイにある国立漢喃研究所に所蔵されている降筆文は二五四冊（二四六タイトル。刊本二一六冊）あり、その中で最古のものは一八二五年に印刷されたものである[8]。善壇は一八二五年以前にも存在していたと考えられるが[9]、とりわけ一九世紀後半の北部諸省で発展し、一八四五〜一九四五年で少なくても九八の善壇の存在が確認されている。最も代表的なのがハノイにあった玉山祠の向善会で、ここは一八四二年に創設された由緒ある善壇であるとともに、降筆文の印刷なども数多く行われ[10]、善壇のセンターのような役割を果たしていた。上述したようにチャン・ヴァン・ザウは二〇世紀初頭に愛国啓蒙運動が始まると善壇の勢いは弱まったとしていたが、一方ダオ・ズイ・アインは、一九〇八年以降、維新運動が失敗した後、植民地政権の弾圧の前に、多くの愛国的儒学者は引き続き愛国思想を宣伝するために善壇の背後に身をやつし、そのため善壇はそれ以前よりはるかに発展した、と述べている。漢喃研究所所蔵の降筆文では、刊行が最も多かった時期は、一八七〇〜一八九八年と一九〇六〜一九一一年の時期であったとされているので、ダオ・ズイ・アインの指摘の方が正しいように思われる。降筆文の書誌に詳しい研究者グエン・スアン・ジエンは、一九四五年八月革命まで善壇が多くの地方に広まっていたと指摘している[11]。

善壇の参加者

ダオ・ズイ・アインによれば、仏領期に志を得られなかった儒学者たちが帰郷して塾を開いたり、善壇を開設して、綱常を守ろうとしたという。その中にはナムディン省出身の進士でハイズオン省巡府であったダン・スアン・バンもいた。彼はハイズオンの省城がフランス軍によって陥落させられた後、嗣徳帝（在位一八四七〜一八八三年）によって解任され、帰郷して善壇を開設し、『太上感応篇国音歌』を編んでいる。このような高位高官から、後で『道南経』のところで見るように、在地の低い地位の儒学者たち、さらには儒学者以外の農民なども善壇に参加していた。ただ、降筆を書き記すのに識字能力が必要とされるため、中心的な役割を担ったのは、学問の素養があった儒学者だと考えられる。

善壇のパンテオン

善壇の祭壇について、ダオ・ズイ・アインは一九一一年に降筆したベトナム北部ターイグエン省のある善壇を例にとり、次のように説明している。

まず関聖帝君が降詩し告示する。「前日、スンニンでの集会で、陳大王（興道）が配下の范五老を引き連れてこの壇に降ることを願ってきた。われと文呂二帝（文昌と呂洞賓）は玉皇に奏上し、玉皇は各陰将が降筆するのを批准された」。文昌帝君が祭壇の配置を次のように指示した。

・一番上の真ん中に玉皇
・上段左に陳興道、扶董天王。中段に傘円神[12]と李服蚕[13]。下段に二十八秀。
・上段右に瑶池王母。中段に観音菩薩と雲郷聖母（柳杏）。下段に南国公主（聖母の補佐）

ダオ・ズイ・アインは他の壇も大同小異だったと指摘する[14]。このように善壇のパンテオンは中国道教の神格等とベトナムの民族神との混成によって構成されていることが分かる。

歴史的には、当初の降筆の神格は文昌帝君や関聖帝君のような中国の道教の神格が多く、降筆文は漢字で書かれていたが、時代が下るにつれ、中国の神格だけではなく、ベトナムの神格も登場するようになったと考えられている[15]。また文字もチューノムが使用され、ベトナムの韻文形式（六八体など）も導入されるようになったという。

ヴー・ゴック・カインは降筆文に登場してくる神格を四つに分類している[16]。

1. ベトナムの民族的英雄や名将で最も一般的：徴姉妹、趙女史、扶董天王、陳興道、范五老、黄耀など。
2. ベトナムの優れた文化人：梁世栄、阮秉謙など。
3. 外国の偉人や神格：文昌帝君、関聖（およびその部下の周将軍も）など。さらに李白、ビクトル・ユーゴーなども。
4. 最も多いのは聖母：主には柳杏（雲郷聖母）、次いで瑶池王母、そしてその他の聖母や公主など。

以上、降筆文には次第にベトナムの民族神格が取り入れられ、文字も漢字からチューノムさらにはクオックグー（ローマ字をもとにつくられたベトナム語表記）へとベトナム化が進展し、また聖母神との関わりも強まっていったものと考えられる。

聖母道

上で見たように、善壇はベトナムの女性神信仰である聖母道と密接な関わりを持ってきた。そこで以下ではベトナムの聖母道について簡単に見ておきたい。

聖母道の成立

チャン・ヴァン・ザウによれば、一五世紀から一八世紀にかけてベトナムでは柳杏（Liễu Hạnh）、ハーザンキュウ（Hà Giáng Kiều）、ボイリエン（Bồi Liễn）、トゥオンホイソンティエン（Thượng-hội song tiên）のような女性神が次々と登場し、なかでも柳杏信仰が北部で広まったという。柳杏は黎朝、阮朝によって「封職」され、阮朝・紹治帝（在位一八四一～一八四七年）の時代には第一福神となった。同慶帝（在位一八八五～一八八八年）は聖母道の信徒で、聖母道の正統性を認めた最初の皇帝となった。[17] 柳杏信仰の盛行により、「三府（天府、地府、水府）信仰」が発展した。また元の侵略を退けた名将陳興道（Trần Hưng Đạo）の信仰も黎朝期に発生し発展しており、黎朝期から仏領期にかけベトナム北部では柳杏を聖母とし、陳興道を聖父とする信仰が活発となった。ただ南部では陳興道信仰は北部同様盛んだったものの、聖母（柳杏）信仰は盛んではなかったとされている。[18] またベトナム民間文化研究者のゴ・ドゥック・ティンによれば、母神信仰から三府（四府）信仰に発展したのは柳杏が出現した一六世紀以降と考えられている。[19] 聖母道は三府から後に岳府が付け加えられて四府になったが、中国道教の影響を受けている。三府（四府）信仰には玉皇、太上老君、南曹、北斗などがそのパンテオンに組み入れられることがあるという。[20]

聖母道のパンテオン

ゴ・ドゥック・ティンなどの研究を総合すると、聖母道の一般的パンテオンは以下のようになる。[21]

1. 玉皇上帝
2. 三府（四府）：上天聖母（柳杏聖母、第一聖母）、上岸聖母（第二聖母）、水宮聖母（第三聖母）、〔地仙聖母〕
3. 五位王官：第一～第五（大官の中に陳興道が入れられることもある）
4. 四府朝婆（四位聖婆）：四府聖母の化身。多くはタイー族、ヌン族等の少数民族に起源を持つ。
5. 十位皇子：第一～第五。龍神八海大王の息子ともされる。
6. 十二王姑
7. 十位舅
8. 五虎
9. 蛇神

聖母の呼称については大きくは三通りある。①聖母（Thánh Mẫu）。②国母（Quốc Mẫu）あるいは王母（Vương Mẫu）で王の妻あるいは娘に与えられる称号。③公主（Bà Chúa）で特定の役務に携わっていたりする。③の呼称は中部や南部でより広く用いられているという。[22] ティンによれば、聖母の上に玉皇がいるが、それはその後の道教の影響で、形式的である。[23] 玉皇は聖母道では最高神であるが、その役割は儀礼などにおいてのみで、人々の意識の中では希薄である。玉皇がベトナムに輸入される際、時にはそれは陳興道と同一化されることもあるという。[24] 善壇と聖母道のパンテオンを見比べて見ると、善壇のパンテオンは聖母道の強い影響の下で形成されていることが分かる。

二〇世紀初頭の愛国啓蒙運動と招魂詩

先にも見たように、二〇世紀初頭の善壇の参加者には愛国啓蒙運動（維新運動、明新運動、ドンキン義塾など）との関わりを持つ者が多数いた。そのため一九一〇年代以降の善壇の降筆文集では、愛国啓蒙運動との思想的継承性が窺われるものがある。その代表例が『道南経』である。以下では、（一）愛国的主張、（二）啓蒙的主張、（三）道徳的主張の三つについてごく簡潔に愛国啓蒙運動の主張を確認しておきたい[25]。

（一）招魂による愛国的主張――「招魂（gọi hồn, chiêu hồn, kêu hồn）」はベトナムの伝統文化に根付いたものであるが、ベトナム文学史上では、たとえば屈原のような特定の個人を招魂したり、あるいは盂蘭盆会の際に亡くなった人の招魂をするだけであったのが、一九世紀末から二〇世紀初頭になると、「国魂を呼ぶ（gọi hồn nước）」という形式が出現するようになった[26]。これは善壇が活発化してきた時期と重なり、それからすると善壇は「国魂」を招魂する儀礼として採用されてきたとも考えられる。二〇世紀初頭の愛国啓蒙運動では、「国魂を呼び戻す」とか「国魂を呼び覚ます」の文言が入った多くの宣伝詩がつくられている。たとえば宣伝詩「故国の魂」では、「故国の魂を思わず呼んでみる、泣き嘆き心を痛める。蒼く広漠たる南天、千年の父祖の基業残らんか」とうたわれている。これは「亡国」によって昏睡あるいは迷失した国の魂を戻すというスタイルで書かれ、ベトナムの山河（国土）は国魂が戻るべき場所、「からだ」として捉えられている。「国魂を呼び覚ます」とは換言すれば民族意識の覚醒を意味する。民族意識の覚醒はまた「龍仙」、「貉鴻」の子孫として同胞である「国民」は団結しなければならないという言い方でも表現された。

（二）文明化を目指す啓蒙的主張――ドンキン義塾（一九〇七年）の主要テキストであった『文明新学策』（一九〇四年、作者未詳）では、民智を開通して「新学」の基礎を打ち立て文明化することがまず課題とされ、六項目の提言が出されている。①本国文字（クオックグー）の使用、②書籍の校訂すなわち新たな学問の創出、③試法すなわち科挙の改定、④人材の鼓舞、⑤工芸の振興、⑥報館すなわち新聞社の設置。

(三)愛国啓蒙運動では国民創出のため、「国民の公徳」が強調される一方で、倫常による「私徳」が提唱された。倫常は「君臣の義」以外はほぼ維持され、「君臣の義」は「同胞の義」に読み替えられた。ドンキン義塾の主要テキストであった『国民読本』(執筆年・作者未詳)は、「国民の公徳」として、まず社会の「維繋の道」においては、①争先、②博愛、③立信、④存恕の4つを、「強民強国」においては、①愛国、②忠義、③独立・自助、④進取、⑤競争、⑥勇武、をあげていた。

『道南経』の思想世界

『道南経』の成立

『道南経』は当時のベトナム北部ナムディン省スアンチュオン(Xuân Trường)府ハックチャウ(Hạc Châu)社の興善壇によるもので、漢字とチューノムによって書かれ、乾坤の二集より成っている。一九二三年陰暦の九月一三日夜から一六日に乾集が書かれ、翌一〇月に刊行された。坤集は同年一〇月に書かれ、一一月に刊行された。[27]『道南経』の中で紹介されているところによれば、興善壇の主壇は第二場・阮文謀、監壇は秀才・阮文璙、神壇は八品百戸・阮徳藍となっており、いずれも儒学者であるが、進士・挙人といった高位の科挙合格者ではない。興善壇を主宰したグエン・ゴック・ティン(Nguyễn Ngọc Tỉnh)によれば、この壇はドンキン義塾に参加したことのある漢学教師の家において一九一二年に開設された。この漢学教師の孫であるティンは一九一五年の郷試に失敗した後、一九歳の時に興善壇に参加した。その後、彼が梁啓超の『中国魂』を読んでからお告げが愛国的色彩を帯びるようになり、興善壇は地方でも有名な善壇になったという。善壇には多様な人々が参加していた。高位の科挙合格者や高官、地元の儒学者や商人、農民も参加していた。一九二三年冬に『道南経』は北部で刊行され、その後、南部でもクオックグー版が刊行された。ティンは一九二四年、二五年、二六年の夏にナムディンの「ドンラク勧善壇」に招かれて、『道南経』を講じた。彼と実際に親交のあったダオ・ズイ・アインによれば、ティンは素朴で穏やかな人柄の人であったが、革命に参加し何度か投獄されている。最初は一九二九年に植民地当局から家宅捜索され『道南経』が押収されたため。二回目は一九三〇年にインドシナ共産党に入党したかどでコンロン島に一九三六年まで流刑された。一九三九年から一九四〇年にはソンラの監獄に投獄された。独立後の一九五四年からは史学院でアインとティンは同僚になっている[28]。ティンに見られるように、ベトナム北部の善壇では、地方の儒学者などの参加者があり、参加者の中には革命に身を投じ共産党員になる人もいた。

『道南経』の構成

乾集と坤集の二部構成になっている。前者は男性向け、後者は女性向けである。

（イ）乾集一〇章の章立て

1. 学問を広める：①勧子読書歌、②師伝生受歌
2. 倫常を明らかにする
3. 職業に勤勉たれ：①勧士歌、②勧農歌、③勧工歌、④勧商歌
4. 財貨を節約する：①戒賭歌、②戒争訟歌、③戒鴉片歌、④戒酒歌、⑤戒色歌
5. 腐俗を改める：①祭俗小説、②婚俗小説、③涜祀小説、④葬礼小説
6. 善道を修める：①修橋路、②刊送善書、③賑貧乏、④戒殺生、⑤勧惜字紙
7. 交際を広げる：①家族交渉、②社会交渉、③世界交渉
8. 団体を組織する：①上派団体、②中派団体、③下派団体
9. 種族を重んじる：①為己種類、②為他種類
10. 愛国［現存のテキストは原文の五四～五六頁が欠落している］

乾集の一〇章は六八体の正文の前に関聖の批評と一人の公主・侍女の降詩と聖母の総批が記されている。各章末は一人の聖母あるいは民族的英雌の降詩で閉められている。

（ロ）坤集三章の章立て

坤集では各章の項目の前後に一つの聖母あるいは公主の降詩が記されている。

1．家に在っては父に従う：①女言、②女容、③女工、④女行
2．嫁にいっては夫に従う：①奉先祖、②事公姑、③敬夫子、④遵胎教、⑤養子女、⑥択婚婿、⑦治閨房、
⑧容衆妾、⑨寛奴婢、⑩供賓朋
3．夫の死後は子に従う：①謹守節、②勉子孫、③不偏愛、④要修行

以下では『道南経』の思想をもう少し詳しく見ていくが、引用の頁数は註二七に示した刊本のものである。『道南経』の主張としては、「国を迷っている民の魂を呼び覚ます。昔の風化を立て直す。新しい文明を色づけする（一五六頁）」と述べられているように、大きくは以下の三つに集約することができるであろう。

（a）国を迷っている民の魂を呼び覚ます

①このモチーフは危機感をもって『道南経』の中で繰り返し出てくる。具体的には次の通りである。「民の智を鍛え、国魂を鋳る」（八五頁）。「民の国に迷魂を呼ぶ」（一五七頁）。「国魂を醒ます」（一六〇頁）。「乾集は正気を放ち、男性に夢魂を醒ます」（二〇〇頁）。「山河を鋳て、精英の気をつくる。清平を世界に開く、夢魂を喚起する」（二〇三頁）など。植民地支配下で迷っている国魂を醒まして喚起し、正気を吹き込むことが目指されている。

②「南国」意識が強い。『道南経』の「道南」とは儒家の「北学」ではなく、「南邦陰神」のお告げを聴き、「南人」を導くため、善道を興すための道だとされ（一五一頁）、田夫野老が理解できるように南音（ベトナム語）のみを使い（一五〇頁）、南族・南音・南人・南字によるもの（一四七頁）だとしている。

③「種族」の同胞性と矜持の強調。われわれは「龍仙」、「貉鴻」の種の同胞であり、同胞として団結すべきことが何度も強調される。「同胞はまず同心、一国の人は兄弟に異ならず」（一一九頁）。「わが南越は元来一つの同胞、父母は龍仙の種、四千年余り変化したが、種族が今に伝わる、出生は日々増え、民は三圻到る所におり、蛮・忙・州・土なども、多く分かれた一つの種」（一三一頁）。ここではベトナムの範囲が三圻（南北中）であること、域内の少数民族も含まれるとの認識が示されている。「龍仙」という貴種で古い歴史を持つ矜持が強調され、「吾種非卑」（一三二頁）と述べられる。

④民は国の民、国は民の国（一三五頁）を目指す。「種が残れば、国はなくならず」（一三四頁）、「国の民を開き、王家を助け」

（一一五頁）、「上は政府会同が議論し、下は民権が互いをつなぐ、強い国・豊かな民をつくる」（一二五頁）。「風塵おわれば風雲あり、王土を生じ、王民をなす、江山欠けるものない」（一二九頁）ものとなり、「かぐわしき祖国」（一三六頁）がつくられる。「民は貴なり」（一二九頁）と尊重され、「女性も大きな任務を負う」（一五一頁）ものとされる。

①と②については、二〇世紀初頭の愛国啓蒙運動とほぼ同じ主張である。④については「王臣の義」（六七頁）が唱えられるなど、王党派的なところが見られるのが異なる。公刊されたものという理由もあろうが、『道南経』は直接的な植民地主義批判はしていない。

（b）新しい文明を色づけする

「開化をする」（一五七頁）にはまず民智を高めることが必要である。われわれはまだ民智が低いと認識されている。「天にお願いする。憐れんでわが国に来て民智を開くのを助けるよう。風塵を風雲にかえ、聖心神心を満足させるよう。山河が顔を開き、東亜は言葉を知り、西欧は人を知る。会ってわれらは笑えるよう」（二〇四頁）。第一になすべきは、学問を広めることである。学ぶものは「孔孟綱常、西欧格致」（八二頁）で、実学も重視する。「欧米が文明的なのは職業にすぐれているから」（七九頁）であり、「四民の先頭である士」（八二頁）を始めとして、職業の振興をはかる。「郷例、亭中」（九七頁）における「迷信背理、浪費巨支」（九九頁）の腐俗を改める。以上のような啓蒙主義的主張については、二〇世紀初頭とあまり違いは見られない。

（c）昔の風化を立て直す

まず倫常を明らかにするために学ぶ、後に「到主沢民（王侯に仕え、民に恩沢をもたらす）」（六五頁）。男子に対して、「職業を専ら勤め、荒淫せず、武芸・文筆を備え、工賈耕耘怠けるな」（一九六頁）。女子に対して、「三従四徳を教える」（一六〇頁）。現世内における道徳的修行を積み、「真修は出家しなくてもよい」（一〇八頁）。そうすることによって、「後生は輪廻をさけられ」（一一四頁）、「龍雲会」（一二二頁、二〇一頁）を迎えられ、「大同世界」（一一三頁）となる。

ダオ・ズイ・アインは、『道南経』を道徳・社会・政治に関する二〇世紀初頭の進歩的儒学界の思想的集大成だと評価している。この評価は一面では妥当であるが、上述したチャン・フイ・リュウの評価と同様、他面では二〇世紀初頭の愛国啓蒙運動期の思想と一九二〇年代の『道南経』の違いを軽視するものである。『道南経』の思想世界を愛国啓蒙主義時期のものと比べると以下のような点で違いが生じてきている。

①新たな国民の創出が目指されているものの、君主主義的である。乾集の四章～六章の地方の生活世界に関わる規範は非常に具体的に述べられているが、七章～一〇章の叙述はごく一般的であり新味がなく、「国民の公徳」培養の主張は相対的に弱化している。原文の「愛国」の章に欠落頁があり未見なので、留保つきではあるが、国民国家構想は二〇世紀初頭の愛国啓蒙運動からは後退しており、具体的な国家構想は示されていない。

②「滅種」を強調するような社会進化論的論調が弱まっている。終末論的思想は希薄であるが、「後生では輪廻を逃れる」といった仏教的世界観が混入していたり、道徳的修行を通じての大同世界への希求が高まっている。

『道南経』のパンテオン

『道南経』に「降詩」している神格は以下の通りである。

○中国の道教系：関聖大帝、固将軍（関聖の弟子とされる）、周大将軍

○仏教系：観音仏祖

○聖母：第一聖母（雲郷聖母）、第二聖母、第三聖母：瑶池王母、元慈国母、宋天后

○公主ほか：上岸公主、清娘公主、桂女公主、鵲青公主、白花公主：静恵王姑

○侍女：緑花侍主、桃花侍女、紅娘侍女、広姑侍女

○ベトナムの歴史的人物：徴女王、徴妹王、趙嫗王

また、本文中に登場してきている民族的表象としては、扶董天王、徴姉妹、黎太祖、陳大王（陳興道）、趙嫗王がいる。玉皇、文昌帝君は降詩しておらず、乾集の最後に「玉皇上帝が『道南経』乾集を降すことを望み、三聖帝君は経壇の主となる神を選び、降筆の集まりに南方の陰神すべてを招いた」（一五〇頁）と僅かに登場するだけである。パンテオンは、関聖を除いてほぼ聖母神によって占められており、一で紹介した善壇のパンテオンと比べても、聖母道の影響が非常に

強い。これから『道南経』のパンテオンはベトナム化、聖母道化がより進んでいると言える。

カオダイ教の『聖言合選』との比較

カオダイ教は一九二六年に正式に成立した「四教同源」「万教総同源[29]」を目指すベトナムの宗教で、ホアハオ教とならんで大戦間期の南部に誕生した最も代表的な民族宗教である。カオダイ教創唱のもととなった降筆文である『聖言合選（Thánh－Ngôn Hiệp－Tuyển）』は一九二八年に第一巻が出版され、その後九回再版されている（一九三一年、一九四八年、一九五〇年、一九五五年、一九五七年、一九六四年、一九六九年、一九七二年、一九七三年[30]）。以下では、『道南経』とほぼ同時期の降筆文ということで『聖言合選』のみを扱い、カオダイ教全般については論じることはしない[31]。

『聖言合選』に出てくる神格

ベトナムの研究者レ・アイン・ズンによれば、『聖言合選』の第一巻と第二巻の合計一七〇の降筆のうち二回以上登場しているのは七つの神格である。それは至尊（玉皇上帝）（一二八回）、李太白（一六回）、観音菩薩（四回）、関聖（三回）、八娘（三回）、太上道祖（二回）、月心真人（二回）である。一回だけ登場しているものは、釈迦、黎山聖母など一二ある[32]。『道南経』と比べると、玉皇の存在感が圧倒的で聖母の登場が少ない。植民地下で公認され、合法出版されているせいであろうか、民族的表象が登場してくるのも比較的少ない。以下では『聖言合選』の第一巻[33]のみを対象として、その終末論と対フランス観について指摘する。引用は一九七三年版の頁数で示す。

勤倹思想と終末論

「お前たちが道を明らかにすれば、勤倹がこの塵間にまだいる時には第一の徳行であると分かるだろう」（五一頁）と勤倹が唱えられ、女は三従四徳、男は三綱五常が重んじられている。しかし『道南経』の勤倹と違って国民国家創出のためというニュアンスは薄く、むしろ終末論と結びついている。「下元は殆ど満ち人物は災難のために雲散霧消し、十のうち一が残るだけ。嘆かわしいかな。悲しいかな。天機が定まっているのを考えれば、なんとかして改めて、慈善の心を開いて悔い改め懺悔し、修行のことをひたすら慮る。すべての国民と同じく、跪拝・懇願し天が振り返ってくれるか見る。そのため玉帝と諸仏、諸仙、諸聖は三期普度を立てて、苦海に浮沈している衆生を救ってくれる。もし般若の船に会って乗り込まなかったら、きっと海で漂流してしまうだろう」（八七頁）。

フランスとの対等感と大同主義

降筆文としての『聖言合選』の新しい点は、クオックグーで書かれていて、漢詩・漢文が省略されており、対話形式が取られていることである。中でも特徴的なのは、フランス語によるフランス人に対するお告げも入っていることである。フランス人に対するお告げは『聖言合選』の対フランス観をよく示している。「フランスとベトナムの民族は最も恩恵を受けている二つの民族である。わたしは二つの民族が永遠に和合することを望む。わたしの教理は権利と生活の共同体をともに生きる中でお前たちに和合することを教える。それでお前たちはわたしの望み通りに永遠に力を合わせ、地球のいたるところに平和・相親・相愛の説を広めよ」（一三二頁）。「お前は高尚な心情のために最古の文明を吸収した民族の崩壊を救う。お前はその民族に真正な道徳をもたらすために自ら犠牲となる。わたしの聖言を読みなさい。わたしの教理は大同である。もし人類が修行を知れば、それはすべての民族に約束した平和になる。お前はフランス国に示すだろう。ベトナム国がフランスに値する国であると」（一三三頁）。「この世間に生きる人はどの民族でも共通の一人の父を持っているだけ。それはお前たちの運命を制御している天（Troi）である」（一三四頁）。戦争や弱肉強食の否定（一三〇～一三二頁）をするとともに、ここではフランスとベトナムの和合が唱えられるとともに、フランスに対する対等感も表現されているように思われる。

以上、『聖言合選』の思想世界は聖母道の影響は少なく、登場してきている神格はよりコスモポリタン的であり、終末論的要素が含まれている。表面上、政治的には親仏的である。フランスと対立するというよりは、対等性を主張することによって民族的な姿勢をとっている。

ファン・ボイ・チャウ『男国民須知』『女国民須知』[34]との比較

ファン・ボイ・チャウ（一八六七〜一九四〇年）は、周知のように、二〇世紀初頭の愛国啓蒙運動を担った開明的儒学者の代表的人物である。チャウは東遊運動（一九〇五〜一九〇九年）の挫折後、中国やタイなどで活動していたが、一九二五年に中国の上海で捕らえられてベトナムに連れ戻され、裁判を経て阮朝の都であったフエに軟禁された。亡くなるまでフエに蟄居していたが、著作活動などは活発に行った[35]。一九二六年に彼は『男国民須知』『女国民須知』を執筆している。これは男性と女性それぞれに「国民」として意識を持つように訴えた韻文の作品である。男性と同等に女性を重視している点は愛国啓蒙運動以来の画期的な点であり、『男国民須知』『女国民須知』と『道南経』は共通している。両者はともに二〇世紀初頭の愛国啓蒙運動に関わりのある儒学者の手になるものであり、その思想を継承し、ほぼ同じ時期に書かれ、同じような主題を持った著作であると言える。ただチャウの著作は知識人を主な対象としており、とくに『女国民須知』の場合は、フエのドンカイン女学校生徒など都市知識人層が具体的に想定されていた。

『男国民須知』は以下の二四の詩から成っている。（一）人と万物、（二）人のかたち、（三）人性、（四）自動性、（五）自覚性、（六）自衛性、（七）人心、（八）仁愛の心、（九）羞悪の心、（一〇）辞譲の心、（一一）是非の心、（一二）人たる義務、（一三）自分に対する義務、（一四）家族に対する義務、（一五）社会に対する義務、（一六）国家に対する義務、（一七）権利、（一八）独立の意味、（一九）自由の意味、（二〇）愛国とは、（二一）独立と合群、（二二）勤倹は仁愛の源、（二三）艱難困苦は英雄の学校、（二四）失敗は成功の母。

チャウは、天から賦与された人性には良知や種族を愛する心が元々含まれており、それらを体現するには自分の心を「正心誠意」し、正気を発することが必要だとした。また人は天が与えた義務を負わなければならず、その最大なるものは国民としての義務である。それをまっとうできれば、権利、独立、自由をえることができ、それは天道に適うことである。勤倹を励行し博愛・大同に到り、艱難困苦の中から時勢をつくる英雄の出現を期待する。以上がおおよその内容である。このようにチャウは諸神格を介在させることなく、天と人との直接的交感の中でその言説を構成している。『女国民須知』は二五の詩から成っている。(一) 共通の道理、(二)・(三)・(四) 子たる道、(五)・(六) 家庭、(七) 女工、(八) 女容、(九) 女言、(一〇) 女行、(一一)・(一二)・(一三) 妻たる道、(一四)・(一五)・(一六)・(一七)・(一八)・、(一九) 母たる道、(二〇)・(二一)・(二二) 公徳と私徳、(二三)・(二四) 合群、(二五) お前は夫がいるのか?

構成上、三従四徳の形式は残っているが、チャウは「女も男も国事をともに担う」とし、「国民の母」としての女性を重要視した。三従の中身は『道南経』とは異なっており、チャウにおいては、女性も「独立」して「立業」することが勧められている。また家庭が国民を養成する教育の場としての意味合いが強められており、女性は単に家政の取りまとめ役としてではなく、教育者・扇動者としても期待されている。チャウの場合、「私徳が巧みであれば身は修まる。公徳があって国家ははじめてよくなる」と、三従四徳のいわば「私徳」にとどまらず、国民として持つべき「公徳」がより強調されているのが特徴である。

以上見てきたように、『道南経』と比べて『男国民須知』『女国民須知』は、「無神性」と「公徳」の強調といった点に特徴が見られた。『道南経』は、諸神格とりわけ聖母神の勧告を介して、より在地の生活に根ざした具体的な戒律(戒争訟や戒鴉片など)や道徳規範を説いている。ともに女性をも対象とし、女性の政治的動員をはかった著作であるが、対象とする女性の社会階層の違いがその内容の違いを生んでいるように思われる。

おわりに

(一) 善壇は、民衆宗教の扶乱・降筆の伝統の上に、反フランス植民地主義運動と結びついて一九世紀後半以降、活発化した。善壇は「南邦陰神」の力をかりて「国魂」を喚起する儀礼として実践されたものと考えられ、そのため民族的表象が動員され、パンテオンのベトナム化が進んだ。また聖母神を多く取り入れ民間信仰として装い、植民地当局の弾圧を回避しようとしたとも考えられる。独立後、社会主義体制の下で、「迷信」視された聖母道信仰は社会主義体制下でも否定されなかった民族英雄神信仰（具体的には陳興道信仰）と結びつくことによって生き延びてきたとベトナムの研究者ファム・クイン・フォンは非常に興味深い指摘をしているが[36]、善壇はそれとは逆で、聖母道と寄り添うことで政治的迫害をかわし、また女性への訴求力を高めようとしてきたと考えられる。聖母道化は女性の動員をはかる装置でもあったのではなかろうか。そのことによってベトナムの聖母神や英雌はナショナリズムの表象として浮き彫りになってきたのである。

（二）愛国啓蒙運動が挫折した後、公然たる政治活動の舞台からは退いた愛国的儒学者たちによって愛国啓蒙運動の思想と善壇とが有機的に結び付けられたのが『道南経』の思想世界である。『道南経』は愛国啓蒙運動の思想を民衆化し在地化したものであるとも言える。第一次世界大戦終結後、科挙廃止（一九一九年）、植民地政府による郷政改良（北圻では一九二一年から）、大規模な第二次植民地開発などにより、ベトナム社会は大きく変化するようになり、資本主義化・西洋化・都市化が次第に浸透するにつれ、在村の儒学者たちはますます疎外感を強めた。彼らは農村の秩序の回復・維持を目指して、「昔の風化の立て直し」をはかった。その意味では復古的といえ、君主主義的価値観が復活することにもなった。また民衆化することによって民衆宗教の世界観が取り込まれることにもなった。

（三）武内房司氏は、ベトナム北部では弥勒仏信仰が盛んであり、またハノイの漢喃研究所には無生老母信仰を伝える経巻が所蔵されているとし、ベトナムにおける無生老母信仰の存在を指摘している[37]。しかしながら『道南経』には弥勒の名や「龍華会」は登場してきておらず（「龍雲会」は出てきているが）、弥勒下生のモチーフはない。また無生老母の名前も出てこない。瑶池王母は一度出てきているが、大きな役割を果たしてはおらず、ベトナム聖母道のパンテオンの中に埋没している。しかしこれをもってこの時期のベトナム北部の降筆文には弥勒下生のモチーフや無生老母が存在していないと一般化するのは早計であろう。『道南経』の有り様がこの時期の降筆文の一般的姿であったのか、あるいは『道南経』が降筆文の中で特異な存在なのか、即断はできず、さらなる研究が必要である。本稿では『道南経』のパンテオンを聖母道化・ベトナム化していく脈絡で捉えたが、植民地期において東アジアの民衆宗教の交流が高まる中で、降筆文も多様化していったことが推測される。

一九二〇年代後半のカオダイ教聖典『聖言合選』では救済宗教的色合いが濃くなっている点が『道南経』との大きな違いとなっている。パンテオンも『道南経』はベトナム化・聖母道化しているのに対し、『聖言合選』はコスモポリタン化している。このような両者の違いが、ベトナム北部と南部の社会文化的背景が異なることによっているのか、あるいは若干とはいえ時期による違いなのかなど、さらなる検討が必要であろう。いずれにしても『道南経』は一九二〇年代後半から高まる宗教的救済主義と政治的革命主義の前段階を示す思想的著作であると言える。

1　拙稿「二〇世紀初頭のベトナムにおける開明的儒学者たちの国民国家構想」久留島浩・趙景達編『アジアの国民国家構想』青木書店、二〇〇八年、一四九〜一八八頁。本稿でいう「愛国啓蒙運動」とは、二〇世紀初頭に発生した維新運動、東遊運動、ドンキン義塾などの総称として使用している。

2　Trần Văn Giàu, *Sự Phát Triển Của Tư Tưởng Ở Việt Nam Từ Thế Kỷ 19 Đến Cách Mạng Tháng Tám*, TẬP 1, Hà Nội, Nhà Xuất Bản Khoa Học Xã Hội, 1973. なお本書については筆者は『中国—社会と文化』第五号（一九九〇年六月）の二九四〜三一一頁で紹介している。

3　Giàu, *ibid.*, pp.536 – 540. ザウによれば、二〇世紀初頭、中部では「仙（Tiên）」が降筆した「仙詩（thơ tiên）」も流行した。これも善壇の降筆文と同様の内容を持っていた。南部では北部や中部よりも讖伝（sấm truyền）、先知（tiên tri）が盛んであった。南部で一九三九年に成立したホアハオ教の聖典は『讖講詩文』である。これについては、拙稿「倫常の道、解脱・大同の願い——ベトナム・ホアハオ教祖著『讖講詩文』の思想世界」『地域研究』（東京外国語大学大学院地域研究研究会）第一一号、一九九四年、八〜三二頁、を参照されたい。

4　Vũ Ngọc Khánh, "Hiện Tượng Giáng Bút Ở Việt Nam", Ngô Đức Thịnh chủ biên, *Đạo Mẫu Và Các Hình Thức Shaman Trong Các Tộc Người Ở Việt Nam Và Châu Á*, Hà Nội, Nhà Xuất Bản Khoa Học Xã Hội, 2004. p.408.

5　Đào Duy Anh, *Nhớ Nghĩ Chiều Hôm*, TP Hồ Chí Minh, Nhà Xuất Bản Trẻ, 1989. pp.200–224.

6　*ibid.*, p.206.

7　Viện Văn Học, *Thơ Văn Yêu Nước Và Cách Mạng Đầu Thế Kỷ XX (1900–1930)*, Hà Nội, Nhà Xuất Bản Văn Học, 1976. p.672.

8　Nguyễn Xuân Diện, "Văn thơ Nôm giáng bút với việc kêu gọi lòng yêu nước và chấn hung văn hoá dân tộc cuối thế kỉ 19 đầu thế kỉ 20", Hội nghị quốc tế về chữ Nôm, Hà Nội, 11/2004. 筆者が実際に参照したのは次の論文である。ジエン氏に問い合わせたところ、タイトルは異なるものの、内容は上の論文と同一であると言う。Nguyễn Xuân Diện, "100 năm trước : Thương nòi giống, Thần tiên giáng bút", http://vietsciences.free.fr　二〇〇九年九月二九日アクセス。

9　ダン・テー・ダイ氏はベトナム最古の降筆文を一一世紀の李常傑の作とされる「南国山河」の詩だとし、降筆文は一五世紀から一八世紀には発展しなかったと指摘する。Đặng Thế Đại, "Kinh Đạo Nam–Một Cuốn Sách Quý", *Nghien cứu Tôn Giáo* Số 8 (50), 2007. p.71.

10　玉山祠印行の書誌については、次の論文参照。Vương Thị Hường, "Danh mục sách Hán Nôm in tại đền Ngọc Sơn–Hà Nội", *Tạp Chí Hán Nôm* 1–2000. pp.89-96. これには二四一点がリストアップされており、その大半は降筆文集と思われる。

11　筆者は、次にあげるように、一九四五年八月革命後にハノイで出版された二冊の降筆文集を所蔵している。Ngọc Sơn Từ, *Tam – Thánh Cứu Kiếp Bảo Sản Nam Âm Chân Kinh*, Van Tương, 1949. Kim liên đàn, *Ngọc Hoàng Phả Độ Tôn Kinh Diễn Âm*, Hà Nội, Nhà in Vũ Hùng, Hà Nội, 1953.

12　『会真編』（一八四七年）にはベトナム由来の二七の神格が記載されており、そのうち一四は女性神である。二七のうちでも傘円山の神、褚童子、扶董天王、柳杏聖母は「四不死」として崇められた（Vũ Ngọc Khánh, Ngô Đức Thịnh, *Tứ Bất Tử* [*Bốn vị thánh bất tử*], Hà Nội, Nhà Xuất Bản Văn Hóa Dân Tộc, 1990. p.9.）。

13　六世紀の李賁の部将。北部デルタの農村では城隍神として祭られることがある。Nguyễn Văn Huyên, "Góp phần nghiên cứu một vị thành hoàng Việt Nam Lý Phục Man", *Góp Phần Nghiên Cứu Văn Hóa Việt Nam* Tập 1, Hà Nội, Nhà Xuất Bản Khoa Học Xã Hội, 1995. pp.283-400. を参照。

14　Đào Duy Anh, *op.cit.*, p.205.

15　Diện, *op.cit.*, 武内房司氏は漢喃研究所所蔵・降筆文集のリストを作成されている。このリストには七五タイトルが収録されているが、年代的には一八三七〜一九三五年のものである。そのうち文昌帝君（文帝）が書名に入っているものが九点、孚佑帝君は一点、玉皇が二点などとなっている。また玉山祠印行は一四点ある。

16　Khánh 2004, *op.cit.*, p.406.

17　Ngô Đức Thịnh, *op.cit.*, p.40.

18　Giàu, *op.cit.*, pp.465–466. またザウはベトナム道教の一派として、「内道（Nội đạo）」が黎朝神宗治下（一六一九〜四三年、一六四九〜六二年）の一七世紀に出現したことを指摘している。旧南ベトナムで研究著作を発表していたグエン・ダン・トゥックはレンドン（跳神）、聖母信仰、陳興道信仰などを含めてベトナム独自の「内道（Đạo nội）」としている。Nguyễn Đăng Thục, *Tư Tưởng Việt Nam*, Saigon, Nhà Sách Khai Trí, 1964. pp.148–210.

19 Thịnh, *op.cit.*, p.27.

20 Thịnh, *op.cit.*, p.28. なお「Phan Ngọc Khuê, *Tranh Đạo Giáo Ở Bắc Việt Nam*, Hà Nội, Nhà Xuất Bản Mỹ Thuật, 2001. の二三七頁掲載の「大公同」と題されているハノイ・ハンチョン民間版画（年代未詳）のパンテオンは以下のようになっており、玉皇ではなく観世音菩薩が最高位にきている。

1．観世音菩薩
2．水帝、地帝、天帝、陽帝
3．天府母、地府母、陽府母
4．五方謁帝（青帝、赤帝、白帝、黒帝、黄帝）
5．四位聖母（第一聖母上天、第二聖母上岸、第三聖母水府、第四聖母地府）
6．舅像
7．姑像

21 Thịnh, *op.cit.*, pp.23–61. Ngo Duc Thinh, "The Pantheon for the Cult of Holy Mothers", *Vietnamese Studies* No.1–1999, pp.20-35. Ngo Duc Thinh, "The Mother Goddess Religion: Its History, Pantheon, And Practices", Karen Fjelstad and Nguyen Thi Hien ed., *Possessed by the Spirits Mediumship in Contemporary Vietnamese Communities*, Ithaca, New York, Cornell University, 2006. pp.19-30. 大西和彦「ベトナムの民間信仰　聖母道」今井昭夫・岩井美佐紀編『現代ベトナムを知るための60章』明石書店、二〇〇四年、一九八～二〇一頁。

22 Đoàn Lâm, "A brief account of the cult of female deities in Vietnam", *Vietnamese Studies* No.1-1999. p.14. 近年の南部の女性神信仰については、次の本が詳しい。Philip Taylor, *Goddess On The Rise:Pilgrimage and Popular Religion in Vietnam*, Honolulu, University of Hawaii Press, 2004.

23 Thịnh 2004, *op.cit.*, p.26.

24 *Ibid.*,p.31.

25 拙稿、前掲論文、および拙稿「二〇世紀初のベトナムの愛国啓蒙運動における『国民』の創出――『国民読本』などのドンキン義塾の塾書を中心に」『東京外大　東南アジア学』第一巻、一九九五年、八四～九八頁を参照。

26 Trần Nho Thìn, *Văn Học Trung Đại Việt Nam dưới góc nhìn văn hóa*, Hà Nội, Nhà Xuất Bản Giáo Dục, 2007. p.670.

27 本稿では、次の本をテキストとして使用した。Đào Duy Anh khảo chứng, Nguyễn Thị Thanh Xuân phiên âm và chú thích, *Kinh Đạo Nam*, Hà Nội, Nhà Xuất Bản Lao Động, 2007. この本では、元々の漢字とチューノムによる原文が収められており、さらにクオックグー篇も付け加えられている。

28 Đào Duy Anh, *op.cit.*, p.207.

29 ベトナムの研究者フエ・カーイによれば、カオダイ教の中で三教が新たに総合されている。それは、①「三教同源」思想を「四教同源」に発展させ、「万教総同源」に拡大したこと、②「三教同源」思想を天（Trời）の信仰と和合させ、天（カオダイ上帝）が三教と万法帰源の運行をコントロールする最高統括者となっていることである。Huệ Khải, "Tam Giáo Trong Đạo Cao Đài" *Nghiên cứu Tôn giáo* Số 3 – 2009. p.32.

30 各版の異同などについては、次の論文を参照。Lê Anh Dũng, "Tìm Hiểu Thánh Ngôn Hiệp Tuyển", *Nghiên cứu Tôn giáo* Số 11–2007. pp.66-72.

31 カオダイ教聖典の先行研究としては高津茂氏の次のような論考がある。高津茂「護法ファム・コン・タック小史試訳——カオダイ教聖典の考察（一）」東洋大学アジア・アフリカ文化研究所『研究年報』第二〇号、一九八五年三月。同「カオダイ教の『新律』について——カオダイ教聖典の考察」立教大学史学会『史苑』第四五巻第一号（通巻一三四号）一九八六年三月。同『『法正伝注解』訳考［一］——カオダイ教聖典の考察」東洋大学アジア・アフリカ文化研究所『研究年報』第二一号、一九八七年三月。同『法正伝注解』訳考［二］——カオダイ教聖典の考察」東洋大学アジア・アフリカ文化研究所『研究年報』第二三号、一九八九年三月。同『李教宗の八道議定』について—カオダイ教聖典の考察」東洋大学アジア・アフリカ文化研究所『研究年報』第三〇号、一九九六年三月。記して以上の学恩に謝意を表します。

32 Lê Anh Dũng, *op.cit.*, pp.66-67.

33 Tòa-Thánh Tây-Ninh, *Thánh-Ngôn Hiệp-Tuyển Quyển Thứ Nhứt*, Tây Ninh, Hội Thánh Tây Ninh, 1973.

34 Chương Thâu sưu tầm và biên soạn, *Phan Bội Châu Toàn Tập, Tập 8, Văn Vần 1925–1940*, Hà Nội, Nhà Xuất Bản Thuận Hóa, 2000. pp.10–36.

35 拙稿「フエ時代のファン・ボイ・チャウの思想」『東京外国語大学論集』第五四号、一九九七年、六一～七二頁、を参照。

36 Pham Quynh Phuong, "Tran Hung Dao And The Mother Goddess Religion", Karen Fjelstad and Nguyen Thi Hien *op.cit.*, pp.31-54. および Pham Quynh Phuong, *Hero and Deity*, Chiang Mai, Mekong Press, 2009.

37 武内房司「中国民衆宗教の伝播とヴェトナム化——漢喃研究院所蔵諸経巻簡介」板垣明美編『ヴェトナム　変化する医療と儀礼』春風社、二〇〇八年、一七九～二〇七頁。

第13章

仏領期ベトナム南部バクリュウ省ニンタインロイ村における農民闘争と宗教

チャン・ホン・リエン

（高谷浩子・武内房司　訳）

はじめに

二〇世紀初頭（一九二七年五月）にニンタインロイ村で起こった農民の蜂起は、民族の独立と自らの土地に対する民主的な権利とを求めて、ベトナム南部の大地に居住する農民たちが起こした闘争であった。

ニンタインロイ事件と呼ばれるこの運動は、仏領期に多くの新聞で報道され、多くの報告・所見・評価等がインドシナ総督・コーチシナ長官・弁務官、治安部隊指揮官に寄せられた。しかし、多くの観点の違いから、この事件に対する評価には誤りや歪曲、偏りが見られる。この蜂起は、フランスの監督官によって「強盗のやからによる暴動」であり、「個人の権利のための」「政治的性格を有した反乱ではない」[1]といった評価が押しつけられた。ラクザー省の省長がコーチシナ長官に送った分析の中では、「私は、つねづねこの運動が宗教的狂信によるものだと考えている」[2]とすら書いている。しかし、これらすべての誤った評価をもってしてもニンタインロイ蜂起の持つ人民や国家のためにとった諸行動を否定することはできなかった。それは、多民族が共住する地域において諸民族が団結しあいつつ、宗教的な色彩を色濃く帯びた蜂起であったのだ。これは、明らかに南部地域において目立った二つの問題を象徴しており、中でも民族と宗教との関係が最も基本的な特徴をなしているのである。

ニンタインロイ村における農民闘争の本質やその意義を探求し、たとえば、二〇世紀初頭の民族独立を目指す闘争において民族と宗教という二つの問題が結びついたことから多くの教訓を引き出すならば、この闘争は、今日においてもなお、深い時代的な意義を持った事件なのである。

ニンタインロイ村

ニンタインロイはラクザーのフオックロン郡にある村である（現在はバクリュウ省に属している）。この地名が出現した時期については、これまでまだ正確な資料が見つかっていない。しかし、ニンタインロイ村の名前は、一九二七年より以前にはすでに存在していたはずである。その年にはニンタインロイ村が存在していたからである。また、ニンタインロイという地名は一八九七年以降に出現したと見なければならない。その年に、ラクザー省にはザン・ニン総（一五村）、キエンディン総（一一村）、キエンハオ総（二四村）、そしてタインザン総（一九村）の四総六九村が存在したが、そこにニンタインロイという村名が見あたらないからである。

ソン・ナームの『ベトナム南部地域開発史』[3]には、「ニンタインロイ村の前身はタインロイ邑（むら）である。かつてのロクニン村に属したが、一九一三年になって新たにタインロイ邑が成立した」とある。このように、ニンタインロイ村が独立したのは一九一三年以降で、チャン・キム・トゥック氏がそこに住みつき、彼の娘が一歳になった一九一九年よりも前でなければならない。彼の娘は一九一八年に生まれている[4]。ニンタインロイ村の境界について言えば、村が成立する以前、そのあたりの土地はタインザン（ラクザー省）に属していた。その後、まもなく今度はタインイエン総（ラクザー省）に属した。二〇世紀初めに、フオックロン郡が設立されると、その中にニンタインロイ村が含まれていた。一九四七年、ニンタインロイ村はラクザー省から切り離され、バクリュウ省に編入された。一九五七年まで、フオックロン郡のタインイエン総に属していたにもかかわらず、省の帰属はバースエンであった。一九六一年末、フオックロン郡が、新省に編入されるに伴い、ニンタインロイ村もまたチュオンティエン省に属することになった。一九七九年、ニンタインロイ村は、ミンハイ省ホンザン県に属し、ニンタインロイ、ニントゥアン、ニンロイの三つの社に分割された。一九八四年五月一七日、フオックロン郡はホンザン県に編入された。この新しい県には二五の社が含まれ、ニンタインロイ村は以前と同じ「状態」を維持していた。一九九〇年一一月八日、ニンロイ社がニンタインロイに編入され、この新しい社は、土地一万三七六七ヘクタール、人口一万三六一八人となり、東はフオックロン社とフォンタイン社とに接し、西はキエンザン省、南はフォンタインナム社、北はヴィンロクアーと接するようになった。[5]

二〇世紀初め、ここに住む人々はまだまばらであり、その多くは華人とクメール人であった。カマウとカントーとを結ぶクアンロ〜フンヒエップ運河が掘削されて以降、[6]住民は徐々に増加し、フオックロン郡が設立された。[7]「一九二二年、ボーヴィル・エイノーというフランス人が合法的だが詐欺的な手段を用いた。すなわち自分の手下の名義でニンタインロイ村での開墾を申請させた後、その多数の開墾申請書を買い戻したのである。その結果、彼は大地主となり、村の土地の九割を所有するに至った」。[8]住民はコーチシナ長官と植民地評議会（Conseille coloniale）に訴えることで、土地を返還させることができたのだ。五年後、B・エイノーは、ニンタインロイ村のメンという社長やタインイエン総の総長であったグエン・ヒュウ・チーなどの村役人や手下を使って、農民の田畑をもう一度奪還しようとした。土地の徴用は、社長が小区画の土地ごとに国家から借り受け開墾を行う形をとり、「ゆっくり、かつより凶悪に」[9]進められた。地主でチュ・チョットとも呼ばれたチャン・キム・チュック[10]の土地の一部も失われた。チュック氏は華人系で、クメール人の血を引き、一八八七（丁亥）年に生まれ、一九二七年に戦闘により死去した。妻は、チャウ・ティ・マンという。ともに農民で、ソクチャンのチャーライ（現ソクチャン省ミートゥー県トゥアンフン社）に住んでいた。一九二七年五月一三日付の『インドシナ・トリビューン *La Tribune Indochinoise*』紙は彼の名をフオン・チュー・チョンと記している。一九二七年五月二〇日付の同紙の「ニンタインロイ村における衝突の真実（La Vérité sur l'échauffourée de Ninh Thanh Loi）」と題する記事においては、フオン・チュー・チョットとしている。同年一二月一日付『東法時報 Đông Pháp Thời Báo』（六五三号）は、「ニンタインロイにおける反乱」という記事を載せたが、そこではフオン・チュー・チョットと記されている。同年一二月二六日付『公論 Công Luận』（七八九号）の「裁判所がニンタインロイ事件を審理」という記事では、フオン・チュー・チョットとある。同年五月一三日にラクザー省裁判所に送られた知府ディン・クアン・ヒエンの報告では、フオン・チュー・チョクと呼んでいる。ラクザー省長がコーチシナ長官に送った、「ニンタインロイにおける反乱」に関する同年五月一三日・一六日の二つの報告では、フオン・チュー・チョットないしフオン・チュー・チョクとしている。同年五月一九日付け『安南の声 L'Écho Annamite』では、フオン・チュー・チョットとしている。チャン・フオック・トゥアンは、「実際、彼は華人系のベトナム人で、彼の名前の意味は「老練」（Lão luyện）という意味である。潮州式に呼ぶとチュック（CHUK）、漢越音式だとトゥック（TÚC）と書かなければならない。人々が、彼の郷主（村役人）という職務と潮州式の名前の発音（しかしあまり正しくない）を組み合わせたことから、チュー・チョット（CHỦ CHỘT）となった」[11]としている。

蜂起

ポワロ特別委員長がサイゴン治安所長に送付した詳細な調査によれば、「チュック氏は頗る敬虔かつ厳格（な信者）であり、ほぼこの二年間、菜食を続けている」[12]。ニンタインロイ村にはおよそ九〇〇名の民丁（人民）がおり、その多数はクメール人である。地主のチュック氏は三〇〇マウの水田を有し、[13]毎年米一万五〇〇〇斗の収入がある。一九二七年五月上旬、蜂起が起こったが、その原因について、同年五月一九日付の『安南の声』紙は次の事実を認めていた。すなわち、「この何年もの間、彼らは、地方政府への怨恨の情をつのらせていた。彼らは（地方政府が）フランス植民地当局の庇護を受け、自分たちの土地を奪ったと非難した。こうした怨恨は、ひたすら爆発する機会を待っていたのだ。注目すべきは、乱を起こした輩のなかにカマウから来た人が多く含まれていたことである。彼らは、植民地評議会の元委員であったゴー・カック・マンの似たような行動によって難民となったのであった。……ニンタインロイでは、総長（カイトン）のグエン・ヒュウ・チーだけで、種々の異なる名称のもとに一一〇〇ヘクタールを超える水田を占有していたのである」、と。

一八六四、一八七一、一八八二、一八八七、一九一三、一九一四、一九一八、一九二八、一九三〇年にフランス植民地当局が発布した政令を通じ、フランス人入植者や土豪、親仏派で勢力を持った多くのベトナム人たちが譲渡（開墾）の申請を行うという手段を用い、農民の田畑を奪取していく条件が整えられた。一八八七年七月三〇日に発布された政令の第一条にはこう記されていた。

植民地の全地域において、各地区の役所にある地簿冊に登記の申請を行う場合は、田畑を占有してはいるが証書を持たない者に対して優先的に土地を譲渡ないしはその土地の売却をもたらす申請書を発給することにする。

第一条の内容は、農民自らが開墾した土地の所有権を否定することを示しており、その土地を勢力があり、かつ法律をよく理解している者に譲り渡そうとするものであった。

植民地治安維持部隊長の詳細な報告から、蜂起に参加したグループはかなりの数にのぼったことが知られる。「乱を起こした輩は、女性を含めておよそ一五〇名」[14]であった。乱には、同じく白い服を着用し、頭にスカーフを巻いていた、という特徴があった。蜂起を準備するにあたり、参加者はチャン・キム・チュックに動員され、まる二日にわたり（一九二七年五月三日から四日まで）、地域内の様々な場所で、宗教儀礼に参加するという形式をとりつつ集会を開いた。五日にはチュックが建設した寺で集会が持たれた。蜂起に参加したグループは、ニンタインロイの村民だけではなく、ウー・ミンから一五名、ソクチャンから五名、チャーヴィンから二名、チャウドックから三名、カントー、プノンペンから三名が参加するほどであった[15]。参加メンバーが重要人物と認めていたのは、コー・クオイ法師であった。この法師は、その兵士を爆弾や砲弾から守る拳法を会得した「救世主さま đấng cứu thế」であり、それによってフランス人に抵抗することを可能にする人物と見なされた。蜂起の準備はその一カ月以上前から、ウー・ミンでなされていた。蜂起に多くの勢力を吸収できるようにするために、「反乱に対してより多くの決定的な影響を及ぼしうる人物」と敵に目されていたコー・クオイ法師は、優秀な医師でもあり、様々な種類の病気を治すことができたことから、「あらゆる症状を治すことができる」と宣伝した。

実際、この「宣伝」は好奇心を呼び起こし、ラクザー省の省長が報告の中で認めているように、「法師の周りに一つの小さいグループを生み出した」のである。他の面では、法師への信頼の気持ちを強め、参加者をさらに吸収する目的から、蜂起を主張するグループは、法師は法術を心得えており、その護符を持っている人は弾にあたっても傷つくことはないと宣伝することで、コー・クオイ法師を神秘化したのだ。

その「巧みな術」のすべては、運動を起こし周辺の多くの民衆を参加させると同時に、蜂起に参加する人々の信仰心を強め安心感を作り出すという役割を果たすことが、まさしくその主な目的であったと見ることができよう。

蜂起勢力は、多くの場所でビラを貼った。たとえばニンタインロイの公館《やくしょ》の前にあるカインデンに以下のような内容のビラを貼った。

すべての人民に送る。カインデンの十字路の通行を禁ずる。そこに住む人々の船は許可を得て通行することができる。仲買人は売買を継続しなければならない。もし閉店したら破壊されるだろう。ここに住む者はそのままここに静かに居住すること。この命令に違反した者に対しては、誰であろうと厳罰に処す。[16]

一連の集会と蜂起を主宰したのはチャン・キム・チュックであった。「衣服は神秘的な符牒が記されたものをまとい、赤い傘で隠され、自分の両側に、二つの矢と一つの大きな剣を身に着けていた」。[17] 反乱において用いられた武器はとても貧弱なものであった。各報告書は、旗、手かせ足かせなどの鎖、鎌、傘などを没収したことを認めている。[18] 蜂起は、一九二七年五月一一日から多くの地域で開始した。サー・トゥアンでは、このグループは村の金庫を奪い、収支に関する証明書を破棄し、里長の父親を殺し、総長の家を攻撃した。

蜂起勢力の激烈な戦闘はニンタインロイ村の家から蜂起勢力の大本営の家でもあるチャン・キム・チュックの家まで、二時間続いた。蜂起勢力は数が足らず、武器も粗末で、戦闘の経験もなかったことから完全に粉砕され、参加者は逮捕・

処刑された。チャン・キム・チュックは勇敢にたたかい、戦死した。

宗教の役割――カオダイ教の影響

ニンタインロイ村での蜂起は、農民の少ない武器とその粗末さのために、敵の攻撃力の前に成功を収めることはなかった。しかし、この失敗よりもより重要なことは、外国の侵略に抗する多くの人民の活動に指針を与える路線や正統的な意識、民生・民主を求める闘争の基盤となる主導的な思想等について、深刻な危機が示されたことである。

一九世紀半ばから同世紀末までの過ぎ去った歴史のページをひもとくとき、フランスはまず銃音とともにダ・ナンへの攻撃を開始し、その数年後ベトナム南部を侵略したが、その段階において人民は強烈な愛国心を持っており、侵略者を域外に追い出すためにはいかなる有益な手段も拒否することはなかった。ゴー・ロイ（呉利）もまた、おのれの愛国心から、宗教の旗を高く掲げ、それによって民衆を集めフランス侵略者と対抗する部隊を築き上げた。この方式によって敵であるフランスに抵抗し英雄的に犠牲となる民族の英雄たちをどれだけ惹きつけ集めることができたことか。

一九世紀末、危険に満ちた「善き宗教 đạo Lành」現象に対してフランスが掲げた告示は、四恩孝義派の運動の勝利を示すものである。同派は、病気を癒し、護符を身につければ銃弾や短剣を避けられると宣伝することから、国家や山河・社稷に対する恩を含む四恩孝義派の呼称を冠した正義の旗を高く掲げることまで、豊富なあらゆる形式を利用することを知っていた。この教派が、無為法門の教えに従うという観念のもと、形式を重視せず仏像を持つべきではないと主張する一方で、寺廟において関聖帝君像を唯一安置し礼拝することを認めたのは偶然ではない。剛直な心を持ち、正義のために犠牲となることを知っていた関雲《かんう》長の像は、当時、すでに旗頭に高く掲げられたが、その目的は外部からの侵略に抵抗する勢力を最も効果的に糾合することにあった。

性格、社会階層、生活条件等の面でかなり特殊な地域を背景とする中で、おのれの「食事」までも奪われ、南部の農民は誰よりも自らの生活環境の改善に役立つ新たな卓越した組織、思想体系を切望していた。人々を苦難より救い、安楽な暮らしをもたらすといった仏教教理に見られる思想は、毎日そして毎時間ごとに労苦が続き、社会の不公正、破壊、さらに野心が目の前に繰り広げられるような段階においてはもはや効力を持たなかった。愛国的な農民は、世に出たばかりの新たな教派《セクト》に、あたかも最後の救命ブイにしがみつくように引き寄せられていったのである。それによって暗黒の歳月を乗り越えられるものと切望しながら。

このように、路線、思想などに深刻な危機が生じているような段階においては、民族の独立と人民の生活改善を勝ち取るためには、宗教を採用することのみが有効に民衆を結集させる手段であった。このように捉えることにより、多くの教派が次々と出現していった理由を理解することができよう。古い核を継承しつつ新たな呼称を持つに至った宝山奇香、四恩孝義などの教派[19]、もしくはカオダイ教のように既存の各宗教を高度に総合した特徴を持つ教派などがそれである。カオダイ教はこうした流れを背景としつつ、ニンタインロイ蜂起の一年前に誕生し（一九二六年）、完全に南部の人びとによって設立された宗教であり西洋から入ったものではない。急速に多くの信徒を吸収していったのはそのためである。

ニンタインロイ村において農民の蜂起を主唱したグループが宗教の役割を明瞭に認識していたのは決して偶然ではない。このグループは、自分のメンバーに同じく白い服を着せ、頭にスカーフを身につけさせた。これはカオダイ教徒の服装に他ならない！　蜂起を準備するために開かれた集会での秘密保持・安全確保の手段もまた、宗教儀礼の色彩を帯びていた。コーチシナ長官がインドシナ総督に宛てた報告書の中でも次のような事実が認められていた。

> これらの家の隣に、草葺の簡素な聖堂に似た建物があり、そこでは、コー法師と郷主《むらやくにん》チョックの義理の兄（あるいは弟）であるマックが――彼らはグループの大牧師（宗教指導者）と見なされているようだ――、神霊と直接連絡をとりあう新しい信仰の儀礼を挙行していた。〔神霊と交渉しているかのような〕ふりをすることについて、地域の数人の豪目（ちょうろう）は、確たる根拠はないが、こう述べている。こうした演出はカオダイ教の特権であり、カオダイ教のメッカであるタイニンに巡礼した〔村民の〕一人によって、はるか離れたこの村の智力に適合させられた

闘争に宗教的な要素を取り入れたことは、植民地当局をあわてさせ、次のように述べさせるに至った。

すべてはまるで神に憑りつかれた（illuminé）人々のようであり、極端なまでに宗教的狂信に促されている。コー・クオイは、郷主のチョットやその兄弟を巧みに利用することを知っている。……コー・クオイの各信徒は、白い衣服を着用し、同じ色のスカーフを巻いている。手には護符を巻き付けている（細い糸であるが、首領の場合はガラス玉）が、それによって相手の銃弾やのろいを防ぐことができるという。[21]

ものだ。[20]

民族の友誼

さらに注目すべきは、ニンタインロイ村における蜂起の指導者の一人は華人とクメール人の血を引く少数民族であったことである。メコンデルタ地帯に属する土地に微高地が出現する過程で、そこに華人・ベトナム人・クメール人など多くの民族がともに生活する空間が生まれた。ニンタインロイ村における農民闘争は、その土地の住民の何世代にもわたる緊密な関係を具体的に示している。外部の侵略者が現れ民主的な権利が侵された場合は、ベトナム人だけが闘争の特権を持っただけでなく、それはそこに住む住民の共同体の義務でもあったのである。こうした緊密な関係をつうじ、敵に対する闘争と何世紀にもわたって続いた生産労働の中で、団結の友誼を作りあげたのである。

以上に説明してきたように、ニンタインロイの蜂起は、ニンタインロイ村における農民の蜂起であり、農民の権利のための階級闘争としての意義を持っていた。しかし、正しい指導路線がまだ存在しなかったためにすぐに失敗したのである。ニンタインロイでの蜂起は、路線に対する危機が頂点を迎えた時期に起こった。同時に切迫した要求が「クライマックス」に達していたことを示す警鐘音でもあった。このことは、その後、一九三〇年のベトナム共産党の形成、発足をもたらす前提であり、歴史的背景である！　ここから、党の指導のもと、ベトナム民族は、マルクス・レーニン主義を基礎とした正しい指導路線に従った国家の独立と民族の民生・民主的権利のための新たな闘争に導かれ、優れた指導者ホーチミン主席を通じ、それは具体化され創造性が加えられていくことになったのである。

おわりに

まとめるならば次のように見ることができよう。長期にわたる外部からの侵略に抗する歴史の中で、ベトナム人民は常に愛国精神を示し、権利を犠牲にして敵と戦って死ぬ用意ができていた。この蜂起に参加したメンバーはすべて農民であり、男女・民族の別はなかった。歴史の段階ごとに、時代の限界にさしかかり、封建思想が時代に合わず、後進的なものとなったことを露呈した時、人民は、宗教を旗印に掲げ闘争する形式を創造することを知ったのである。国家の独立、民族の民生・民主的権利を獲得するために、宗教を、正義の旗のもとに民衆を結集しともに立ち上がらせる手段に用いたのである。まさにこのために、何世紀にもわたり、とりわけ南部地域においては、地方文化・地方政治の特殊性から、民族と宗教の問題は、正義のための闘争において常に密接に結びつくとともに、敵方は常に分断をはかるのに両者を利用し、民族の諸勢力間の団結を失わせ、矛盾を際だたせることで、闘争の潜在力全体を弱めようとした。それは、歴史における民族と宗教の問題の間に存在する関係の二つの側面であり、とくにベトナム南部においては今日においてもこのことは常に深い意義を持つ教訓となっている。

【未公刊文書】

TRUNG TÂM LƯU TRỮ QUỐC GIA II, TƯ LIỆU TÒA ĐẠI BIỂU CHÍNH PHỦ NAM VIỆT.（ベトナム国立第二文書センター所蔵旧コーチシナ植民地評議会文書）

1　Bản phúc trình của Thống Đốc Nam Kỳ gửi toàn Quyền Đông Dương ngày 28-5-1927.

2 Báo cáo của Chánh ủy viên đặc biệt Poillot Ernest gửi Giám đốc sở An Ninh Sài Gòn tháng 5-1927.

3 Báo cáo của Sen Đầm thuộc địa Phân đội Nam Kỳ- Cam Bốt- tỉnh Cần Thơ gửi Toàn Quyền Đông Dương, Tổng Chỉ Huy, Thống Đốc Nam Kỳ, Tổng Biện Lý, Chỉ huy đội Sen Đầm, Chỉ huy phân đội, ngày 11-5-1927, về việc Hành quân An Ninh tại làng Ninh Thạnh Lợi (Rạch Giá).

4 Báo cáo của Chủ tỉnh Rạch Giá gửi Thống Đốc Nam Kỳ, tlđd.

5 Báo cáo của Quan phủ Đinh Quang Hiên, đại biểu hành chánh Phước Long gửi Tài phán Quản hạt Rạch Giá ngày 13-5-1927.

6 Báo cáo của Trung Úy Turcot Philippe, chỉ huy đơn vị sen đầm Cần Thơ gửi Thống Đốc Nam Kỳ ngày 12-5-1927.

7 Báo cáo của thống đốc Nam Kỳ gửi Toàn Quyền Đông Dương Hà Nội. Tlđd.

8 Báo cáo của Chánh ủy viên đặc biệt Poillot Ernest gửi Giám Đốc Sở An Ninh Sài Gòn.

---

1 一九二七年五月二八日、インドシナ総督宛コーチシナ長官の報告書。

2 一九二七年五月一五日、ラクザー省省長のコーチシナ長官宛報告。

3 Sơn Nam 1997. *Lịch sử khẩn hoang vùng đất miền Nam*. Nxb Trẻ, Tp.HCM, tr. 295.

4 Võ thị Nhân 夫人と Phan Thị Mành 夫人、ニンタインロイ村の年配の人々の語りによる。

5 Trần Phước Thuận 2001. *Cuộc nổi dậy vũ trang của nông dân Ninh Thạnh Lợi năm 1927 chống ách thống trị thực dân Pháp và bọn tay sai*, Bạc Liêu xuất bản, tr. 48-49.（『フランス植民地と手下の統治圧制に反抗する一九二七年のニンタインロイ農民の武装蜂起』）の中にある「ニンタインロイにおける行政地境界に関する話し合いが必要な若干の問題」。

6 クアンロからフンヒエップまでの運河、寺、亭、郷主（むらやくにん）チョットの居宅の位置などが、一九二七年五月、エルネスト・ポワロ特別委員長がサイゴン治安所所長に送った報告に添付された略図に描かれている。

7 以前は、この村はロンミー郡に属していた。

8 コーチシナ長官の報告書。すでに本稿に引用。

9 コーチシナ長官の報告書。すでに本稿に引用。

10 チャン・キム・トゥック（Trần Kim Thúc）、もしくはトゥック（Túc）と記した史料がある。さらにフオン・チュー・チョット（Hương chủ Chọt）とも呼ぶ。

11 すでに引用した Trần Phước Thuận , 2001,tr.46-47.

12 一九二七年五月、エルネスト・ポワロ特別委員長がサイゴン治安所所長に送った報告。

13 インドシナ総督宛コーチシナ長官の報告には、五〇〇マウであったと記載されている。

14 一九二七年五月一一日、ニンタインロイ（ラクザー）村における治安情況に関し、植民地軍カントー省、コーチシナ・カンボジア・カントー省分隊長がインドシナ総督、総司令部、コーチシナ長官、検察庁長官、植民地治安維持部隊司令部、分隊司令部に送った報告。

15 ラクザー省長がコーチシナ長官に送った報告書。すでに引用。

16 Nguyễn Việt Cường, 2001, *Sự kiện Ninh Thạnh Lợi 1927 niềm tự hào của nông dân Bạc Liêu*, の中の、"Cuộc nổi dậy vũ trang của nông dân Ninh Thạnh Lợi năm 1927 chống ách thống trị thực dân Pháp và bọn tay sai"（「一九二七年ニンタインロイ事件はバクリュウ農民の誇りである」, Bạc Liêu xuất bản, tr.136）。

17 一九二七年五月一三日、フオックロンの行政を代表したディン・クアン・ヒエン官府が、ラクザー地区裁判所に送った報告書。

18 一九二七年五月一二日カントー省植民地軍部隊司令部フィリップ・テュルコ中尉がコーチシナ長官に送った報告書。

19 Trần Hồng Liên, *Phật giáo Nam Bộ (từ thế kỷ XVII đến 1975)*.（『南部仏教〜一七世紀から一九七五年まで』）Nxb TP.HCM, 1996, tr. 20-25; 36-40., Ho Tai Hue Tam, *Millenarianism and Peasant politics in VietNam*, Harvard university Press,1983, Đinh Văn Hạnh, *Đạo Tứ Ân Hiếu Nghĩa của người Việt Nam Bộ* (1867-1975).（『南部ベトナム人の四恩孝義派（一八六七〜一九七五）』）Nxb Trẻ, 1999., を参照。

20 コーチシナ長官がハノイのインドシナ総督に送った報告書。すでに本稿に引用。

21 エルネスト・ポワロ特別委員長がサイゴン治安所長に送った報告。すでに本稿に引用。

付　論

民衆宗教研究の新たな視角とその可能性

島薗　進

二〇〇九年一〇月一七日に、シンポジウム「越境する近代東アジアの民衆宗教――移動・交流・変容」が学習院大学で行われた。以下の文章は、当日、游子安、宮田義矢、王見川、チャン・ホン・リエン、プラセンジット・ドゥアラの諸氏の報告、および講演の後、私が行ったコメントを補訂拡充したものである。

民衆宗教運動研究の動向

一九七〇年代に私は宗教学の立場から日本の民衆宗教研究を志し、あわせて比較宗教運動論にも取り組み始めていた。まずは天理教や金光教、ついでは霊友会や創価学会などを取り上げながら、近代化に向かう社会の宗教運動を通して「宗教とは何か」を、また近代日本における宗教の位置を考えようとしていた。

そんな私が大学院を終えた頃、歴史学や文化人類学や地域研究などの分野のアジア研究の専門家と交流する機会があった。石井米雄先生、池端雪浦先生などが中心となって、東アジア、東南アジアの千年王国的宗教運動についての共同研究を進めておられ、その方々とやりとりをする機会をいただいたのだ。

その当時、世界の千年王国的宗教運動の研究はなお活発だった。エリック・ホブズボームの『素朴な反逆者たち』（原著、一九五八年）の邦訳は一九八九年刊（社会思想社）だが、抄訳版の『反抗の原初形態——千年王国と社会運動』（中公新書）は一九七一年に刊行されていた。ピーター・ワースレーの『千年王国と未開社会』（原著、一九五七年）の邦訳は一九八一年刊（紀伊國屋書店）、ノーマン・コーンの『千年王国の追求』（原著、一九六一年）の邦訳も一九八一年刊（紀伊國屋書店）である。

私は国立民族学博物館の共同研究「土着主義的宗教運動の基礎的比較研究」（一九七八〜八〇年）に加わったが、その成果は『神々の相克——文化接触と土着主義』（新泉社、一九八二年）にまとめられている。この共同研究には、早くから古代以来の日本のメシアニズムに注目していた高取正男先生（日本史・民俗学）が関わっておられ、しばしば話題に上った書物は、宮田登先生（民俗学）の『ミロク信仰の研究』（未來社、初刊、一九七〇年）だった。

同じ一九八二年に、中国史の泰斗、鈴木中正先生の編集による『千年王国的民衆運動の研究——中国・東南アジアにおける』（東京大学出版会）が刊行されている。石井米雄先生と池端雪浦先生は、この書物にそれぞれタイとフィリピンの千年王国運動についての論考を寄せられている。『千年王国的民衆運動の研究』と『神々の相克』の双方に寄稿しているのは、私と同年代でジャワを主なフィールドとする文化人類学者、関本照夫さんだ。

この時期の民衆宗教運動研究は、千年王国運動やメシアニズムといった言葉を念頭に置くことが多かった。これらの用語はキリスト教色が強くて、今ではキリスト教やユダヤ教以外には適用しにくい用語になっている。また、マルクス主義的な匂いが漂う社会変革・政治変革と宗教との関わりという関心もやや遠くなった。その後も、たとえば、R・グハ他『サバルタンの歴史——インド史の脱構築』（岩波書店、一九九八年）のような書物には、宗教的な民衆叛乱が取り上げられているが、それが目指されるべき社会変革・政治変革の先取りだという観点は弱くなっている。

私自身は天理教や創価学会など近代日本の宗教運動を「民衆宗教」として論じたり、「新宗教」として論じたりしてきた。一九八〇年代の後半以後、「民衆宗教」という語は使いにくくなっていると感じていた。これは、階級社会の被支配者である民衆こそが主体となって担う宗教運動に注目するという観点からの宗教運動研究が後退していったことと関わりがある。しかし、オウム真理教事件を経て、二〇〇〇年代になって格差社会化が進むようになり、再び「民衆宗教」研究にアクチュアリティを感じるようになっている。このたびのシンポジウムは、こうした気運をいっそう強く感じ取る機会となった。

移動・交流・変容

だが、もちろん一九五〇年代から八〇年代初めにかけての民衆宗教への関心と、現在の民衆宗教への関心は性格を異にしていると思う。このシンポジウムの場合、関心の新しさはシンポジウムのメインタイトルに含まれる「越境」という語に、また、「移動・交流・変容」という副題によく示されているだろう。

まずは空間である。このシンポジウムでとりあげられている地域は日本から中国沿岸を南下してベトナムへ、さらにはインドネシア、シンガポールと、東南アジア華人社会まで広がっている。この広がりは「移動・交流」によるもので、中国の周縁部を拠点に本土を離れて海外各地へ「移動」していく中国人、および彼らの移動先の人々との「交流」に焦点が合わされている。そして、「越境」による新環境や現地社会での自己確認のニーズに従って「変容」が起こっていく。ただ、この場合、その「移動・交流・変容」の担い手は「民衆宗教」である。

「移動・交流・変容」は一国中心的なナショナルヒストリーでは隠されがちな歴史の諸相を照らし出してくれる。また、本国の通常の環境の中では見えにくい文化や社会の諸相が、移動や交流によって見えてくる。異質なものが出会い、折衝し、相互に変革し合ったり、混じり合ったりする。中国の外縁に位置する地域への越境により生じた異化作用や、新たに生じたディアスポラの共同体のアイデンティティと宗教の関わりが問われる。グローバル化の進む今日の視点から、なお国家的な枠組が強固だった時期がふり返られている。

では、このシンポジウムで討議された時代はどれほどのスパンに及んでいるか。二〇世紀全般が話題にされたが、一つの重要な時期は一九二〇年代であるらしい。第一次世界大戦後の自由化、民主化、国際化の潮流が移動・交流する民衆宗教集団の活性化に寄与したようだ。世界的に宗教の庶民化が進行し、民衆を組織化するリーダーたちが活躍するようになる歴史は長いが、それが急速に拡充し、アジア全体でもそうした傾向が目立つようになる。

現在、宗教がらみの紛争に関わって人々の意識に上る、いわゆる原理主義や宗教ナショナリズムの運動群もこの時期に成立したり、顕著な成長を示したりしている。それはまた反植民地主義や独立運動や国民社会形成の運動が、社会主義・共産主義と連携するとともに、民衆宗教運動の側からも昂揚してくる時期でもあった。植民地支配下のベトナムの状況については、チャン・ホン・リエン氏の論考が印象的に示している。日本宗教史を専門とする私は、ベトナム宗教史から学ぶべきことが少なくないことをあらためて学ぶ論考だった。チャン・ホン・リエン氏の論考は、千年王国運動や変革という観点からの民衆宗教研究が今なお示唆に富むものであることを示すものでもある。

第二次世界大戦の時期がはさまるが、こうした民衆宗教の動きは、世俗主義的な思想傾向が最も強力だった第二次世界大戦後も継続していた。当時、日本では「神々のラッシュアワー」と呼ばれるような新宗教の一大成長期だったが、宗教統制が強化されていく中華人民共和国の周辺部でも民衆宗教の根強い展開が続いていた。游子安氏の論考が明らかにしている、香港とベトナムを結ぶ先天道の事例、王見川氏の論考が明らかにしている台湾の紅卍字会の事例は、そのよい例だろう。どちらの場合も、大陸での活動が制限されたために「移動」「交流」が促されたという側面があり、そこから生じる「変容」の興味深い事例ともなっている。

グローバル化と越境

チャン・ホン・リエン氏が注目する抑圧的体制の変革への貢献という論点と並んで、民衆宗教が現代のグローバルな市民社会の価値に資する可能性に注目するもう一つの論点は、平和への貢献ということだろう。宮田義矢氏は世界紅卍字会を取り上げ、「宗教多元主義」という観点から、民衆宗教の諸宗教融和の側面、ひいては平和主義的な側面に光を当てようとしている。人類社会の未来的価値に照らして民衆宗教の歴史を検討するという研究視点は、歴史学的には不純な動機と見られるかもしれないが、公共哲学的な立場からは排除されるべきものではないだろう。

中国では伝統的に「三教帰一」が唱えられてきた。儒教、仏教、道教が一致できるとするもので、中国や東アジア世界の精神原理の統一性を説くものだった。ところが一九一〇年代に、これを踏まえてさらにキリスト教、イスラームをも加えた五教帰一論が提起され、平和主義の提起と結びついていた。これを踏まえて、一九二〇年代に世界紅卍字会が五教帰一を唱え、この宗教融和思想が日本の大本教との提携のモチーフの重要な部分を構成している。これは日本中心のアジア統一を夢見る日本のアジア主義的勢力に都合がよい議論だったかもしれないし、それを牽制するものとなりえたのかもしれない。現代においても、日本の宗教勢力は宗教間融和の運動に積極的だが、その源泉の一部が中国の宗教融和思想にあったことはあまり自覚されていないので、その点からも重要な指摘である。

第二次世界大戦後の世界紅卍字会の台湾における展開が、比較的早い時期に可能となったこと、そしてそれは日本統治下の大本教の活動という下敷きがあったためであることは、王見川氏の論考によって明らかにされている。ここでも宗教運動の「越境」が顕著に見られる。この教団が慈善事業にたいへん熱心であることは注目すべきことで、日本の宗教運動との比較という観点からも興味深い。

宗教間の連携は平和や社会貢献という観点からも捉えられるが、他方、国際政治にどのような影響を及ぼしたのかという観点からの考察も必要だろう。大本教を初めとする日本の宗教集団は、国家の植民地主義による勢力拡充に必ずしも批判的であったわけではない。中国や台湾の宗教教団との融和や協同は、実質的に日本の拡張主義に利用される可能性があった。日本の仏教教団と中国の仏教徒との連携については、そうした観点からの考察が進んでいる。民衆宗教運動についても、そのような観点からの考察が重要となろう。

日本と韓国の宗教集団の連携についても、多くの研究成果の蓄積があるので、比較考察の素材となるだろう。游子安氏の論考は、中国、香港、ベトナムの地政学的関係を見すえつつ、先天道の展開について論じたものであった。このシンポジウムを通して、宗教運動の展開をめぐる微視的な調査研究が、東アジアや東南アジアの国際政治や国際文化交流の歴史を照らし出す意義深い手がかりとなることが見えてきたようだ。そもそも「越境」という問題設定がはらんでいた可能性だが、将来の展開が大いに期待される。

比較考察の可能性

比較考察という点では、プラセンジット・ドゥアラ氏の講演原稿は巨視的な展望を持ちつつ、具体的事例についての分析を行ったもので、示唆するところきわめて大きいものである。ドゥアラ氏はインドネシアの中国系移民の子孫、プラナカンの宗教的アイデンティティの問題を手がかりとして、近代中国の、ひいては近代東アジアの宗教と国家、宗教と政治の関わりをトータルに照らし出す視点を提供している。東アジアには国家祭祀や国家主導の道徳秩序を社会秩序の基礎とする伝統が古代に確立しており、これが諸宗教配置のあり方を規定してきた。

近代において「孔教」が社会統合の柱として掲げられるについては、こうした奥深い歴史的背景がある。しかし、他方、中国に先駆けて近代国家形成に乗り出した日本で、天皇崇敬を国家祭祀や国家主導の道徳秩序の柱とする国家神道が成立したことが、中国の孔教運動に及ぼした影響も無視できないものがある。プラナカンの場合は、インドネシアの政治状況の中で中華会館を通してアイデンティティの維持、強化を図らねばならなかった事情があった。中国本土、台湾、そして各地の華人社会の置かれた政治状況の中で、それぞれに近代的な国民的アイデンティティと宗教的アイデンティティとのすりあわせが行われたのだった。

ドゥアラ氏の論考は、宗教と政治の関係に関する現代的な比較の視点を踏まえている。二〇世紀末までなお有効と見られていた近代政教体制像、すなわち西洋の政教分離体制（世俗主義）をモデルとする見方は、今や疑問に付されるようになっている。タラル・アサドのような学者が論じているように、そもそも政教分離を規範とする際の「宗教」概念が西方キリスト教の偏りを持ったものであることが露わになってきている。近代以前、儒教の影響が濃かった東アジアにおいて、宗教と政治がどのような関係にあったのか、比較に基づいた理論的考察の枠組が求められている。「宗教」を論題とすると、不可避的に巨視的な比較という視点が入ってこざるを得ない。「宗教」という語を用いなければそうはならないというのであれば、では、「宗教」という語を用いずに国家と民衆、政治と民衆の関係を適切に論じられるかどうか。そうだとすれば、むしろ「宗教」論が伴わざるを得ない巨視的な比較の視点を、むしろ積極的に取り込んでいってはどうだろうか。それが私の立場だが、ドゥアラ氏の講演も同様の立場に立っておられ意を強くした次第である。

もっとも巨視的な比較にひきずられて、丁寧な資料調査に基づく、個別研究が軽視されるべきでないことは言うまでもない。比較研究を豊かにしていくためには、個々の地域の事象を生き生きと浮彫にしていく地道な個別研究であることはぜひとも強調しておきたい。だが、そもそも「越境」に注目すること自体、グローバルな視野が不可欠であることを証するものだろう。比較に力点を置く宗教学や社会学、比較文明学などの専門分野と、個別地域の事象探究に重きを置く歴史学、文化人類学、地域研究などの専門分野との「越境」がますます望まれるゆえんでもある。

付録　宗教雑誌文献解題

『カオダイ教徒 *La Revue Caodaïste*』

（担当／武内房司）

「カオダイ教～その目的・教義」

フランス語で「カオダイ教」と呼ばれる「大道三期普渡」の教えは、玉皇上帝の教えに基づき設立された。カオダイ（高台）という名もこの神によって名付けられたものである。

カオダイ教は新たな教義の実践を説くが、その大部分は、東方の主要かつ最も古い三つの宗教、すなわち仏教・道教・儒教を混合させたものからとられている。

一九二七年一月一三日、何人かのフランス人が列席するなか神諭が伝えられたが、その中で神々の一人である李太白（詩人李白のこと：訳者）が、同じく新たな教義を明らかにした。

〔神諭は〕ベトナム人の宗教者たちにこう語りかけた。

「至上の神は私に、大道についての教えを信徒、すなわちあなたがた年長者たち、そしてこの扶鸞に招かれた者たちに伝える任務をお与えになった」

さらにフランス人の列席者にこう述べた。

「幼稚な呪術ないし山師のような預言によってあなた方の信じやすさを利用しようとするものではない。私はただ、唯一世界の平和をもたらすことのできるこの宗教の価値をあなたがたに理解してもらうことを強く望む。

この宗教の教義は、じっさい、さまざまな形で世界の多くの地域に広まっている。

邪説とたたかい、人々のあいだに、善き行いを愛し神の創造されたものを慈しむ心の種を撒き、徳行を実践する。すなわち正義と忍従を愛することを理解し、人々に死後おのれの所行の結果を知らしめ、自らの魂を浄めるようにさせること、これが大道の理想である。

さまざまな宗教の聖なる教義は十分に実践されていないのだ。時代の秩序と平和とはすでに失われた。人類の道徳律は裏切られた。思慮の足りない者、疑い深き者たちにとって、神は言葉でしか存在しない。彼らはこの至高の場に唯一の神が君臨していること、この神がすべての存在の至高の主であり、宇宙のあらゆる出来事、人類のあらゆる運命の主宰者であることを知らない。

彼らは盲目的に罪業の道を歩み、将来受けるであろう罰を気にとめることはない。

親愛なる兄弟たちよ、慈悲深きキリストは汝らの前に現れ、進むべき善き道を示されたのである。あなた方は努めてその道を歩み、魂の安らぎを得られよ。毎日神の愛のなかに用心深く一歩を踏み出しなさい。あなた方は団結し、互いに愛し合い、助け合いなさい。それは神の掟なのです。

だれもが煉獄の苦しみを受けねばならないこの世において、もしおのれの利益のみ考え、至るところで不幸と苦しみを広めようとするならば、ついにはおのれの命を打ち砕き、魂を汚れさせる地獄の濁流に身を任せる危険を冒すことになるのだ」

他方では、諸宗教の友愛的な団結を実現するために、カオダイ教はあらゆる形態の宗教信仰に対して最大の寛容さを実践し、説得により本源的な統一へと諸宗教を導く機会をうかがっているのである。

カオダイ教が誕生してより、至高の神が仏教・道教・儒教の融合をはかり、信者に同様にキリスト教の創設者たちに敬意を払うよう進めてきたのは、こうした目的からであった。

ここで、至高の神が神諭の中でどのように諸宗教の融合を説いていたかを見るために、末尾部分を除くジョルジュ・クーレ氏の見事な以下の翻訳を借りることにしよう。

かつて、人々は互いに相知ることもなく、交通の手段も欠いていた。そこで私は異なる時期に、大道の以下の五分支を創設した。

（一）仁道：儒教
（二）神道：姜太公（精霊信仰である）
（三）聖道：キリスト教
（四）仙道：道教
（五）仏道：仏教

それぞれが各民族の習慣に基づいてそれぞれの宗教を実践するよう呼びかけた。今日、世界のすべての地域が探検された。互いに理解しあった人類は、現実の平和を切望している。しかしこれら宗教の多様性ゆえに、人々は常に仲良く暮らせないでいる。それゆえ、本源的な統一に導くために私はあらゆる宗教を一つにまとめようと決心したのだ。

さらに、これらの宗教の聖なる教義は、何世紀にもわたり、その布教を担う人々によってもますますゆがめられた。そこで、本日、汝らに従うべき道を示すために私自ら出現したのだ。

【出典】 *La Revue Caodaïste*, 1re Année, n. 1, Juillet 1930.

【解題】 本誌は、ベトナム南部タイニンに本拠を置くカオダイ教団が発行したフランス語による月刊誌である。フランス国家図書館には、一九三〇年七月の創刊号から一九三三年三月の二二号までが収蔵されている。

カオダイ教は、一九二〇年代後半のベトナム南部に成立した新興宗教団体で、至高神カオダイ（高台）を信仰する。カオダイは最初、サイゴンに隣接した華人街チョロン生まれのベトナム人官吏ゴー・ミン・チエウの主催する降霊会に最初に登場し、その後、仏領期のコーチシナ植民地評議会メンバーでもあった同じくチョロンの名望家レー・ヴァン・チュンを通じて、その教えがベトナム南部民衆に伝えられた。中国的な扶鸞（神おろし）形式を採用したレー・ヴァン・チュンの布教はカオダイ教を隆盛に導き、一九二七年創立当時、その信者数は一〇万を超えたと言われる。

訳出したのは、一九二七年、至高神カオダイが中国の詩人李白を降臨させて同教の目的と教義を信徒に語りきかせた部分である。この箇所は、一九三二年、タイニンのカオダイ教本部でまとめられたパンフレット『新仏教としてのカオダイ教』にも再録された。大岩誠による日本最初のカオダイ教の紹介は、このパンフレットに多くを拠っている。カオダイ教と言えば、神々のパンテオンにヴィクトル・ユゴーやジャンヌ・ダルクまで登場させるなど、しばしばその異種混淆性が強調される。しかし、訳出した箇所に見られるように、イスラームを欠いているとはいえ、世界諸宗教の融合と共存とをかかげるなど、一九二〇年代の中国で盛んとなった「五教帰一」論と共通した特徴を持っている。

【参考】 大岩誠「カオダイ教」『新亜細亜』昭和一六年三月号。
高津茂「護法ファム・コン・タック小史試訳――カオダイ教聖典の考察（一）」『東洋大学アジア・アフリカ文化研究所研究年報』二〇号、一九八五年。
宮沢千尋「ベトナム南部メコン・デルタのカオダイ教の政治化と軍事化」宮沢千尋編『社会変動と宗教の〈再選択〉ポスト・コロニアル期の人類学研究』風響社、二〇〇九年、二五五～二八七頁。

『国粋雑誌』

（担当／倉田明子）

「弁言」

地球上の五大陸にはおよそ千数百の国家があるが、その国家を成り立たしめている道理は一つである。その一つとは何か。国粋である。国粋があれば国家は存続し、国粋が滅びれば国家も滅びる。国粋と国家の関係は深いのである。昨今、世の気風は日に日に悪くなり、道徳が失われている。それでも我が国が滅びないのは、国粋があるが故である。後学の不肖私は先進に追い従い、国粋を明らかにしてわずかなりとも社会を感化する一助をなしたいと思う。我が国に根ざす儒、釈〔仏〕、道の三大教義を愛し、そこから国粋を発揮するのである。私はもとより宗教を提唱しひたすらそれを鼓吹するのではない。また、宗教を崇拝して迷信にこだわっているのでもない。まことに国粋とはすなわち三教の精神なのであり、三教の精神が分からなければ国粋を語るには十分ではないのである。本書を国粋と命名したのは、三教をもって論を立てるからで、実は本来はそのような意味があるのだ。本書は論説、文苑〔詩文〕、雑俎〔雑論〕、公益の四種に分けて編集されている。雑誌であるので体裁はそれに応じたものとする。読者諸君にはなにとぞ本雑誌に対していつでもご教示賜りたい。　著者識す。

「発刊詞」末尾

（著者註）本雑誌の意図は、三教の道理を明らかにし、当世の邪説や貪欲、殺生の弊害から救い出すことにある。我々はみな孔教の中におり、もともと孔教を崇拝すべきことは知っている。しかし道教は争わないことを主義とし、仏教は不殺生を主義としている。貪欲や殺生は当世においても見るも痛ましいことであるので、これら三教をとりあげて論じるのである。ただし三教にはいずれも真偽の別があり、真の道理をより分けないと、悪いものが良いものに混じり込み後に害毒を残しかねない。もし道徳を発揚して文章にし、仁義を証して安らげ、広く受け容れられるところとさせ、天下の聡明を合わせておのれの聡明さにさせることができるのであれば、これを推し進めないわけにはいかないのである。

【出典】『国粋雑誌』第一期、民国壬戌（一九二二）一一月

【解題】本誌は三教総学会が香港で発行した月刊紙である。一九二二年創刊、第四一期（一九二六年）までは確認されている。所蔵館は、香港大学〔Vol.1, 9, 20, 33 ~ 36,41〕、中山大学（広州）〔Vol.1 ~ 11,16,17,20〕、四川省図書館〔Vol.1 ~ 23, 25, 26, 28〕の三カ所が確認されている。

三教総学会は国粋雑誌社を設置して『国粋雑誌』を発行したほか、香港の代表的な尊孔団体の一つである中華聖教総会（一九二一年創立）とともに『楽天報』を編纂し、また軒轅祖祠を創建（一九二五年）するなど、当時の孔教運動と深い関わりを持っていた。しかしその名の通り、儒・道・仏の「三教」を宣揚することを主旨とする団体であり、「仏教学を補強するため」に『仏事報』も刊行し、また、四書五経や仏典、内功静座、詩文、医薬針灸などの講座も開いていた（第四十一期所収「丙寅年三教総学会啓事」より）。

訳出した「弁言」や「発刊詞」末尾の註の中では「三教」はあくまで道徳や思想として位置付けられているが、実際には三教総学会の構成員の多くは「三教合一」を掲げる宗教団体と深い関わりを持っていた。何廷璋自身も先天道の信徒で、一九一一年に清遠県に飛霞洞を創建した麦長天の最も信頼する弟子であった。飛霞洞創建にも

立ち会い、後に麦長天から『飛霞洞誌』の編纂を命じられ、香港での漢文教師の職を辞してその任に当たった。『国粋雑誌』の執筆者の中には、この『飛霞洞誌』にも文章を寄せている人物が複数おり、また、同じ先天道に属し、香港で桃源洞を開いた田邵邨も含まれている。一方、何廷璋は、国粋雑誌社主任の馮其焯、司庫員の曽富らとともに普宜壇という道壇の入信者でもあった。普宜壇は一八九七年に広東省番禺に作られた乩鸞結社である普済壇の信徒が一九二一年に香港に開いた道壇で、財界上層部の人々を多く取り込んでおり、上記馮其焯（洋行の買弁）や曽富（南洋帰りの華僑）もその一人であった。普宜壇は普済壇と同じく赤松黄大仙を主神とするが、普宜壇創設に際し「三教合一」を唱えるようになったものである。なお、馮其焯は冒頭で挙げた中華聖教総会の創始者の一人で、孔教学院の主席でもあった人物で、一九二一年から二三年にかけて嗇色園の副総理を務めている。

　このように『国粋雑誌』は二〇世紀はじめの孔教運動、および先天道や普宜壇など広東から香港に流入した道教系の「三教合一」を唱える宗教と深い関わりを持っていた。とくに後者は中国本土では民国期に入って取り締まりの対象とされ、イギリス統治のもと比較的自由であった香港を新たな隆盛の場とした。『国粋雑誌』はその香港で、孔教運動と連動する形を取りながら、「三教合一」という独自の主張を展開しようとした雑誌であったと言えよう。


【参考】 何昌達〔廷璋〕『飛霞洞誌』、一九三二年。

志賀市子「先天道嶺南道派の展開——その理念と担い手を中心に」『東方宗教』第九九号（二〇〇二年五月）、一八〜四二頁。

游子安主編『香江顕迹——嗇色園歴史与黄大仙信仰』嗇色園、二〇〇六年。

游子安「粉嶺地区祠観与香港早年道教源流」陳国成主編『粉嶺　香港地区史研究之三』三聯書店（香港）、二〇〇六年、一一三〜一五三頁。

『大道』

（担当／倉田明子）

「発刊の辞」

南華真経には「天下が大いに乱れれば、聖賢が明らかでなくなり、道徳が一つでなくなる。天下の人はおのおの欲しいままをなし、自分勝手にしている。悲しむべきことだ！　妖術が天下を裂こうとしている」とある。これはまさに我々の今日の世界についての預言である。我々は三教の聖人の慈愛の御旨を仰ぎ、三教の教義を宣揚して、人と世を救う。あまりに力量不足だと言って我々を嘲笑する者があるかもしれない。しかし我々は『わずかばかりの心を尽くせば、わずかなりのものにはなる』という決心を固めている。今日まで検討を重ねてきたものは、社会に対してそれなりに微々たる貢献となっているのである。

しかし邪なるものと正道とは並び立たないものである。この数年来、善を目指し道にいそしむ者たちの海外への流出は数知れぬほどである。みなが二つの緊急の必要を感じている。一つは同人〔信徒同士〕の連係、二つには聖道についての研究と宣揚の継続である。「大道」はまさにこれらの必要に応えるために生まれた。「始めるのは簡単」だが、内容は当然ながら精彩を放つとは言い難い。時間をかけて育成しながら、深く願うのはこれによって大いに仏法を擁護することである。

【出典】『大道』創刊号、一九五六年六月

【解題】本誌は香港先天道会の刊行物で、一九五六年六月に創刊号、一九五七年九月に第二期が発行された。所蔵館は香港大学〔創刊号〕のみで、第二期は個人蔵である。

先天道は清代の民間宗教結社の一つ青蓮教の流れを汲む宗教結社である。青蓮教は無生老母信仰と道教的内丹論をベースとした民間宗教で、道光年間の初めに弾圧を受けた後、道光二三年に新たな教主を擁立し教団の復興と再組織化がなされた。その後教団は分裂し、複数の教派に分かれてゆくが、その一つが先天道（先天大道）であった。

先天道は貴州、雲南、四川などで拡大した後、全国に広がり、広東には咸豊年間に伝わった。同治年間には清遠県に広東における先天道の元締めとも言うべき蔵霞洞が創建され、広東全域に拡大、清末民初の時期に香港に入り、さらに香港を窓口にベトナム、タイをはじめとする東南アジア各地、インド、南アフリカなどに広まったという。

中華人民共和国成立後、先天道は当局からの厳しい取り締まりを受けて壊滅状態となった。立て直しを図るため、統括機関である総会を香港に移すことになり、広東地任〔先天道の地域ごとの指導者である「十地」の一人〕の曽漢南が新たな家長〔全地域を統括する指導者〕となった。この曽漢南が香港で編纂、発行したのが本誌である（なお、広東における先天道の発展や『大道』発行に到る経緯については、本書第2章の游子安論文にも詳しく述べられているので、併せて参照されたい）。

「発刊の辞」で述べられているように、本拠地であった大陸中国での先天道の危機的状況を前に、香港や南洋に逃れた信徒の連係と先天道の継承を図るのがこの雑誌の大きな目的であった。創刊号には「曽漢南〔道洸〕道長事績」「先天道近況及其分布」「先天道沙田安老院概況」など、当時の先天道の状況や歴史を知ることができる文章や、「先天道会答問」「先天道与学議」「先天道与工商業」といった外部の人々向けに先天道を紹介

『中国——社会と文化』七号、一九九二年、五三〜六八頁。
武内房司「清末青蓮教帰根門派の展開」『学習院大学東洋文化研究所調査研究報告』四一号、一九九四年、七九〜九五頁。
武内房司「清末宗教結社と民衆運動」神奈川大学中国語学科編『中国民衆史への視座』東方書店、一九九八年、一〇九〜一三三頁。
游子安「香港先天道百年歴史概述」黎志添主編『香港及華南道教研究』中華書局（香港）、二〇〇五年、六二〜九五頁。

し、また実社会との関わりについて説明する文章などが掲載されている。この雑誌は本来毎月発行を目指していたようであるが、雑誌としての登録手続きや編集作業に時間がかかり〔第二期巻頭言〕、第二期が発行されたのは一年以上も後のことであった。第二期には、宗教的な論文や先天道の嶺南道派に連なる先人や古洞を紹介する論文などの他、共産党政権を批判した「中国的三条路線」、キリスト教系雑誌に掲載された論文に反論した「仏法無辺掃除偏見」など、挑戦的な内容の論文も掲載された。しかしその後、第三期以降の発行は確認されていない。

先天道は一九四〇年代までは四川省を中心に中国全土に広がっていたが、その後の政変を経て、結果的にいわゆる嶺南道派をその最大の継承者として生き延びてゆくこととなった。第二期「蔵霞古洞源流紀略」の中で曽漢南が、「現在香港、マカオ、海外各地の信徒は九割方嶺南道脈に属しており、その源流は遠大である。己丑〔一九四九〕年以来八、九年にわたって大陸では情勢が変化し、各省の道門は災難に遭い、信徒たちはほとんど殺戮し尽くされ、ただ香港、マカオと海外に逃れた者だけが災難を免れた。私はこのことから、陳公〔陳復始〕が九十年前に南方に来て労苦をいとわずに嶺南道脈を開かれたのは、今日大陸の道門がきっと災難に遭うことを知っておられたからではないかと思う。……〔香港、マカオ、南洋の〕これらの多くの善良なる信徒たちは、単に先天道の道脈を保存するというだけでなく、来るべき日に神州を復興し、大道を再興する一大主流となるのである」と述べているように、嶺南道脈こそが先天道を保存し、再起をはかるべく運命づけられたものと解されたのである。『大道』はこの嶺南道派を主流の道脈として先天道を位置付けしなおす、という性格も持っていたように思われる。

【参考】武内房司「清代青蓮教の救済思想——袁無欺の所説を中心に」

『哲報』

（担当／陳明華、訳／王娟）

「宗旨」

本誌は大道を提唱し、宗教間の垣根を取り払って、世界の各大宗教の真義を解明・融合し、また、今まで吾人の身体や霊魂の暗い部分や苦痛を除去することを宗旨とする。道徳、宗教、哲学、霊学、慈善、格言などの類の文字をすべて掲載する。

「項目」

内容は、「要著訳述」「講演」「研究」「選載」「叢録」「批評」「格言」「答問」などに分かれて、随時拡充する。

【出典】『哲報』第二巻第一〇期、一九二三年四月、二頁。

【解題】本誌は、一九二二年済南道院の下部組織である道徳社が発行した月刊紙で、一九二三年旬刊に変え、一九二五年休刊となった。第三六期（一九二三年）までの各号は確認されている。所蔵館は、四川大学図書館（一九二二年一一月―一二月、Vol.1,10～13。一九二三年四～五月、Vol.2,10～14）、山東省図書館（一九二二年一一月～一二月、Vol.1,10～14。一九二三年四～一二月、Vol.2,10～36、ただし21欠）。ほかに、北京大学図書館、中国人民大学図書館にも一部所蔵されている。

一九二二年一月、道院は北京政府から社会団体として公認されたことを受けて、道院の主張を広げるためにいくつかの雑誌や新聞を刊行した。『哲報』はそのうちの一つである。初代編集者は俞庶宗である。俞が一九二二年冬病気で南下した後、一九二三年四月以降、華群が編集を引き継いだ。

『哲報』は道院が唱えた儒（儒教）・釈（仏教）・道（道教）・耶（基督教）・回（イスラム教）の「五教合一」の理念に基づいて、各宗教の世界観、教義および修行方法に関する文章を掲載している。たとえば、第一巻第一一期の栩園「我之宇宙観」、王弘願「密教之数息観」、第二巻第一二期の厲時中「儒行釈義」、唐大圓「金剛経相義」、などがある。海外の研究を翻訳・紹介する文章として、第一巻第一〇期の王静斎訳・頼哈麦図拉（印度人）著「新旧約全書之内容」（第一巻第一二期は題名を「新旧約経之内容」と改名）、庶転「聖梵『阿弥陀経』今訳」などが挙げられる。第二巻第一〇期から第一二期まで、「五教合一」の思想を解説した関洞源の「宗教法言」が連載されている。

また、非会員向けの文章も少なくない。第二巻第一九期、第二〇期に連載された「孔慧航説道院及道旨」がその一つである。孔慧航はすなわち孔祥榕である。本文は彼が南京道院で行った講演の記録である。その中で、彼は道院の宗旨、組織の布置、各統掌の職責、救済事業などを簡略に紹介している。第三巻第一期から第五期の「道院与今日宗教」の著者段光路は道院と五大宗教の比較を通じて、道院の神、宇宙観点、人生観、至善の基準、本務、家庭、経済と工業に対する認識、国家観と世界観、儀礼、儀式、目的、宣伝方法などを細かく記している。

道院の「扶乩」はしばしば迷信と批判されている。これに対して、『哲報』は「扶乩」の合理性を語る文章や問答を数多く掲載している。第三巻第一期に掲載された張鴻藻「乩弁」によると、道院の扶乩は、歴史上の黄巾の乱・白蓮教・義和団と異なって、聖・賢・仙・仏が世界を救済するためにやむを得ずそれを通じて顕れて、頑固な暴徒に警告する方法である。扶乩を務めた道院の会員は一定の霊性、根性と品格を備えた者であり、江湖の詐欺師とは異なる。また、済南道院の侯素爽は「侯素爽答梅特賀士書」（第二巻第一六期）の中で、外国人梅特賀士に対して、道院の扶乩と普通の「乩壇」との違いを比較しながら、前者は宗教の真髄に対する理解を深めるための手段である、と強調した。

『哲報』は、道院の宗教思想および布教方針を知るうえで重要な雑誌であり、掲載された書簡や広告から道院を取り巻くさまざまな人間関係を推察することができる。

『道徳月刊』

（担当／宮田義矢）

「イエス・キリスト伝」

イエスはダビデ氏を姓とし、またキリストとも称する。訳せば救い主という意味である。父の名はヨセフ、母の名はマリアといい、ユダヤ国のベツレヘム城の旅籠で生まれた。時に漢の平帝の元始元年であった。西方の各国の多くは、イエスの生年を紀元としている。その時、天使が聖母に告げて言った。上帝はあなたを聖母に選びました。生まれてくる子にイエスと名付けなさい。それは夜半であったが、突然天が大いに光りを放つのが見え、楽しげな音楽が空から聞こえてきた。羊飼いが数人おり、その光りを追ってそこに行き礼拝した。……

本伝を読み、教主の降誕が偶然ではないことを知った。およそ古代の聖人が降誕する際には、みな特異な兆候があるものだが、五教の教主は命を受けて世を救うのだから、とりわけ〔それが〕顕著である。孔子の時には庭に五人の老人がいたし、釈迦の時には白い象に乗っていたし、老君の時にはすでに老人のようであったし、ムハンマドの時には神が甘露をまいたといい、はっきりとしていて確かめられないものはない。近頃の人心は純朴さがなく、己の知見をみだりにひけらかし、しばしば〔こうしたことを〕古代の神話だと見なし、疑わしいことだとしてしまう。……『太乙北極真経』には「智慧いよいよ霊なれば、わが道いよいよ進む。人道のここをもって劫重し。乱時いよいよ平らぐにやすからず。……」とある。してみると、上古の時は聖人が教をつかさどるのを待つまでもなかったが、長らくして中古となると、純朴さが失われてしまい、偽りが日に日にひどくなり、もし教主が降誕して世を救わなければ、人類に災禍を招いてしまっただろう。だから前後千年程の間に、五教の教主がそれぞれ各地に降ったのは、すべて命を奉じて来たったことなのである。時代と地域に従ってそれぞれ教えを立てたが、教の主旨が大道に帰依することでないものはないのだ。……おもうに、中古の時に、道魔〔教内の悪者〕が互いに争ったため、旁門外道がたび起こり、多くの衆生は真偽の判別がつかなかった。教主が降誕しなければ、偽りをもって真実を乱すものを、またどうして識別できただろうか。だから天はその使命を重んじ、その〔誕生の〕兆候を手厚くし、その前に預言をするか、その際にはっきりと示すかして、群集に慕い仰がれるようにしたのである。……それならば、〔イエスが生まれた時に〕天使がこれを聖母に告げて、光を放ち音楽を奏でたことが、どうして偶然であろうか。

「福音合一述義」

キリスト教の教義で最も重要な原則は、信〔信仰〕、望〔希望〕、愛の三つの字である。信とは全知全能の上帝を信仰することである。人類にはみな罪悪があり救われることができないが、ただ上帝だけが人類を救うことができると信じなければならない。愛とは、人類はみな上帝の子供であり、ゆえに上帝はこの上なく人を愛するということである。われわれが上帝を信仰したからには、また人を愛するという上帝の心を体得し、人を愛さなければならない。人を愛することができてようやく神を愛せるのであり、神を愛することができて、ようやく本当に神を信じたと言えるのだ。望とは、人を愛するというつとめと、神を信じる心を尽くせば、自ずから自分の願望を達成することができ、霊魂が天国に上生できるということである。この三文字は一つなぎに連なっているが、信の字が原則中の原則である。愛や望のようなものは一切が信の中から発生している。だから『新約』の全書中で「信じる者は救われる、信じる者は永遠に生きる、信じれば義と認められる、義は信仰に基づく」などの言葉がたびたび表れるのだ。これと、仏教の浄土宗でいう「もっぱら信心を重んじ、信心の高下を見て、成就の高下を決める」ということは、極めて似通っている。……ただ唯一の神である上帝をひたすら信じ、かつ全身全霊で彼を信じ、彼を愛さなければならない。そうしてようやく本当に信じると言えるのである。

【出典】『道徳月刊』第二巻第一期、『道徳月刊』第三巻第一二期

【解説】本誌は、道徳社の発行した月刊誌である。一九三三年八月創刊、再版の第一巻第一期より一九三七年八月出版の第三巻第十二期まで、総三六冊が上海図書館に所蔵されている。

道徳社は、一九二一年に山東省済南で成立した道院の下部団体にあたる。同年中に設立されており、『道徳雑誌』等の雑誌を刊行した。『道徳月刊』は一九三三年の創刊であり、道院の下部組織である世界紅卍字会が行った慈善事業の報告や、道院の教義について語る乩訓(扶乩によってなった文章)などを掲載した。この他に、五教(儒教、仏教、道教、キリスト教、イスラーム)の教典解釈を連載している。

道院は儒教、仏教、道教、キリスト教、イスラームの一致、いわゆる五教合一を唱え、その一貫として独自に宗教研究を行ったとされる。道院の場合に限らず、中華民国期の五教合一論は、教説や儀礼などの摂取がどのように行われていたのか、実態については不明瞭な点が多い。『道徳月刊』は独自な研究がどのような成果を生み出していたかを示してくれている。「イエス・キリスト伝」は、第二巻第一期から第二巻第一〇期まで「五教経旨」のコーナーで連載されたイエス・キリストの伝記である。『新約聖書』の福音書に基づき、その生誕から昇天までを描いている。同伝には、適宜別人の手になる解説が書き加えられており、そこでは道院の信仰に基づく解釈が展開されている。たとえば、上に訳出した「イエス・キリスト伝」の第一段落は伝の部分であり、イエスの誕生時に起こった奇跡を述べる。第二段落は解説であり、道院の歴史観をまじえつつ誕生譚が解釈される。伝の部分は、解釈が極力排除されており、福音書の内容と異なる部分はさほど見られない。一方で解釈の部分は、イエスの誕生譚を、五教合一という道院の教説を説明するための一つの材料として読んでおり、道院の信徒がどのようにキリスト教を理解したのかを示す一例として、興味深い内容になっている。

これとは対象的に、キリスト教の論理に沿って福音書に解釈を加えた研究もある。第三巻第一期から第三巻第一二期まで「研経」のコーナーで連載された「福音合一述義」がそれである。「福音合一」とは、四福音書に見られる重複部分を排し、一つのテキストにまとめることを指す。このテキストは道徳社における講演の際に用いられたという。イエスの事跡ごとにまとめられた本文部分は、四福音書から関連する部分を持ち寄ってできているが、福音書のどこに出典があるかまで逐一注記されている。これに「述義」として解釈が施されるのだが、イエス伝で見た場合と異なり、キリスト教の教義に沿ったものになっている。たとえば、上に訳出した部分は、キリスト教の教義の原則を語るものであるが、それを信仰と希望と愛という言葉でまとめている。これは「コリント人への手紙　第一」に見られるパウロの言葉に基づくものである。別人の手になる論説「キリスト教教義の研究」(『道徳月刊』第三巻第八期)でも、同じようにこの三つをキリスト教の原則として説明しており、道院内のキリスト教研究者の間で、共通認識として流布していたようである。

これらの解説は非常に詳細なものであり、いわゆるキリスト教の正統信仰の中で重視される事柄にも言及している。道院における他

宗教研究の水準をうかがい知ることができよう。

『南瀛仏教会会報』（担当／張益碩、補訂／武内房司）

正信生「帯妻論（二）」

一般の仏教から見た、妻帯の可否

一般の仏教では、古くからおおむね僧侶が妻帯するべきではないとされている。その理由はすべてこう説明される。妻子がいれば意志の自由を得られず、あらゆる事情が愛情による束縛を受ける。そのため、大望を抱き、大願を起し、志が成就することを望む人は、まず妻という係累を持たないべきなのである、と。昔の人を観てみると、大事業のために妻子を棄てる人も多かったが、妻子のために大事業を誤った人も多かったのだ！〔妻帯は〕とくに精神面において大事なことであろう。たとえば西洋の哲学者カントなど、独身で暮らしていたものも多い［Celibacy　独身生活］。このように見ると、精神修養を行う仏教僧侶が妻帯すべきでないということは、怪しむに足りない。

しかし、反省してみると、夫婦は人倫の大事であり、性欲は人間の本能である。もし〔これを〕厳しく禁じられたら邪淫に落ちる恐れがある。そのため、古くから、大乗・小乗では、〔妻帯は〕絶対的に厳しく禁じられることはなかったのであり、わずかに「禁じながら許す」という態度がとられているのである。『大智度論』によれば、小乗仏教には七衆の規定がある。すなわち（一）比丘、（二）比丘尼、（三）学戒尼、（四）沙弥、（五）沙弥尼、（六）優婆塞、（七）優婆夷、である。

この原始仏教教団の階級は、今日に至るまでなお変わっていない。しかし、この七衆のうち第六と第七は事業を営む在家の信徒であり、男の子には妻がいて、女の子には夫がいる。これが一般に妻帯を公認された仏教徒である。それだけではなく、『華厳演義鈔』二一巻では、「預流一来尚有妻子之愛。」といい、また「既来離欲、不断妻子、斯有何失」ともいう。さらに『摩訶止観弘決二之三』には、「有須陀洹其荒淫、使其妻子悩矣」とあり、『唯識論第十』には、「初二果者、猶有妻孥、性罪必無犯。但於遮罪猶有誤罪。」とある。これらを見ると、在家の二のみが妻帯するのではなく、四向四果のうち、預流一来の比丘、比丘尼も、家を持つと言わざるを得ないのである。

上述のように、小乗でさえもこのようであるなら、大乗仏教がそうでないことがあろうか？　大乗仏教徒は普通菩薩と呼ばれる。般若経が「菩薩有出家的、有在家的」と言うように、在家の菩薩は、世俗にありながら妻帯するものなのだ。……

他の大乗教典には、そういう説は非常に多いが、煩雑になることを恐れるから、詳しい説明はしないでおこう。

【出典】『南瀛佛教』七巻六号、昭和四年十二月十五日、台北、一一〜一五頁。

【解題】大正一二年（一九二三）七月一〇日、台湾総督府文教局社会課内の南瀛仏教会より創刊された。発行当初は隔月刊であった。昭和二年（一九二七年）の第五巻第一号より誌名を『南瀛仏教』と改め、昭和五年（一九三〇）一月以降、月刊となる。昭和一六年（一九四一）第十九巻第二号より、南瀛仏教会が会の名称を「台湾仏教会」と改めたのに伴い『台湾仏教会報』に改名した。しかし、昭和一八年（一九四三）一二月，第二一巻一二号を最後に停刊した。全部で一九六号まで刊行された（刊行地は台北）。現在、台北の台湾大学図書館や中壢の円光仏学研究所図書館などに所蔵されている。

この文章は正信生と名乗る人物が『南瀛仏教』第七巻第五号（昭

和四年一〇月）、第七巻第六号（昭和四年一二月）および第八巻第一号（昭和五年一月）の三号にわたり「論壇」に寄せたものである。ここではとくに興味深いと思われる第七巻第六号(昭和四年一二月）の一部を訳出した。

文章の内容は、僧侶の妻帯の可否を論じた、いわゆる「妻帯論」について、経文を引用しつつ考察を加えたものである。最終的に、僧侶が結婚をするか否かの選択は自由であるという結論を下している。

かつて台湾は五〇年（一八九五〜一九四五）の長きにわたり、日本の植民地となった。今日の我々は、この歴史をいかに評価すべきだろうか。戦後の台湾において国民政府などは日本植民地時代の歴史を否定的に捉える傾向を持っていた。しかし近年、民主化や「本土化」の進展に伴い、台湾の学界では、日本植民地時代の歴史を再評価しつつあり、日本統治時代における台湾仏教についても再検討が進んでいる。日本統治時期、日本の仏教は台湾仏教にどれほどの影響を与えたのかという点についても、一つ一つの資料を掘り出し、さらに詳しく検討する必要がある。「妻帯」をめぐる議論は、その理解のための一つの鍵となろう。

『南瀛仏教』は、南瀛仏教会の機関誌として、その活動について紙幅を多く割いている。仏教教義や宗教信仰についての論文や詩文なども多く寄せられたようである。なお、南瀛仏教会は植民地期台湾における主要な仏教組織であったことから、その機関誌である本誌にも、植民地期台湾における仏教界の動きが反映されており、植民地期台湾の台湾仏教を理解するうえで重要な史料となっている。たとえば、江木生、林徳林、李添春、高執徳、曾景来、田村智友など、仏教界の著名な知識人がしばしば文章を発表している。

以上のように台湾を代表する『南瀛仏教』に掲載されたことから見て、当時の台湾仏教界において「妻帯」をめぐり日本仏教の「戒律観」の当否が真剣に議論されていたことが窺える。当時、たとえば上述の林徳林という僧侶も、結婚した上でその事実を公開していた。しかし戦後、台湾が中華民国に復帰すると、日本仏教の影響を受けた「僧侶妻帯」に対し、中国大陸より渡台した僧侶らは厳しい批判を加えたのであった。

『新徳善刊』

（担当／小武海櫻子）

「発刊の辞」

本来、劫運を挽回するにはまず人心を正さねばならない。天地の清寧なる状態を見たいと思うなら、必ず人心を温和で従順にさせねばならない。和やかであれば、天地の広大な心を見ることができる。従順であれば多くの人々の倫理が利己・利人となる道を広めることができる。ちょうど今の世の中は、人心を挽回してはじめて太平が訪れるように善刊を注文したいと望む者が多く、改めてこれまでの文章の一部を摘出して刊行・転載した。古に「泰山に雲あれば雨が天下に徧し」とある。これは、大勢の人が心を共にし、互いに励ましあうことを述べている。善社が刊行すれば、疑いなく多くの人々に行き渡り、大変多く印刷されるだろう。楽善の諸君にこれを実行し、四方の人々に知れ渡り、心がのびのびとして優れた文章が世に出るのを喜び楽しみ、至る所でそよ風と恵みの雨を頂くことができるように切に願う。これは『新徳善刊』が提供するもののほんのささやかな一端である。現在の多くの賢者が努めてご賛助いただけることを願う。

【出典】 劉豫波「発刊致辞」『新徳善刊』第二五期、一九四六年。

【解題】 本誌は明達慈善会が成都で発刊した月刊誌である。一九四一年創刊、一九四九年までの刊行は確認されている。所蔵館は、中国国家図書館（一九四四～四九年）、四川省図書館（一九四一～四四年）の二カ所が確認されている。

明達慈善会は、清末四川に生まれた龍沙道の流れを汲み、一九一〇年代に大足を拠点として重慶、成都、楽山、杭州といった長江流域を中心とする都市に広まった宗教的慈善団体である。宗教的特徴としては、清末江西の傅金銓が重慶に伝えた内丹派の流れを汲む龍沙道を中核となし、扶鸞や静坐を行い、独自の位階制度や入教儀礼を有した。その一方で、慈善会を組織して都市での慈善事業を積極的に行う他、『新徳善刊』を刊行し、「孝悌忠信・礼義廉恥」を掲げて孔子を祀る祭典や経書講義を開くなど当時の尊孔運動を民間で支援した。

『新徳善刊』の前身は、成都の「五老七賢」の一人とされる劉豫波（名は咸滎）が手がけていたとされる『徳新報』だが、劉自身が一九四一年当時すでに八五歳という高齢であったことから、明達慈善会の成都支部にあたる明道善院が編集を引き継いで『新徳善刊』として刊行したと見られる。

発刊の辞に見られる善行により「人心の挽回」を目指そうというスローガンは、清末以来の善書に散見される典型的フレーズである。『新徳善刊』でもたびたび唱えられたが、実際には明達慈善会にとって善行は功徳を積むことで宗教的ランクを上げることができるという同善社に似た位階制度と深く関わっていた。また『新徳善刊』では儒・仏・道の「三教合一」に基づく思想や道徳を掲げてはいるものの、『洞冥宝記』や『瑶池宴記』といった警世を語った同善社の布教書も教化の模範として積極的に利用した。中には、四川合川県の同善社信徒で『新徳善刊』に文章を寄せている者もおり、明達慈善会と同善社の間に個人レベルでの交流があった可能性は高いと考えられる。

このように『新徳善刊』は清末四川の玉清派・龍沙道といった道教系の宗教と尊孔運動、同善社をはじめとする青蓮教系教派の思想から多くの影響を受けていた。本誌には、明達慈善会が行った慈善事業の記録報告、劉豫波をはじめとする読者や他宗教団体者が寄せる投稿記事、法会行事、龍沙道が奉じる神仙の名によって著された乩示などが掲載されている。とくに龍沙道については本誌にはっきりと信仰の足跡を目にすることができ、龍沙道に関する記事は、近代四川の民間宗教結社が慈善など社会実践へ傾斜する歴史的過程を探る上で貴重である。明達慈善会は重慶国民政府時期においてもなお合法的な慈善団体として都市の慈善事業に関わり続けた。政府主導の公益活動に積極的に関与し雑誌による情報公開に努めたため、「迷信」と見なされやすい宗教活動を最後まで残すことができたと言えよう。

『道徳半月刊』

（担当／小武海櫻子）

「江寿峰先生略伝」

先生の諱は鍾秀、字は寿峰、山東歴城県人、幼少より聡明で、同輩より飛び抜けて優れ、生まれつき誠実で情に厚く、一六歳より儒学に打ち込み、孔子の道を己の責務とした。光緒二〇年（一八九四）後、時局が日増しに乱れ、儒教が焚書の禍に遭おうとするのを目のあたりにし、『尊孔大義』一〇巻を著し、その憂いを止めようと願った。民国の成立に至り、一種の過激派が集まり、ついに永遠に孔教を奉じるべきではないという議論が唱えられ、孔子の道が虎狼蛇蝎の如く扱われ、これを取り除くのは時間の問題という状況にあった。この時、先生は救いたくても無力で、傍観するに耐えられなかった。かつて新たな学説を述べ、その議論というのは、中国が進化しない理由は、保守の理解に誤りがあり、今日の世界のあり方を知らないからであり、保守に誤りがあるのは政治・法律・物質の分野であって決して道徳ではない。政治・法律・物質には文明と野蛮、新旧の別があるが、道徳には文明も野蛮もなく、新旧もない。中国の道徳はすでにその効力を失い、政治・法律・物質が各国に及んでも、その精神は失われ、あらゆるものが中身のない廃物となるだけだろう。道徳を破壊して富強を目指すことは、自ら亡国滅種の災いを促しているのだ、というものだ。民国元年、経学禁止の令が下り、先生は努力したが、ついに叱責に遭った。そこで著書の『尊孔大義』を綱要に選んで「尊孔」と名付け、大総統・副総統・教育部・中外各機関に郵送し、省議会に請願書を出し、提学司と面会し、各省の提学司が連合して挽回するようお願いしたが、みな聞き入れなかった。

……十数年来、道のために破産し、そのため家族から咎められ、友人は遠く離れ、役人は非難し、新聞は嘲笑し、様々な苦境は描写に絶するものがあるが、先生は一貫して少しも初志を変えなかったのである。……

先生には二人の子供がいた。次男の希張は、生まれつき非凡な素質があり、満一歳で無を理解し、三歳で文章を書いた。四歳の時、陳筱圃（陳栄昌）宗師の教えを受け、風雪の中その家に赴いた。陳宗師は自ら試験し、希張が「所願則学孔子也」（『孟子』公孫丑上）の文章の経義を作文したので、大いに喜んだ。……民国四年（一九一五）、希張は、先生が経書の音読に努めたけれど結局目的を達しないと考えた。そこで、四書の白話文による解説を著し、幼い子供でも経書の意味をよく理解していたことの証とした。翌年、希張は欧州大戦が全世界に影響を及ぼしたのを鑑み、「息戦論」を著して殺機を阻もうとし、巻末に「開辦万国道徳会条議」十数則を付した。民国七年（一九一八）、先生は会のための資金を集め始め、章程を書き、政府・国務院各部・各省軍政長官・各法団・各慈善道徳機関に郵送した。次々と電報や手紙を受け、みな賛成し、ついに民国一〇年（一九二一）六月に内務部の認可を受けた。八月二七日、山東省泰安で準備大会を開き、万を超える人々が来るほど盛んであった。これより全国各省に分会が設けられ、設立の準備が三、四百か所の多きに及び、会員は数十万人に至り、社会の気風はこれにより一変したのである。

【出典】「江寿峰先生略伝」『道徳半月刊』第三巻第二期、一九三六年。

【解題】本誌は万国道徳会が北京で発行した雑誌である。月二回発行された。一九三五年に創刊、三九年までの刊行が確認されている。所蔵館は、四川省図書館（Vol.1～Vol.3）、中国国家図書館（Vol.1～Vol.5）の二カ所で確認されている。

上記は万国道徳会の発起人である江寿峰の略歴を伝えた記事である。江寿峰・江希張父子が万国道徳会を立ち上げるまでの生い立ちを詳しく述べている。『万国道徳会創始記』（一九二一年）、『万国道徳会発起人略歴』（万国道徳総会印、一九四〇年再版）の文章と重複することから、これらの文章を要約してまとめたものだと思われる。万国道徳会は一九二一年に成立し、華北・満洲を中心に広がった。略伝から、五四運動において知識人たちが孔教排撃を行った状況の中で、江寿峰が必死に儒教の重要性を説くものの周囲に理解されず大変な思いをしたことが分かる。万国道徳会成立のきっかけは、第一次世界大戦の勃発であると見られる。次男江希張が八歳の時に著した『息戦論』は、五教の経典を引証しながら道徳を掲げて戦争を批判したものであり、そこに付記された組織章程が万国道徳会成立の契機となった。

『道徳半月刊』は、一九三五年に北京の万国道徳総会によって刊行された。本誌の趣旨は「固有の道徳を発揚し、東西文化を融合させ、正確な知識を論じることができるようにし、社会風俗を改善させて世界の人々を正しい軌道に納めること」にあるとされる。またその内容は、中国や西洋の道徳観念に関する議論の他、会議録・公牘・活動記録や、身体の衛生を保つ方法など実用性の高い記事を載せる。一九二六年に江寿峰が死去すると万国道徳会は衰退したとされるが、『道徳半月刊』によって一九三〇年代の万国道徳会の詳細な活動を知ることができる。民国時期における宗教結社の刊行する雑誌の中で、『道徳半月刊』は対外的な活動記録を多く残している点で貴重である。

【参考】酒井忠夫『近・現代中国における宗教結社の研究』国書刊行会、二〇〇二年、一三三〜一五一頁。

『善譚』（担当／小武海櫻子）

「叙」

『善譚』第一期は、半年も経たないうちに、足がなくとも走り、翼がなくとも飛ぶかの如く、すべて売り尽くし、ついに千里、数千里の向こうから購入を求める手紙が続々と来た。残念ながら刊行数が多くなく、ただわずかな量で対応し、常に足らない状態となった。この『善譚』が刊行されれば人々が必ずあっという間に感化され、深く悔悟するだろうと思ってはいたが、このようになってしまった。初めて広く世に伝わり、遠い日のために一世の人々には口伝し、百世の人々には書を勧めるというが、誠にその通りだ。今、『善譚』第二期は姚志道先生が編集に携わり、数カ月の苦労を経てようやく完成した。その功徳もたいへん偉大なものだ。

思うに、世俗が衰微して人心が損なわれ、日を追うごとにひどくなっている様は、とどめようもない趨勢にある。このため、善行を勧める者は自分から善行を勧めるのに、悪さをする者はなお悪さをして頑迷で悟らず、いたずらにどうしようと叫ぶばかりだ。幸いなことに、同善総社が京師に成立し、同善社総事務所が漢口に成立した。大道は公であり、一に「善与人同」「与人同善」の意図に基づくことを順序立てて上手に教え導けば、同善分社および同善事務所が我が神州大陸に遍く満ちるのを目にすることができるだろう。人々の様々な悪さをさせないようにし、多くの善いことを仰せの通りに行い、とても平和で善良な世界を創るのである。つまり、素早く感化し深く悔悟させることができるのは、ただ煙台同善分社が刊行する『善譚』に他ならないのだ。「私は信じない」と言う者は試しに読んでみよ。あたかも白く輝く月の光が一万里の向こうまでひときわ明るく輝き、雷鳴が轟いて恐れおののき己を省みるようなものである。とりわけ重要なのは、わが分社の『善譚』第二期と『同善実言』である。これまで行った各種の善事を詳しく載せており、どれも人としてのモデルとなるのにふさわしい。各所から手紙をいただいて、堂々と我々の善行を模倣して実行しようという声を耳にし、そういった者が日々多くなるのを目にし、これは『善譚』とともに連なる壁となることができよう。私も思わず大変喜び、沈思黙考しながら序文をこのように書いたのである。

中華民国十年七月陰暦仲夏下旬　豊潤張錫純撰す。

【出典】張錫純「叙」『善譚』第二期、一九二一年。

【解題】本誌は同善社が山東煙台で発行した雑誌である。一九二〇年（第一期）創刊、第二期（一九二一）までが確認されている。所蔵館は、重慶市北碚図書館（第一期～二期）の一カ所が確認されている。

これまで隠匿的性格が強いと思われていた同善社が対外的な宣伝活動を行っていたことを示す貴重な史料である。同善社は、清代青蓮教の流れを汲み、民国時期には道院とともに中国・満洲・南洋地域などの地に広まった宗教結社の一つである。清同治期の四川に現れた礼門を前身とし、四川永川県出身の彭廻龍を祖師とする。一九一〇年代に急速に全国へ発展し、一九一七年に北京北洋政府内務部の批准を得て正式に同善社として認められ、一九一九年に漢口で各省の道務を管理する合一会が成立した。同善社は省―県―郷鎮という垂直型の支部を全国に構成し、信徒内で情報の共有や人的交流を可能にする宗教ネットワークを持っていた。一九一九年一一月に成立した山東煙台同善社もまたそうした支部の一つであり、『善譚』編集の担い手となった善長の姚明仁（号は志道）や、同善社信徒である警察庁長の張錫純らが宗教活動を支えた。『善譚』はまさに同善社の最盛期に刊行された雑誌であり、「叙」から同善社の盛んな勢いを窺い知ることができる。

『善譚』の内容は「善」のあり方に関する議論や同善社の宗教思想を伝えており、慈善活動の記録や報告の類はほとんど見当たらない。とはいえ、山東煙台同善分社は、もともと英文夜学校やエスペラント伝習所を開くなど公益的な慈善活動に積極的であった。姚明仁は『善譚』の中で、局地的な効果に限られる善行と異なって雑誌の刊行が越境的な教化活動に最も有効であると言明していることから、本誌が「善与人同」という同善社にとって重要な理念を教化するために刊行されたことが分かる。一九二〇年前後の同善社信徒となった人々の考えを探る手がかりとなろう。


【参考】 王見川「同善社早期歴史〈一九一二～一九四五〉初探」『民間宗教』第一輯、五七～八二頁、一九九五年。

武内房司「慈善と宗教結社——同善社から道院へ」『講座道教第五巻　道教と中国社会』雄山閣出版、二〇〇一年。

陸仲偉『民国会道門』（譚松林主編『中国秘密社会』第五巻）福建人民出版社、二〇〇二年。

陸仲偉『同善社』社会問題研究叢書編集委員会（刊行年不記）。

『霊学要誌』

（担当／小武海櫻子）

「霊学要誌縁起」

『霊学要誌』は上海の盛徳壇の『霊学叢誌』と名が似て活動も一緒であり重複を嫌う者がいる。しかし、孚佑帝君がこの誌名を定めた深い意味はもとより別にある。その顚末をここに述べよう。

まず孚佑帝君は、世道人心が日々堕落してゆくことを嘆き、河南に広善壇を設立した。諸聖仙仏を招き集めて『化世新規』という一書を宣示した。数年を経て、諸々の点が不十分であったため書物の刊行も中断した。民国八年春、孚佑帝君は広善壇員に北京で結縁するよう命じ、その夏にもまたこれを促した。初秋、迮仲良らが北京へ出向いた。迮仲良は朱翰墀の兄弟と旧交があったので、広善壇の種々の霊験について語り合った。朱氏兄弟もまた長らく呂祖を敬虔深く信じていた。そこで、閏七月初六日に約束して試しに扶乩を行った。孚佑帝君の告諭は次のように出た。善業を拡張するにあたり、とくに悟善社の創立を許可する。社規を広め示す際は、一世の人々には口舌で勧めることができるが、百世の人々には書にて勧めよ。災害を救うのに資金がなければ、筆墨・口舌を用いて救済を図れ、という。また広善壇員に次のように訓告した。善業の普及を求め、汝らの来京の使命に背かないよう努めよ、云々とある。

孚佑帝君は『化世新規』が中断した時からこの点を考慮し、ついで再び天の諸神を招いて訓世の文を宣示することを許し、『霊学叢誌』を参考にして精密に印刷し、『霊学要誌』と名付けるよう命じた。その意図は、大いなる慈悲によって世人の道徳を日々進化させることにある。思うに『霊学叢誌』は鬼神の真理を検証し、造化の玄妙なるものを研究し明らかにすることを目的とする。一方、『霊学要誌』は世道を補い助け、人心を挽回することを要義としている。『霊学叢誌』は人の性霊を治め、『霊学要誌』は人の言行を正すからであり、両者は助け合うもので矛盾するものではない。すでに刊行した後に北京内外の各壇に送り、さらに、先に広善壇や盛徳壇と連絡をとることを命じた。将来、諸壇が互いに大善業を果たす日が来るだろう。また、この大善業の責務を担う者に盛徳壇・同善社・悟善社の三者がいると言う。孚佑帝君が『霊学要誌』という名を与えたのは、各壇が互いに協力し合って行うという深い意図がこめられている。その名称が似ていることを心配する必要はないのだ。

本誌第一期の序文は四つ、掲載した告諭は三つある。孚佑帝君は「神道（鬼神や禍福に関する道理）の糟粕を借りて末流の頽廃を挽回する」、宏教真人は「その意義は牖民覚世、その応用は輔国宏教にある」、降魔大帝は「鬼神の問題を説明して道徳教化を助けるだけではなく、民心を革める」という。これはどれも本誌の真の意義を定め、真の精神を発揮したもので、化世真規の変相である。まことに『霊学叢誌』と同工にして異曲、分流して合源している。あえて当世の明哲君子の諸君に献上したい。

悟善社謹んで識す。

【出典】「霊学要誌縁起」『霊学要誌』第一巻第一期、一九二〇年。

【解題】本誌は悟善社が北京で発行した雑誌である。一九二〇年創刊、一九二七年までの刊行が確認されている。所蔵館は、中国国家図書館（Vol.1 No.1 ~ Vol.2 No.5, Vol.2 No.6 ~ Vol.3 No.11）、四川省図書館（Vol.1 No.1）が確認されている。

本文は一九二〇年九月に刊行された悟善社の『霊学要誌』創刊号に掲載され、悟善社の設立の由来を解き明かしている。悟善社は、一九一九年（民国八年）、孚佑帝君すなわち呂祖（呂洞賓）の名によって著された乩示に従って、河南の呂祖信仰を行う広善壇と北京の呂祖乩壇の信徒が協同して成立したものである。本文は、悟善社の設立にあたって広善壇・盛徳壇霊学会・同善社の三者が協力すべきであり、霊学会が刊行する『霊学叢誌』と比較して内容に違いはあるものの、扶乩を用いた神仙の言葉を借りて人々を教化していく点で一致している、と訴えている。同善社や盛徳壇が組織的に悟善社と協同していたかは明らかではないものの、個人レベルの信徒が流動的に接触していた可能性は高い。

『霊学要誌』創刊時、悟善社は明確な布教の意義が確立していなかったが、一九二四年に新たに「救世新教」が設立されると、銭能訓を教統として、儒教・仏教・道教・キリスト教（カトリックとプロテスタント含む）・イスラム教の五教の教祖の名の下に乩示を著し、教綱・教法・教義等を宣布した。救世新教は悟善社を改組したものであり、この時に五教を奉じる教義や組織の骨格が作り上げられたと言える。悟善社の経典・規程・訓告のほとんどは乩筆に託して著され、たとえば悟善社の社規は、呂祖からの乩示という形をとり「持身」（『功過格』の遵守）、「勧人」（文書や口頭による教化）、「済貧」（貧民救済）があると説かれている。三つの社規は悟善社の根本理念を表しており、『霊学要誌』の創刊号に掲載されている。同じく乩示によって著された教綱・経典・規程なども また本誌に収載されている。

【参考】吉岡義豊『現代中国の諸宗教〈民衆宗教の系譜〉』佼成出版社、一九七四年、一九三～二一三頁。
酒井忠夫『近・現代中国における宗教結社の研究』国書刊行会、二〇〇二年、九一～一一八頁。
志賀市子『中国のこっくりさん――扶鸞信仰と華人社会』大修館書店、二〇〇三年。

『霊学旬刊』

（担当／小武海櫻子）

「霊学旬刊序」

……我が孚佑帝師は、世の中の大きな災害は人心が壊れているために起こり、劫運が醸成されているのだから、神道（鬼神や禍福に関する道理）によって人心を救い正せば劫運を挽回するだろうとお考えだ。とくに、同善社を北京に創り、内外交修の道、つまり内功は性命を重視し仙仏とならんことを願い、外功は善挙を広め聖賢たらんと志すことだと人々に教え説かれた。すると、にわかに同善社の分社が国内に興り、全国に林立した。続いて、人心が緩み、宗教の力を借りねば人心を一つにまとめることができないのに、世界の宗教はそれぞれ自分の宗派の教理を一つの道にまとめて教化できないでいた。そこで、帝師は宗教の大同を体得して儒・仏・道・耶・回の五教を合わせて統一しようとされた。乩壇で訓示があったので、とくに悟善社を北京に創り、新教を建立する計画を立てた。また木筆にて宣化がなされ、悟善分社が各省に林立し、今年、五教の聖人が共に救世新教の教義を広めた。道統紀元に北京本社が名を定め、我が雲南分社も遵って九月に新教が成立した。……

ある者が「私はかつて同善社に入り、自ら帝師の前で『帝師に背いて道を違えたら雷火に滅ぼされよう』と誓った。しかし今一度、同善社を出て悟善社に入ったら、独り雷火の罰を恐れずにいられるだろうか」と尋ねた。

同善社と悟善社は、どちらも孚佑帝師が創ったものである。二社の社員はみな帝師の門人であり、師と道とを同じくし、どうして派を分けて出入りをうんぬん言うのか。ただ、二社の内部は構造上合わせて一つにできないような情況になっている。各々その職を勉め、その功徳を計り、どちらも自度・度人の宗旨を失わずにいる。我々が先に同善社に入り、後に悟善社に帰依したことについては、帝師に背くことにならない。……

「道について言えば、二社が内外交修の道を同じくしており、何の違いがあるのか」。

そもそも二社の内功は、どちらも性命の功を指す。同善社から得るものは人師の開示であり、悟善社から得るものは仙師の指点である。人師の調体は我が肉体を整えるだけだが、仙師の調体は我が心身の自覚するところと善悪の自覚しないところを合わせて、これらをすべて整える。北京本社の社員で焚修室にて證功した者は、仙師が人に随い功を示して『霊学要誌』に詳しく掲載し、一つ一つ調べることができる。雲南分社の『伝心録』はすでに頒布した。社員で北京に来て修行した者はみな帝師から特別に道功六層を授け、雲南に帰り法を伝えた。六層以上は継続して北京に来て求めなさいと命じた。一層進むごとに必ず身に実功がある。仙師の証明や壇の告諭による批准を経て、そうしてはじめて昇進を得られ、飛び級や余分にもらうことはできない。……二社の外功は、どちらも努めて善挙を行い、人々を勧善する功を指す。悟善社では慈善金の収入は僅かな額であっても必ず『霊学旬刊』に載せて表彰の助けとし、支出は、帝師が仙仏を派遣して随時吟味させ、不当な支出があれば壇の告諭にて咎め戒めるだろう。……

（悟善社と同善社は）ともに帝師の弟子であり、教えを同じくし、道を求めて相親しみ、交情を深めてお互いに排除しない。世の中の人々が善人になることを願う心を悟善社も同善社も共有し、どちらも帝師の心を体現しているのだ。

【出典】「霊学旬刊序」『霊学旬刊』乙丑年九月中旬号、一九二五年。

【解題】本誌は悟善社が雲南昆明で発行した旬刊誌である。一九二五年二月～一〇月までの刊行が確認されている。

『霊学旬刊』によれば、雲南の悟善社は一九二三年に成立し、昆明の南屏街に乩壇を設けたと見られる。当時、分社の信徒は約三〇名前後で、北京の悟善総社において修行を受けた者が雲南で布教した。一九二四年に北京の悟善社が救世新教と名を改めて教義や章程を定め、次いで翌年九月に雲南分社でも正式に救世新教が成立した。

本文は、雲南の悟善社信徒銭良驥が同善社と悟善社の相違点について説いたものである。とりわけ特異なのは同善社から悟善社へ改心した信徒に対しての解釈である。どちらも孚佑帝君の教えを求める同志だから問題はないと弁護しながら、両社を比較してやはり悟善社が優れていることを強調している。昆明において、後発の悟善社が同善社の元信徒を取り込むことによって、同善社の占めていた布教のシェアを切り崩そうとしていたことが分かる。

悟善社の長所について、本文で「内功（心身の修養）」「外功（慈善活動）」の二点を挙げて、悟善社には（一）修行における乩示の重要性が高いこと。悟善社は心身をともに修養し、神仙の乩示に基づいて決定される。（二）活動上の情報を開示すること。悟善社は慈善事業の結果や収支報告を明示する、という特徴があるとしている。『霊学旬刊』にも雲南の悟善社で著された乩文の他、収支報告・慈善活動の内容が掲載されている。一方、同善社において乩示は必ずしも布教や修養の中核とされているわけではなく、情報公開も内部に限っていた。さらに一九二一年に陳独秀ら五四新文化運動を支持する知識人によって「迷信」という批判が高まったことを受けて、同善社が扶乩を禁止する措置をとったため、そこに不満を持つ信徒が悟善社へ向かった可能性は高い。本誌によって雲南における悟善社の詳細な活動を窺い知ることができよう。

【参考】吉岡義豊『現代中国の諸宗教〈民衆宗教の系譜〉』佼成出版社、一九七四年、一九三～二二三頁。
酒井忠夫『近・現代中国における宗教結社の研究』国書刊行会、二〇〇二年、九一～一二八頁。
志賀市子『中国のこっくりさん――扶鸞信仰と華人社会』大修館書店、二〇〇三年。
陸仲偉『同善社』社会問題研究叢書編集委員会（刊行年不記）。

『人類愛善新聞』

（担当／武内房司）

紀年号発刊に際して

嘗つて出口王仁三郎氏とその信徒が世界紅卍字会と提携したのは大正十二年のことであった。爾来双方より代表を交換して益々親睦を固め来つたが、大正十四年人類愛善会生れて更に各宗教の融合、一切の障壁に囚はれざる万人の団結を主張して以来、これと世界紅卍字会との間がまた新しい提携を結ぶこと〃なり、本年に及んで奉天に両団体の盛大なる聯歓会あり、次いで世界紅卍字会各地総会の幹部代表者十八氏の来訪となり、提携はこ〃に両会員に徹底すること〃なつた。

この際にこれが記念号として本誌は一般国民に新しく注意を喚起しようと思ふ。その問題のうち最も重大なる点を三つとする。

神礼の実在

世界紅卍字会は扶乩といふ神霊の教示をうかがふ特殊の形式を持つてゐる。これに接すれば如何なる無神論者も神霊の実在を認めざるを得ないのである。

宗教の融合

神霊の実在、宗教の価値をいくらかでも認められる方々に対しては、現在の既成宗教の教師信徒に対して誰しもその復活更正を望まずにはゐられないこと〃思ふ。

それには各宗教が自己本位にならずして真に人類一般の幸福のために尽す目的を忘れず、広大な気持で融和協力出来る程になることである。然るにこゝにその実例が提供された事である。

国際的提携

宗教的立場、経済的立場、国防的立場、色々な立場から一国民と他国民との提携が今までにも屡々行われたことであるが、従来のそれは殆どすべてがある意味での自己本位であった。或は先方を自分のために利用しようとして結局このいづれかの目的で提携したものである。然るにこゝ最も大きい至誠の上にたつて国際的提携をしようとする事実である。……

世界紅卍字会及び支那道院の大要

起源

支那山東省済南の東北約七十余里の所に濱県といふ町がある。大正六年、そのあたりの知事をしてゐた呉福林（号を幼琴、道名を福水）と、当時同地の駐防衛長即ち警備隊長をしてゐた劉紹基（号を綿三道名を福縁）の二氏によって初めて老祖の掲示があつた。これが抑も道院の発端である。初め老祖とはどんな神霊であるか分らなかつたが、度々の乩によつて宇宙の主神最高の神霊であることが分かつた。またその崇高な神霊の目的とする所は現代を改造し既成宗教に生命を与へ、地上に神的秩序に基づいた天国浄土を来さうといふ神意であることは言ふまでもなく、そのために様々な深い聖訓密意が示されることゝなつたのである。

乩示

世界各国いづれにも神霊の啓示をうける方法が古来より伝はつてゐるもので、元来東洋民族にはいはゆる歴史以前より「神懸り」といふ形式があつた。学界ではこれをシャーマニズムの傾向として、日本の古神道はいふに及ばず、シベリアには今猶民間にひろく行はれてゐる神懸りの信仰形式、またキリストに見られるそれ、仏教では密教に最も著しいその形式など、列挙すれば無数にあるうち支那に於ては独特の方法があつた。之が扶乩である。

先づ乩筆といふ長さ三尺あまりの棒にその中央に五六寸の棒のついた、丁形のもの（二面写真参照）があり、この両端を二人で支へ持ち、その下に沙盤といつて砂を平に盛った三尺平方位の盤を設ける。その上で神霊が降下してこの乩筆がひとりでに動き出すのである。憑霊現象といふうちの一種であつて、この棒を持つ人は目をつぶつてひとりでに動き出す棒を支へてゐるだけのことで、まゝその棒を動かすのを、落とさないやうにするだけの努力でそれ以上に自分の意志といふものは少しも働かさないものである。多少でも深く心霊の現象を研究した人には余り不思議にもならぬことであるが、そうでない人は変態心理だとか二重人格だとか言つて片づけようとする。が之は十分に研究してゐないことを自白するのに過ぎない。

支那に於ては数千年来の神法として之に信従し、殊に欧米のプランセツトとかコルベイユその他の自動書記の方法と異なる点は二人でやる点にある。巫女といふ字の巫を見れば、扶乩の象形文字であることに気がつく筈である。沙盤の平面を現はした一の字上に扶乩の棒が下がつて居り、その両側に一人づゝ人がゐる，これ扶乩の実際なのである。

沿革

この方法で老祖の神訓に接してから後、呉劉両氏は共に職を辞して済南に居を構へ、大正九年、大乙北極真経といふ経典が乩示され翌大正十年初めて済南道院を設立して母壇と唱へて本部とし、支那南北各地に二百有余の道院を解説し北京天津の道院を特に総院として本部の次に位せしめまた。大正十三年には本会出口総裁の手によつて神戸道院が設けられるに至り、各道院には多く二三の扶乩者がゐて神示のまゝに壇訓を出してゐる。

世界紅卍字会は、この神訓を実行するために、ひろく宗教宗派の如何を問はず精神的には提携して互いに激《ママ》まし合ひ、物質的にはあらゆる慈善事業をしようといふので災害の救恤、貧民の扶養教育、児童の保育、成化院の設立等にも巨万の富を惜しまず、支那に於て隠然たる勢力を占めた，智識階級，有力者を網羅した団体となつて居る有様である。

【出典】『人類愛善新聞』昭和四年十月十三日、第九二号（世界紅卍字会・人類愛善会提携記念号）

【解題】『人類愛善新聞』は、大本教が「人類愛善の大義を発揚し、全人類の親睦融和を来し、永遠に幸福と歓喜とに充てる光明世界を実現する」（趣意書）ことを目的として設立した人類愛善会の機関誌として、一九二五年一〇月一日に創刊された。一九三五年の第二次大本事件により教団の活動が全面禁止されて以降、戦後復刊されるまで同誌は停刊を余儀なくされた。大本教本部大本教研鑽所蔵。

引用したのは、大本教が提携関係を結んだ道院の歴史を紹介した提携記念号の一部である。大本教と人類愛善会との関係は、提携した中国の民衆宗教教団道院とその宗教理念の社会的実現を目指す世界紅卍字会との関係に類似している。大本教は道院以外に朝鮮の普天教とも提携関係を結び、世界の宗教を連合させようとする構想を具体化させようとした。その一つの現れが、一九二五年五月二〇日、北京悟善社で開催された世界宗教連合会の開催である。道院の徐世光、悟善社の江朝宗らが同会の理事に就任した。後に朝鮮の普天教やドイツ白旗団などが加わっている。『人類愛善新聞』にはこうした世界宗教連合会に加わった諸宗教団体に加えて、後に提携関係を結んだ在理教、などに関する記事も少なくない。

人類愛善会発足後まもなく、大本教は、アジア民族の大同団結をはかり世界平和に貢献するという趣旨から、同年八月一日より三日間、長崎でアジア民族大会を開催し、二代教主出口澄子自ら列席した。この会議にインド代表として参加したラス・ビハリ・ボースは、その後もたびたびイギリスのインド支配を告発する文章を『人類愛善新聞』に寄稿している。

【**参考**】大本七十年史編纂会編『大本七十年史（上・下）』宗教法人・大本、一九六四年。

あとがき

本書の企画のもととなったのは東京大学駒場キャンパスの故並木頼寿先生の研究室で定期的に開かれていた中国民衆宗教研究の名著『現在華北秘密宗教』を読む勉強会であった。内丹や気功術の用語が頻出する李世瑜教授のこの著作は難解を極めたが、そこにあらわれる宗教的世界観の中に、日中戦争から人民共和国の成立にかけての激動の時代を生きた民衆の様々な思いが込められているように思われた。豊富に引用される宗教雑誌がそうした思いを読み取る重要な史料であることに気づかされたのもこの研究会においてであった。

しかし、会を主宰され、また科研プロジェクトをはじめ種々の研究活動を支えてくださった並木教授は、残念ながら二〇〇九年八月初、病に倒れられ急逝されてしまわれた。七月末、本書の母体となった一〇月のシンポジウムの最終打合せのために駒場に集まったのが先生にお会いした最後となってしまった。中国の民衆史に一貫して関心を寄せてこられた先生だけに、ご健在であれば本書にもご力作をお寄せくださったであろうにと、悔やまれてならない。この場をかりて心より先生のご冥福をお祈りしたい。

読者の方の中には、東アジアと銘打ちながら、なお東南アジアの枠組みで語られることの多いベトナムの民衆宗教にかかわる論考が含まれていることに奇異の念を抱かれる方がおられるかもしれない。

編者がいわゆる東アジアを「越境」し、ベトナムに関心を持ち始めたのは今から四半世紀以上も前のことであった。一九八三年、中国留学中の研修旅行で南京・上海を訪れた私は、上海古籍書店外国人服務部（当時）で偶然『五公天閣妙経』を見つけ、驚きを禁じ得なかった。破れかけたこの一冊の線装本は、当時、研究を進めていた一九世紀中葉の貴州省で起こった民衆叛乱によく登場した民衆宗教経典、いわゆる『五公経』に他ならなかったからである。

日本に帰国してすぐ、今度はたまたま東京・本郷の琳琅閣書店でフエタム・ホータイの『千年王国と農民政治』にめぐりあった。当時、琳琅閣書店には実にたくさんのアメリカの中国・東南アジア関連の研究書が並べられていた。その中の一冊を何気なく覗いて再び驚かされた。さきの『五公経』に登場する五公の名が紹介されていたからである。偶然の重なりと言ってしまえばそれまでであるが、西南中国とベトナムとをつなぐ民衆宗教の連鎖が気になりだし、是非実際にベトナムを訪れて南部の宗教運動を調べてみたいという思いが募った。

ベトナムはまったくの門外漢であったが、勤務する大学で在外研究の機会を与えられた際に思い切って滞在先の一つにベトナムを加えた。一九九九年、チャン・ホン・リエン教授のご紹介により、ホーチミン市社会科学院（当時。現、ベトナム南部持続発展研究所）の客員研究員として二カ月ほどホーチミン市に滞在することができたのは大変幸運であった。リエン先生のご案内でチャウドックやバーチュック等の宝山奇香関係の寺院・遺跡を訪れる中で、改めて開発社会や辺疆地域における民衆宗教の役割を考えざるを得なかった。ベトナム戦争さらにはカンボジアにおけるポルポト政権の成立によって、メコンデルタ西部の民衆が苛酷な体験を強いられたことを改めて思い知らされたからである。ポルポト軍がバーチュックに攻め入った時、アンディン村の村人たちはフィーライ・タムビュー寺の本堂に隠れたが、子供の泣き声から村人の存在を知ったポルポト軍は大量虐殺に乗り出し、多くの村民が犠牲となった。村に残る慰霊碑を前に、宝山奇香派の宗教がメコンデルタ西部で誕生し連綿と受け継がれてきたことの重みを痛感せざるをえなかった。

序文で述べたように、本書は二〇〇九年一〇月のシンポジウムでの報告をもとに編集したものである。ご多忙な中、ご報告いただいた游子安、王見川、プラセンジット・ドゥアラ、チャン・ホン・リエンの各氏、貴重なコメントをお寄せくださった島薗進氏、また湖南の扶鸞について刺激的な論考をお寄せいただいたバレンデ・テル・ハーレ氏、英語・中国語の原稿を翻訳してくださった訳者の方々、さらに三年間にわたり科研プロジェクトを支えてくださった分担研究者・研究協力者の諸氏に改めてお礼を申し上げたい。本書がわずかなりとも「越境する近代東アジアの民衆宗教」のダイナミズムを描き出すことに成功しているとすれば、それはこれらの方々のご協力のたまものである。

また、このシンポジウムに先立ち、二〇〇八年三月には京都・亀岡の大本教研鑽所を訪れ、同研鑽所の方々と交流の機会を持つことができた。斉藤泰氏をはじめ研鑽所の方々から昭和期に大本教が受けた弾圧の激しさや、世界紅卍字会やカオダイ教との交流等についてお話をうかがうことができたこと、小島晋治東京大学名誉教授に、中国近代の民衆宗教と大本教とに関するご講演をいただいたことも忘れがたい思い出である。翌二〇〇九年三月には山梨県本栖湖畔にある仏光山本栖寺において、中国・山東大学歴史文化学院の劉平教授、中国人民大学清史研究所の曹新宇副教授、神奈川大学の小林一美名誉教授に中国近代の民衆宗教についてそれぞれご報告をいただいたが、今回、これらの交流・報告の成果を十分に論文集に盛り込むことができなかった。また、当然含めるべき朝鮮近代の民衆宗教についての考察を欠いているなど、残された課題も少なくない。これらはひとえに編者の力量不足によるものであり、読者諸氏のご叱正をお願いする次第である。

最後に、明石書店編集部の方々には、たいへんタイトな日程であったにもかかわらず、煩雑な原稿の整理から校正・索引づくりまで膨大な作業を実に丁寧かつ手際よくこなしていただいた。改めて感謝の意を示したい。

武内　房司

地名索引

〔サ行〕

事項索引

索　引

人名索引

〔ア行〕

〔カ行〕

〔サ行〕

〔タ行〕

〔ナ行〕

〔ハ行〕

チャン・ホン・リエン（TRAN Hong Lien）
ベトナム南部持続発展研究所歴史・人類学研究センター長。
著作：*Phật giáo Nam Bộ* (*từ thế kỷ XVII đến 1975*).（『南部仏教——一七世紀から一九七五年まで』）Nxb TP.HCM, 1996, *Giac Lam pagoda, a historical and cultural site*, Social Sciences Publishing house, 2000.

髙谷 浩子（たかや　ひろこ）
ベトナム語通訳。
論文：「ハノイ市における小宗教集団について：D道の事例」『人類学からみたベトナム社会の基礎的研究：社会構造と社会変動の理論的検討』（平成六・七年度科学研究費補助金（総合研究A）研究成果報告書 研究代表者 末成道男)、1996 年。

島薗 進（しまぞの　すすむ）
東京大学文学部宗教学科教授。
著作：『現代救済宗教論』青弓社、1992 年。『〈癒す知〉の系譜——科学と宗教のはざま』吉川弘文館、2003 年。『宗教から東アジアの近代を問う——日韓の対話を通して』（共編）ぺりかん社、2002 年。

小武海 櫻子（こむかい　さくらこ）
専修大学非常勤講師。
論文：「清末四川の鸞堂と宗教結社——合川会善堂慈善会前史」『東方宗教』111 号、2008 年。「近代中国の新興宗教結社について——近年の研究動向とあわせて」『史潮』新 68 号、2010 年。

宮田 義矢（みやた　よしや）
東京医科歯科大学非常勤講師。
論文：「中国近代の宗教結社による『慈善』理解のために——道院世界紅卍字会の初期経典を通して」『東京大学宗教学年報』第 24 号、2007 年。「中華民国期中国における新宗教の動向——第二の赤十字を目指した世界紅卍字会」国際宗教研究所編『現代宗教 2009 特集：変革期のアジアと宗教』秋山書店、2009 年。「坐功による救劫——道院・世界紅卍会の救劫論」『東方宗教』114 号、日本道教学会、2009 年。

プラセンジット・ドゥアラ（Prasenjit DUARA）
シンガポール国立大学教授。
著　書：*Culture, Power, and the State: Rural North China, 1900-1942*, Stanford University Press, Stanford, California, 1988. *Rescuing History from the Nation: Questioning Narratives of Modern China*, University of Chicago Press, Chicago, Illinois, 1995. *Sovereignty and Authenticity: Manchukuo and the East Asian Modern.* State and Society in East Asia Series. Lanham: Rowman and Littlefield, 2003.

張 士陽（ちょう　しよう）
早稲田大学非常勤講師。
著書・論文：共著『もっと知りたい台湾（第２版）』（執筆部分「歴史・地理・自然」）弘文堂、1998 年。「清代前期台湾海峡政策上の澎湖・金門の役割について」『8-17 世紀の東アジア地域における人・物・情報の交流——海域と港市の形成、民族・地域間の相互認識を中心に』（下）、東京大学大学院人文社会系研究科、2004 年。「清代台湾における先住民の社会変容」『神奈川大学中国語学科創設十周年記念論集中国民衆史への視座——新シノロジー・歴史篇』東方書店、1998 年。

胎中 千鶴（たいなか　ちづる）
目白大学外国語学部中国語学科特任教授。
著書：『植民地を語るということ——八田與一の「物語」を読み解く』風響社、2007 年。『葬儀の植民地社会史——帝国日本と台湾の＜近代＞』風響社、2008 年。

倉田 明子（くらた　あきこ）
金沢大学非常勤講師。
論文：「『資政新篇』の実像——刊行に至るまでの修正過程と内容改編」『東洋文庫和文紀要　東洋学報』85 巻第 3 号、2003 年。「『資政新篇』再考—— 19 世紀中期の中国における「キリスト教的近代化」の模索」『中国 21』愛知大学現代中国学会、第 28 号、2007 年。「中国における初期プロテスタント布教の歴史——宣教師の「異教徒」との出会いを通して」『アジア文化研究』第 35 号、国際基督教大学アジア文化研究所、2009 年。

今井 昭夫（いまい　あきお）
東京外国語大学大学院総合国際学研究院教授
論文：「社会主義ベトナムにおける宗教と国民統合」『社会主義ベトナムとドイモイ』アジア経済研究所、1994 年。「社会主義ベトナムにおける宗教と政治」『Quadrante』第 1 号、東京外国語大学、1999 年。「現代ベトナムにおける宗教政策—— 2004 年「信仰・宗教法令」を中心に」『東京外国語大学論集』第 69 号、2004 年。

〈執筆者・訳者紹介〉

游 子安（ゆう　しあん）
暨南国際大学歴史系客座教授。
著書:『勸化金箴——清代勧善書研究』天津、天津人民出版社、1999年。『道風百年——香港道教与道觀』香港、蓬瀛仙館道教文化資料庫及利文出版社、2002年。『善与人同——明清以来的慈善与教化』北京、中華書局、2005年。

孫　江（そん　こう）
静岡文化芸術大学文化政策学部国際文化学科教授。南京大学人文社会科学高級研究院客員教授。
著書・論文:『十字架與龍』浙江人民出版社、1990年。『近代中国の革命と秘密結社——中国革命の社会史的研究（1895-1955）』汲古書院、2007年。*Social Memory and Identity in China*, (ed.), Chinese Sociology and Anthropology (New York: M.E. Sharpe), Winter 2004-5 / Spring 2005, nos 2-3.

王 見川（おう　けんせん）
台湾南台科技大学通識教育中心助理教授。
著書:『台湾的斎教与鸞堂』台北、南天書局、1996年。『明清民間宗教経巻文献』(共編) 台北、新文豊出版、1999年。『台湾的宗教与文化』（共著）蘆州、博揚文化、1999年。

豊岡 康史（とよおか　やすふみ）
日本学術振興会特別研究員PD（京都大学人文科学研究所)。
論文:「清代中期の海賊問題と対安南政策」『史学雑誌』第115編4号、2006年。「清代中期広東沿海居民の活動1785-1815:『吏料題本』糾参処分類を中心に」『社会経済史学』第73巻3号、2007年。「イギリス軍マカオ上陸事件（1808年）に見る清代中期の対外政策決定過程」『東洋学報』第90巻3号、2008年。

バレンデ・テレ・ハーレ（Barend J. ter Haar）
ライデン大学中国研究所教授。
著書:*The White Lotus Teachings in Chinese Religious History*, E. J. Brill, Leiden,1992. *Ritual and Mythology of the Chinese Triads: Creating an Identity*, E. J. Brill, Leiden, 1998. *Telling Stories: Witchcraft and Scapegoating in Chinese History*, E. J. Brill, Leiden, 2006.

梅川 純代（うめかわ　すみよ）
大妻女子短期大学非常勤講師。
著書・論文:共著『気」の思想から見る道教の房中術——いまに生きる古代中国の性愛長寿法心と教養シリーズ3』五曜書房、2003年。「神仙の証——中国古代房中術にみるセックスと飛翔」井上章一編『性欲の文化史2』講談社、2008年。「房中性愛技法の日中交流史——後期房中書は日本に伝わったのか」田中文雄／テリー・クリーマン編『道教と共生思想』大河出版、2009年。

大道寺 慶子（だいどうじ　けいこ）
ウェストミンスター大学研究員。
論文:「江戸人の消化——病の想像の一考察」鈴木晃仁・石塚久郎編『食餌の技法——身体医文化論集4』慶應義塾大学出版会、2005年。"Water cures in Japan: the case of a health manual in the early nineteenth century", *Asian Medicine: Tradition and modernity* (ed.), International Association for the Study of Traditional Asian Medicine, E. J. Brill, Leiden, 2009.

〈編著者紹介〉
武内 房司（たけうち　ふさじ）
学習院大学文学部教授。
論文：「清末四川の宗教運動——扶鸞・宣講型宗教結社の誕生」『学習院大学文学部研究年報』第37輯、1994年。「清末宗教結社と民衆運動——青蓮教劉儀順派を中心に」『中国民衆史への視座——新シノロジー・歴史篇』東方書店、1998年。「慈善と宗教結社——同善社から道院へ」野口鐵郎他編『道教と中国社会』雄山閣出版、2001年。「清代貴州のカトリックと民間宗教結社」細谷良夫他編『清朝史研究の新たなる地平〜フィールドと文書を追って』山川出版社、2008年2月。「ヴァンサン・レップと天主教本土化運動」馬場毅・張琢編『改革・変革と中国文化、社会、民族』日本評論社、2008年5月。

越境する近代東アジアの民衆宗教
——中国・台湾・香港・ベトナム、そして日本

2011年11月25日　初版第1刷発行

編著者　武内房司
発行者　石井昭男
発行所　株式会社 明石書店
〒101-0021　東京都千代田区外神田6-9-5
電話 03（5818）1171
FAX 03（5818）1174
振替 00100-7-24505
http://www.akashi.co.jp
組版　明石書店デザイン室
装丁　松田行正＋日向麻梨子
印刷　株式会社文化カラー印刷
製本　本間製本株式会社

（定価はカバーに表示してあります）　ISBN978-4-7503-3491-2

世界の教科書シリーズ

1 新版 韓国の歴史【第二版】 国定韓国高等学校歴史教科書
大槻 健、君島和彦、申 奎燮訳 ◉2900円

2 わかりやすい 中国の歴史 中国小学校社会教科書
小島晋治監訳 大沼正博訳 ◉1800円

3 わかりやすい 韓国の歴史【新装版】 国定韓国小学校社会科教科書
石渡延男監訳 三橋ひさ子、三橋広夫、李 彦叔訳 ◉1400円

4 入門 韓国の歴史【新装版】 国定韓国中学校国史教科書
石渡延男監訳 三橋広夫共訳 ◉2800円

5 入門 中国の歴史 中国中学校歴史教科書
小島晋治、並木頼寿監訳 大里浩秋、川上哲正、小松原伴子、杉山文彦訳 ◉3900円

6 タイの歴史 タイ高校社会科教科書
中央大学政策文化総合研究所監修 柿崎千代訳 ◉2800円

7 ブラジルの歴史 ブラジル高校歴史教科書
C・アレンカール、L・カルピ、M・V・リベイロ著 東明彦、アンジェロ・イシ、鈴木 茂訳 ◉4800円

8 ロシア沿海地方の歴史 ロシア沿海地方高校歴史教科書
ロシア科学アカデミー極東支部歴史・考古・民族学研究所編 村上昌敬訳 ◉3800円

9 概説 韓国の歴史 韓国放送通信大学校歴史教科書
宋 讃燮、洪 淳権著 藤井正昭訳 ◉4300円

10 躍動する韓国の歴史 民間版代案韓国歴史教科書
全国歴史教師の会編 三橋広夫監訳 日韓教育実践研究会訳 ◉4800円

11 中国の歴史 中学高等学校歴史教科書
人民教育出版社歴史室編著 小島晋治、大沼正博、川上哲正、白川知多訳 ◉6800円

12 ポーランドの高校歴史教科書【現代史】
アンジェイ・ガルリツキ著 渡辺克義、田口雅弘、吉岡 潤監訳 ◉8000円

13 韓国の中学校歴史教科書 中国校国定国史
三橋広夫訳 ◉2800円

14 ドイツの歴史【現代史】 ドイツ高校歴史教科書
W・イェーガー、C・カイツ編著 中尾光延監訳 小倉正宏、永末和子訳 ◉6800円

15 韓国の高校歴史教科書 高等学校国定国史
三橋広夫訳 ◉3300円

16 コスタリカの歴史 コスタリカ高校歴史教科書
イバン・モリーナ、スティーヴン・パーマー著 国本伊代、小澤卓也訳 ◉2800円